爱德华兹法官与译者傅郁林教授

Judge　哈里·T·爱德华兹法官

美国哥伦比亚特区联邦上诉法院首席法官。美国纽约大学法学院的客座教授。做法官之前，曾先后在密西根大学法学院和哈佛大学法学院任教。合著《作为谈判者的律师》、《公共部门的劳务关系》、《集体劳资谈判与劳资仲裁》和《高等教育与法律》。颇有影响的论文有“司法的功能与规则化造法的微妙目标”、“人非圣贤，孰能无过——法律错误在何种情形下可以容忍”等。爱德华兹法官还经常应邀在美国各地和世界各国演讲，1996 年在华演讲稿“美国联邦法院的权限与裁决的执行”已译为中文发表。

外国法学译丛

美国法官裁判文书自选集

爱德华兹集

[美] 哈里·爱德华兹 著
傅郁林 等 译评

華中科技大學出版社
http://www.hustp.com
中国·武汉

图书在版编目（CIP）数据

美国法官裁判文书自选集：爱德华兹集 /（美）哈里·爱德华兹著；傅郁林等译评. —武汉：华中科技大学出版社，2013.7

ISBN 978-7-5609-8683-8

Ⅰ. ①美… Ⅱ. ①爱… ②傅… Ⅲ. ①审判-法律文书-汇编-美国 Ⅳ. ①D971.25

中国版本图书馆 CIP 数据核字（2013）第 030431 号

美国法官裁判文书自选集：爱德华兹集 ［美］哈里·爱德华兹 著 傅郁林等 译评

策划编辑：王 梓
责任编辑：孙晓君
封面设计：傅瑞学
责任校对：九万里文字工作室
责任监印：周治超
出版发行：华中科技大学出版社（中国·武汉）
武汉喻家山 邮编：430074 电话：（027）81321915
录 排：北京楠竹文化发展有限公司
印 刷：湖北新华印务有限公司
开 本：880mm×1230mm 1/32
印 张：11.25 插页：2
字 数：310 千字
版 次：2013 年 7 月第 1 版第 1 次印刷
定 价：36.00 元

华中出版

本书若有印装质量问题，请向出版社营销中心调换
全国免费服务热线：400-6679-118，竭诚为您服务

修订版序

自上世纪九十年代以来，审判公开一直成为我国司法改革的重心，而裁判理由公开是审判公开的核心环节。本书第一版《美国法官自选裁判文书译评·爱德华兹集》正是在裁判文书改革的背景下应需而生的。转眼间本书已出版发行十周年，期间尽管经历了中国民事司法改革的短暂停滞乃至局部倒退，比如司法独立和司法专业化不再是公开宣称的目标，裁判与调解的角色发生了微妙的逆转，却见证了审判公开和裁判说理方面的改革始终以坚实的步伐向纵深推进，而2012年民事诉讼法在裁判公开方面的强力推进更成为本次法律修订中最为耀眼且最少争议的亮点。与十年前相比，民事裁判说理在制度层次上由司法行政管理层面提高到法律制度层面，在范围上由承载实体事项的判决书扩展到承载程序事项的裁定书，在功能上由个案中的说服推进到判例性的示范，裁判文书公开的性质则由法院许可查询的裁量权限转变为公众依法享有的法定权利和法院承担的法律义务……

毫无疑问，这些制度上的变化根源于司法实践和社会发展的内在要求，也对裁判文书提出了严峻挑战，特别是对裁判说理提出了更高要求。这些要求和挑战一直推动着并仍将促进我国审判实践和审判理论对裁判方法日渐深入的探究。正是基于这种实践需求和研究需要，本书在出版后获得了超出预期的社会反响和积极评价。几年前译者在网上看到印有本书封面的图书求购信息，并因此注意到书店和网店都早已缺货。尽管不少学生和同行也多次催促加印本书，但译者始终在原版重印与修订再版两种方案之间犹豫不决。就其内容而言，本书在当下的价值和意义有增无减，已如前述；就其翻译质量而言，本书作为译者全身心投入的处女作，在本人迄今翻译的多部作品中仍为最佳译著。不过，译者对第一版附在判决书译文之后的"评析"部分有些心虚，以译者自己当下的学术水准来衡量，评析部分对判决书中所涉及的制度背景介绍和比较研究颇为粗浅和幼稚，感觉应当删除或修订这部分内容后再版。不过，经对本书的反馈信息进行资讯收集和分析，结果表明评析部分的内容引证率很高，甚至成为增加本书关注度的一大卖点。在听取经验丰富的知名编辑李文彬女士的建议后，出版社和译者决定保留评析部分且保持原貌。那就让本书留下那些稚嫩的痕迹吧，正如制度的发育需要循序渐进，学术的成长也是一个不断积累的过程，今日的更新最多也只是明日回眸时的一个成长足迹而已！敬请对评析中涉及的相关内容有兴趣的读者，查阅译者的相关比较研究和在裁判文书、裁判方法、判例制度等领域的最新成果。

不过，依然留下的遗憾是，最初的设想是翻译出版美国法官自选裁判文书系列丛书，爱德华兹法官的这本集子仅仅是自选集"之一"，故第一版书名暂定为《美国法官自选裁判文书译评·爱德华兹集》。直到如今，爱德华兹法官的这本集子仍是"唯一"，于是第二版的书名只好更正为《美国法官自选裁判文书集》，将原书名之中的爱德华兹法官归位于独立作者。不过，独木不成林，译者最终还是为这本外国裁判文书集找到了一个"家"，有幸列入了华中科技大学出版社外国判决书翻译丛书。如此煞费苦心地为判决书"拉帮结派"，只为避免一叶障木、不见森林的误导效果，力使读者从迥然不同的裁判文书风格中探

寻共同的裁判理路与方法。对此原版序中已有提示。

正值本书整理再版之时，一位年轻学者从华盛顿特区上诉法院带回了爱德华兹法官的问候，她还说在法官的书架上看到了这本书。这一消息触发了第二版加入译者与作者合影的想法。这张照片是2005年冬季译者携本书第一版拜访作者时留下的纪念，正是在这个法庭上，爱德华兹法官身着译者身上的这件法袍，庄严地审判了收入本书的那些案件，形成了那些不朽的判决。加入这个背景，或许能增加读者身临其境的现场感和对裁判风格的领悟。

衷心感谢并依然期待读者对本书的热切关注和支持！如有赐教和讨论敬请与译者联系：fuyulin@pku. edu. cn

傅郁林

2013年春节

于昌平北七家

序

本书选录的这些裁判文书都是由我在位于美国华盛顿的哥伦比亚特区巡回区联邦上诉法院任职期间制作的。由于我在上诉法院任职，故而每一个案件都涉及审查由联邦地区法院（联邦初审法院）或由国会设置来执行调整特殊主体或企业的法律的行政机构所作出的裁决。初审判决或行政裁决的上诉审并不简单地只是对下级机构裁判过的同一问题进行一次复审，而是一种纠错机制，即一种用以纠正可能在前面程序中所发生的错误的机制。在每一个案件中，上诉法院审查的范围及其本院审查案件所适用的标准并不相同，它们因其所审查的案件程序和争议性质的差异而变化。

所发表的这些案件样式都有案件首部，标明当事人的姓名或名称、作出裁决的法院的名称、辩论日期及作出裁决的日期；在首部之后，按照在案件中所代理的当事人顺序列明代理律师名单；在判决书的最后，写明上诉审审理该案的合议庭两名法官的姓名和制作法律意见书的法官姓名。

这些案例只是美国哥伦比亚特区联邦上诉法院所审各

种类型案件全豹之一斑，仅仅描绘了法官们裁判案件和制作法律意见书的一个剪影。在每个案例之前都有一个案情简介或概要，高度概括了提交法庭的事实和争议问题。这些简介对于读者理解法庭意见将有所裨益。尽管由一斑而窥全豹未免有失片面，本人的写作风格也必然带有一定个人色彩，然而，这些法律意见书却展示出美国联邦上诉法官平凡而重要的工作成果。

作者

美国哥伦比亚特区联邦上诉法院首席法官

哈里·T·爱德华兹

于美国华盛顿

译者序

随着我国审判制度改革的日渐深入，裁判文书在解决、吸附、挥发纷争，执行、阐释、创制法律，凝结、体现和培养法官素质等方面的价值正在获得广泛认识。裁判文书浓缩了诉讼程序制度、司法制度，以及构成司法制度运作环境的各种经济、政治、文化因素，成为窥探一国司法制度和诉讼文化的窗口，因为“不管法院的宪法地位如何，最终的书面文字是法院权威的源泉和衡量标准”。[①] 与之相应，裁判文书的改革宏至宪法原则、法律文化和诉讼法基本理论等重大问题，微至文书结构、文字表达和卷宗装订等琐碎细节。如果对于裁判文书的检讨、分析、思考和探索仅仅停留在写作方法等技术层面，缺乏对决定裁判文书结构和风格的法律制度、价值目标、法制理念和法律文化背景的深层次探究，那么关于裁判文书的研究就难以在更高层次上达成共识，特别是司法实务界在崇尚和借鉴国外

① United States Federal Judicial Center，Judicial Writing Manual vi（1991）。转引自宋冰编：《程序、正义与现代化》中国政法大学出版社 1998 年版，第 307 页。

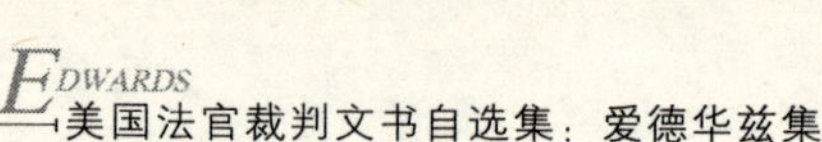

裁判文书风格时，信息的只鳞半爪和观点的以偏概全可能导致一些改革措施走入误区。通观我国目前围绕裁判文书改革的种种探索及官方定格，虽不乏胆量和花样，却仍受制于原有制度框架和思维模式，并未走出格式化的窠臼，而填充式文书的内在缺陷决定了“千案一面”的状况，当事人的诉讼主体地位、法官的审判独立地位及个性特色，都被限制在统一式样的狭小空间，无法容纳当事人与法官之间、当事人相互之间围绕诉讼标的所展开的诉讼过程，裁判文书改革所追求的审判公开、审判监督和审判公正等价值目标，都难以实现。

我们所编译的这本裁判文书，旨在为我国裁判文书改革提供一些背景资料，同时也为本人负责的“民事裁判文书改革研究”课题进行资料准备。这是由美国联邦上诉法院法官爱德华兹亲自选择的、在他看来最具“代表性”的法律意见书。然而必须意识到，这种“代表性”是在具体法系和法制传统、具体国家法律制度、具体社会文化背景、具体程序功能、具体法官的个性特色等特定语境下的“代表性”。如果我们对于这些时时影响着裁判文书风格的因素一无所知或一知半解，那么本书的价值可能与其他一些支离破碎的外国法信息一样，以至于加深“盲人摸象”类型的读者对外国裁判文书的误解。为此，译者曾以“裁判文书的功能与风格”为题代为译序，系统地讨论裁判文书不同功能、结构和风格及其与特定文化背景及司法结构之间的关系，希望尽可能为读者提供较为全面的视角。后来考虑到篇幅太长的译序有喧宾夺主之虞，遂经高倍删节后为此译序。②

在这些系列文书作品中，碰巧翻译爱德华兹法官的作品是一种译者与作者之间的意外缘分。两年前在北大举行的外国法学家在华系列

---

② “民事裁判文书改革研究”系由诉讼法学著名教授江伟主持的“民事审判制度改革研究”项目中的子课题，拙文“裁判文书的功能与风格”全文刊载于江伟主编：《中国民事审判改革研究》；节本发表于《中国社会科学》2000 年第 4 期，后收入傅郁林：《程序制度的功能与结构》（均由中国政法大学出版社 2003 年版）。对判决书比较研究有兴趣者另参见张志铭：《法律解释操作分析》，中国政法大学出版社 1999 年版。

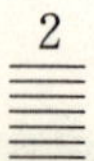

讲座对我影响至深，而在各位演讲的法官和学者之中，爱德华兹法官的个性色彩异常夺目。当时受其幽默、明快、充满活力的魅力吸引，我想承担他的讲稿翻译，后被告知已另有安排。所以当李楯老师交给我这些由爱法官自选的法律意见书时，我颇有一种失而复得的喜悦。可是，在翻译中我着实尝到了“以人取文”的苦头！原来爱法官的职业风格与他的个性风格大相径庭，他的文字远不像性格那样令人轻松。这些文书逻辑严谨而感艰涩，论证缜密而感繁复。作为译者，我的锐气颇感受挫，不过假如我是当事人的律师，裁判书如此无懈可击会使我的挫败感更为强烈——这样的文书让当事人怎么可能不服气、不执行?! 为了不太多地玷污这位美国法官的才华，使译作在充分体现作者思想的基础上，既保持原有的思想严谨风格，又不至于过于艰涩，我在翻译中阅读了爱法官最具代表性的一些论文，并以各种方式与之保持沟通。曾想在旅美期间与爱法官面谈，可惜恰遇“9・11 事件”，只好取消会面。

在翻译之外加上简要点评，是我在首次校对全部译稿后的临时决定，这一决定得到了编者的支持。翻译时曾给作品的核心概念和制度加上“译注”，最后却感到，在这些与中国法律制度背景差异如此巨大的裁判文书中，值得注解的东西实在太多，或许辅以“导读”方可减少误解。况且，读者类别各异，译注对于熟悉美国法的读者而言可能是画蛇添足，而对于没有美国法背景的读者却似隔靴搔痒。也曾想过采用编译的方式，但编译作品的缺点常常是译者在导读时往珍稀的佳肴中加进太多自制的调料，使读者找不出原汁原味。点评则可以让原料和佐料成分分明，即便读者见仁见智，也可根据自己的口味自行取舍。不过由于本书的出版命运多舛，现已不知本人封存于 20 世纪末叶的那些轻盈花俏的随笔，还有许旭博士和邵明师兄两位合译者以法理学功力琢成的那篇深邃短小的论文，其可读价值能否经得起三年的冲刷而不大为褪色？在我，为了一条花边或一排纽扣去买一件贵重的衣物、为了一张书签或一副封面去买一本厚厚的书刊，都是再正常不过的事，于是心中侥幸，或许有如我一般“爱椟买珠”者，由于对点评话题的关注而翻阅此书，从而发现爱德华兹法官这本精美的作品。

一、美国裁判文书的功能与结构

这些“博证旁引”长篇阔论的裁判文书可能使中国法官望而兴叹：倘若每一宗案件都如此精雕细刻，在法院等待判决的案件岂不堆积如山?！其实，如此长篇阔论的裁判文书在美国仅占极小比例，只是美国裁判文书一如其纠纷解决机制一样繁简分明。③ 美国裁判文书分为两种类型或形式：一类是司法命令（judicial order），另一类是司法判决书（judicial decision），又称司法意见书（judicial opinion），如本书所集。两种裁判文书都包含司法机构对案件的处理结论，即司法裁判(judgement)，但司法意见书中还要对作出这一裁判的理由（事实理由和法律理由）进行陈述、分析和论证。初审法院的司法裁判95%以上都是以司法命令的方式发出，不必制作司法意见书，即通常所说的初审判决（trialjudgement）；只有复杂或新型案件才需要制作意见书；而那些对司法先例可能产生重要影响的案件，则需要制作象本书这样全面而细致的意见书，其总量大约占初审法院裁判文书的1%。④ 这些制作司法意见书的案件和值得写出更全面和细致备忘录的案件，一般都公开在计算机网上供公众查询。在上诉法院，所有的案件都必须制作司法意见书，但通过20世纪70代以来上诉法院的普遍改革，进入“快车道”的案件仅制作不予发表的意见书。这些案件的意见书一般非常简短，不能作为判例引用。目前在联邦系统的上诉法院中，不发表

---

③ 比较法学家曾作过统计，以全部裁判文书相计，冗长、详尽、富有个性的美国裁判文书与简短、扼要、法条主义的法国裁判文书的字数总量大致相等。

④ 另外，我们始终不能忘记一个事实，进入审判程序的民事案件仅占全部诉至美国法院案件的2%～5%，其他案件则在审前程序中以各种其他方式处理了。那些通过替代性纠纷解决机制（ADR）处理的案件不必制作司法意见书。至于美国特有的“简易判决”如即决判决、就法律问题所作的判决、根据诉答状作出的判决，等等，请参见《美国联邦民事程序法》第54条关于judgment的定义及有关教科书对这一条的解释；另参见傅郁林：“繁简分流与程序保障”，《法学研究》2003年第1期。

的案件平均占70%以上，一些州的上诉法院比例更高。[⑤] 美国还有些更简单的order称为“背书命令”，也就是命令直接写在含有那项请求的纸的背面，比如，“兹命令，准予所请”。然后签上自己的名字，注明职务和日期。这类order大部分相当于我国的司法决定书，主要处理诸如请求延期开庭这样的程序事项。值得注意的是，译为中文“裁定”、“命令”的美国order，与我国司法“裁定”和司法“命令”不能对号入座，它在不同场合与我国判决主文、裁定主文和司法命令甚至司法决定的适用范围有交叉关系。比如，在制作司法意见书的裁判文书中，order构成相当于我国“判决主文”的部分，与judgement同义。下文在讨论“裁判文书”的功能时所称的美国裁判文书，与我国意义上的判决书和某些对当事人实体权利有直接影响的裁定书相近。

在我国实行裁判文书改革初期，一些法院对裁判文书的字数作出硬性要求，法官们在超负荷积案和审理期限的压力下无力应付，以致后来以增加说理为核心的裁判文书改革又退回原地。这种对裁判文书的繁简、长短和格式选择的形式主义，特别是不分案件繁简和当事人的意愿，一律开大庭、写长文书的做法，除了基于特定司法行政管理机制下的利益驱动（诸如追求改革政绩）之外，主要缘于对裁判文书在司法制度中所承担的功能、对复杂程序和简易程序的价值取向以及美国各级法院在司法结构中的具体职能缺乏充分了解。

简而言之，裁判文书的功能是由司法制度的功能确定的。民事诉讼制度的功能，一是通过国家司法机构对私人之间的纠纷的介入，回复被纠纷所破坏的法律秩序；二是通过对个案纠纷的司法裁判，创制

---

⑤ 根据美国法院管理办公室（Administrative office of the United States Courts）提供的资料，1999年联邦上诉判决中有78%被放入不予发表和不准引用的这一栏筐里。而其中有一半联邦法院公布了禁止引用和在法院讨论未发表的意见的规则。Salem M. Katsh & Alex V. Chachkes，“Constitutionality of ‘NO-Citation’ Rules”，The Journal of Appellate Practice and Process，Vol. 3，2001.

可供包括当事人在内的全社会成员参照的行为规则。[6] 不同法系、不同诉讼模式、不同审级的司法程序在满足上述两方面目的方面的侧重点有所不同，并由此决定判决书的风格的差异。在成文法国家，司法的功能主要侧重于前者，民事诉讼在创制规则的功能只有在最高法院层次上才被或明（如德国）或暗（如意大利）地承认；在判例法国家，司法在通过先例创制规则方面的功能主要由上诉法院承担。比如在美国联邦和州两套司法系统各自的三级司法结构中，初审法院的主要职能是解决纠纷和维护先例的正确适用，在创制先例方面的作用十分有限，上诉法院（中级上诉法院和最高法院都是美国职能意义上的“上诉法院”）在创制法律方面发挥着更明显的作用，并且上诉法院在产生新的先例时适用的程序也有别于普通案件的审判程序。这种审级职能分层的技术在我国尚未陌生，但对于理解美国裁判文书的结构特别重要。[7] 与上述民事司法制度的功能相应，裁判文书至少具有两项基本功能：

其一，向当事人及其利害关系人宣示由法庭确定的权利义务。这一功能通常体现在司法结论中，在大陆法系国家表现为“裁判主文”(大都写在文书开篇，而不象我国这样写在结尾)，司法结论是由裁判者对当事人的诉讼请求作出的回应，作为当事人实现其实体利益的依据，因此要求明确、具体、没有歧义、便于执行。这一结论对当事人、利害关系人，以及裁判者自身产生法律拘束力。不过，由于美国上诉法院的角色定位是作为初审法官的审查者或监督者，根据初审记录审查初审法院的事实认定和法律事实问题，而且在实行陪审团审判的案件中，陪审团对于事实问题享有任何法官——包括上诉法官——不得干预的专属裁判权。因此，美国上诉法院不直接处理事实问题，对于

---

⑥ 关于民事诉讼制度的目的，大陆法系各国有多种学说，可参考我国大量的民事诉讼法学专著和论文。但无论学术争议的结论如何，民事司法制度在解决纠纷和维护秩序这两个方面的基本功能都是勿庸置疑的。

⑦ 参见傅郁林：“审级制度的建构原理”，《中国社会科学》2002 年第 4 期；《人民法院报》2002 年 3—4 月；江伟主编：《中国民事司法制度改革研究》，前揭书。

初审法官涉及法律问题的判决错误，上诉法院也不直接改判，而是发回原审法院重新审理。[8] 上诉法院对于案件重审的处理意见十分明确，对初审法庭有拘束力。读者将从本书中伯特尔政府案、休斯敦案、太阳公司案等诸多案件的判决书中看到这种处理方式。

其二，向当事人、上级法官、社会公众和未来法官报告司法过程。裁判文书这项功能由司法制度的上述两项功能派生：基于解决纠纷的功能，对司法过程的了解有助于消除当事人的敌对状态，达到从根本上解决纠纷的目的，有助于司法获得正当性和权威性，为此，裁判者必须向当事人和事后监督者（上级法院）报告和解释司法过程，以证明裁判者的公正、权力未被滥用；[9] 基于创制规则的功能，对案件事实的具体描述和对适用法律（包括成文法和司法判例）理由的具体解释，有助于公众了解同类情形的法律后果，有助于将要遵循这一判例的后来法官对于手中的案件是否符合适用这一判例的情形作出正确判断。由于在美国陪审制传统下，初审裁判是由陪审团在法官的法律指导下作出的，陪审团的裁判是宪法作为一种人权保护的制度设置并由当事人自主选择适用的程序，而且当事人律师直接参与复杂、精密的陪审团产生过程，因此陪审团的判决（verdict）被认为是代表人民的声音，不需要说明理由，这也是大部分美国初审判决只有简短结论的原因之一。相反，代表政府行使司法权的法官却必须公开其形成判决的事实、法律依据，特别是在创制新的判例时，这种令人不放心的权力更需要公开其思维过程，说明理由（holding）——后法官是从前法

---

⑧ 在司法实践中，案件一般发回原审法官重新审理，除非原审判决存在特别重大或离奇的错误，以至于上诉法院对原审法官的中立性产生怀疑，上诉法院指定由初审法院的另一法官审理的情况十分少见，对于受此惩罚的原审法官而言，这是十分丢脸的事。

⑨ 民事诉讼与仲裁、调解等诉讼外纠纷解决机制都具有向当事人提供救济和解决纠纷的功能，但不同纠纷解决机制中裁判者所依赖的正当性资源不同，裁判文书的在获得信任方面的工具性价值就大为不同，一般说来，自治和合意成分越多，对裁判文书的要求越低，相反，象司法这样依赖于国家强制（权力）而取得裁判权的纠纷解决机制，对于裁判者通过文书解释司法过程的要求就异常强烈。“原因很简单，公正必须来源于信任。”英美陪审团的裁判不必说明理由，从另一角度支持了这一结论。

官的判决理由中寻找司法前辈对法律的解释的——这些理由对后来同类案件产生一般拘束力，亦即，在裁判文书结构中，对本案当事人和裁判者以外的人产生拘束力的是判决理由，而不是判决结论。读者可以循着这些裁判文书中的“分析”部分，寻找美国法律渐进发展的源头活水。

二、裁判文书的个性与法官的自由裁量权

从裁判文书的个性特色来看，法官表意的随性程度常常因审理案件的法院和被审理的案件审级升高而增加，其原因是多方面的。一般说来，级别越高的法院所管辖的一审案件越复杂、社会影响越大，对案情进行综合分析和社会利益进行全面权衡的要求就越高；级别越高的法院在实行审判监督、统一司法方面的作用越大，对法官自由裁量权的内在要求越高；在大陆法国家，法官选任和晋升制度体现法官素质与法院级别相适应、基本上保证上级法院法官水平较下级法院法官为高的状况，素质越高的法官似乎越有理由、有能力在裁判文书中展示法官个人的法律智慧和文字才华。

不过，从更大范围和更深层次来看，裁判文书的个性从总体上取决于一国司法制度和诉讼文化对于法官自由裁量权的容许度。法官通过裁判文书陈述法庭选择、解释和适用法律的决策过程，一方面是对法官任意行使司法权力的程序控制，另一方面也有利于抵制社会各界对司法独立性的无端干预，并合法地扩大司法机构的审查权。目前我国尚未确立司法机构对抽象行政行为的审查权，但是在民事审判中，法官经常在政出多门的情况下进行规范效力评价和法规选择，特别是在改革和经济体制转型时期，大量的民事纠纷如土地纠纷、房产纠纷、侵权纠纷、婚姻及家庭财产纠纷等等，大都产生于对地方法规和部门法规的具体规定的不同理解。这些由各级政府部门颁布的规范性文件许多相互抵触、充满了地方保护主义和部门保护主义色彩，有的与基本法的规定明显冲突，甚至违背宪法的基本精神。审理民事案件的法官在现行法律框架中，虽然无权宣告行政行为无效，却有权拒绝适用这些文件作为处理民事纠纷的依据。实际上，在民事审判实践中，法

官们每天都不得不对大量的抽象行政行为进行审查、评价、肯定、否定，但是由于在裁判文书上找不到对这些审判行为理由的解释，因而法官即使合法地行使对行政法规的审查、否定的权力，也会被指责为违“法”，其实违法者恰恰是颁布那些被误以为“法”的文件的行政机关，法官则是依法否定了违法“法”的法律效力。换言之，法官在选择和决定是否适用这些行政性规范时拥有正当的自由裁量权，但这种自由裁量权必须公开行使，必须说明理由，必须置于当事人、上诉审法院及社会公众的监督之下，必须在裁判文书上应当载明法官对当事人所提出的这些作为民事行为依据的政府文件作出合宪性或合法性评价，根据宪法和基本法对这些文件的法律效力加以认定。以裁判文书向整个社会宣告这样的判决结果，虽然其基本功能在于向社会证明裁判行为的正当性，然而，司法在将自身权力置于监督之下的同时，也合法地扩展了自己对行政行为审查和监督的权力，并有效地推动社会对行政行为的监督能力。通过在民事个案中对违法行政行为不断加以否定并公开这一评价，实际上使这些行政性文件在其调整的民事关系中已失去效力。由民事审判微观程序的变革弥补行政行为司法审查权缺失的漏洞并渐次推进司法审查权这一宏观体制的建立，裁判文书在这一意义深远的进程中的作用是不能低估的。美国裁判文书结构的个性化为法官运用和渐进地撷取自由量权提供了空间。从技巧上看，由于裁判文书的要点化（而非格式化）特色，给双方当事人之间争讼法律关系留下了足够的余地，使法官得以象本书中爱德华兹法官那样，用当事人的口说话，用当事人提出的证据和理由论证，居中裁判的法官们受到的批评就要少得多。

相比之下，无论基于解释司法过程之目的，还是基于创制先例之需要，我国目前实行的格式化或填充式的裁判文书都具有难以突破的局限性，比如现有的裁判文书以“原告诉称”和“被告辩称”的形式就无法反映就证明法律事实的动态过程。当事人之间的举证责任分配、举证责任倒置、特别是举证责任在双方当事人之间的不断转移从而使事实层层显现，格式化的文书中无法为整个过程设置适当的空间和陈述方式。除当事人双方之外，在证明过程中居于越来越重要地位的鉴定人和勘验人与当事人之间就案件事实和证据相互提问，在格式化的裁判文书中没有相应的位置。根据诉讼标的对裁判范围的制约关系，法院只能或主要根据当事人的诉讼请求和提供证据加以证明的事实而适用法律作出裁判，裁判文书中争讼法律关系内容的缺失使得反映审判法律关系内容的“法院查明”失去了基于产生的根据，查明事实似乎成为法院的单方行为，从而丧失其正当性。

三、本书翻译中的几个技术性问题

本书原为法官培训教材而译，故译者潜意识中预期的读者主要是无缘接触这类原始资料的读者群。本书注释、文献（下统称引注）和缩略语在判决书中构成十分重要的内容，却成为阅读、理解和翻译之重大障碍，于是，为了原原本本地展现美国法官引用判例、引证法学理论及引述本案证据等司法方法，译者知难而进，详尽其事地将文中注释及缩略语全部译出。翻译中却日渐发现，对引注的翻译所占篇幅太大且事倍功半，只好半途而废，最后附加附录。更因判例汇编的译法很多，各位译者所依据的法律英语辞典不尽一致，虽然最后统稿时反复讨论，校对半年之久、十余次之多（校订的时间比翻译时间还要长），却无法确定全书的译法是否仍有个别“叛逆”者。在此恳请读者体谅，并请以书后附录为准。比如关于 948. F2d1327，1345 的译法有数种，译者请教了法律翻译专家张志铭先生，答曰：该汇编每 1000 卷为一个单元，目前已编到第三个单元。译者故而将 948. F2d 译为“《联邦判例汇编》第 2 套丛书第 948 卷”；关于页码，译者参考了宋雷在《法律英语中的引证和脚注及其翻译》（载于《现代法学》1997 年第 4 期第 90 页）中的意见：前一个数字 1327 表示该判例始于该页，后一个数字 1345 表示引注所在页码。然后译者核以美国判例，认为应在判例的首部译出始页页码，如“1327 页以下”或“1327 页始”，在引注中仅译出引注所在页码即可。本书中如有其他译法未能校正，请以此为准。对于没有机会阅读原作的读者而言，也许我们事倍功半的良苦用心能够从您的方便中略感欣慰；对于英语阅读者而言，如果由

于我们对引注的翻译反而造成您查阅原文的障碍，请您体谅没有经验的译者们的善良动机。

翻译后的裁判文书格式仍然保持了英语文本的原有格式，以呈现美国裁判文书的原貌；裁判文书中首部与正文字号的大小比例，在译为中文时也大致保持了原样；法官在引用判例或其他法官学者意见时，在括号中用另一种字体标明，翻译时也进行了相应处理；上诉法官在正文中引用原审法庭记录时所用的字体，也与正文和引注所使用的字体加以区别。希望这些细心的处理能够让您最大限度地感觉到真切和地道（authentic），就象读一份真实的美国裁判文书一样。

在本书翻译过程中，与中国人民大学副教授吴春燕、本书译者许旭博士、美国东北大学教授 Margaret Woo（伍绮剑）之间的多次探讨，令本人受益良多。还有本书各篇脚注中分别感谢的亲友，他们的帮助使本书得以减少译误。尽管如此，译者仍以惶恐而真诚的心情期待来自读者的批评指正，包括尖刻的批评和不经意的指正。在此留下译者的联系方式：yulin510@263. net

叩谢赐教！

译者
傅郁林
定稿于千禧龙年春节
更稿于马年岁末

目录

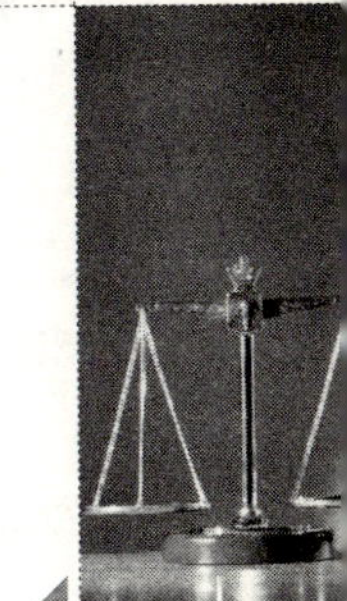

普罗珀特诉哥伦比亚特区案

《联邦判例汇编》第2套丛书第948卷第1327页以下
（哥伦比亚特区联邦上诉法院1991年判决）

傅郁林* 译

案情摘要

本案就事实问题没有什么争议。1988年5月，普罗珀特（Propert）是一辆1969年版沃尔沃汽车的车主。汽车停在大街上，离普罗珀特的住所四门之遥。该汽车按规定注册，挂有效牌照，贴有效年检标签和有效停车许可证。1988年5月1日，应一位市民的投诉，一位警官来到普罗珀特停车的地点对该车进行检查。该警官根据汽车的外观状况作出决定：这辆汽车停在同一个地方有些时间了，已经"报废"（junk）。该警官作证说，这辆车又脏又旧，车顶看上去已经干裂，两个轮胎已经瘪了。但警官承认，他知道没有什么正式标准确定一辆汽

* 傅郁林，女，1983—1987年，武汉大学法律系本科生（国际法学专业）；1995—1998年，北京大学法律系硕士研究生（民法学专业）；1998—2001年，中国人民大学法学院博士研究生（诉讼法学专业）；2001—2003年，北京大学博士后研究人员（法学理论与司法制度方向），2003年，进入北京大学法学院任教并聘为副教授；2009年获博士生导师资格。

车什么时候算是“报废”。

在单方面作出关于这辆车报废决定的情况下，该警官在汽车的挡风玻璃上张贴了警告标签，指出，如果这部汽车在 72 小时内仍不移走，将“作为废铁处理”。1988 年 5 月 11 日，这位警官回到普罗珀特汽车停靠的地方，注意到警告标签不在汽车上了。警官又在汽车上贴了一张新的通知，同时作出了把这辆汽车拖走的安排。汽车随后被拖走，并在次日销毁了。

该案的争议在于，特区关于拖走并马上销毁“报废”汽车——至少是那些适当取得许可证和进行登记的“报废”汽车——的政策是否违反宪法第五修正案关于正当程序条款的规定，该规定禁止政府未经“正当法律程序”剥夺生命、自由或财产。“正当程序”是一个弹性概念，但它一般性地要求一个人应当在自己被剥夺（生命、自由或财产）成为终局性结果之前被通知受剥夺的可能性并获得有实际意义的反应机会。这里的问题在于，特区政府在拖走和销毁普罗珀特的汽车之前是否给过他充分的通知，有没有给他提供过足够的机会来质疑关于他的汽车要被“作为报废品处理”的决定。因此，本案从根本上说是公民个人的财产权益与政府以最经济快捷的方式执行其政策的权益之对抗。

在本案中，本庭查明，特区关于报废汽车的政策违反了正当程序条款。首先，没有给“报废”汽车的车主们以足够的机会来对他们的汽车“报废”的决定提出抗辩。因为正当程序要求提供一次有意义的听审机会，单单这一项要求就给争议中的政策判了死刑；其次，本庭认定，至少在一辆汽车按要求办理了许可证和登记手续的情况下，一张贴在汽车上的标签不足以告知汽车将要面临的报废命运。正当程序要求以某种形式通知那些受影响的人，而这种形式须根据具体情势进行合理估计。在汽车业经注册和许可的情形下，政府可以合理地以信件或电话的方式发出通知。本法庭认为，正当程序要求在销毁汽车以前应当给予更加确定的通知，因为还有比特区政府所采用的贴标签的办法更多的方法可以用来向“报废”汽车的车主发通知。

普罗珀特诉哥伦比亚特区案
PROPERT v. DISTRICT OF COLUMBIA

《联邦判例汇编》第 2 套丛书第 948 卷第 1327 页以下
（哥伦比亚特区联邦上诉法院 1991 年判决）

克里斯朵夫·B·普罗珀特，上诉人
诉
哥伦比亚特区，一家市属社团法人
等，被上诉人

案号：90—7131.
No. 90—7131
美国哥伦比亚特区联邦上诉法院

辩论于 1991 年 9 月 17 日

判决于 1991 年 9 月 19 日

上诉自哥伦比亚特区联邦地区法院。

戴维·P·布莱克伍德与华盛顿特区小丁·戈登·福里斯特共同代理上诉人诉讼①。

华盛顿律师所律师玛丽·L·威尔逊，代理被上诉人。华盛顿律师事务所合伙人约翰·佩顿、华盛顿合作律师事务所主任律师查尔斯L·莱彻尔及华盛顿合作律师事务所助理律师罗莎琳·加尔伯特·格罗斯，在法律理由书上作为被上诉人的代理人。

由巡回法官爱德华兹（EDWARDS）、巡回法官布克雷（BUCK·LEY）和美国联邦巡回上诉法院巡回法官普莱格（PLAGER）② 审判。

法庭关于本案意见由巡回法官哈里·T·爱德华兹制作。

巡回法官哈里·T·爱德华兹：

1988年5月12日，哥伦比亚特区（下简称为"特区"）依照本地区政府关于车辆"报废"的规定拖走并销毁了上诉人克里斯朵夫·B·普罗珀特（Christopher Propert）所有的1969 Volkswagen Karmann Ghia汽车。普罗珀特继而向联邦地区法院提出诉讼，状告特区政府和詹姆斯·斯多堡，即那个命令拖走他的汽车的市警察局警官。普罗珀特还特别补充诉讼请求，诉称特区的政策违宪，并且提出，根据《美国法典》第42编第1983节（1988年）之规定，特区的政策对原告已构成侵害。地区法院在审理当事人双方关于，即决判决的交叉动议（cross-motions）之后，准许了被告关于即决判决的动议，驳回了补充诉讼请求，认为普罗珀特的正当程序权利没有受到侵犯。[见"普罗珀特诉哥伦比亚特区"，《联邦判例补编》第741卷第963页（哥伦比亚区联邦地区法院1991年判决）。]

我们推翻了地区法院关于责任问题的判决，发回地区法院重审以考虑给予适当赔偿。特区的政策既没有提供充分的通知，也没有进行

① 英文中如两代人中有同名者，则以Jr. 标明于晚一辈同名者之后，应译为"少某某"，本书为了避免误解，译为"小某某"。译者就此问题及首部中不同代理人身份等难题请教了美国教授Margaret Woo（伍剑绮）女士，藉此表示感谢。——译者注

② 根据《美国法典》第28编第291节第a条的授权参加审判庭审理本案。

任何听审程序，因而我们的结论是，拖走和销毁普罗珀特的汽车侵犯了他的正当程序权利。据此，我们恢复对原告诉讼请求的审理，并指令在重审判决中加入普罗珀特根据 1983 节对特区政府所提出的主张。

一、背景

(一) 事实

本案就事实问题没有争议。1988 年 5 月，普罗珀特是一辆 1969 Volkswagen Karmann Ghia 汽车的车主。汽车停在大街上，离普罗珀特的住所四门之遥，既不妨碍交通也不威胁他人的安全。该汽车按规定注册，挂有仍在有效期内的牌照，贴有有效年检标签和有效停车许可证。

1988 年 5 月 1 日，应一位市民的投诉，警官斯多堡来到普罗珀特停车的地点对该车进行检查。根据汽车的外观状况，斯多堡作出决定，认为这辆汽车停在同一个地方时间较长，[③] 已经“报废”。斯多堡在他的证词中说，这辆汽车又脏又旧，车顶看上去干裂得皮都翘起来了，有一两个车胎也瘪了。然而，斯多堡也承认说，他知道并没有哪一条正式标准来确定汽车什么时候能算作“报废”。斯多堡直言不讳地承认，他本人是以自己的观测来确定一辆汽车是否适用“报废”车辆政策的，他说：“我用来确定一辆汽车是否还有救的原则就好比你确定是否要送你的母亲上教堂一样。”［詹姆斯·斯多堡的证词第 12 页，摘录于上诉人索引（A. I.）第 234 页以下、第 245 页］。

在单方面作出关于这辆车报废的决定的情况下，斯多堡在汽车的挡风玻璃上贴上了警告标签，指出，如果在 72 小时内仍不移走，这部汽车将“作为废铁处理”。标签上写明了警官斯多堡的姓名及联系电

③ 普罗珀特承认该汽车停在同一个地方已经几个星期了，因而违反了地方当局关于停车的规定，当局规定不得在公共街道的同一个地点停车超过 72 小时。［见 D. C. Mun. Regs. tit. 18. § 2405. 4 (1981)］。

话，用一种黏性很强的黏胶贴在汽车上。④ 斯多堡回到他的办公室后将汽车标签的号码输入警察局的计算机，试图确定车主的姓名。但是这位警官记不起他在计算机中搜寻的具体情形了，只记得他当时未获得有关信息，他说或许当天计算机没有做相关记录（the computer didn't work）。斯多堡没有再做进一步努力去确认汽车的所有权。

1988年5月11日，斯多堡回到普罗珀特汽车停靠的地方，注意到警告标签已不在汽车上了。警官斯多堡又在汽车上贴了一张新通知——并做好了把这辆汽车拖走的安排。汽车随后被拖走并在次日销毁了。

普罗珀特诉称，他从未见过警告的标签。他说，直到5月12日汽车被拖走的那天，他的女朋友看见标签，他才知道自己的汽车马上就要被销毁了。当普罗珀特打电话与斯多堡警官取得联系时，汽车已经销毁了。普罗珀特还对斯多堡警官所描述的汽车状况提出异议，他承认有一个轮胎瘪了，但他声称，汽车的其他方面状况良好，还能值2500～3000美元。

斯多堡警官授权拖走和销毁普罗珀特的汽车，是根据特区关于处理弃置和“报废”车辆的政策作出的。普罗珀特的补充诉讼请求中称，“正是哥伦比亚的政策、制度和惯例”，没有为那些被认定为“报废”车辆的车主提供机会，在车辆拖走前（下简称“事前”）既没有任何通知——除了一张警告的标签外，也没有听审的机会；在车辆拖走后（下简称“事后”）也不通知车主或向车主提供进行听审的机会（见补充起诉Ⅱ14—15，引自上诉人索引第111—112页）。特区在答辩中承认这些事实主张（见被告哥伦比亚特区和詹姆斯·斯多堡针对补充起诉Ⅱ14—15的法律理由书，引自上诉人索引第176页）。因此双方当事人对于特区的政策是否存在及政策的内容没有争议，特区也没有声称它的政策在普罗珀特的汽车被拖走以来以任何方式进行过改变。

特区的政策一部分规定在本市法规里，还包括一些非正式的、未

---

④ 这种胶通常只有用尖利的工具才能刮掉。

写入法典中的规定。法规[5]将符合以下三项条件的车辆定义为“弃置”：(1) 在公共街道的同一个地点停靠 72 小时；(2) 其所有人“不能合理停放”；(3) 在贴上警告标签后再经过 72 小时仍不移走［《哥伦比亚特区市政府法规汇编》第 18 编第 1105 节第 1 条第 a 款（1987 年）D. C. MunRegs. Tit. 18，§1105.1 (a)（1987)］。“报废”的车辆则指“处于撞坏、拆散或无可修补状况”的车辆（同上，第 1105 节第 1 条第 b 款)[6]。对弃置或报废的车辆要“尽快拖走（同上，第 1105 节第 4 款)”。拖走之后，“弃置”的车辆存放在没收物品保管处至少 45 天，在此期间设法通过信函和登报的方式与车主取得联系；而报废的车辆则直接拉到拆车场马上销毁。

这一法规除要求张贴警告标签之外没有要求在拖走前后给“报废”车辆的车主以任何通知；也没要求任何听审。然而，记录显示，根据发给市警察局的一项局长令，执行任务的警察必须“全面调查确定报废和弃置车辆的权属情况”，包括走访发现该车辆时其所在的区域和在警察局的计算机中查阅其执照号码［见《哥伦比亚特区市警察局局长令汇编》第 601 辑，第 3 部分，第 1 号局长令第 B 条（1981 年 1 月 30 日)，引自上诉人索引第 130 页、第 148 页］。警察局弃置汽车管理处

---

⑤ 普罗珀特的汽车被销毁的时候，1987 年的《哥伦比亚特区政府法规》第 18 编第 1105 条第 1 款至 1106 条第 6 款中包括了有关的规定，1973 年 9 月 21 日颁布的《专业委员会行政管理规章》（Commissional's Administrative Instruction）和 1981 年 11 月 30 日颁布的第 601 卷第 1 号《市警察局局长令》对这一规定进行了补充。［见上诉人索引第 118，121，130 页。(转引了上述三项规定)］。

特区于 1989 年发布了新的法规。［见《哥伦比亚特区政府法规》第 4575 卷（1989 年)（摘录于上诉人索引第 167 页)］，汇编于《哥伦比亚特区法规年鉴》（1990 年）第 40—812 至 40—812.2 节，第 40—831 至 40—836 节。1989 年法规对弃置和报废车辆的定义与以前法规的的定义实质上是相同的，而且任何一方当事人都没有提出新的规定对执行特区关于处理报废车辆的政策有什么实质性的改变。

⑥ 这些规范没有明确规定“报废”车辆必须也是“弃置”车辆，但在惯例中这些规定一直是这么解释的。［参见 1973 年 9 月 21 日《哥伦比亚特区政府专业委员会行政管理规章》&2730B.3 (B)（解释道“报废”车辆必须也是“弃置”车辆)。见上诉人索引第 121 页、124 页；同时见被上诉人的法律理由书第 3 页注释 3］。

（the Police Department's Abandoned Auto Section）管理员瑟金特·杰若·格瑞作证说，通常执行任务的警察为联系废弃和弃置车辆车主而做出了许多努力，包括打电话和亲自上门。特区公共事务部（the D. C. Department of Public Works）弃置车辆调查员海尼思·沃斯先生作证说，对于那些打电话来要求放宽一点时间来移走汽车的车主们，官员们通常都会给一个宽限期。

然而，特区政府承认，任务执行者在联系车主方面所做的任何努力都是出于客气（courtesy）而不是作为义务（required），给予车主移走汽车的时间宽限则纯粹是执行官的善意。特区还承认，任务执行者的决定——不论是最初关于一辆汽车是否报废的决定，还是后来关于是否同意给予时间宽限的决定——都不受任何人的审查。

（二）地区法院的审理

1989 年 8 月 28 日，普罗珀特就本案提起诉讼，要求特区政府和斯多堡因销毁汽车给予原告损害赔偿。他还补充起诉请求作出一项宣告性判决（declaratory judgment），即宣告特区关于拖走和销毁报废汽车的政策违反了第五修正案的正当程序条款。⑦ 补充请求中还要求根据《美国法典》第 42 卷第 1983 节给予赔偿，另有一项因普通法上的（非法）处分和过失所产生的未决请求。

在证据开示之后，普罗珀特动议就部分请求进行即决判决，诉称特区在拖走汽车后没有通知他并向他提供一次听审机会的行为，侵犯了他的正当程序权利。特区提出交叉动议，要求驳回普罗珀特的动议或者进行即决判决。

1990 年 7 月 27 日，在一次听审之后，地区法院发出判决书（decision），接受了特区的动议而驳回了原告的动议［见普罗珀特案，《联邦判例补编》（F. Supp.）第 741 卷第 963 页］。初审法院把问题归结为特区是否“在扣押和销毁汽车之前给予报废车主以充分的通知”

---

⑦ 因为特区是一个由联邦政府设立的政治性实体，因而它受第五修正案而不是第十四修正案的制约。［见 Bolling 诉 Sharpe，347U. S. 497，499，74S. Ct. 693，694，98L. Ed. 884（1954）．（两个修正案的正当程序要件是相同的）］。

（同上，第 961 页），未接受普罗珀特提出的还可以采取更好的办法通知和必须在拖走汽车后进行一次听审的主张。法院的理由是，警告标签已经向车主提供了宪法所要求的充分的通知，普罗珀特并没有列举出还有什么（同上，第 962—963 页）。法院还认为，正当程序要求进行一次正式的听审，而在本案中，特区政府的非正式宽限程序已经足够了。因为车主只要移动一下自己的汽车就可以避免车被拖走，一次听审除了能给车主多一些时间去移动汽车之外于事无补。据此法院认为，既然通过非正式程序已经达到了宽限时间的目的，正式听审不过是把已有的程序再“走走过场”而已（同上，第 963 页）。

地区法院认定正当程序未被违反，所以驳回了普罗珀特的联邦请求（federal claims）。该院对于普罗珀特针对斯多堡警官提出的请求未单独加以评判，其显而易见的理由是，就斯多堡背离特区政策的程度而言，其行为仅仅是过失，因而依据第 1983 节之规定不具有可诉性[见 Daniels 诉 Williams，《美国联邦最高法院判例汇编》（U. S.）第 474 卷第 333 页，《最高法院判例汇编》（S. Ct.）第 106 卷第 662 页以下，第 666 页，律师版《最高法院判例汇编》（L. Ed.）第 2 套丛书第 88 卷第 662 页（1986 年判决）]。驳回普罗珀特联邦请求之后，地区法院因为没有事务管辖权而无偏见地（without prejudice）驳回了他未决的普通法上的请求（普罗珀特案，《联邦判例补编》第 741 卷第 963 页）。由此引起上诉。

二、分析

地区法院的结论是普罗珀特的正当程序权利未被侵犯，因而支持特区的即决判决动议而驳回了普罗珀特的起诉。我们重新审查（*denovo*）了这个法律问题[见舍伍德诉华盛顿邮报案（Sherwood v. Washington Post），《联邦判例汇编》第 2 套丛书第 871 卷第 1145 页（哥伦比亚特区联邦上诉法院 1989 年判决）（准予重新审查即决判决）]。

摆在我们面前的是一个范围狭窄的问题。普罗珀特在补充诉讼请求中称，特区关于弃置和报废汽车的规定和政策有宪法性的缺陷。但是在地区法院的诉讼和在法庭言辞辩论中，普罗珀特又缩小了他的挑战范围，仅仅针对特区政府处理像他的汽车那样经适当登记或注册的“报废”汽车的政策。因此，特区政府关于弃置汽车的政策就无法提交到我们面前，而特区政府关于未登记或注册的车辆被认定为“报废”的政策是否侵犯了车主的宪法权利的问题也未能提出来。于是唯一需要裁决的问题就是，特区政府是否承认它没有向那些经适当许可或适当登记的汽车车主提供任何听审的机会，也未提供除警告标签以外的任何通知就认定为“报废”的做法违反第五修正案的正当程序条款。

（一）正当程序的要求

在本案中我们在决定宪法性问题上遵循两步程序法（two step process）［见 Ingragam 诉 Wright，《美国联邦最高法院判例汇编》（U. S.）第 430 卷第 651 页以下，第 672 页，《最高法院判例汇编》（S. Ct.）第 97 卷第 1401 页以下，第 1403 页，律师版《最高法院判例汇编》（L. Ed.）第 51 卷第 2 套丛书第 711 页（1977 年）］。首先，我们必须确定，普罗珀特所主张的是否为正当程序保护范围内的财产权益；如果是，我们就要确定什么样的程序是正当程序。

第一步分析是直截了当的。特区政府承认，普罗珀特对其汽车拥有财产权，承认这一点很重要，特区政府也必须承认这一点。只要剥夺的财产不是可以忽略不计的（*de minimis*），以至于“其重要性与是否考虑正当程序的问题无关。”［Goss 诉 Lopez，《美国联邦最高法院判例汇编》（U. S.）第 419 卷，第 576 页，《最高法院判例汇编》（S. Ct.）第 95 卷第 737 页，律师版《最高法院判例汇编》（L. Ed.）第 2 套丛书第 42 卷第 725 页（1975 年）］。在本案中，即使假定斯多堡警官对汽车的描述是准确的，普罗珀特对其汽车的经济利益肯定不是可忽略不计。［参见 Price 诉德克萨斯州枢纽城，《联邦判例汇编》第 2 套丛书第 711 卷第 589 页（第五巡回法院 1983 年）（“报废汽车无论价值大小，都是

宪法所保护的财产")]。

[1] 确定普罗珀特对其汽车拥有受保护的财产权益之后，下一步的问题是，什么样的程序是正当程序。"正当程序的重要性在于它要求面临重大损失风险的人应当被告知他所面临的风险并给他提供相应的机会。"[见 Matheos 诉 Eldridge 案，《美国联邦最高法院判例汇编》(U. S.) 第 424 卷，第 348 页，《最高法院判例汇编》(S. Ct.) 第 96 卷第 909 页，律师版《最高法院判例汇编》(L. Ed.) 第 2 套丛书第 47 卷第 18 页 (1976 年) —引述了反法西斯联盟难民委员会诉 McGrath，341U. S. 123，171—72，71S. Ct. 624，648—49，95L. Ed. 817 (1951) Frankfurter 法官的意见与此一致]。所以，正当程序条款至少要求政府在最终剥夺一项财产权益时必须提供通知和某种形式的听审。[见 Logan 诉 Zimmerman 毛刷公司，455U. S. 422，433，102S. Ct. 1148，1156，71L. Ed. 2d265 (1982)]。["所有人在其受保护的财产被最后剥夺之前必须提供某种形式的听审已是不言自明的事。"(引证省略)(重点号为原文所加)；GrayPanthers 诉 Schweiker，652U. S. 2d. 146，165 (哥伦比亚特区联邦上诉法院 1980 年判决) (将正当程序的核心要求定义为"充分的通知……和一次真正的解释机会")]。所提供的通知必须能够"合理地确定送达到那些受影响者，"[见 Mullane 诉 Central Hanover Bank & Trust CO.，339U. S. 306. 315，70S. Ct. 652，657，94L. Ed. 865 (1950)]，听审的机会必须"在有意义的时间内并以有意义的方式"给予 [Armstrong 诉 Manzo，380U. S. 545，552，85S. Ct. 1187，1191，14L. Ed. 2d62 (1965)]。

[2—5] 除了这些基本的程序性要求之外，正当程序的构架是弹性的，视具体案件情形而定 [Zinermon 毛刷公司案，494U. S. 113，127，110S. Ct. 975，984，108L. Ed. 2d100 (1990)]。所要求的通知和听审的具体方式取决于所涉及的公共权益与私人权益之间的权衡关系，正如现已广为人知的马修斯 (Mathews) 要素所定义的那样：[1] 私人权益受到政府行为的影响；[2] 错误的剥夺和额外的价值保障之风险；[3] 政府的利益，包括额外程序要求或替代程序要求所花费的国库收

入和财政负担。[见 Connecticut 诉 Doehr，—U. S. —，111s. Ct. 2105，2112，115L. Ed. 2d1991)；马修斯案，424U. S. 第 335 页，96S. Ct. 第 903 页]。根据在一个特殊案件中的马修斯价值衡量的取向，通常可以放松对通知形式的要求，即不一定必须以文字的形式作出通知（见 Goss 案，419U. S. 第 581 页，95S. Ct. 第 739 页），听审的时间和内容可以改变（例如见马修斯案，424U. S. 第 347—49 页，96S. Ct. 第 908—910 页）。然而，在具体案件中，无论政府利益怎样重要，政策规定所要求的程序总量在任何时候都不能为零——也就是说，政府在任何时候都不能推卸其在终局性剥夺财产利益之前提供某些通知和某种听审机会的职责［见 Logan 案，455U. S. 第 434 页，102S. Ct. 第 1157 页（“州政府不得在未经事先给予公认的车主以表达权利的机会的情况下最终销毁其财产。”）；Parratt 诉 Taylor，451U. S. 527，540，101S. Ct. 1908，1915，68L. Ed. 2d420（1981）（“我们过去的案例要求州政府必须在最终剥夺一个人的财产权益之前的某个时间进行某种听审”）］。

在 Cokinnos 诉哥伦比亚特区一案中［728F. 2d502（哥伦比亚特区联邦上诉法院 1983 年判决）］，我们提出了一个问题，即在政府拖走非法停靠的汽车时采取何种程序才是正当的。我们认为，如果在汽车拖走后及时给予通知和听审，那么在拖走前程序欠缺是宪法所允许的（上引，第 502—523 页）。我们持这种观点的依据是 Sutton 诉密尔沃基市一案［672F. 2d644（第七巡回法院）］，该案认定，在拖走非法停靠的汽车前未向车主提供程序保障的政令（ordinance）可以因为在拖走后及时通知并提供听审机会而获得合宪性（上引，第 648 页）。因此，Cokinnos 案支持这一主张——虽然可以推迟提供程序保障，但是这种保障必须在剥夺变成终局之前提供。这一主张也一再被最高法院维持。［例如见 Parratt 案，451U. S. 第 541 页，101S. Ct. 第 1916 页（“过去免除事先听审要求的判例是基于继开始确定权利义务之后可以获得某种有意义的机会”）］。

听审必须在剥夺变为终局之前进行的规则，在其他涉及拖走和扣

留汽车的案件中也得到同样适用。每一个考虑过这一问题的法院都认为，被拖走的汽车车主——无论汽车是否非法停靠、弃置或报废——都有权获得至少剥夺后的通知和听审。［见 Draper 诉 Coombs，792F2d915，923（第九巡回法院 1986 判决）（认为未提供听审的拖走车的法律是违宪的）；Breath 诉 Cronvich，729F. 2d1006，1011（第五巡回法院）（认为政府必须在事后向非法停车者提供一次听审机会），上诉人请求调卷复审被驳回，469U. S. 934，105S. Ct. 332，83L. Ed. 2d. 268（1984）；Sutton 案，672F. 2dat648（要求通知和听审弃置和非法停靠汽车的车主）；P1333Huemmer 诉欧欣城市长，632F. 2d371，372（第 4 巡回法院 1980 判决）（认为在不包括提供充分的通知和听审的情况下发出拖车命令是违宪的）；Stypmann 诉圣弗朗西斯科市，557P. 2d1338，1344（第九巡回法院 1977 年判决）（要求在事后及时听审）；Mays 诉斯克兰顿市警察局，503F. Supp. 1255，1262—63（宾夕法尼亚州中区联邦地区法院 1980 年判决）（要求事后通知和听审弃置汽车的车主）；Hale 诉 Tyree，491F. Supp. 622；625—26（E. D. Tenn. 德克萨斯州东区联邦地区法院 1979 判决）（宣告未提供事后通知和听审的拖车命令无效）；Craig 诉 Carson，449F. Supp. 385，394—95（佛罗里达州中部地区联邦地区法院 1978 年判决）（同上）；Tedeschi 诉 B1ackwood，410P. Supp，34，43—46（康涅狄格州联邦地区法院 1976 年判决）（由三位法官组成的法庭）（认为授权未提供听审拖走弃置车辆的法律违宪）；Watters 诉 Parrish，402F. Supp. 696，699（弗吉尼西部地区联邦地区法院 1975 判决）（查明第 1983 节所列的请求适用于既不在拖走前也不在拖走后提供听审机会的情形）；Graff 诉 Nicholl，370F. Supp. 974，98283（伊利诺斯州北部地区联邦地区法院 1974 判决）（由三位法官组成的审判庭）（要求在拖走弃置汽车之前的通知和听审）；Valdez 诉渥太华市，《伊利诺斯州上诉判例汇编》（I11. App.）第 3 套丛书第 105 卷第 972 页，《伊利诺斯州判例汇编》（I11. Dec.）第 61 卷第 595 页以下，第 599 页，《美国东北地区判例汇编》（N. E.）第 2 套丛书第 434 卷第 1192 页以下，第 1196 页（1982 年）（认为必须向弃置车辆的车主提供及时的事后通知和听审机会)]。

（二）哥伦比亚特区的政策与惯例

1. 听审机会

[6] 在本案中，特区政府承认其现行政策无论在拖走汽车之前或之后都未提供任何听审程序。我们认为，这一自认对于特区政策是否具有宪法上的效力是关键的。

在必须进行某种听审以保障车辆车主的权利这一问题上不可能有严重分歧。根据现行的特区政策，执行任务的官员决定授权拖走和销毁一辆被认定为“报废”的汽车要查明三个事实：(1) 汽车是非法停靠的；(2) 汽车是“弃置”的；(3) 汽车处于“损坏、拆散或不可修复的状态”(执行官就任何一个上述事实问题作出的决定都有犯错的风险。) 第三个决定，即汽车是否处于“损坏、拆散或不可修复的状态”，尤其具有主观性。[见 Price 案，711F. 2d 第 590 页（决定汽车是否“报废”带着风险；旧的，损坏的汽车仍可动手术)] 斯多堡警官对其估价方法的说法——“就好比你是否送你母亲上教堂一样”——不能保证其决定过程的客观性或准确性。再者，执行官作出的汽车报废决定不受他的上司或其他任何人的审查 [见理查德·沃德的证词第 16—17 页，引自上诉人索引第 299 页，第 314—315 页]。在此情形下，我们认为，在车辆被销毁之前向车主提供某种有意义的听审机会至关重要。

[7] 特区辩称，特区证人在即决判决的审理中所述的非正式程序已经符合了听审的要求，通过这些非正式程序，车主可以努力与执行官取得联系，并争取宽限时间以移走这些车辆。我们不同意这种说法。宪法所要求的某种听审意味着至少受影响的个人有一次在中立的裁决者面前陈述案情的机会。[见 Fuentes 诉 Shevin，407U. S. 67，83，92S. Ct. 1983，1995，32L. Ed. 2d556（1972）；Goldberg 诉 Kelly，397U. S. 254，269，90S. Ct. 1011，1021，25L. Ed. 2d287（1970）；Hale 案，《联邦判例补编》(F. Supp.) 第 491 卷第 626 页（同上)]。本案争议中的程序未满足上述要求。该程序没有提供一次“有意义的

（听审）机会”，因为，正如特区政府承认的那样，与车主联系是执行官的礼节而非车主的权利。该程序也没有满足关于一次无偏见的裁决人的要求，向其申诉的官员与第一次决定汽车“报废”的是同一个人，这就提出一个严重的问题即公正性的问题。[见 Stypmann 案，557F. 2d 第 1343 页（授权拖走汽车的警官在随后针对拖走财产引起的纠纷中不会是“完全中立”的）；Hale 案，《联邦判例补编》（F. Supp.）第 491 卷第 626 页（同上）]。

特区政府的第二个抗辩是，在本案的情形中听审的要求并不是必要的，因为被“贴上了标签”的汽车车主仅仅移动一下汽车就可以避免自己的车被拖走。如果车主需要更多的时间去准备移动汽车的事，他可以提出抗辩，也可以非正式的方式与那个张贴警告标签的警官联系以获得时间宽限。这一观点为地区法院所接受。我们注意到，宪法关于通知的要求和听审机会的要求是相互关联的，听审所要求的形式和时间也可以视最初通知的充分性而有所不同。[见 Gray Panthers 诉 Schweiker 案，《联邦判例汇编》第 2 套丛书第 716 卷第 23 页以下，第 28 页（哥伦比亚特区联邦上诉法院 1983 年判决）（提到了“通知的充分性和随后听审的正式性之间存在的相互作用”）]。因此，如果特区政府向认定为“报废”的车辆的车主提供了有效的事前通知，或者如果在事后提供了有意义的听审，那么特区政府的抗辩可能有用。然而，在本案中两个条件都不符合。

2. 通知

根据提交给我们的卷宗，我们认定，按照宪法的要求特区政府提供的拖走汽车前的通知不够充分。因为警告标签无法提供宪法所要求的充分的通知，至少在本案这种情况下，亦即在汽车经适当许可或登记因而车主的身份易于确定的情况下，这种通知是不充分的。正当程序条款要求通知的形式能够“合理地肯定通知到那些受影响的人……或者，在条件不能合理地允许这种通知时，所选择的形式也要尽可能彻底，大体上不亚于可能采用的其他替代的和通常的变通办法。”（Mullane 案，339U. S. 第 315 页，70S. Ct. 第 658 页）。特区政府以警告标签通知的方法，在一辆汽车没有通行的牌照或没有有效登记标签的情况下，可能符合宪法所要求的充分性。然而在本案这种情况下，汽车业经过适当许可和登记，以警告标签的形式通知就是不充分的，因为这种通知方式不如可能采取的其他替代方法。⑧

其他处理过这一问题的法院也认为，标签通知的方式在汽车或者有牌照或者经过登记的情况下是不充分的。例如，在 Valdei 诉渥太华市一案中［105I11. App. 3d972，61I11. Dec. 595，434N. E. 2d1192 (1982)］，一辆经有效登记的汽车在贴上一张警告标签之后被拖走，法院认为：

> 选择通知的方法必须合理地评估使车主实际获得抗辩政府行为的机会。如果原告的住所容易找到——本案正是如此——市政府就不能靠侥幸的或推定的通知方式来满足正当程序条款的要求……至少要用经过证明或登记的邮件通知才算“适当”。

［同上，《伊利诺斯州判例汇编》（I11. Dec.）第 61 卷第 599 页，《美国东北地区判例汇编》（N. E.）第 2 套丛书第 434 卷第 1196 页；另参见 Craig 案，《联邦判例补编》第 499 卷第 395 页；Graff 案，《联邦判例补编》第 370 卷第 984 页（标签通知只有当汽车没有牌照也没有进行有效登记时才符合宪法的规定）］。

也许象特区政府抗辩的那样，警告标签用于向那些被认定的“报废”的汽车主们提供拖走前的通知是充分的，虽然作为销毁前的通知

---

⑧ 例如特区可以向车主的住所发一个有回执的信函（a certified letter），车主的住所反映在特区的执照和登记记录中（就跟特区在“弃置”汽车情况下的做法一样）。

以贴标签的方法发通知的潜在缺陷在本案的情况下就显现出来了。就象特区政府承认的那样，5 月 1 日贴在普罗伯特汽车上的标签到 5 月 11 日斯多堡警官回到现场时已经不见了。尽管用信件发通知可能不是在每一件案件中都有作用，但是这样更有可能提供实际通知因此更符合正当程序的要求。［参见 Greene v. Lindsey，456 U. S. 444，455—56，102S. Ct. 1874，1880—81，72L. Ed. 2d 249 (1982)（认为在驱逐出房屋的情形下，使用把通知贴在房门上的方法是不充分的，通知必须用信件的形式。）］

不够充分。[见 Cokinos 案，《联邦判例汇编》第 2 套丛书第 728 卷第 502 页（在拖走非法停靠的汽车并非紧急的情形下剥夺财产前的程序不是强制性的要求）] 然而，参见 Zinermon 案 [《美国联邦最高法院判例汇编》（U. S.）第 494 卷第 128—129 页，《最高法院判例汇编》（S. Ct）第 110 卷第 984—985 页（只有在有限的情形下适用剥夺后的程序才是充分的，这些情形包括必须采取快速行动或无法采取剥夺前的程序）]，将街道上的弃置和报废的车辆移走，特区政府的确从中享有很大利益。再者，地方法律也禁止在公共街道的同一个地点停车 72 小时以上。因为警告标签在车辆上保留了至少有那么长时间，因此有理由认为警告标签作为拖走汽车的通知已经足够充分了。

然而，即使假定情况的确如此，特区政府仍然应当向那些被认定为“报废”的车辆的车主们提供某种拖走后（销毁后）的程序保障，以使其政策合乎马修斯价值衡量标准。[见《美国联邦最高法院判例汇编》（U. S.）第 242 卷第 335 页，《最高法院判例汇编》（S. Ct.）第 96 卷第 903 页]。换言之，即使特区政府可以根据一纸标签通知就拖走一辆看起来“报废”的汽车而不违反正当程序，兹后特区政府也不能在不向车主提供拖走的通知和听审机会的情况下又销毁汽车。（见 Cokinos 案，728F. 2d 第 503 页）。依据现行特区政策，一旦一辆汽车被作为“报废”汽车拖走，就几乎是立即销毁。尽管特区政府可能在迅速清除街道上被认为是报废的车辆一事上享有利益，然而其利益在立即销毁这些汽车的行为中即远远不够明显。基于利益权衡，剥夺财产权益的严重性是加诸于车主一方的，结合执行官决定过程中可能自作主张的这一因素，其价值超过了政府从立即销毁被认定为“报废”汽车中享有的任何利益，因而结论是：拖走汽车后的程序是必要的。

特区政府与处理“报废”车辆不同的“弃置”车辆的处理方式反映了其现行政策的不适当性。这两类车辆被拖走前得到的是同样的通知，而弃置车辆却在扣押后获得更多的保护。这些保护包括在市内停车场扣押 45 天和通过经确认的邮件和登报广告的方式通知车主。这种区别对待的逻辑是，弃置的汽车可能还有价值，而报废的车辆没有价值；然而，这种假定的有效性是由执行官单方面的、不受审查的裁决来决定的。

最后，特区政府辩称，在特区政府拖走的弃置和报废车辆年逾12000辆，提供额外的程序保障成本太高。我们发现这一辩解是没有说服力的。在判决之初我们指出，如果政府的成本在确定正当程序的额度时是价值权衡的一个因素，那么仅仅以成本作为不能提供适当程序的借口也并非不可以。[见 Fuentes 案，407U. S. 第 90 页注释 22. 92 S. Ct. 第 1999 页注释 22；Stypmann 案，557F. 2d 第 1344 页；Graff 案，370F. Supp. 第 984—985 页]。但在本案的情形下，特区政府的解释不能自圆其说。根据特区政府负责拖走和扣押车辆的官员的证词，弃置和报废车辆中只有大约 10%～20%有牌照和进行过有效登记。(见理查德·沃德的证词第 41 页，摘引自上诉人索引第 299 页、第 339 页)。因此，没有理由认为增加适当的程序会在公共财政上增加不可承受的负担。况且，在本案判决中，我们并没有指令采取特定的替代程序，而留待地方当局去决定如何兼顾正当程序和成本效益的平衡。

我们重申，我们今天的判决理由（holding）适用范围很小。我们认为，特区的政策违反了那些适当获得许可或登记而被认定为“报废”汽车的车主们的正当程序权利，我们认定，本案中普罗珀特的正当程序权利受到了侵犯。因此，我们推翻了地区法院支持特区政府所请求的即决判决，而确认原告的诉讼请求。我们进一步指令地区法院在其判决中加入普罗珀特依据 1983 节规定向特区政府提出的诉讼请求。在给予普罗珀特多少数额的损害赔偿的问题上我们并没有表明任何意见，在关于警官斯多堡是否有资格享受豁免权的问题上我们也未置可否。

总之，我们的结论是，特区政府关于报废车辆的现行政策，如同处于无法修理状态的车辆本身一样，是无可补救的。我们把估价汽车费用的事留给地区法院决定，让当地政府去选择一个新的政策。

三、结论

基于上述理由，我们推翻了地区法院的判决。我们认为特区政府关于拖走和销毁业经登记或许可的被认为是“报废”车辆的现行政策违反了正当程序，本案上诉人的正当程序权利受到了侵害。我们将本案发回地区法院重审，以决定损害赔偿事宜及与本判决意见不符的其他事项。

裁定如上。

正当法律程序与利益衡量模式

傅郁林　评

本案涉及美国宪法中被认为具有基石或核心地位的一个概念，due process of law，在汉语中被译为“法律的正当程序”[①]、“正当的法律程序”[②]、或法律的“正当过程”。[③] 这是美国宪法中唯一被重复规定的条款——1791 年通过的美国宪法第五修正案，规定：“非经大陪审团提出公诉或告发，任何人不得接受死罪或有辱声名之罪行之控告，唯在陆、海军中或者在战时或者国家危难时刻服役之民兵中发生的案件，不在此限；不得使任何人因同一罪行处于两次生命或身体之危境；不得在刑事案件中强迫犯人作不利于本人之证词；未经正当法律程序，不得剥夺任何人之生命、自由或财产；非有恰当补偿私人财产不得充公。”1868 年通过的美国宪法第十四修正案，规定：“凡出生或规划于合众国并受合众国司法管辖之人，即为合众国及其所居住州之公民。无论何州均不得制定或实施任何法律以损害合众国公民之特权或豁免权；无论何州亦不得不经正当法律程序而剥夺任何人之生命、自由或财产；亦不得不给予在其司法管辖之下之任何以同等之法律保护。”[④]

关于“正当程序”的内涵，一般认为正当程序的立法初衷是针对公正的司法程序而言的，第五修正案规定“法律的正当程序”旨在保证被告人按照规定的诉讼程序得到公平审判。[⑤] 但第十四修正案则与权利法案联系起来，赋予了正当程序以双重内涵，即程序上的正当程序（procedural due process）与实体上的正当程序（substantive due

---

① ［英］丹宁勋爵：《法律的正当程序》，李克强等译、龚祥瑞校，群众出版社，1984 年版；李克强等译，法律出版社 1999 年版。

② 汤维建：《论英美法上的正当法律程序》，载于《东吴法学》苏州大学百年校庆东吴法学院八十五周年院庆专号，第 142 页。

③ 季卫东：《法治秩序的建构》，中国政法大学出版社 1999 年版，第 8 页。

④ 汤维建，上引，第 143—144 页。

⑤ 曾尔恕：《评美国宪法中的正当法律程序条款》，载于《政法论坛》，1990 年第 1 期。

process)，旨在保护公民个人的权利不受州政府权力的不当干涉。当州政府未经正当的法律程序剥夺公民的个人生命、财产或自由权利时，联邦法院有权行使司法审查权，宣布具体行为和构成具体行为依据的立法或政策无效。随着美国对权利保障由程序性保障到实质性保障的转化，当正当程序条款中所提到的权利（如财产权或自由权）实质上被州立法剥夺时，即被认为是未经正当法律程序而剥夺了公民的这一权利。⑥ 正当程序条款在实体上的涵义解释扩大了司法审查的范围，也加强了美国联邦对州的权力控制。不过，由于在许多情况下司法对立法的干预完全可以通过宪法赋予的司法审查权来实现，也由于“正当程序”在实体上的涵义令人费解，而且有被滥解释的危险，因而美国最高法院主张，如果能够找到更合适的用语来指称违宪行为的说法，则尽量不使用实体正当程序这一概念。⑦ 本案是适用第五修正案关于程序上的正当程序内涵作出的判决。

“正当程序”在程序意义上的涵义较为明确，是指政府机构（不仅仅指司法机构）及其工作人员在采取可能对相关个人的生命、财产、自由权利有不利影响的措施时，都必须经过公平、合理、正当的惯例和方式，这些程序业经立法、判例、政策确立，并为公众所共知。政府机构不得枉处擅断。判断政府行为是否符合程序上“正当程序”的要求，在美国理论上有种被称为“双阶结构”的分析方法，⑧ 即首先确定提交司法裁判的事项是否具有受程序保障的资格，亦即是否属于宪法第五修正案和第十四修正案中所称的“生命、财产和自由”权利的范围；然后判断什么样的程序才是“正当”程序。

爱德华兹在本案的“分析”中即遵循了这种“两步程序”方法：

---

⑥ 参见联邦最高法院大法官佩卡姆在1897年“奥尔盖耶诉路易斯安娜州案”中的法律意见。曾尔恕，上引。

⑦ 弗来彻法官口述，傅郁林整理，载于宋冰编：《程序正义与现代化——外国法学家在华演讲录》，中国政法大学出版社1998年版，第462页；季卫东：《法治秩序的建构》，上引，第8页。另参见汤维建关于“实质性的正当法律程序”演变的介绍，上引，第147页。

⑧ 参见汤维建，上引，第151页。

首先，关于普罗帕特所主张的权利是否属于正当程序保护范围的问题，作者仅用了很少的笔墨加以分析，因为当事人双方对此没有争议，法官对于事实没有争议的问题只需直接适用法律作出裁断。在本案中，虽然双方当事人对于上诉人（原告）普罗帕特的汽车是否符合“报废”的标准存有争议，但政府方承认上诉人对其汽车的财产权，因为该汽车的经济价值至少不是可以忽略不计的。依据判例法，只要被剥夺的财产不是可以忽略不计，以至于“其重要性小到无关乎正当程序问题的考量”，那么，政府对该财产进行处理的行为即属于正当程序审查范围。

其次，关于程序保障到什么程度才算“正当”，这是正当法律程序最重要的问题，也是本案的重点问题，其核心内容是判断标准问题。本案采取了利益衡量的标准，即权衡政府行为所涉及的公共利益与私人利益之间的关系，以此作为判断政府行为的程序是否正当的标准。本案适用了著名的马修斯案及其创设的“马修斯要素”法。与此同时，本案还兼顾了最低限度的程序保障标准，即，决定正当法律程序的正式程序单元至少有十个，如公正（中立）的裁决机关、预先告知并说明理由、有陈述意见的机会、裁决机关对证据的书面记录以及裁决机关以书面形式作成裁决并说明事实理由，等等。⑨ 在这些程序单元中，无论公共利益或私人利益的比重多么悬殊，或者说，“无论政府利益怎样重要”，政府行为的“程序总量在任何时候都不能为零”。⑩ 从本案的分析中没有找到所谓“历史判断模式”的痕迹——历史判断模式以探求制宪者原意作为判断程序是否合乎的正当性程度的标准，这种盛行于 19 世纪法律解释方法的“霸主地位”在美国已经由利益衡量模式所取代。

利益衡量模式并非仅仅适用于正当程序的判断过程，读者将从本书收入的许多法律意见书中看到，这一标准在爱德华兹法官的整个司

⑨ 参见汤维建，上引，第 157 页。

⑩ 参见本案法律意见书第二部分“分析”（2—5）。

法判断过程中都居于十分重要的地位。例如，在伯特尔政府案中，法庭对于诉讼资格的审查，确定案件诉由是否消失和司法审查时机是否成熟，都是适用利益衡量模式在对相关各方利益进行详细计算的基础上作出裁判的；在格雷丝案中，这种方法也得到充分应用（见该案例译者的点评）。

详而言之，利益衡量模式是指，程序正当与否的判断要同时衡量受到政府行为影响的私人利益、风险利益以及与政府利益的关系。其中风险利益是指利益在程序中被错误地剥夺的风险，以及，因任何额外程序或者替代程序所产生的利益；而政府利益则包括因为额外的或者替代的程序所带来的财政或者行政负担。在这三种利益中，如果私人利益与风险利益大于政府利益，则法院判断目前所提供的程序保障是不足的，只有采取替代性程序保障才能满足宪法上正当法律程序的要求；如果相反，私人利益和风险利益之和小于政府利益，则法院可以得出结论认为，现行的程序保障已经能够满足正当法律程序的要求。也就是说，程序所要保障的利益越大，则对于程序的需求量越大。[11]

利益衡量模式成为美国当代奉行的主导性理论和司法方法，与西方社会“反形式主义”的法律变革趋势是步调一致的，[12] 在理论上，从传统的法条主义（大陆法系）和判例主义（英美法系）向经验主义和功利主义转变，[13] 从自治型法律模式到回应型法律模式，[14] 从耶林的法律解释观的“理论变节”到霍姆斯的立场转变，[15] 都体现出西方法

---

⑪ 汤维建，上引，第155—156页。

⑫ 参见［美］马克斯·韦伯：《论经济与社会中的法律》，张乃根译，中国大百科全书出版社1998年版，第307页。另参见傅郁林：《知识经济与法律变革》第一部分对法律反形式主义发展趋势的介绍，载于刘剑文主编：《知识经济与法律变革》，法律出版社，2000年版。

⑬ 参见刘庸安：《丹宁勋爵和他的法学思想》，载于［英］丹宁勋爵：《法律的正当程序》、《法律的未来》等（代中译本前言），法律出版社1999年版。

⑭ 参见［美］诺内特、塞尔兹尼克：《转变中的法律与社会》，张志铭译，中国政法大学出版社1994年版。

⑮ 季卫东：《法治秩序的建构》，中国政法大学出版社1999年版，第94页。

律家对于现代社会经济快速发展时期司法性质或司法功能的再认识，而以社会学的方法及经济分析的方法引入，对于司法过程利益衡量模式的形成有着重要影响。⑯ 被认为是霍姆斯后期经验主义和功利主义法学思想继承人的卡佐多法官在《司法过程的性质》中写道："我们从历史、哲学和习惯走到了这样一种力量，它在我们的时代和我们这一代人中正变成所有力量中最大的力量，即在社会学方法中得以排遣和表现的社会正义的力量。法律的终极原因是社会福利。未达到其目标的规则不可能永久性地证明其存在是合理的。"⑰ 卡多佐还引用"外国的法学家"格梅林的同样想法："司法的全部功能，都已经……转移了。表现在司法决定和判决中的国家意志就是以法官固有的主观正义感为手段来获得一个公正的决定，作为指南的是对各方当事人利益的有效掂量，并参照社区中普遍流行的对于这类有争议的交易的看法。"⑱

利益衡量模式把法官无可避免要参与的配置实体权利和社会福利的过程展示于当事人和社会公众面前，越来越多地渗入司法过程的伦理因素昭然于阳光之下，使司法结果更容易获得普通公众的认同即正当性。然而，司法过程中的利益衡量模式却也可能使司法机构在判断其他政府机构行为正当性的同时自身陷入程序正当性的困境。因为"一个社会法律的最终目的，都是为了保证人类行为有序而恒常，并维护国家的稳定。"⑲ 宪法的基础目的在于切实保障宪法上的权利，这种权利的保障不受任何主体判断的影响，而在利益衡量为主体的宪法论证中，法院已不再关心宪法文义的深层结构或宪法的伦理传统，所以，利益衡量被批评为"理论上破坏力十足的虚无主义"。⑳

---

⑯ 见本书译序关于司法过程的性质的论述。

⑰ ［美］卡多佐：《司法过程的性质》，苏力译，商务印书馆 1998 年版，第 38 页。

⑱ 卡多佐，上引，第 45 页。

⑲ Elias 语，转引自［日］千叶正士：《法律多元》，强世功等译，中国政法大学出版社 1997 年版，第 156 页。

⑳ 勃兰大法官语，转引自汤维建，上引，第 157 页。

更值得中国读者注意的是，使法律不拘泥于形式主义和仪式性，探究法律、政策中所蕴含的社会公认准则（价值），即所谓“回应型法”，是法的进化走向更高阶段时的理想模式。然而，回应型法律的风险在于，“过于一般化的倾向、对于判例的不尊重、法官意见不必要的含糊不清、令人沮丧的缺乏坦率、对下级法院查明事实的不屑一顾、对法规的曲解，以及外表上缺少中立和客观。使原则服从于实现期望中的社会结果，使人对‘是否存在或能够存在任何区分法律和政治的事物’产生怀疑。不受抑制的自由裁量权与法律调整格格不入，因为它使法律机构过分容易遭受各种政治环境压力的损害。一种过于开放的法律秩序会丧失在社会中节制权力作用的能力，从而倒退到压制。”㉑

“法律现实主义者的目的是使法律更多地回应社会需要，法律机构应当放弃自治型法通过与外在隔绝而获得的安全性，并成为社会调整和社会变化的更能动的工具。在这种重建过程中，能动主义、开放性和认知能力将作为基本特色而相互结合。”㉒ 中国的法律变革模式受中国所处的经济政治文化发展时代和法律传统制约。从我国经济发展状况及全国整体来看，仍处在工业化时期和传统农业向现代农业产业化过渡的工业经济快速发展时代，在政治上，尚未完成政法分离、司法独立和司法专业化过程，“礼法合一”、追求个案的情理化和适当化仍是法律文化的主要特色。正如季卫东先生指出的那样，“在社会分工的程度不高、组织和制度的资源不足、自由选择的余地不大的场合，压制的出现和扩张就很难为主观所左右。在这时，诉诸道德不仅不会解消压制，反而有可能强化压制，或者造成压制的变态。”㉓ 因此，至少在相当长一个时期内，追求法律“形式主义”仍应是中国法治之路的主要模式，整个社会秩序以普遍性的规则为准绳，政治和法律、立法

㉑ ［美］诺内特、塞尔兹尼克，上引，第 85 页。

㉒ ［美］诺内特、塞尔兹尼克，上引，第 85 页。

㉓ 参见季卫东：《社会变革的法律模式》，载于《转变中的法律和社会》，上引，代译序。

和司法之间泾渭分明，法官在审判独立的原则下受公正而合理的程序的制约，并受立法的严格控制。

中国司法裁判面对依“法”治国与“合情合理”、实事求是与法律真实两种并存的社会需求之间的两难境地，中国法官在法律制度和法律文化的转型期间获得“正当性”更富于挑战性。本案的启示在于，当必须行使自由裁量权以回应变革中的社会纠纷之需要的时候，严格的程序控制、一步一注的判例注释、充分而严谨的理由说明，使法律规范的教条性与法律变革之间的矛盾得以缓和，也使司法过程和结果在传统法律文化与法律变革之中获得应有的正当性和权威性。

格雷丝诉伯格案

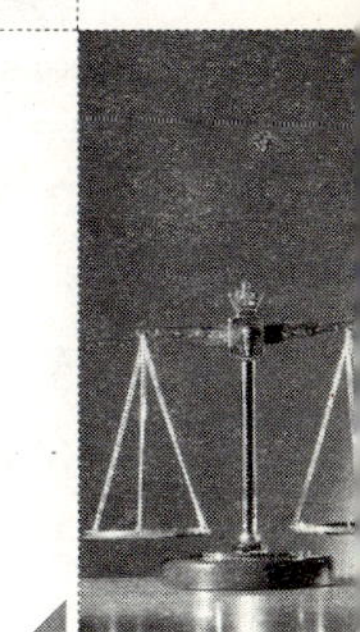

《联邦判例汇编》第2套丛书第665卷第1193页以下
（哥伦比亚特区联邦上诉法院，1981年判决）
[665F. 2d1193（D. C. Cir. 1981）]

许旭* 邵明** 译①

案情摘要

本案中，不被允许在美国联邦最高法院大楼前散发传单的两公民对防止他们这种活动的制定法提出异议（challenged）。他们辩称该制定法违背了宪法第一修正案，即“国会不得制定关于下列事项的法律：……剥夺言论自由”。

为了决定本案中讨论的制定法的合宪性，联邦上诉法院不得不解释许多联邦最高法院已决的、可认为与本案相似的案件。法官们不得不从这些先前的案件中搜集有关的法律原则，并将之适用于当前的案件事实。正如本案所表明的，并非所有法官都以同样的方式解释先前

---

* 许旭，女，中国人民大学法理学博士，现为中国人民大学法学院教师。

** 邵明，中国人民大学民事诉讼法学博士，现为中国人民大学法学院副教授。

① 基于格式统一的需要，由傅郁林对判例引注、法院名称、首部格式等方面的翻译进行了校订，如有不当，应由校者负责。——校者注

案件确立的规则或以同样的方式适用法律标准。事实上，如果组成合议庭的二个法官中的任一个法官足够确信自己对先例所确立规则的解释，他就可以作出一份单独意见（a separate opinion）表达其观点。这种“不同意见”（dissenting opinion）没有法律强制力，因为合议庭的多数意见（the decision of the majority）才是法院的判决。虽然如此，对某一案件有其确信的个人观点的法官们将作出不同意见，希望他们的观点可能最终令人信服，即使这些意见没有约束力。例如，一份精心制作的不同意见可能使联邦上诉法院的其他法官信服而同意重新审理（rehear）此案；或者使联邦最高法院法官受理（hear）上诉；或者使另一法院的法官以该持不同意见法官所建议的方式来判决未来案件。

然而，在本案中，多数派认为，被异议的制定法违反了宪法第一修正案，因为该制定法禁止这种受保护的表达行为的程度，已大大超过了保护政府维护最高法院尊严和治安（the dignity and peace）方面利益的必要限度。宪法第一修正案要求，表达行为只能受到非常有限的、以保护令人信服的联邦政府利益（government interests）为必要的剥夺；该制定法“太过宽泛”（overbroad），因而不具法律效力。

格雷丝诉伯格案
GRACE v. BURGER

《联邦判例汇编》第2套丛书第665卷第1193页以下
（哥伦比亚特区联邦上诉法院，1981年判决）

上诉人
玛丽·莒瑞斯·格雷丝
撒迪杜斯·兹威克，
诉
被上诉人
联邦最高法院大法官华伦·E·伯格，等

案号：80—2044
美国哥伦亚特区联邦上诉法院

辩论于1981年5月27日

判决于1981年9月8日

修正判决于1981年9月22日

上诉自美国哥伦比亚特区联邦地区法院（地区法院民事诉讼案件号：80—01205）

华盛顿联邦助理律师R·克雷格·劳伦斯为被上诉人的代理人，在法律理由书上同为被上诉人代理人的还有华盛顿联邦律师查尔斯·F.C·鲁夫、助理律师罗伊斯·C·莱姆伯斯和助理律师肯尼斯·M·瑞斯勒。

弗吉尼亚州律师塞伯斯汀·K.D·葛雷伯和亚历山大为上诉人的代理人。

由巡回法官马坎南.(Mack Innon)、爱德华兹（Edwards）和金斯伯格（Ginsburg）审判。

本案法庭意见由巡回法官爱德华兹制作。

本案单独意见由巡回法官马坎南制作，他对法庭意见部分反对、部分赞同。

巡回法官哈里·T·爱德华兹：

本案中，上诉人对美国法典第40编第13k节提出异议，该制定法宣称：

> 在最高法院大楼或其所在地，以列队或集会的形式游行、滞留或行进；或在此地展示设计或改装得引起公众注意的任何政党、组织或运动的任何旗帜、横幅或装置都将是非法的。

[40US. C. §13K（1976）]。[②]

就象有责任实施该制定法的联邦最高法院执行官（the Marshal of the Supreme Court）所解释并适用的一样，第13k节禁止所有在联邦最高法院所在地进行的表达行为（包括所有纠察行为和散发传单的行为）。[③]

---

② 最高法院所在地及于四条大街，这四条大街围成一个街区，最高法院大楼就坐落于此。参见40 U.S.C§13P（1976）。

③ 最高法院执行官的书面陈述，记录（“R”）3，被告当庭出示的证据1。的确，在法庭上的言词辩论中，联邦政府律师实际上承认，甚至在最高法院所在地穿表达性的T恤衫或戴表达性的圆形小徽章都将是第13k节所禁止的。

由于下述原因，我们认定，该制定法被宪法第一修正案所反对。意在影响司法（the administration of justice）的公共表达行为可以受到限制［考克斯诉路易斯安那州案，《美国联邦最高法院判例汇编》第379卷第559页（Cox v. Louisiana，379U. S. 559），《最高法院判例汇编》第85卷第476页（85S. Ct. 476），律师版《最高法院判例汇编》第2套丛书第13卷第487页（13L. Ed. 2d487）（判决时间1965年）］，国会也成功地制定了有更多限制的、完全适用于联邦最高法院所在地的制定法——美国法典第18编第1507节（18U. S. C § 1507）。由于我们不能发现任何其他的、有意义的政府利益来证明第13条绝对禁止所有表达行为之规定的正当性，因此我们认为该制定法违宪并且无效。因此，上诉人有权寻求宣告性的禁令型救济。

一、背景

本案事实方面不存在争议。④ 1978年5月，上了年纪的天主教传教士、上诉人撒迪杜斯·兹威克来到联邦最高法院前的人行道上向行人分发传单。他站在出售《华盛顿星报》的投币售货机旁，尽力分发由《华盛顿邮报》刊登的"一封给编辑的信"的翻印本，是关于将联邦法院不称职的法官免职之事。兹威克分发了一些传单之后，联邦最高法院的一个警官（a member of the Supreme Court police）走过来，告知上诉人：美国法典第40编禁止在联邦最高法院所在地散发传单。上诉人因害怕被逮捕就离开了。

1980年1月8日，上诉人兹威克又到联邦最高法院前的人行道上分发手卷，其内容是邀请人们参加几个关于中美洲被压迫人民的宗教会议，并提供了相关资料。像前一次一样，兹威克被告知，如果他继

④ 联邦政府要求即时判决（summary judgment）的动议和地区法院的备忘录（西方图书公司版《联邦地区法院判例汇编》第524卷第815页）都承认了上诉人诉状主张的事实。

续散发传单，就将被逮捕。

1980年2月4日，上诉人兹威克再一次到联邦最高法院人行道上散发传单。然而，这次兹威克告诉警官，哥伦比亚特区联邦上诉法院的一份判决已缩小了美国法典第40编第13k节的适用范围，而仅禁止“故意扰乱、干扰或妨碍司法，或故意影响司法”的行为。[⑤] 于是警官用无线电通知联邦最高法院大楼内的人来澄清问题；接着怀特先生出现了，他说明该制定法没有变化，而且上诉人兹威克因在联邦最高法院前的人行道上散发传单可被逮捕。上诉人抗议说，尽管他散发自选印刷品的权利被否定，但卖报纸是可以的；但他还是平静地离开了。

除以上这些事件外，上诉人玛丽·格雷丝于1980年3月17日来到联邦最高法院前的人行道上，她带着标语独自站在那儿，该标语逐字写下了宪法第一修正案。不久，联邦最高法院的一个警官走过来告诉她，其行为违反了美国法典第40编的规定。警官劝告说，如果她不离开这里，就必须随他一起进联邦最高法院大楼。因害怕逮捕，格雷丝离开了。

1980年5月13日，上诉人兹威克和格雷丝向地区法院提起诉讼，要求法院作出美国法典第40编第13k节完全（on its face）违宪的宣告性判决，并发出永久强制令（permanent injunction）禁止最高法院警官实施该制定法。两当事人都提出了要求对此事的性质作出即时判决动议。然而，1980年8月7日，地区法院以未穷尽行政性救济为由驳回起诉［记录8（备忘录意见）］。但驳回的根据未被摘要说明或者在地区法院经任一当事人辩论。

在上诉中，上诉人声称以未穷尽行政性救济为由驳回上诉是不合适的。上诉人仍要求法庭作出宣布美国法典第40编第13k节完全违

⑤ 美国诉艾波勒，No. 12487—79，程序记录副本第41页［哥伦比亚特区高等法院（D. C. Super. Ct.）1980年1月22日（Hannon. J.）］。

宪的判决，并发出强制令禁止进一步实施该制定法。[⑥] 联邦政府的反应是，尽管它寻求证实，但并不促进穷尽地区法院以之为推理根据的行政性救济。相反，联邦政府辩称，第 40 编第 13k 节是对在联邦最高法院所在地进行的表达行为的适当限制，所以驳回起诉是适当的。

二、行政性救济之穷尽

[1] 兹威克和格雷丝未能使得联邦最高法院执行官允许他们在联邦最高法院所在地从事表达性行为，据此，地区法院驳回其起诉；为此，兹威克和格雷丝现寻求司法保护。依本案情形，地区法院的判决显然错误。我们认为，上诉人的起诉不应由于没有获得许可或没有另外寻求某种未明示的行政性救济而被驳回。

这一处于争议中的制定法并没有规定在联邦最高法院所在地散发传单或进行纠察活动必须得到允许。第 13k 节断然禁止在联邦最高法院所在地的所有表达行为，而不仅仅针对没有得到允许或特许的表达行为［例如比较考克斯诉新罕布什尔州（Cox v. New Hampshire）案，《美国联邦最高法院判例汇编》第 312 卷第 569 页，《最高法院判例汇编》第 61 卷第 762 页，律师版《最高法院判例汇编》第 85 卷第 1049 页，1941 年判决；保罗斯诉新罕布什尔州（Poulosv. NewHampshire）案，《美国联邦最高法院判例汇编》第 345 卷第 395 页，《最高法院判例汇编》第 73 卷第 760 页，律师版《最高法院判例汇编》第 97 卷第 1105 页，1953 年判决］。申言之，人们据以获得在联邦最高法院所在

⑥ 我们注意到上诉人坚持要进行诉讼。上诉人曾尽力在联邦最高法院所在地进行第 13k 节所防止的表达行为。此外，两上诉人都“热衷于在联邦最高法院所在地实现宪法第一修正案包含的权利，要不是考虑到会被逮捕，他们都会又回到联邦最高法院所在地实现这些权利”（记录 I 诉状 II 27）。

地散发传单或进行纠察活动之允许的行政程序还未建立。⑦

最重要的是，在本案中，联邦政府认为在联邦最高法院所在地的所有表达行为（没有例外）均被禁止。走近上诉人的联邦最高法院警官并未说明：如果上诉人事先得到联邦最高法院执行官的批准，其行为就可能被允许。此外，联邦最高法院执行官向地区法院所作的正式书面陈述非常明白地表明，不允许在联邦最高法院所在地从事任何表达行为。⑧ 因此，就联邦政府而言，第 13k 节并没有为在联邦最高法院所在地进行的表达行为考虑或规定任何许可或特许程序。

在这样的情形之下，以未穷尽行政性救济为由驳回起诉不具正当性。(因为）并不存在可供上诉人穷尽的行政性救济。尽管上诉人当时从联邦最高法院执行官处寻求允许不是不可想象的，但这样的行动将是一种空洞的程式（因而毫无必要）。正如美国联邦政府 1858 室雇员诉佩因（Lodge 1858，American Federation of Government Employees v. Paine）［《联邦判例汇编》第 2 套丛书第 436 卷第 882 页（哥伦比亚特区联邦上诉法院，判决时间 1970 年）］案的主审法官罗宾逊（Robinson）在中所陈述的："这种穷尽要求以有效的行政性救济为前提；当任何穷尽行政性救济的努力显然只是一种无效实践时，人们就不可

---

⑦ 美国法典第 40 编第 13 节条（1976）的另一部分规定："除了本制定法［13g—13k］专门的限制和要求，当联邦最高法院执行官为了足以保护联邦最高法院大楼及其所在地和在此处的人员及地产、为了维持此处适宜的秩序与庄重而认为可能有必要作另外的限制时，他可以作出这样的规定……（加了着重号），这一说明显然意在补充这里受异议的制定法所包含的要求。这一部分内容并未给联邦最高法院执行官修改第 13k 节所包含的对表达性活动的完全禁止留下余地。而且，这部分的规定关系到联邦最高法院大楼对公众开放的这段时间。（记录 7）

⑧ 正如联邦最高法院执行官阿尔弗里德·王在书面陈述中所说明的：如果任何人在联邦最高法院所在地从事表达行为（包括携带标语、散发传单或参与示威运动）；那么执法官员（a law enforcement of ficer）就会通知他该行为违反美国法典第 40 编第 13k 节，并会劝诫他停止行动或离开此地，否则将被逮捕。此人将会被给予一段合理时间放弃其行为或离开此地，否则将被逮捕（记录 3. 被告当庭出示的证据 1）。

能去做这种努力。”［《联邦判例汇编》第2套丛书第463卷第896页（单独意见）］。

联邦最高法院执行官的职位和他可能有权不予实施第13k节规定的事实，并不意味着上诉人可以得到“有效的行政救济”。该制定法并未就执行官决定是否同意上诉人请求而允许其散发传单或进行纠察活动规定准则。这就给地区法院的判决带来问题。正如联邦最高法院所说：“若某法律使实现宪法第一修正案包含的种种自由受制于一种在先的限制型许可，而这种许可的权威又没有严格的、客观的、明确的标准引导时，这一法律就是违宪的。”［夏案斯维史诉伯明翰市（Shuttlesworth v. City of Birmingham）案，《美国联邦最高法院判例汇编》第394卷第150—151页，《最高法院判例汇编》第89卷第935页，律师版《最高法院判例汇编》第2套丛书第22卷第162页，判决时间1969年］。而且联邦最高法院还指出：“人们对这样一部违宪的许可性法律可不予理睬，对其要求获得许可才能实现自由表达的规定可得免责。”［同上，《美国联邦最高法院判例汇编》第394卷第151页，《最高法院判例汇编》第89卷第939页。又见罗威尔诉格里芬市（Lovell v. City of Griffin）案，《美国联邦最高法院判例汇编》第303卷第444页，《最高法院判例汇编》第58卷第666页，律师版《最高法院判例汇编》第82卷第949页，判决时间1938年］。[9]

鉴于所有前述理由，我们否决地区法院因上诉人未获得允许或穷尽其他行政性救济而驳回起诉的裁定。

---

⑨ 但参见渥科诉伯明翰市（Walker v. City of Birmingham）案，《美国联邦最高法院判例汇编》第388卷第307页，判决时间1967年（请愿者无权无视过于宽泛和含糊的单方临时强制令）、保罗斯诉新罕布什尔州（Poulos v. New Hampshire）案，《美国联邦最高法院判例汇编》第345卷第395页，《最高法院判例汇编》第73卷第760页，律师版《最高法院判例汇编》第97卷第1105页，判决时间1953年（请愿者无权无视依据另外的具有法律效力的许可性规定，而对表达行为作出的恣意地、不合理地否认）。这两个判决均不适用于当前案件。

三、美国法典第 40 编第 13k 节的合宪性

联邦政府声称，因为第 13k 节对表达行为的禁止并未过分干预宪法第一修正案规定的言论自由，所以地区法院驳回起诉是正确的。上诉人对这种辩称有强烈异议并主张第 13k 节内容完全违宪。让我们转入考虑合宪性法律这一重大问题。⑩

（一）在公共场所的表达自由

有关个人在公共场所表达意见或倾诉不满之权利的案件，依法理是最重要案件中的一类。在多年来审理的无数案件中，联邦最高法院一直努力协调两者：既要遵循宪法第一修正案明确的命令性规定——

---

⑩ 地区法院作为下级法院没有讨论这一问题。"当然"，尽管"联邦上诉法院不考虑下级法院未提出的问题是一个普遍原则"，[星勒顿诉乌尔夫（Singleton v. wulfl）案，《美国联邦最高法院判例汇编》第 428 卷第 120 页，《最高法院判例汇编》第 96 卷第 2877 页，律师版《最高法院判例汇编》第 2 套丛书第 49 卷第 826 页，判决时间 1976 年] 但"事实上，问题可以首先在上诉法院提出并解决；这一过程主要由上诉法院自由裁量，并根据个案事实解决问题"。（同上，《美国联邦最高法院判例汇编》第 428 卷第 121 页，《最高法院判例汇编》第 96 卷第 2877 页）"当然，在有些情形下，联邦上诉法院解决下级法院并未提出的问题有其正当性。"（同上）

我们认为这里就是这样一个案件。双方当事人在法庭和地区法院都已充分讨论了第 13k 节的合宪性。所以，该案并不是一个解决在上诉中才第一次提出的争点而引起过分惊讶或偏见的案例 [就象查利诉开瑞（Charles v. Carey）案，《联邦判例汇编》第 2 套丛书第 627 卷第 790 页注释 32（联邦第七巡回区法院，判决时间 1980 年）]。此外，由于上诉人认为第 13k 节完全违宪，所以这一争点的解决纯粹是法律问题，适宜进行上诉审。[见美国诉布莱克（United States v. Black）案、《联邦判例汇编》第 2 套丛书第 609 卷第 1333 页（联邦第九巡回区法院，判决时间 1979 年）；该判决为联邦最高法院所明确否决，见《美国联邦最高法院判例汇编》第 449 卷第 847 页，《最高法院判例汇编》第 101 卷第 132 页，律师版《最高法院判例汇编》第 2 套丛书第 66 卷第 56 页，判决时间 1980 年]。"但当事实审法院（未被考虑）的争点纯粹是法律问题并且相关的记录相当完备时，特别是当争点象此处一样有完备的案情摘要时，上诉法庭可以考虑这种问题。"由于这些原因，我们认为，若对地区法院之判决的上诉不可避免，而将案件发回原地区法院重审，"就会浪费司法资源"。[美国诉奥勒特（United States v. Aulet）案，《联邦判例汇编》第 2 套丛书第 618 卷第 186 页（第二巡回区法院，判决时间 1980 年）]。

“国会不得制定关于下列事项的法律……剥夺人民的言论自由”,[11] 又要满足联邦政府功能得以完全而适当地发挥的合法需求。在某些案件中，联邦最高法院承认为了自由表达的目的而进入公共场所的宽泛权利；而其他案件中，联邦最高法院又更多地限制第一修正案所确立的自由。我们首先讨论前一类出格的（divergence）案件，并进行可能从联邦最高法院的判决中有所收获的全方位的分析。

1. 确立进入公共场所之宽泛权利的案件

联邦最高法院早已承认为了言论自由进入公共场所的重要性，在哈格诉产业工会联合会（Hague v. CIO）案［《美国联邦最高法院判例汇编》第 307 卷第 496 页，《最高法院判例汇编》第 59 卷第 954 页，律师版《最高法院判例汇编》第 83 卷第 1423 页，判决时间 1939 年］中，联邦最高法院宣布一地方制定法违宪。该制定法规定：没有地方官员的允许，禁止“在公共街道上、公路上、公园内或公共建筑内举行公众游行或公众集会”；“为了防止暴乱、骚乱或无秩序的集会”，官员得拒绝允许［《美国联邦最高法院判例汇编》第 307 卷第 502 页注释 1，《最高法院判例汇编》第 59 卷第 958 页注释 1］。有时，几句话就奠定了在大街上或公园内，个人有无权利表达政治和宗教观点的基石，[12] 大法官罗伯特斯（Roberts）陈述道：

> 无论街道和公园位于何处，我们向来认为其目的在于公用，而且人们向来在这些地方集会、交流思想，讨论公共问

[11] 根据宪法第十四修正案。这一命令性规定不仅针对州行动而制定，还针对国会的行动。［见爱德华兹诉南卡罗林那州（Edwards v. South Carolina）案，《美国联邦最高法院判例汇编》第 372 卷第 235 页，《最高法院判例汇编》第 83 卷第 683 页，律师版《最高法院判例汇编》第 2 套丛书第 9 卷第 697 页，判决时间 1963 年，及其引用的案例］。

[12] 见昆兹诉纽约州（Kunz v. New York）案，《美国联邦最高法院判例汇编》第 340 卷第 293 页，《最高法院判例汇编》第 71 卷第 314 页，律师版《最高法院判例汇编》第 95 卷第 280 页，判决时间 1951 年；格雷耐德诉罗克福德市（Grayned v. City of Rockford）案，《美国联邦最高法院判例汇编》第 408 卷第 115 页，《最高法院判例汇编》第 92 卷第 2302 页，律师版《最高法院判例汇编》第 2 套丛书第 33 卷第 222 页（判决时间 1972 年）。

> 题。从古代起，这样利用街道和公共场所就是公民特权、豁免、权利和自由的一部分。

[同上，《美国联邦最高法院判例汇编》第 307 卷第 515 页，《最高法院判例汇编》第 59 卷第 963 页（过半数意见）]。因为该制定法可被用来作为“恣意压制对国家事务自由地表达观点的工具”[同上，《美国联邦最高法院判例汇编》第 307 卷第 516 页，《最高法院判例汇编》第 59 卷第 964 页]，联邦最高法院宣布该制定法“完全不具法律效力”[同上]。

在公共场所进行自由表达的权利不限于人行道和公园。在爱德华兹诉南卡罗林那州（Edwards v. South Carolina）案 [《美国联邦最高法院判例汇编》第 372 卷第 229 页，《最高法院判例汇编》第 83 卷第 680 页，律师版《最高法院判例汇编》第 2 套丛书第 9 卷第 697 页，判决时间 1963 年] 中，联邦最高法院撤销了对在南卡罗林那州政府大厦所在地有秩序地示威的第 187 黑人中学学生和大学生所作的扰乱治安罪的判决。在示威中，学生们（单个或并肩行走）带着写有“我为是一个黑人而自豪”和“反对种族歧视”的标语牌 [《美国联邦最高法院判例汇编》第 372 卷第 231 页，《最高法院判例汇编》第 83 卷第 681 页]。学生们在州政府大厦所在地集会，该大厦容纳了南卡罗林那州政府的行政、立法和司法机构，他们在此表达“对南卡罗林那州公民以及立法机关的不满”[同上，《美国联邦最高法院判例汇编》第 372 卷第 235 页，《最高法院判例汇编》第 83 卷第 681 页]。在对这些学生的逮捕、定罪和判决过程中，联邦最高法院认为该州已侵犯了学生们在宪法上受保护的言论自由权、集会自由权以及向政府请愿和解决不满的自由。最高法院陈述道：“本案的情形反映了这些基本的宪法性权利以其最原始、最经典的形式得以行使。”（同上）

接着爱德华兹诉南卡罗林那州案，最高法院的其他案件强化并进一步确立了在公共场所的表达自由权。在布朗诉路易斯安那州（Brown v. Louisiana）案 [《美国联邦最高法院判例汇编》第 383 卷第 131 页，《最高法院判例汇编》第 86 卷第 719 页，律师版《最高法院判例汇编》第2套丛书第15卷第637页（判决时间1966年）］中，最高法院放弃了判5个人违反治安秩序罪，这5个人在公共图书馆阅览室以和平的方式默默“静坐”。[13] 联邦最高法院不仅认为根据证据并不能确定他们是否犯有违反治安秩序罪，而且作为多数派的四个法官还认为抗议者的行动受宪法第一修正案保护。[14] 与之相似，在亭科诉得梅因私立社区学校区（Tinker v. Des Moines Independent Community School District）案［《美国联邦最高法院判例汇编》第393卷第503页，《最高法院判例汇编》第89卷第733页，律师版《最高法院判例汇编》第2套丛书第21卷第731页（判决时间1969年）］中，联邦最高法院宣称，宪法第一修正案保护学校的孩子们在学校戴挽纱以抗议越南战争的权利。接下来，在詹妮特·拉肯·布瑞吉德诉国会区警察局局长案［《联邦判例补编》第342卷第575页（哥伦比亚特区地区法院）］［Jeannette Rankin Brigade v. Chief of Capital Police，342F. Supp. 575 (D. D. C.)］，［维持原判的法律文件，见《美国联邦最高法院判例汇编》第409卷第972页，《最高法院判例汇编》第93卷第311页，律师版《最高法院判例汇编》第2套丛书第34卷第236页（判决时间1972年）］中，联邦最高法院无异议地肯定了地区法院三名法官组成的合议庭所作出的判决，即宣称禁止在国会大厦所在地列队或集会的国会法律违宪。[15]

因此，我们发现宪法第一修正案包括的表达性权利及于公共道路

---

⑬ 为抗议图书馆的种族歧视，5名黑人在仅为白人学生服务的图书馆一部门内静坐或静立了10～15分钟。［《美国联邦最高法院判例汇编》第383卷第139页，《最高法院判例汇编》第86卷第772页］。

⑭ 见《美国联邦最高法院判例汇编》第383卷第142页，《最高法院判例汇编》第86卷第724页（过半数意见），及《美国联邦最高法院判例汇编》第383卷第146页，《最高法院判例汇编》第86卷第726页（Brennan. S. 赞成部分）。

⑮ 又见贵格会行动小组诉莫顿（A Quaker Action Group v. Morton）（贵格会行动四组）案［《联邦判例汇编》第516卷第717页（哥伦比亚特区联邦上诉法院，判决时间1975年）］（该案基于宪法第一修正案，取消了就国家公园服务业所作出的规定；这些规定将在白宫前的人行道上进行的示威限制在1000人以内，将穿过这条街道进入拉斐德公园的示威限制在500人以内。）。

和公园，及于州政府大厦和美国国会大厦所在地，及于学校；在布朗诉路易斯安那州案中，作为多数派的四名法官将表达性权利扩及公共图书馆的阅览室。在这种情况下，联邦最高法院都认为，州对于个人使用公共场所交流思想或表达对政府的不满不能强加完全的禁止。

2. 限制宪法第一修正案所保护的活动的案例

联邦最高法院也认为在公共场所的表达权利不是绝对的。考克斯诉新罕布什尔州（Cox v. New Hampshire）案［《美国联邦最高法院判例汇编》第 312 卷第 569 页，《最高法院判例汇编》第 61 卷第 762 页，律师版《最高法院判例汇编》第 85 卷第 1049 页（判决时间 1941 年）］作出了具有里程碑意义的判决，正如被解释的一样，由于禁止未经许可在公共街道上游行或列队行进的制定法引导权威仅考虑“有关的时间、地点和方式以保护（conserve）公众便利”，所以联邦最高法院一致认为该制定法合宪［《美国联邦最高法院判例汇编》第 312 卷第 575—576 页，《最高法院判例汇编》第 61 卷第 765—766 页］。联邦最高法院指出对行使表达自由的时间和地点进行有限的控制有助于为适当的警务提供机会，并有助于防止重叠的游行或列队行进可能造成的混乱（同上，分别在第 576 页，第 765 页）。⑯ 考克斯诉新罕布什尔州案的传统保留了下来。的确，法院最近重新肯定，宪法第一修正案保护的活动“受合理的时间、地点和方式的制约。”［赫夫若诉克利须那意识国际社团组织（Heffron v. Znternational society for Krishna Consciousness，Inc）案，《美国联邦最高法院判例汇编》第 452 卷第 647 页，《最高法院判例汇编》第 101 卷第 2563 页，律师版《最高法院判例汇编》第 2 套丛书第 69 卷第 298 页（1981 年判决）］。

在某些情况下，联邦最高法院赞成对利用公共场所从事表达活动的权利给予相对实质性的限制。在考克斯诉路易斯安那州（Cox

⑯ 联邦最高法院还说明道：正如宪法所保证的，公民自由权意味着维持公共秩序的有组织社会的存在。如果没有后者，自由权本身将在自由的无限制的滥用之中丧失，人们从不认为市政当局为了保证人们利用公共马路的安全和便利而施加规制的做法与公民自由权不相符，反而认为这是保障他们最终依赖的公序良俗的手段之一。

v. Louisiana）［《美国联邦最高法院判例汇编》第379卷第559页，《最高法院判例汇编》第85卷第476页，律师版《最高法院判例汇编》第2套丛书第13卷第487页（判决时间1965年）］一案中，联邦最高法院认为作出以下规定的州制定法合宪：

> 无论何人，如果故意扰乱、阻挠或妨碍司法，或故意影响任何法官、陪审团成员、证人或法庭官员行使职责，而在容纳路易斯安那州的任一法庭的建筑内或其附近进行纠察活动或游行，就应该处以五千美元以下罚款或一年以下监禁或两者并罚。

［《美国联邦最高法院判例汇编》第379卷第560页，《最高法院判例汇编》第85卷第478页］。

尽管联邦最高法院裁决“禁止”援引该制定法［同上，分别在第571页，第484页］，但还是认为：“在使行为受规范调整以便明确重要的社会利益上，该制定法完全具有法律效力；并认为言论自由与受规范调整的行为相结合的事实并不为之带来宪法上的保护。”［同上，分别在第564页，第480页］。

考克斯诉路易斯安那州案的争点是要说明聚集起来的2000人从法院大楼穿过离此101英尺远的大街进行示威的活动是否合法。示威者认为被拘留在法院大厦里的23名学生是被非法逮捕的，示威的主要目的是抗议这一事件［同上，分别在第566页，第481页］。联邦最高法院指出：“这一点可能是没有问题的：即在保护其司法制度免受在法院大楼附近进行的纠察活动可能造成的压力这一问题上，州有其合法利益，”［同上，分别在第562页，第479页］；最高法院得出以下结论：

> 州可能认为保障措施对于保证所有阶段的司法不受控制或影响是必要而适当的。就像审查中涉及的制定法一样，制定了严格的制定法对于明确州在保证依法司法方面的利益，显然既是必要的，又是适当的。

（同上）然而，联邦最高法院阐明，其判决依据的最关键的事实是这一制定得很严格的制定法仅适用于意在扰乱司法的纠察行为。联邦最高法院陈述道：

比如示威者正进行纠察活动，以抗议与司法程序毫不相干的、碰巧其办公室又设在法院大楼里的市长或其他官员的行动这种情况；若缺少制定得适当的、可适用的制定法，人们顾及的因素就完全不同。

[同上，分别在第567页，第482页。]

考克斯诉路易斯安那州一案判决不久，联邦最高法院就将之适用于安德雷诉佛罗里达州（Adderley v. Florida）案［《美国联邦最高法院判例汇编》第385卷第39页，《最高法院判例汇编》第87卷第242页，律师版《最高法院判例汇编》第2套丛书第17卷第149页（判决时间1966年)］。法院认为在监狱所在地进行示威活动的32人犯了非法侵入罪。该案中，示威者没有预先通知或得到狱长的允许，就穿过一条仅用于监狱之相关事务的车道而进入了监狱所在地。在审查该案的过程中，联邦最高法院指出，为安全目的修建的监狱素来不向公众开放，并强调：

> 在正常情况下，特别的监狱入口和车道不能为公众所用，而为治安部门从距之几个街区远的法庭来回运送犯人所用，也可为服务于监狱的商业区所用。甚至在部分示威者撤退后，还有示威者仍在通往监狱入口的车道上阻塞车辆通行。

［《美国联邦最高法院判例汇编》第385卷第45页，《最高法院判例汇编》第87卷第246页。］

联邦最高法院指出，狱长仅反对示威者出现在“为监狱用途而存在的监狱所在地的保留地段”，［同上，分别在第47页，第247页］，法院定了示威者的罪。在这种情形下，联邦最高法院认为，州有权维护处于其控制之下的公共场所用于合法目的（同上）。

一定程度上以安德雷诉佛罗里达州案为依据的最近的一系列案件认为，如果公共场所被不适当地当成“公共论坛”（public forum），州就可以对表达自由作出重大限制。在拉曼诉雪克黑兹市（Lehman

v. City of Shaker Heights）[《美国联邦最高法院判例汇编》第418卷第298页，《最高法院判例汇编》第94卷第2714页，律师版《最高法院判例汇编》第2套丛书第41卷第770页（判决时间1974年）]案中，联邦最高法院赞成市政当局所作出的在该市大型转换系统广告地带不承接付费政治广告的决定，并指出作出该决定是“为了使权利滥用的机会、偏私的出现和向受制听众（a captive audience）施加压力的风险降至最低限度”[《美国联邦最高法院判例汇编》第418卷第304页，《最高法院判例汇编》第94卷第2717页]。与之相似，在格瑞尔诉斯波克（Greer v. Spock）[《美国联邦最高法院判例汇编》第424卷第828页，《最高法院判例汇编》第96卷第1211页，律师版《最高法院判例汇编》第2套丛书第47卷第505页（判决时间1976年）]案中，依据“（军事）长官拥有即时作出决定，拒绝民众（civilians）进入其军事控制区这一历来无异议的权力”[美国联邦最高法院判例汇编》第424卷第838页，《最高法院判例汇编》第96卷第1217页——引述了食堂工人诉麦克埃罗伊（Cafeteria Workers v. McElroy）案，《美国联邦最高法院判例汇编》第367卷第893页，《最高法院判例汇编》第81卷第1747页，律师版《最高法院判例汇编》第2套丛书第6卷第1230页（判决时间1961年）]，及“民众控制下的政治上中立的军事机构这一美国宪法惯例”[《美国联邦最高法院判例汇编》第424卷第839页，《最高法院判例汇编》第96卷第1218页]，联邦最高法院认为，联邦军事基地上禁止所有政治言论的规定并不违反宪法第一修正案。就在最近，依据“维护关押所秩序和权威之利益”，在琼斯诉北卡罗林那州犯人劳工社团联合会（Jones v. North Carolina Prisoners' Labor Union, Inc.）[《美国联邦最高法院判例汇编》第433卷第119页，《最高法院判例汇编》第97卷第2541页，律师版《最高法院判例汇编》第2套丛书第53卷第629页（判决时间1977年）]案中，最高法院赞成北卡罗林那州劳动改造部门颁行的规定；这些规定禁止一个牢区的人拉其他牢区的人参加该联合会，禁止该联合会的所有会议，否认了大量邮寄该联合会出版物的特权。

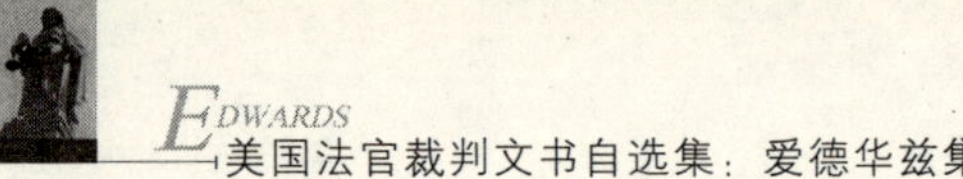

3. 对有关公共场所表达自由案件的分析

遗憾的是，甚至是再仔细地、竭力地重温案件，也难于从联邦最高法院对有关公共场所表达自由案件的判决中分析出贯穿一致的红线。

至少在少数案件中，法院决定某些公共设施不是“公共论坛”。这些案件显示，对表达自由的受异议的限制受到联邦最高法院的轻度审查。例如，在琼斯诉卡罗林那州犯人劳工社团联合会（Jones v. Carolina Prisoners' Labor Union，Inc.）[《美国联邦最高法院判例汇编》第433卷第119页，《最高法院判例汇编》第97卷第2532页，律师版《最高法院判例汇编》第2套丛书第53卷第629页（判决时间1977年）] 案中，联邦最高法院陈述道，由于监狱不是公共论坛，监狱当局“仅需证明他们对有组织的群体区别对待的理性基础。”[《美国联邦最高法院判例汇编》第433卷第134页，《最高法院判例汇编》第97卷第2542页]。与之相似，在拉曼诉雪克黑兹市（Lehman v. City of Shaker Heights）[《美国联邦最高法院判例汇编》第418卷第298页，《最高法院判例汇编》第94卷第2714页，律师版《最高法院判例汇编》第2套丛书第41卷第770页（判决时间1974年）] 案中，联邦最高法院多数意见认为：“规定进入转换系统广告地带的政策和实践不应该是恣意的、反复无常的或令人反感的。”[《美国联邦最高法院判例汇编》第418卷第303页，《最高法院判例汇编》第94卷第2717页]。

只有当联邦政府对言论自由的限制表现得是实质性联邦政府利益的发展所必须时，这些限制才能得到支持，这是一项普遍原则。而以上的司法陈述看起来与这一普遍原则不符。正如在美国诉奥布瑞恩（United States v. O'Brien）[《美国联邦最高法院判例汇编》第391卷第367页，《最高法院判例汇编》第88卷第1673页，律师版《最高法院判例汇编》第2套丛书第20卷第672页（判决时间1968年）] 案中，联邦最高法院陈述道：

> 如果政府对言论自由的某项限制在政府的宪法性权力范围之内，如果它促成重要或实质性的政府利益，如果该政府利益不涉及对表达自由的压制，如果这一对宪法第一修正案

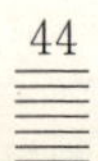

宣称的自由的偶然限制不超过实质性政府利益的发展所必须的程度，那么该项限制有其充足的正当性。

[《美国联邦最高法院判例汇编》第391卷第377页，《最高法院判例汇编》第88卷第1679页。]

不久前，在赫夫若诉克利须那意识国际社团组织（Heffron v. International society for Krishna Consciousness, Inc.）[《美国联邦最高法院判例汇编》第452卷第640页，《最高法院判例汇编》第101卷第2559页，律师版《最高法院判例汇编》第2套丛书第69卷第298页（1981年判决）]案中，联邦最高法院重申："（针对宪法第一修正案保护的活动的）时间、地点、方式的（一项）有效规定还必须'有利于重大的政府利益'。"这是无条件的。[《最高法院判例汇编》第101卷第2563页——引述了弗吉尼亚州药剂学委员会诉弗吉尼亚消费者协会（Virginia State Board of Pharmacy v. Uirginia Citizens Consumer Council, Inc.）案，《美国联邦最高法院判例汇编》第425卷第771页，《最高法院判例汇编》第96卷第1830页，律师版《最高法院判例汇编》第2套丛书第48卷第346页（判决时间1976年）]。

尽管从表面看来，联邦最高法院的这些各种各样的意见的确有些相互背离之处；但仔细看来，我们却发现它们之间并不存在基本的不一致。事实上，联邦最高法院在所谓的"非公共论坛（non-public forum）"案件中已经建议，更低程度的审查可能更为合适；然而，关于公共设施不是"公共论坛"的判决在其中每个案件中都伴随着这样的表达：即重大的政府利益使州有正当理由维护公共场所用于其合法目的。例如，建立军事基地仅是为了训练士兵并保护国家，而为了成功地达到这些目的，对民众准入规定了严格的纪律、秩序和限制。建立关押所仅是为了收容和改造那些罪犯；而为了维持安全和秩序（security and order），对个人自由和自治规定了严格的限制。依这些设施的自然属性，它们都有特殊的特征，即州有权在这些地方对表达行为施加比在公共人行道或公园更大的限制。然而，甚至在涉及这些设施的案件中，联邦最高法院也指出，宪法第一修正案规定保留特权与州限定公共场所的合法用途并不矛盾。正如联邦最高法院在琼斯诉北卡罗林那州犯人劳工社团联合会案中认识到的：“一个囚犯保有那些宪法第一修正案规定的权利与他作为罪犯的身份或改造制度的合法的、刑罚意义上的目的并不矛盾。”[《美国联邦最高法院判例汇编》第433卷第125页，《最高法院判例汇编》第97卷第2537页——引述了佩尔诉普洛秋尼尔(Pell v. Procunier)案，《美国联邦最高法院判例汇编》第417卷第822页，《最高法院判例汇编》第94卷第2804页，律师版《最高法院判例汇编》第2套丛书第41卷第495页（判决时间1974年）]。

[2] 因此，我们认为联邦最高法院的判决表明，政府无论何时否认公众在一般而言对他们开放的公共场所行使表达自由的权利，都必须有重大的政府利益作为这种限制的正当化理由——不论该利益是来源于公共场所自身的属性，还是来源于其他方面。而且，对表达自由的限制不得超过“政府利益发展所必要的程度。”[美国诉奥布瑞恩(United States v. O'Brien)案，《美国联邦最高法院判例汇编》第391卷第367页，《最高法院判例汇编》第88卷第1679页，律师版《最高法院判例汇编》第2套丛书第20卷第672页（判决时间1968年）]。当然，甚至以非暴力方式进行的表达行为，“当它扰乱至关重要的政府设施之运作时，”也可能被禁止，[开瑞诉布朗（Carey v. Brown）案，《美国联邦最高法院判例汇编》第447卷第470页，《最高法院判例汇编》第100卷第2295页，律师版《最高法院判例汇编》第2套丛书第65卷第263页（判决时间1980年）]；州保有“维护处于其控制之下的公共场所用于合法目的”的权力。[安德雷诉佛罗里达州（Adderley v. Florida）案，《美国联邦最高法院判例汇编》第385卷第47页，《最高法院判例汇编》第87卷第247页，律师版《最高法院判例汇编》第2套丛书第17卷第149页（判决时间1966年）] 联邦最高法院在格雷耐德诉罗克福德市（Grayned v. City of Rockford）[《美国联邦最高法院判例汇编》第408卷第104、116页，《最高法院判例汇编》第92卷第2303页，律师版《最高法院判例汇编》第2套丛书第33卷第222页（判决时间1972年）] 案中也许作了最好的陈述：“关键问题是表达自由的方式是否与特别时间，在特别地点进行的正常活动基本不相宜。”

带着这些原则，我们转入考虑当前的案件。

（二）表达自由与最高法院所在地

［3］在本案中，我们关心一个制定法，正如该制定法被解释的一样，它禁止在联邦最高法院内及其所在地的所有表达行为。不管表达行为传达出的信息（the message）是否涉及法院未决的任何事情，这种禁止都适用；不管这种信息意味着或造成什么后果，公共表达行为都被禁止。不管法院是否处于开庭期，该制定法均适用，并且及于环绕联邦最高法院大楼的、白天黑夜都向公众开放的宽阔的人行道。的确，可以想象，该制定法完全禁止晚上10点在最高法院大楼前的人行道上穿有表达性质的T恤衫或戴有“我爱美国”字样的圆形小徽章。因此，我们不去关心规制表达行为的时间、地点、方式或仅保护这种规制结构有效功能发挥的严格规定。正如其被解释的一样，该制定法断然禁止所有表达行为。

使限制法院大楼内及其附近的纠察行为和其他形式的表达行为正当化的实质性政府利益当然存在。在美国，由司法程序观照正当程序之宪法性保障，这就未给公共压力影响和主宰司法系统留下任何余地；法庭辩论适当地展现于原被告的正式诉状、律师作的案件摘要和备忘录中，而不是布告上。尽管“法官应该是坚韧不拔的男人（和女人），在恶劣的大环境之下仍能斗志昂扬”［克瑞格诉哈内（Craig v. Harney）案，《美国联邦最高法院判例汇编》第331卷第367页，《最高法院判例汇编》第67卷第1255页，律师版《最高法院判例汇编》第2套丛书第91卷第1546页（判决时间1947年）］，但联邦最高法院也认识到：“法官也是人；立法机关也能认识到一些法官……将有意无意地受法院大楼内及其附近示威活动影响这样一种危险”。［考克斯诉路易斯安娜州（Cox v. Louisiana）案，《美国联邦最高法院判例汇编》第379卷第559页，《最高法院判例汇编》第85卷第481页，律师版《最高法院判例汇编》第2套丛书第13卷第487页（判决时间1965年）］。

鉴于以上考虑，“州也可适当地保护司法程序免受公共意志错误判断的影响。”（同上）由于法庭可能碰巧接受法院大楼处示威者有力鼓吹的立场，“州可以防止公众结论影响的可能性……这种可能性表明法官的行动一定程度上是怯懦的产物，而不仅仅是公平和司法程序有序运作的结果。”（同上）

我们无需决定将这些因素的影响控制在何种程度对美国联邦最高法院的司法程序才是适当的。如上所述，处于争议中的这一制定法决不限于禁止那些可能存在影响联邦最高法院大法官这种风险的表达行为；或者，可能更现实的是，绝对禁止可能歪曲公众对联邦最高法院判决之看法的表达行为。⑰ 的确，美国法典第13k节的立法过程证明国会没有具体列出司法公正或公众对司法程序的信心这样的因素。⑱

然而，更重要的是，美国法典第18编第1507节全面列出这些因素，它规定：

> 无论何人，如果故意扰乱、阻挠或防碍司法；或故意影响任何法官、陪审团成员、证人或法庭官员行使职责，而在容纳美国任一法庭的建筑内或其附近，或在法官、陪审团成员、证人或法庭官员占用或使用的建筑或居所内或其附近进

---

⑰ 联邦最高法院在考克斯诉路易斯安那州（Cox v. Louisiana）［《美国联邦最高法院判例汇编》第379卷第559页，《最高法院判例汇编》第85卷第476页，律师版《最高法院判例汇蹁》第2套丛书第13卷第487页（判决时间1965年）］案中赞成有处于争议中的这一制定法，并强调这一制定法是“一个精确的、被严格限定的规制性制定法，该制定法剥夺从事一定的特殊行为的权利”［《美国联邦最高法院判例汇编》第379卷第562页，《最高法院判例汇编》第85卷第479页］。如上所述，联邦最高法院注意到：“（如果）缺少一个适当制定的、合适的制定法，就将作完全不同的考虑。例如，对于这种情况：示威者正进行纠察活动以抗议与任何司法程序毫不相干的某市市长或其他官员的行动，而恰巧这一市长或官员在法院大楼内有一间办公室。”［同上，分别在第567页，第482页］。

⑱ 与现在的美国法典第40编第13k节配套的参众两院的报告都很简明。在相关部分，众院报告直接指出：为维护处于一定地域的联邦最高法院的尊严，与制定保护美国国会大厦的条款相似，应该制定法律条款以管制联邦最高法院大楼及其所在地。这是全体委员会在司法方面的决议摘要。［H. R. Rep. No. 814，81st Cong、1st Sess，2（1949）］。与之相似，参议院指出：为了维护美国联邦最高法院、容纳联邦最高法院的大楼及其所在地的尊严，全体委员会认为应迅速制定制定法。［S. Rep，No. 719，81st Cong.，1st Sess，2（1949）］。

行纠察活动或游行；或有以上故意，而使用带喇叭的卡车或类似装置或求助于任何其他在以上建筑或居所内或其附近进行的示威活动，应处以五千美元以下罚款或一年以下监禁或两者并罚。

[18U. S. C § 1507 (1976)]

在上述考克斯诉路易斯安那州案中提到的、与美国法典第 1507 节如出一辙的一项州制定法之合宪性已为联邦最高法院所认可。第 1507 节禁止在联邦最高法院所在地进行的意在影响联邦最高法院法官或扰乱司法的表达行为；所以，我们发现美国法典第 40 编第 13k 节绝对禁止所有的表达行为不具正当性。

然而，联邦政府认为这一绝对禁止是必要的，对于维持联邦最高法院的尊严和庄重（the dignity and decorum）也是适当的。的确，这看起来是立法过程中起促成作用的唯一的正当性理由。"[19] 尽管不可否认，美国法典第 18 编第 1507 节并未以清晰的措辞来保护联邦最高法院的尊严和仪礼；[20] 我们并不认为仅仅这一理由就足以证明第 13k 节对表达自由的绝对禁止的正当性。

在詹妮特·拉肯·布瑞吉德诉国会区警察局局长（Jeannette Rankin Brigade v. Chief of Capitol Police）[《联邦判例补编》第 342 卷第 575 页（哥伦比亚特区地区法院），维持原判的法律文件，见《美国联邦最高法院判例汇编》第 409 卷第 972 页，《最高法院判例汇编》第 93 卷第 311 页，律师版《最高法院判例汇编》第 2 套丛书第 34 卷第 236 页（判决时间 1972 年）] 一案中，地区法院三名法官组成的合议庭审查了一个有着相似措辞的，禁止在美国国会大厦所在地进行的所有游行或纠察活动的制定法。法庭宣布该法令完全违宪，并明确地反驳

---

⑲ 见注 17，又见 95 Cong. Rec. 8962（1949）（众议院议员塞勒的评论）："议案所做的就是不偏不倚地对联邦最高法院大楼和它的邻接地带适用与现在对国会大厦适用的相同的原则。"

⑳ 然而，对于任何意在保护司法不受扰乱的法律是否有助于维护联邦最高法院的尊严和庄重这一问题还存在争议。

了这样一种论辩，即"'治安'、'宁静'、'威严'（majesty)、维持'公园似的环境'、'通过公共建筑的视觉高度树立政府的崇高地位'"都是排除在国会大厦所在地的进行所有公共表达行为的正当理由［《联邦判例补编》第342卷第585页］。法庭毫不含糊地陈述道："如果果真如此，国会希望法院是有着公园似环境的安宁之所的愿望与宪法第一修正案的原则根本不符。"（同上）

毫无疑问，联邦最高法院大楼的威严（majesty）能够且确实树立了公众对大楼内重要政府功能之发挥的信心。然而，尽管国会大厦和联邦最高法院大楼容纳不同的政府部门，因而对自由表达之限制的正当性理由也不同；但我们相信，如果说"通过公共建筑的视觉高度树立政府的崇高地位"很难证明在美国国会大厦所在地绝对禁止表达自由的正当性；同样地，这一理由也很难证明在联邦最高法院所在地绝对禁止表达自由的正当性。在这些建筑附近看到一个纠察队员的确可能破坏别样纯静的早晨或这些建筑完美的中心掠影。然而，正是这种不快（若果真如此）可能引起旁观者或过路人停下来观坐、了解问题、对志趣相投者产生共鸣。在某种程度上，这种了解和交流正是宪法第一修正案所要保护的。

联邦最高法院之"治安"和"庄重"这一利益并不能成为证明第13k节绝对禁止表达行为之正当性的唯一理由。的确，政府不能完全断言在联邦最高法院外面进行的所有表达行为都对法院的治安和庄重产生不良影响。因此，尽管所主张的利益本身是合法的，但它不能证明此处有争议的这种完全禁止的正当性。

我们简直不能相信所有的表达行为都"扰乱至关重要的联邦政府之设施的运作"开瑞诉布朗（Carey v. Brown）案，［《美国联邦最高法院刊例汇编》第447卷第470页，《最高法院判例汇编》第100卷第2295页，律师版《最高法院判例汇编》第2套丛书第65卷第263页（判决时间1980年）］。在安德雷诉佛罗里达州（Adderley v. Florida）［《美国联邦最高法院判例汇编》第385卷第39页，《最高法院判例汇编》第87卷第242页，律师版《最高法院判例汇编》第2套丛书第17

卷第149页（判决时间1966年）］一案中，一百多个示威者阻塞了通向监狱车道的车辆通道，而这一监狱车道“正常情况下不为公众使用，乃是为治安警察部门从距之几个街区远的法庭来回运送犯人所用，也可为服务于监狱的商业区所用”，［同上，分别在第45页，第246页］与这一案件表现出的情况不同，第13k节规定的有争议的禁止对于政府“维护处于其控制之下的公共场所用于合法目的”并不是必要的［同上，分别在第47页，第247页］。政府没有提出任何事实来表明在联邦最高法院外人行道上进行所有表达行为“与特别时间、在特别地点的正常活动基本不相宜”［格雷耐德诉罗克福德市（Grayned v. City of Rockford）案，《美国联邦最高法院判例汇编》第408卷第116页，《最高法院判例汇编》第92卷第2303页，律师版《最高法院判例汇编》第2套丛书第33卷第222页（判决时间1972年）］。

联邦政府表示，在这些建筑附近的其他地方的表达自由不受剥夺；但这也不足以证明绝对禁止的正当性。正如联邦最高法院在先雷德诉国务院（Schneider v. State）案［《美国联邦最高法院判例汇编》第308卷第147页，《最高法院判例汇编》第60卷第146页，律师版《最高法院判例汇编》第84卷第155页（判决时间1939年）］中断然宣称：

> 表达自由如果以其可以在某其他地方实现为由而被剥夺，那么人们将不会有在合适的地方实现表达自由的权利。

［《美国联邦最高法院判例汇编》第308卷第163页，《最高法院判例汇编》第60卷第151页］

的确，“如果权利仅能在乐善好施的政府为狂想者提供的安全的天堂实现的话，那么言论自由并不真正存在”［亭科诉得梅因私立社区学校区（Tinker v. Des Mones Independent Community School District）案，《美国联邦最高法院判例汇编》第393卷第503页，《最高法院判例汇编》第89卷第740页，律师版《最高法院判例汇编》第2套丛书

第21卷第731页（判决时间1969年）]。[21]

简言之，我们查明，不存在能证明第13k节绝对禁止表达行为之正当性的利益，毫无疑问，联邦最高法院是宪法第一修正案所含权利的最有力的保护者，如果这些权利从来不可能在联邦最高法院所在地以任何形式实现，联邦最高法院所在地也只是作为一个沉默的岛屿（an island of silence）而存在；那么，我们确实认为这是可悲的。

在这里，我们强调我们并不赞成意在扰乱联邦最高法院或以任何方式影响司法的表达行为，美国法典第18编第1507节适当地禁止这样的行为。我们也不赞成任何个人在联邦最高法院大楼处进行纠察活动或散发传单，然而，处于争议中的第13k节禁止在联邦最高法院内外进行的、与联邦最高法院事务毫不相干的表达行为。由于这种笼统的禁止与宪法第一修案之原则不符，故而该制定法完全不具法律效力。

基于以上看法，我们无需检验当前案件的事实来决定上诉人从事的特别行为是否受宪法第一修正案的保护。正如联邦最高法院在最近的绍姆堡诉追求更优环境的公民（Village of Schaumburg）[《美国联邦最高法院判例汇编》第444卷第620页，《最高法院判例汇编》第100卷第826页，律师版《最高法院判例汇编》第2套丛书第63卷第73

---

[21] 最近的赫夫若诉克利须那意识国际社团组织（Heffron v. International society for Kdshna Consciousness, Inc.）[《美国联邦最高法院判例汇编》第452卷第640页，《最高法院判例汇编》第101卷第2559页，律师版《最高法院判例汇编》第2套丛书第69卷第298页（1981年判决）] 案的判决已经改变了这一原则。此案中，联邦最高法院认为，为了维持参观州的大量商展的人群的有序活动，州可以要求宗教组织仅在商展地内设的指定商亭分发、销售宗教作品和募捐。联邦最高法院基于宪法而拒绝区分“商展所在地的开放区域和位于商展所在地的商亭所在的地域”[《院判例汇编》第101卷第2559页n. 16]。联邦最高法院细致地陈述道：

由于被告被允许在商展所在地内募集资金并分发、销售宗教作品，尽管有固定的地点，但因此就说规则6.05确立了对这种在有关的公共论坛进行的、应受保护的活动的禁止是不正确的。（同上）此案中有争议的制定法不仅适用于在联邦最高法院进行的表达行为；相反，还绝对禁止整个最高法院所在地的所有表达行为。

页（判决时间1980年）］一案中所陈述的：

> 假如在某一案件或争端中，其自己的活动不受保护的某一当事人通过显示某一制定法实质上剥夺了未上法庭的其他当事人的受宪法第一修正案保护的权利，而可以对该制定法提出异议。

［《美国联邦最高法院判例汇编》第444卷第634页，《最高法院判例汇编》第100卷第834页］[22]。第13k节禁止在联邦最高法院内外进行的，与联邦最高法院事务毫不相干的表达行为。我们认为这种绝对禁止过分剥夺了宪法第一修正案保护的权利。因此，尽管从摆在我们面前的记录来看，上诉人的行为显得与联邦最高法院的事务毫不相干并应受宪法第一修正案保护，我们却无需作这样的判断。由于第40编第13k节不是严格制定来促进合法的州利益的，所以上诉人有权得到他们寻求的救济。

"不同意见"努力以狭义的解释论证第13k节，建议"该部分应限于……防止那些旨在推销和宣传（promoting and propagandizing）我们的多元社会中许多现有的运动所支持的政治党派和各种主义的表达行为"。然而，若果真如此，这种解释能何种程度地克服绝对禁止并不清楚。"不同意见"最终以实际上包括所有表达行为的方式来解释"政治党派"、"组织"、"运动"和"主义"。因此，我们无法从持不同意见者对第13k节的观点中看出其与政府对第13k节的解释有任何可理解的区别；也就是说，第13k节禁止任何时间、在联邦最高法院周围的任

[22] 尽管这一原则不可适用于某些商事言论案件，［见倍茨诉亚利桑那州律师协会（Bates v. State Bar of Arizona）案，《美国联邦最高法院判例汇编》第433卷第350页，《最高法院判例汇编》第97卷第2691页，律师版《最高法院判例汇编》第2套丛书第53卷第810页（判决时间1977年）］，但这里与这一原则的限制适用无关。

何公共场所进行任何表达行为。[23]

尽管为了避免判第13k节违宪，我们宁愿接受对该制定法的狭义解释［克罗威尔诉本森（Crowell v. Benson）案，《美国联邦最高法院判例汇编》第285卷第62页，《最高法院判例汇编》第52卷第296页，律师版《最高法院判例汇编》第76卷第598页（判决时间1932年）］；但在这里，有效的解释简直是不可能的。第13k节不充分的立法过程仅表明国会某种程度地希望联邦最高法院象国会大厦一样，被置于警戒线以内、沉默之中（见注17、18），在詹妮特·拉肯·布瑞吉德诉国会区警察局局长（Jeannette Rankin Brigade v. Chief of Capitol Police）［《联邦判例补编》第342卷第575页（哥伦比亚特区地区法院）（合议庭由三名法官组成），维持原判的法律文件，见《美国联邦最高法院判例汇编》第409卷第993页，《最高法院判例汇编》第93卷第311页，律师版《最高法院判例汇编》第2套丛书第34卷第236页（判决时间1972年）］一案中，依据宪法第一修正案，一项措施被彻底否定。第13k节的立法过程与该制定法的所有措辞和几十年以来一贯宽泛的实施相结合，阻碍着限制性的解释［G. Endlich，立法解释集注第178—180条（1888）］。的确，政府承认第13k节是对所有在联邦最高法院所在地进行的表达行为的完全禁止（total ban）。当然，国会可以立法严格限制在联邦最高法院所在地进行的、威胁重大政府利益的表达行为，但必须由国会来制定新的立法［阿普塞克诉国务卿（Aptheker v. Secretary of

---

[23] 不同意见的解释将实际上某种程度地限制制定法的适用范围，这就可能提高其他潜在的合宪性不充分的机会。对支持各种各样的"运动"和"主义"的表达行为的禁止既可认为是模糊违宪［见海因斯诉沃瑞德尔市市长Hynes v. Mayor of Oradell）案，《美国联邦最高法院判例汇编》第425卷第610、621—622页，《最高法院判例汇编》第96卷第1755、1761—1762页，律师版《最高法院判例汇编》第2套丛书第48卷第243页（判决时间1976年）］本案中，限制为"政治运动和主义"奔走拉票的条例因其模糊性而被判不具法律效力，也可认为是选择性违宪［见芝加哥警察局诉莫斯雷（Police Department of Chicago v. Mosley）案，《美国联邦最高法院判例汇编》第408卷第92、98—99页，《最高法院判例汇卷》第92卷第2286、2291—2292页，律师版《最高法院判例汇编》第2套丛书第33卷第212页（判决时间1972年）］本案中，规制纠察活动的条例因其针对的主题而被判不具法律效力。

State）案，《美国联邦最高法院判例汇编》第 378 卷第 515—517 页，《最高法院判例汇编》第 84 卷第 1668—1669 页，律师版《最高法院判例汇编》第 2 套丛书第 12 卷第 992 页（判决时间 1964 年）]。

最后，我们不能同意我们持不同意见的同事的意见。他们认为联邦最高法院的秩序与庄重之利益与宪法第一修正案的原则一致；并认为这些利益为绝对禁止任何时侯、在联邦最高法院所在地的任何地点进行表达行为的正当性提供了理由。[24]

四、救济

本案的结论是，上诉人有权要求对美国法典第 40 编第 13k 节作出其完全违宪的宣告性判决，并有权要求法院发出一份禁止政府实施第 13k 节的永久强制令。本院将本案发回地区法院作出适当的救济判决。

特此裁定。

巡回法官马坎南部分反对、部分赞同以上意见（下面内容是判决书所载的不同意见——译者注）：

依我看来，维护最高法院的秩序与庄重是保证法律的正当程序、彰显正义所必需的，这一重大政府利益使第 13k 节对表达行为设定的限制具有正当性。[25]

㉔ 我们也来回忆回忆布莱克大法官的话。不同意见承认他是"宪法第一修正案所含自由的伟大的维护者"。（不同意见，见本书第 1210 页）在布瑞吉斯诉加利福尼亚州（Bridges v. California）案［《美国联邦最高法院判例汇编》第 314 卷第 252 页，《最高法院判例汇编》第 62 卷第 190 页，律师版《最高法院判例汇编》第 86 卷第 192 页（判决时间 1941 年）］中，联邦最高法院认为，强烈批评法院的院外出版物会引起对司法机关的不尊重或者扰乱对未决案件的有序司法这一"固在趋势"并不足以确立可惩罚的蔑视法庭罪（同上，《美国联邦最高法院判例汇编》第 314 卷第 270—273 页，《最高法院判例汇编》第 62 卷第 197—198 页），布莱克大法官认为：

不管受到怎样的限制，仅以维护司法部门的尊严之名强制形成的沉默可能更多地是引起对法院的憎恶、怀疑和蔑视，而不是增加对法院的尊重。

㉕ 联邦最高法院执行官认为他是依"美国法典第 40 编第 13k 节"行事，并认为其行动包括适用美国法典第 18 编第 1507 节的权威。

一

第 13k 节规定：

> 在联邦最高法院大楼或其所在地，以列队或集会的形式游行、滞留或行进；或在此地展示设计或改装得引起公众注意任何政党、组织或运动的任何旗帜、横幅或装置都将是非法的。

该条款可分为两个具体部分。第一部分禁止以列队或集会的形式游行、滞留、行进。第二部分禁止展示设计或改装得引起公众注意任何政党、组织或活动的任何旗帜、横幅或装置。

就本案讨论的兹威克三次出现在联邦最高法院前的人行道上而言，[26] 第一部分的不可适用性很明显。第一部分仅适用于群体活动，而本案上诉人据以起诉的每一事件仅涉及个人行为。第二部分的意思要求更仔细地推敲法律语言。尽管“旗帜”和“横幅”可能描绘出容易识别的事物，但加入“装置”（device）一词就使得将这三个词局限于一组特别事物的工作变得十分困难。“装置”看起来包括能够展示的任何事物，包括格雷丝的标语和兹威克的各种传单。接着，寻求对第 40 编第 13k 节第二部分的合理限制引出该条最后的从句——“设计或改装得引起公众注意的任何政党、组织或运动。”

我将解释制定法中禁止以各种理由推销政治派别、组织和运动的部分。在我看来，制定法的这部分是禁止在联邦最高法院大楼及其所在地传播或宣传政治党派及崇尚各种主义的运动。如果这样的活动被允许，公众心目中将某种程度地形成这样一种印象：即联邦最高法院被卷入院外的压力和纠察活动之中或受它们影响。我们三权分立的政府在避免司法部门显得受政治力量和所有外在压力之影响方面有其重

[26] 尽管兹威克三次去了联邦最高法院，但他 1980 年 2 月 4 日去的一次目的不明显。记录仅显示他企图“分发有关危地马拉政治和人权压迫问题的传单”。为了裁断当前问题的合宪性，我对这一事件和 1980 年 1 月 8 日发生的事件将不作区分。后一事件是兹威克分发邀请人们参加有关中美洲的政治权利和人权问题的宗教会议的手卷。

大利益。政府在其公共建筑周围的秩序与庄重方面有重大利益，但当这种大楼容纳的是法院甚至是联邦最高法院这种仅仅致力于法庭事务的机构时，政府的这种利益就承载着完全不同的要旨。公众成员只能通过正当程序的途径适当地向法官提出申诉。正当程序不允许司法受公众压力或其表现（the appearance）的影响。

国会制定了联邦法官认为违宪的制定法——美国法典第 28 编第 455（a）节，该制定法实际上规定了即使是外在压力的表象也应从司法程序中排除出去。这遵循了早些时最高法院的判决，该判决要求"司法必须满足形式正义（the appearance of justice）"［奥伏特诉美国（Offutt v. United States）案，《美国联邦最高法院判例汇编》第 348 卷第 14 页，《最高法院判例汇编》第 75 卷第 13 页，律师版《最高法院判例汇编》第 99 卷第 11 页（判决日期 1954 年）（加了着重号）］。该原则已适用于大量案件［梅白瑞诉宾夕法尼亚州（Mayberry v. Pennsylvania）案，《美国联邦最高法院判例汇编》第 400 卷第 465 页，《最高法院判例汇编》第 91 卷第 504 页，律师版《最高法院判例汇编》第 2 套丛书第 27 卷第 532 页（判决时间 1971 年）；关于国际商业机械股份有限公司（In re International Business Machines Corp.）案，《联邦判例汇编》第 2 套丛书第 618 卷第 929 页（联邦第二巡回法院，判决时间 1980 年）；伯杰尼诉约翰逊（Bercheny v. Johnson）案，《联邦判例汇编》第 2 套丛书第 633 卷第 477 页（联邦第六巡回法院，判决时间 1980 年）；美国诉吉盖科斯（United Statdes v. Gigax）案，《联邦判例汇编》第 2 套丛书第 605 卷第 510 页（联邦第十巡回法院，判决时间 1979 年）（"如果一个法官在案件审理中的行为或表现不符合形式正义，有罪判决必须撤销"）；沃特森诉美国（Watson v. United States）案，《联邦判例汇编》第 2 套丛书第 575 卷第 808、809 页（联邦第十巡回法院，判决时间 1978 年）；美国诉罗宾（United States v. Robin）案，《联邦判例汇编》第 2 套丛书第 553 卷第 8、11 页（联邦第二巡回法院，判决时间 1977 年）满席审判（寻求维护大体上的形式公正）；SCA 服务社团诉莫冈（SCA Services，Inc. v. Morgan）案，《联邦判例汇编》第 2 套丛书第 557 卷第 116 页（联邦第七巡回法院，判决时间 1977 年）（美国法典第 28 编第 455a 节“确切表明将偏袒作为取消司法判决的大体标准”）；美国诉布朗（United States v. Brown），《联邦判例汇编》第 2 套丛书第 539 卷第 469—470 页（联邦第五巡回法院，判决时间 1976 年）；（因为法官的行为给形式正义投下了严重的阴影，有罪判决被取消）；美国诉梅耶（United States v. Meyer）案，《联邦判例汇编》第 2 套丛书第 462 卷第 827、845 页（哥伦比亚联邦上诉法院，判决时间 1972 年）；拉普诉范·度森（Rapp v. Van Dusen）案，《联邦判例汇编》第 2 套丛书第 350 卷第 806、812 页（联邦第三巡回法院，判决时间 1965 年）]。

允许在最高法院所在地进行纠察、悬挂横幅及其他活动将给公众留下了司法可能受法庭外压力影响的印象，这与要求法院在其角色行为中通过正当程序坚守形式正义两相对立。尽管公众的鼓吹、恳求、甚至诱劝是立法和行政活动的一部分；但出于全然不同的考虑，这种种劝说和请求在司法领域中的妥当性（propriety）被大大否定。

如果这样解释该制定法的第二部分，那么问题就变成了该制定法是否适用于本案中的任一或所有表达行为。兹威克的传单邀请人们参加有关中美洲（即尼加拉瓜、危地马拉、萨尔瓦多、洪都拉斯）的“政治权利和人权问题”的几个宗教会议，其意在引得人们注意一种实质上基本是政治型的运动，这一运动企图让我国公民卷入到被说成是中美洲的政府事务之中。传单上说这些会议是“团结中美洲被压迫人民在宗教上的反映”。假使这段时间中美洲有政治骚乱，那么这些传单就只能被说成政治传单。有些人可能将之视为解除压迫的努力，有些人可能将之视为受共产主义启发的、推翻集权国家的努力。

兹威克的第一份传单是给编辑的一封信，它使得人们注意“罢免不称职法官”的必要性。这封信力劝公众支持即将表决的法官任期法案；并意在吸引对该项法案背后的实质性运动的政治支持。联邦最高法院已审理过要求罢免不称职法官的案件［查德勒诉司法委员会(Chandler v. Judicial Council)，《美国联邦最高法院判例汇编》第 398

卷第74页，《最高法院判例汇编》第90卷第1648页，律师版《最高法院判例汇编》第2套丛书第26卷第100页（判决时间1971年）]。

格雷丝悬挂“言论自由”的横幅也是为了吸引对这一实质性的、但又变化多端的运动的支持。在美国，这一持续存在的运动是为了在宪法第一修正案所规定的范围内扩大权利。㉗

将第13k节解释为禁止所有表达行为之后，多数意见认为该制定法大体而言完全违宪。㉘ 依我看来，即使是对在联邦最高法院进行的

㉗ 格雷丝的行为看起来也在美国法典第18编第1507节所禁止的范围内。该制定法的合宪性在此并未受到异议。该制定法规定：

无论何人，如果故意扰乱、阻挠或妨碍司法管辖，或故意影响任何法官、陪审团成员、证人或法庭官员行使职责，而在容纳任一美国法庭的大楼内或其附近，或在这些法官、陪审团成员证人或法庭官员占用或使用的建筑和居所内或其附近进行纠察活动或游行或有以上故意；而使用带喇叭的卡车或类似装置或求助于任何其他在以上建筑或居所内或其附近进行的示威活动，就应该处以五千美元以下罚款或一年以下监禁或两者并罚（18U，S. C § 1507）。

格雷丝宣称，在知晓不允许在联邦最高法院所在地进行表达行为后，因为她“被警告说有制定法禁止在联邦最高法院所在地以非暴力方式进行的自由表达行为”，所以她在此处打出了写有宪法第一修正案的标语。[诉状Ⅱ9] 从格雷丝的行为可以得出一个合理的推论，即她来到联邦最高法院意在影响裁决有关在联邦最高法院进行公众示威活动的法律之合宪性的“法官或法庭官员”，这是违背宪法第一修正案的。

多数派认为，没有必要决定上诉人的行为是否与法院事务有关，由此也没有必要决定其行为是否违反第1507节的规定（多数意见，见本书第1205页）。这是不恰当的，因为上诉人企图使被告、被告的代理人、雇员乐于作出对上诉人有利的行动，而不以任何方式针对任何人实施美国法典第40编第13k节或实施任何其他用来禁止类似于当前案件所涉及的活动的法律或规定。[诉状Ⅱ31C（加了着重号）]

由于多数意见认为该案提出的问题仅是对第13k节合宪性的解释问题，所以我将把我的评论作相似的限制。然而，看起来，当决定原告应得到怎样的救济时，可能的结论是原告无权申请强制令以禁止联邦最高法院的警官不去禁止“类似于当前案件所涉及的活动”，因为这种活动可认为为第1507节所禁止。还应被考虑的是，进一步的询问显示，当兹威克在联邦最高法院散发传单时，其中有一次或者二次都意在影响法庭。

㉘ 多数意见认为，这并不“表明任何个人都可以在联邦最高法院大楼处进行纠察活动或散发传单”（多数意见，见本书第1205页）。多数意见作这样的陈述令人难以理解，因为多数意见现在坚持只有禁止无意影响联邦最高法院的表达行为的制定法才是违宪的。而这里的陈述明显承认在最高法院大楼之秩序与庄重方面存在重大政府利益。我并不认为，当表达行为发生在环绕联邦最高法院大楼的狭窄地带而不是发生在大楼本身时，这一重大利益有丝毫减弱。

表达行为给予宽泛的禁止，该制定法也有其法律效力。然而，我认为应该给予第13k节合理的解释而使其具有坚实的合宪基础。正如该制定法所规定，制定法的第二部分应限于制止旨在推销、宣传政治党派及我们多元社会中许多运动支持的各种主义的表达行为。作如此限制，我相信，维护联邦最高法院的秩序与庄重以及形式正义的重大利益就足以证明国会不允许在联邦最高法院大楼及其所在地进行上述表达活动之规定的正当性。

二

鉴于美国法典第1507节的内容，我的异议还及于多数意见认为第13k节是多余的这一明显的观点。依我的判断，这两个条文是相互补充的。[29] 第1507节适用于任何容纳美国法庭的建筑，制止“故意扰乱、阻挠或妨碍司法管辖；或故意影响任何法官、陪审团成员、证人或法庭官员行使职责”的纠察和游行行为。第13k节制止其他表达活动，它仅适用于在联邦最高法院大楼内及其所在地这一很小地域。除非联邦最高法院的执行官根据美国法典第40编第13k节，暂不适用“允许遵守经认可的仪式”的制定法，在联邦最高法院大楼及其所在地列队行进和集会是不允许的。此外，正象我要解释的第13k节的第二部分，该部分不允许展示那些意在传播或宣传政治党派，或传播和宣传倡导各种主义的组织或运动旗帜、横幅或装置等事物。允许对在联邦最高法院进行的表达行为比对在容纳其他法庭的大楼处进行表达行为施加更多限制是合理的；这大体是由于联邦最高法院大楼仅容纳联邦最高法院，并且它也许是唯一的容纳联邦法庭而不包括联邦政府的行政部门或立法部门的建筑。联邦最高法院大楼及其所在地的唯一使命是联邦最高法院之事务。第13k节和第1507节的制定表明国会试图在联邦最高法院大楼及其所在地创造一个免受外界影响的地域。二者尤如双骑马车（in tandem），它们禁止（1）试图影响法庭的游行和纠察活动，

---

[29] 它们都可由最高执法官依美国法典第40编第13k节实施。

(2) 集会和列队行进，(3) 展示涉及政治党派或其他组织或运动的旗帜、横幅或装置。以不同刑罚严格禁止相关行为的第13k节和第1507节可能相互支持［美国诉巴柴尔德（United States v. Batchelder）案，《美国联邦最高法院判例汇编》第442卷第114页，《最高法院判例汇编》第99卷第2198页，律师版《最高法院判例汇编》第2套丛书第60卷第755页（判决时间1979年）］。[30]

三

联邦最高法院的秩序与庄重是法律的正当程序的基本要素，第13k节和第1507节承担着确保维持最高法院的"秩序与庄重"[31] 这一有法律效力的国会目的。

路易斯安那州一制定法禁止"在法院大楼内或其附近"的、意欲影响法庭的纠察活动。戈尔德伯格（Goldberg）大法官在考克斯诉路易斯安那州（Cox v. Louisiana）［《美国联邦最高法院判例汇编》第379卷第559页，《最高法院判例汇编》第85卷第476页，律师版《最高法院判例汇编》第2套丛书第13卷第487页（判决时间1965年）（"COXⅡ"）］一案中赞成这一制定法，确切地说明了一些区分法院周围地域和其他公共地域的看法：

当然，事实上，大多数法官将仅受他们在法庭上之所见

---

[30] 在我看来，应将该制定法作出与拉姆伯特诉加利福尼亚州（Lambert v. California）案［《美国联邦最高法院判例汇编》第355卷第476页，《最高法院判例汇编》第78卷第240页，律师版《最高法院判例汇编》第2套丛书第2卷第228页（判决时间1957年）］相一致的解释，以保证不知道该制定法的无辜者不受逮捕。从上诉人的诉状看，该制定法似已以这种方式被适用。在此案中，涉及到洛杉机的一个条例，该条例禁止被判刑的重罪犯未向警察局长登记而在城里逗留5天以上。因为没有证据证明被告知道这一必须登记的规定，法庭未对被告判刑。联邦最高法院说明道：

才首次了解其登记义务的上诉人，未被给予遵守这一法律并避免其惩罚的机会，尽管她的违法是无过失的……我们认为，实际上了解登记义务，或者证明能够了解这种义务但并未遵守是根据条例定罪的必要条件。［《美国联邦最高法院判例汇编》第355卷第476页，《最高法院判例汇编》第78卷第240页］。

[31] 这是国会陈述的立法目的。［S. Rep. No. 719，81st Cong，1st Sess，2（1949）］

> 所闻的影响。然而，法官也是人；立法机关应该认识到，一些法官、陪审团成员和其他法庭官员将有意无意地受在法庭内或其周围、法庭审理前和审理时进行的示威活动影响的危险。州也可以适当地保护公众不对司法程序作出错误的判断。我们期望这种情形：即示威者带着要求法院驳回指控的旗帜、横幅、装置几个星期进行游行和纠察活动，而法官完全未受影响地驳回了指控。州可能防止在以上情形下，公众得出法官的行动部分是怯懦的产物而不仅仅是公正、有序的司法程序之运作的结果这样一种结论的可能性。

[（See S. Rep. No. 732，81st Cong，1st Sess，4.），（《美国联邦最高法院判例汇编》第 379 卷第 565 页，《最高法院判例汇编》第 85 卷第 481 页）]。

考克斯Ⅱ案描述了法院应该防止的一些微妙的压力。在公众心目中，在公共建筑处进行的纠察活动被认为是故意影响由公共官员在该建筑内实行的政府功能之发挥。就联邦最高法院大楼及其所在地这一有着单一目的的地域而言，表达活动故意影响的目标就是联邦最高法院的大法官。

在早些时候的考克斯诉路易斯安那州（Cox v. Louisiana）[《美国联邦最高法院判例汇编》第 379 卷第 536 页，《最高法院判例汇编》第 85 卷第 453 页，律师版《最高法院判例汇编》第 2 套丛书第 13 卷第 471 页（判决时间 1965 年）（“COX Ⅰ”）] 案中，联邦最高法院将有差别地实施的、关于扰乱治安和阻挠公共交通的过于宽泛的制定法置之一边。而承认：

尽管自由言论和集会在我们民主的社会中是基本的权利，但这并不意味着每个有观点或信仰要表达的人都可以在任何公共场所、任何时间对着一群人发表演讲。自由之宪法保证意味着存在一个维持着公共秩序的、有组织的社会，否则，自由自身将在过分的无政府状态中丧失。控制街道上的通行是政府有责任保证必要秩序的明显例子。在这种情况下的限制意欲促进所有人通行的公共便利而不易形成有差别

适用的滥用，人们尽力实现某公民权利时不能忽视这一限制，尽管在其他场合这种公民权利将有权受到保护。

（《美国联邦最高法院判例汇编》第379卷第554页，《最高法院判例汇编》第85卷第464页）。

联邦最高法院认为此处涉及的制定法未被滥用，因为它统一地适用于所有表达行为。

后来，宪法第一修正案所含自由的伟大捍卫者布莱克（Black）大法官赞成一个规定侵入监狱所在地罪的佛罗里达州制定法，他评论说：

比私有财产者毫不逊色，州有权维护处于其控制之下的、用于合法目的的地产。这一理由对于请愿者的争辩并无价值；他们认为他们有对监狱管理者的反对不予理睬而待在此地的宪法性权利，因为“他们选择的，以非暴力方式进行示威、争取公民权利的地方不仅‘合理’，而且特别合适……”。就象其大部分含混不清的前提一样，这一争辩假定想要宣传其抗议或观点的人可以随其兴致不分时间、方式、地点地这样做。这样理解法律合宪性的观念在两个请愿者据以争辩的案件中被有力且直截了当地否定了。（最高法院版《美国联邦最高法院判例汇编》第379卷第554—555页，《最高法院判例汇编》第85卷第464、480页）。我们也否定这一观念。美国宪法并不禁止州为了它所属公共场所合法的、无歧视的目的而控制其用途。

［安德雷诉佛罗里达州（Adderley v. Florida）案，《美国联邦最高法院判例汇编》第385卷第47—48页，《最高法院判例汇编》第87卷第247—248页，律师版《最高法院判例汇编》第2套丛书第17卷第149页（判决时间1966年）］（加了着重号）（脚注省略）。

斯图尔特（Stewart）大法官基于同样的基本理由，认为应当禁止在福特·狄克斯军事基地的所有游行示威和政治活动，包括习惯上对所有人开放的军队驻地所在的公共大街：

上诉法院错误地……认为……无论何时，公众都可以自由地参观政府所有或管理的地方，进而认为这些地方因为宪法第一修立案而成了“公共论坛”。这样一个合宪的法律原则从未存在过，现在也不存

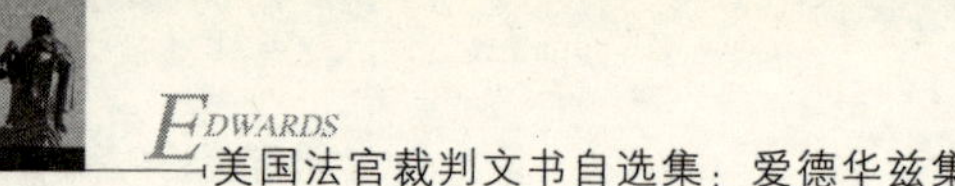

在。宪法第一修正案的保证并不意味着："要宣传其抗议或观点的人可以随其兴致不分时间、方式、地点这样做。"[安德雷诉佛罗（Adderley v. Florida）案，《美国联邦最高法院判例汇编》第385卷第48页，《最高法院判例汇编》第87卷第247页，律师版《最高法院判例汇编》第2套丛书第17卷第156页]"比私有财产者毫不逊色，州有权维护处于其控制之下的地产用于合法目的。"[同上，《美国联邦最高法院判例汇编》第385卷第47页，《最高法院判例汇编》第87卷第247页，律师版《最高法院判例汇编》第2套丛书第17卷第156页。又见考克斯诉路易斯安那州（Cox v. Louisiana）案，《美国联邦最高法院判例汇编》第379卷第560—564页，《最高法院判例汇编》第85卷第478—481页，律师版《联邦最高法院判例汇编》第2套丛书第13卷第489—492页。随军牧师佩尔诉普洛秋尼亚（Cf. Pell v. Procunier）案，《美国联邦最高法院判例汇编》第417卷第817页，《最高法院判例汇编》第94卷第2800页，律师版《最高法院判例汇编》第2套丛书第41卷第495页]。

[格瑞尔诉斯波克（Greer v. Spock）案，《美国联邦最高法院判例汇编》第424卷第828、836—837页，《最高法院判例汇编》第96卷第1211、1216—1217页，律师版《最高法院判例汇编》第2套丛书第47卷第505页（判决时间1976年）]。

依我判断，联邦最高法院在这些判决中清楚地表明，政府可以维护处于其控制之下的地产（包括联邦最高法院及其所在地）用于合法目的。国会正是通过制定第1507节和第13k节来维护联邦最高法院大楼及环绕其周围的狭窄地带的合法用途。考克斯诉路易斯安那州案，特别是安德雷诉佛罗里达州案和格瑞尔诉斯波克案的判决所宣称的原则肯定了这些制定法统一适用时的合宪性。

原告争辩说，詹妮特·拉肯·布瑞吉德诉国会区警察局局长（Jeannette Rankin Brigade v. Chief of Capitol Police）[《联邦判例补编》第342卷第575页（哥伦比亚特区地区法院）（三名法官组成合议庭）（"詹妮特·拉恩肯Ⅱ"），维持原判的法律文件，见《美国联邦最高法

院判例汇编》第409卷第972页，《最高法院判例汇编》第93卷第311页，律师版《最高法院判例汇编》第2套丛书第34卷第236页（判决时间1972年）］一案的判决与权威观点相悖。其实并非如此。在该案中，法院认为一个与第13k节相似的、适用于国会大厦及其所在地的制定法完全违宪。但国会占用国会大厦，其功能、“所在地”所及之处及“所在地”的历史用途与最高法院大楼及其周围之狭窄地带的目的有着实质性区别。国会和联邦最高法院之结构、运作和目的也有着实质性的区别。

首先，比较国会大厦和联邦最高法院这两者各自大不相称的“所在地”。联邦最高法院所在地包括稍少于2.5个通常城市街区的范围，其中联邦最高法院大楼占了一大部分。㉜ 而国会大厦所在地从联合国向南延伸大约10个街区直到西南区D大街（大约一里），其横向最宽从东南区第二大街延伸7个街区至西南区第三大街；它包括至少60个平方街区的不规则区域。㉝ 这一巨大区域包括国会大厦、参院大楼、众院大楼、国会车库，并及于周围所有的二条街道、广阔的公园似的地域和人行道。该区域甚至包括距国会大厦南面几个街区远的、环绕国会权力区（Capitol Power Plant）的、与之分开的区域。

麦克戈万（McGowan）法官在詹妮特·拉肯·布瑞吉德Ⅱ案中认识到：“国会大厦所在地是否是一个能允许进入的地方不能作宽泛地否认或绝对地依据……它通常是否对公众开放……或是否……其传统意

㉜ 美国法典第40编第13k节规定，“联邦最高法院所在地”局限于东北区第一大街、东北区马里兰大道、国会大厦东街、东北区第二大街围成的区域。

㉝ 此描述乃是基于界定国会大厦所在地的制定法所参考的地图：

美国国会大厦所在地应包括所有的广场、专用地、大街、马路、走道及其他地方，这些正是标明日期为1946年6月25日的“美国国会大厦所在地示意图”所确定的、由国会大厦建筑师认可的、记录在哥伦比亚特区验收官办公室所编的第127卷第8页上的区域，还包括1946年6月25日以后到目前为止的法律所增加的区域。在1946年7月31日以前，美国国会大厦所在地所管辖和控制的地域依对国会大厦建筑作出规定的制定法及于国会大厦所在地的全部区域，该规定主要涉及此处之修缮和改进……（40 U.S.C. §193a.）

义上的用途被定位于与示威和大规模集会不相符。”[《联邦判例补编》第 342 卷第 583—584 页]。在参考了联邦最高法院对考克斯Ⅱ案之判决的情况下，审理拉肯Ⅱ案的法庭陈述道：

> 在考克斯Ⅱ案中联邦最高法院赞成州禁止“在法院内或其附近”进行的“故意扰乱、阻挠或防碍司法，或故意影响任何法官（或陪审团）成员……”的游行和纠察活动的规定。法院认为处于骚动人群的兴奋氛围中的司法程序之完整性将不复存在。但如巴兹罗恩（Bazelon）法官〈詹妮特·拉肯[I] 案之不同意见，[《最高法院判例汇编》第 421 卷第 1090 页（哥伦比亚联邦上诉法院，判决时间 1969 年）]〉所说，尽管“在传统意义上，司法机关判案不考虑流行的观点”；但在民主的社会中，立法机关接受流行观点是其根本功能。而且，制定法确定的国会大厦所在地如此广阔以致于可能在此发生的示威活动不可能在国会大厦的“附近”或“邻近边缘”发生。

[《联邦判例补编》第 342 卷第 584 页（加了着重号）][34]

因此，联邦最高法院所在地与国会大厦所在地的不同表现在以下三个特别的方面：（1）联邦最高法院所在地的传统用途与示威、大规模集会和纠察活动不相符——它从未成为公共论坛；（2）接受通过游行、大规模集会、个人的纠察活动传达的街头意见并不是联邦最高法院的根本功能；（3）联邦最高法院所在地太小，以致发生在此的示威

---

[34] 拉肯恩Ⅱ案中，法庭承认：

联邦最高法院认为，联邦政府可能在某些地方绝对禁止实施宪法第一修正案所包含的权利，尤其是集会权。

例如，监狱可能禁止游行和其他政治示威活动［安德雷诉佛罗里达州（Adderley v. Florida）案，《美国联邦最高法院判例汇编》第 385 卷第 39 页，《最高法院判例汇编》第 87 卷第 242 页，律师版《最高法院判例汇编》第 2 套丛书第 17 卷第 149 页（判决时间 1966 年）］。法院大楼周围地域可能作与之相似的禁止［考克斯诉路易斯安那州（Cox v. Louisiana）案，《美国联邦最高法院判例汇编》第 379 卷第 559 页，《最高法院判例汇编》第 85 卷第 476 页，律师版《最高法院判例汇编》第 2 套丛书第 13 卷第 487 页（“COXⅡ”）］。

和纠察活动将动辄在联邦最高法院“附近”和“邻近边缘”。

四

服务于维持整个联邦最高法院地域的“秩序与庄重”和“形式正义”的、重要而又具实质性的政府利益的制定法是可适用的。法官、律师、诉讼当事人和普通公众都能进入和离开联邦最高法院并从事他们的事务或活动，免受为了各种政治、司法和私人主义而呈现在他们面前的手卷、标语和横幅等劝说和请求的烦扰。这些制定法对于维护“法律下的平等”（Equal Justise Under Law）这一理想，对于避免外部压力或影响之存在或其表象是必要的。

与国会大厦的目的相比，人们宣称联邦最高法院大楼的目的在于为美国公民提供获得正当程序的环境。在这种环境中，才可能在甚至没有丝毫受街头压力影响的情况下提出、审理、判决美国最重要的司法问题。如果这一必要目标得到保证，才可能有联邦最高法院大楼及其所在地的“秩序与庄重”。联邦最高法院是法治意在占主导地位的地方，不允许有外来的压力。联邦最高法院基于法治原则判案，而不是基于在联邦最高法院大楼或其邻接地带及人行道上的大规模集会和其他公众活动可能形成的公众压力的程度判案。联邦最高法院甚至不应受制于可以说是无害的纠察活动和散发传单的行为。

正如被争议的制定法所反映的，联邦最高法院周围地带的秩序与庄重这一政府利益与压制表达自由无关。联邦最高法院执行官没有考虑表达行为的内容而遵循统一禁止表达活动的原则这一事实，证明了对该制定法的适当适用。因此，最高执法官不是压制任何特别的观点或仅压制那些他或法庭不愿听到的观点；（而是）对任何特别观点没有优先的限制，平等对待所有观点。

这里，上诉人的真实目的是在环绕联邦最高法院的狭窄地带建立公共论坛。他们看起来仔细地设计了计划并遵循法律（诉状第 16 页）。但联邦最高法院大楼及其所在地从未负有这样的目的。现在，允许这种行为将使联邦最高法院提供正当程序和“法律”下平等司法的努力毁于一旦。如果今天仅允许两人以非暴力方式进行纠察活动，那么将最终导致明天[35]有成群的人（以非暴力的方式）悬挂、分发有关堕胎、学校事务、倡导公立学校、公民权利、新闻和媒体更大权利、言论自由、米兰达规则、证据排除规则、搜查和逮捕、猥亵等一系列问题的横幅和传单。上诉人企图建立一个为纠察等表达行为的公共论坛，过去的判决和可能的未来案件都明显表明他们要求限制美国法典第18编第1507节的适用范围。他们争辩说，该制定法只应当适用于联邦最高法院近期的未决案件。潜在的、成了公众运动主题的司法问题太多，以致于即使一个涉及其中某一问题的专门案件在某一特别时期可能无须联邦最高法院过问，但这一问题在某时呈现于联邦最高法院面前的可能性却极大。鉴于这样的事实以及这将造成大范围地寻求撤销过去的判决，将该制定法仅限于适用于待决案件是不合理的，也是不现实的。

由于所有以上原因，我不同意多数派努力在最高法院大楼内及其所在地建立公共论坛的意见。

---

[35] 在贵格会行动小组诉安朱斯（A Quaker Action Group v. Andrus）[《联邦判例汇编》第559卷第716页（哥伦比亚特区联邦上诉法院，判决日期1977年）]案中，涉及到内务部的规定，即在白宫人行道上的示威活动限制在750人以内，在附近的拉斐德公园的示威活动限制在3000人以内。法院指出，只有当这一规定加上“若示威活动表现得是为了良好的主义就放弃这种最多人数限制”这一条款，该规定才是合理的。正是为了避免这样的混乱，美国法典第40编第13k节这一国会立法实际上宣称联邦最高法院大楼及其所在地不是公共论坛。

权利与权力之冲突及解决

许旭　邵明　评

一

我们认为“格雷丝诉伯格案”的核心在于解决公民之表达自由与国家权力及其运作之重要成分的司法两种在宪政体制中具有根本重要性的价值之间的冲突。①

从终极意义而言，权利是权力的源泉，前者乃后者之逻辑起点和终点。但历史与现实冷峻地证明：一方面，权力之形成与运作是社会发展之必要和必然；另一方面，又诚如孟德斯鸠所言：“一切有权力的人都容易滥用权力，这是万古不易的一条经验。”② 权力不仅是权利的异化，其自身也不断异化；权力成了一种“必要的恶”。③ 社会则常常陷入这种两难境地，有时甚至无法自拔。尽管笔者对有学者提出以“权利与权力”代替“权利与义务”作为法理学之基本范畴的主张④持保留态度，但在法治环境之下解决权利与权力之间的冲突（当然，以上的论述也表明我们并不意欲否认权利与权力之间的共生性，而正是这种共生性为解决冲突提供了前提）的确是我们必须认真对待的问题。

面对权利与权力之冲突及其解决这一难题，历史留给我们如此多精良的精神财富（亚里士多德对法治、政体的论述，阿奎那对国家目的、政体的论述，斯宾诺莎、霍布斯、洛克、卢梭、密尔等对权利与权力、自由与社会秩序的论述……）；以致几欲使人们陷入一种以对一般理论持防御性的怀疑态度为面具的内在自卑之中。⑤ 然而，往昔今

---

① 张志铭：《传媒与司法——从制度原理分析》，载于《中外法学》2000 年第 1 期。

② ［法］孟德斯鸠：《论法的精神》（上），张雁深译，商务印书馆 1994 年版，第 154 页。

③ 刘军宁：《保守主义》，中国社会科学出版杜 1998 年版，第 89—93 页。

④ 参见童之伟：《论法理学的更新》载于《法学研究》1998 年第 6 期。

⑤ ［美］昂格尔：《现代社会中的法律》，吴玉章、周汉华译，中国政法大学出版社 1994 年版，第 2 页。

朝解决问题的理论、原则、制度、方法呈现出的统一性，在某种程度上而言，只是一种共同困境的统一性的反映，是一种提出并部分解决困境的表现；并不表明不同时空之共同困境的解决可因之迎刃而解。事实上，就连我们对冲突事实本身的见解也会因历时历地而有不同。⑥因此，厘清与解决权利与权力之冲突时坚持一定的指导思想和原则、贯穿一定的精神固然不容忽略；细致地分析具体事件、具体情景和语境中权利与权力之冲突更是解决问题的前提和关键。一定的指导思想、原则和精神正是也只能在对具体事件、具体情景和语境的分析中贯穿和凸现；而带着一定的指导思想、原则和精神的、试图解决冲突的具体分析也在积累中预设着适宜的制度。我国马锡五同志的实践和思索证明了这一点，⑦ 英国的丹宁勋爵也以其一生的实践和思索证明了一点。马克思写下的《评普鲁士最近的书报检查令》和《关于出版自由和公布等级会议记录的辩论》等文不仅反映了他认识的深化；而且从另一个侧面生动地说明了，在具体事件、具体情景和语境中的冲突之解决某种程度地决定着一定社会所申明的一定的指导思想、原则和精神之可信度和权威性，甚至其根本性质。与之相应，事物的逻辑并不等于逻辑的事物。⑧ 社会主义民主与法治的阶级本质、潜在素质、应然品格和必然趋势并不意味着只要实行社会主义民主与法治，其内在优越性就会自然彰显，并不意味着可以或多或少地轻视制度的具体演进过程；相反，社会主义优越性恰恰依赖这一具体演进过程并内蕴于其中。同时，我国法制表现为作为制度化基石的程序⑨之短缺；表现为理论研究与鲜活实践的结合程度之欠缺，不太注重以规范化的方式

---

⑥ 参见苏力：《法律与科技问题的法理学重构》一文所作的分析，载于《中国社会科学》，1999 年第 5 期。

⑦ 参见张希坡：《马锡五审判方式》，法律出版社 1983 年版；范愉：《简论马锡五审判方式》，载于《清华法律评论》总第二期，清华大学出版社 1999 年版。

⑧ 参见马克思：《政治经济学的形而上学》，《马克思恩格斯选集》第 1 卷第 104—116 页。

⑨ 季卫东：《程序比较论》，载于《比较法研究》，1993 年 2 月第七卷第一期。《马克思恩格斯选集》第 l 卷第 104—116 页。

来分析现有制度的合理性、正当性，并以之为基础析解现有制度的利弊得失，进而考量如何继承、吸收、借鉴。在这种背景之下，我们阅读格雷丝诉伯格案不仅可以体味美国法官如何确立权利与权力冲突的内容和法律上的争点，如何一步步解决冲突，而且可以体味美国法官基于不同意见的正式呈现、精当的分析理路和多数制保障而得出判决的过程。以此作为借镜来反思、总结、发展我国正在进行的司法改革及其研究乃至法治建设，必有其裨益。

二

格雷丝诉伯格案以裁判文书的形式向我们展现了基于上诉人的诉讼请求，美国哥伦比亚特区巡回上诉法院法官就美国宪法第一修正案所确立的言论自由（the freedom of speech）与联邦政府利益（Government interests）维护联邦最高法院的秩序与庄重以保证法律的正当程序并彰显正义在具体事件、具体情景和语境中的冲突予以解决，并对相关法律、法条的合宪性进行审查的过程。

（一）

该案中，多数意见（即法庭意见）认为美国法典第 40 编第 13k 节过于宽泛地限制了第一修正案所确立的言论自由，因而无效。

首先，法庭意见否定了地区法院以本案当事人未穷尽行政性救济而驳回起诉的裁定。基于政府和地区法院否认当事人对事实的陈述，[⑩]地区法院未摘要说明驳回起诉的根据并就之进行辩论。上诉法院的否决理由为：(1) 美国法典第 40 编第 13k 节并未规定在联邦最高法院所在地进行表达性活动必须得到允许，而且该法条针对所有表达性活动，而不仅仅针对没有得到允许或特许的表达性活动。(2) 寻求行政性救济的程序并未建立，纵使当事人寻求行政性救济，也只能是一种空洞的程式、无效的实践。(3) 出来劝告本案当事人的警官并未说明只要得到最高执法官的批准，就可以进行表达性活动，而且最高执法官向地区法院法官所作的正式书面陈述也说明不允许在联邦最高法院所在

⑩ 参见案例注释 1。

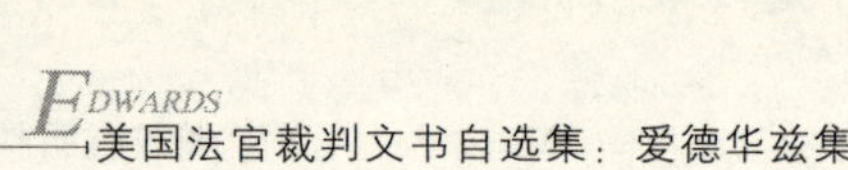

地进行任何表达性活动。(4) 对于本案，政府（the Government）认为在联邦最高法院所在地进行的所有表达性活动均无例外地被禁止、美国法典第 40 编第 13k 节适当。可见，与地区法院不同，政府并不认为当事人有寻求行政性救济的必要。上诉法院认为在以上情形之下，地区法院以未穷尽行政性救济为由驳回起诉不具正当性。

接着，基于对地方法院裁定的否决，法庭意见讨论了美国法典第 40 编第 13k 节的合宪性。(1) 上诉法院法庭将本案定位为宪法第一修正案规定的言论自由权与政府限制一定公共场所的表达自由以便政府功能得以安全而适当地发挥的合法需求（即重要或实质性的政府利益，包括需要政府维护之公众利益、社会利益、司法利益等）之间发生冲突的案件；而联邦最高法院一直在协调这两者。对联邦最高法院判例的重温表明：既有确认进入公共场所（包括公共道路、公园、州政府大厦、美国国会大厦、学校、公共图书馆的阅览室）之宽泛权利，认为对于个人使用公共场所交流思想或表达对政府的不满不能强加完全禁止的判例；也有依表达活动之时间、地点（包括法院大楼、监狱、大型转换系统广告地带、军事基地、关押所）、方式（包括人数、是否故意、是否与司法有关、是游行示威还是集会结社还是出版，等等）而着重限制言论自由的判例。(2) 法庭认为这些看似相互背离的判例并不存在基本不一致，因为：①从这些判例中可以辨析出“公共论坛”与“非公共论坛”这一组词汇，并非公共场所都是公共论坛，在非公共论坛可以对表达活动施加比在公共论坛更大的限制，以往判例正是因此才看似相互背离；②即便如此，联邦最高法院在涉及非公共论坛的案件中仍然指出，宪法第一修正案规定的言论自由权与对之进行限制并不矛盾。(3) 通过以上分析，法庭认为政府无论何时否认公众在一般意义上而言对他们开放的公共场所行使表达自由的权利，都必须有实施限制的正当化理由——重大的政府利益，除非表达自由的方式与特别时间、在特别地点进行的正常活动基本不相宜。(4) 通过层层逼近，终于可以论及本案的核心问题，即“表达自由与联邦最高法院所在地”。根据上述，法庭认为对在法院大楼内及其附近进行的表达活

动实施限制的正当化理由当然存在，为保障司法独立、免受公众结论的影响可以适当限制表达自由。具体到美国法典第 40 编第 13k 节，法庭认为：①该法条不分时间、地点、方式而完全禁止在法院大楼内及其附近进行的表达活动。②美国法典第 18 编第 1507 节并不绝对禁止在最高法院所在地进行的表达活动；由此，反衬出美国法典第 40 编第 13k 节绝对禁止所有的表达活动不具正当性。③尽管维护联邦最高法院的和平、尊严、庄重是政府有宪法保障的权力，但这并不能证成绝对禁止所有表达活动的正当性。④美国法典第 40 编第 13k 节不论表达活动是否与特别时间、在特别地点的正常活动基本不相宜，这种笼统而绝对的禁止实质上使得宪法第一修正案规定的言论自由权不可能在号称是此一权利最有力的保护者的联邦最高法院之所在地以任何形式实现，这无疑是一种讽刺。⑤追寻立法者的立法原意、立法过程、立法措辞以及几十年该法条一贯宽泛的实施，少数意见所主张的对美国法典第 40 编第 13k 节进行有效的狭义解释简直不可能。总之，上诉法院认为国会可以立法限制在联邦最高法院所在地进行的表达活动，但对美国法典第 40 编第 13k 节只能宣布其违宪。

最后，法庭的结论是确认了上诉人的诉讼请求，并将此案发回地方法院作出适当的救济性判决。

（二）

该案中，马坎南法官部分反对、部分赞同多数意见。他认为维护联邦最高法院的秩序与庄严是保证法律的正当程序、彰显正义所必须的，这一重大政府利益使第 13k 节对表达行为设定的限制具有正当性。

首先，马坎南法官说明了美国法典第 40 编第 13k 节的规定具有正当性。（1）他细致地分析了条文本身，将之分为两个部分，认为其中第一部分因本案仅涉及个人行为而不适用于本案。对于第二部分，他就旗帜、横幅、图案等词汇结合该条最后的从句进行了分析，认为该法条第二部分旨在禁止在联邦最高法院大楼及其所在地传播或宣传政治党派和崇尚各种主义的运动。（2）他指出，美国三权分立的政府在保证司法独立方面有着重大利益。联邦最高法院仅仅致力于法庭事务，

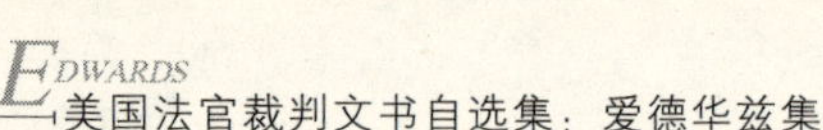

公众只能通过正当程序向法官提出申诉，正当程序不允许司法受公众压力或其表现形式的影响。如果允许在联邦最高法院大楼及其所在地传播或宣传政治党派和崇尚各种主义的运动，则必然形成联邦最高法院受在其外进行的表达活动影响的印象，进而破坏司法必须满足的形式正义。(3) 他认为本案上诉人兹威克和格雷丝的行为恰恰是在联邦最高法院大楼及其所在地传播或宣传政治党派和崇尚主义的活动；结合上述两个方面，得出美国法典第 40 编第 13k 节的规定具有正当性并适用于本案的结论。

其次，针对多数派意见，马坎南认为美国法典第 40 编第 13k 节并非多余而是与第 18 编第 1507 节相互补充。(1) 这两个条文针对的活动不一样，第 18 编第 1507 节针对有特定故意的表达活动；第 40 编第 13k 节禁止其他表达活动。(2) 这两个条文适用的地域不一样，第 40 编第 13k 节仅适用于联邦最高法院内及其所在地这一很小的地域。(3) 马坎南认为对在联邦最高法院进行的表达活动施加更多的限制是合理的；因为不象其他容纳各级法院的大楼往往还包括政府其他机构，联邦最高法院大楼唯一的使命是联邦最高法院的司法事务。(4) 马坎南推断第 40 编第 13k 节和第 18 编第 1507 节的制定表明国会试图在联邦最高法院大楼及其所在地创制一个免受外界影响的地域。

再次，马坎南认为并不是所有的公共场所都因为宪法第一修正案而成为公共论坛，联邦最高法院所在地并非公共论坛。因为：(1) 这样显然会影响公众对法院、对法治的期待心理。(2) 言论自由之宪法保证意味着存在一个维持着公共秩序的、有组织的社会；联邦最高法院所在地并不能因宪法第一修正案而成为当然的公共论坛。(3) 与多数派以詹妮特·拉肯·布瑞吉德诉国会区警察局长案与本案作类比而认为第 13k 节违宪相反，马坎南通过分析国会大厦之功能、“所在地”所及之处和“所在地”的历史用途与联邦最高法院大楼及其周围之狭窄地带的目的有实质上的不同，以及国会和联邦最高法院之结构、运作和目的有实质上的区别，进一步论证第 13k 节的正当性。

最后，马坎南法官强调维持整个联邦最高法院区域的“秩序与庄

重”、维护“形式正义”这一重大而基本的政府利益乃是第13k节之绝对禁止的正当性依据。（1）先例证明联邦最高法院周围地带的秩序与庄重这一政府利益和压制表达自由无关。（2）联邦最高法院最高执法官没有考虑表达行为的内容，为重大政府利益而遵循一律禁止表达活动的原则这一事实；从另一面证明了最高执法官不是压制某一个或某几个观点，而是平等对待所有观点。（3）上诉人的真实目的是在环绕联邦最高法院的狭窄地带建立公共论坛，现在允许这样的行为将使联邦最高法院提供正当程序和“法律”下平等司法的努力毁于一旦。（4）鉴于种类案件的重要性、重现率以及对未来行为和案件指引性，应当肯定第13k节之法律效力。

三

梳理了格雷丝诉伯格案中法官们的各种意见之后，不免令人有炫目之感，觉得他们的推理似乎无懈可击；同时也更加理解美国何以成了现实主义法学（legal realism）和批判法学（the Critical Legal Studies Movement）缘起和兴盛之地。的确，判例法传统使法律更可预测的同时又表现出“基本法律神话”（弗兰克语）的破裂；自由主义法律传统却深深隐藏着某种意识形态的统治。

在本文第一部分之概括论述和第二部分之评介的基础上，以下拟就该案涉及的公民之宪法第一修正案规定的言论自由权与政府为了政府功能安全而适当地发挥这种合法需求得限制一定公共场所的表达自由之间的冲突及其解决作进一步的具体分析。

（一）理念上的一致是确定冲突之所在和冲突解决的基础

如上所述，就格雷丝诉伯格案所引用的判例而言，既有确认进入公共场所之宽泛权利，认为对于个人使用公共场所交流思想或表达对政府的不满不能强加完全禁止的判例；也有依表达活动之时间、地点、方式而着重限制言论自由的判例。就该案本身而言，则既有多数意见也有不同意见。解决同一种冲突得出两种结论：一种更多地倾向于“若某法律使实现宪法第一修正案包含的种种自由受制于一种在先的限制型许可，而这一许可的权威又没有严格的、客观的、明确的标准引导时，这一法律就是违宪的”，倾向于“如果权利仅能在乐善好施的政府为狂想者提供的安全的天堂实现的话，那么言论自由并不真正存在”。另一种更多地倾向于“尽管自由言论和集会在我们民主的社会中是基本的权利，但这并不意味着每个有观点或信仰要表达的人都可以在任何公共场所、任何时间对着一群人发表演讲”，倾向于联邦最高法院的秩序与庄重是法律的正当程序的基本要素，政府确保维持最高法院的秩序与庄重这一重大利益是禁止在联邦最高法院所在地的表达性活动的正当性理由。

然而，只要回味如何得出结论的过程，实在不难发现，结论虽然不同，但得出结论的过程却折射出法官们在理念上的惊人一致。也就是说，双方是在同一话语体系内对话。事实上，这对于双方在相互理解的层面上各自充分论证与相互交流，对于双方相互接受对方的结论，对于判决之多数决定制这一民主形式的维持，对于处于这一对话系统之外的主体理解、评价、接受或反驳其结论，乃至对于一种制度的生成、维持、自我创新均具有重大意义。此处理念上的一致表现为：(1)都主张在法治空间内消解问题。(2)都认为言论自由在民主的社会中是一项基本的宪法性权利，仅能受到审慎的、必要的、有限的限制。(3)都认为言论自由之宪法保障意味着一个维持着公共秩序的、有组织的社会，权力对于权利是必要的。(4)都认为维持联邦最高法院的“和平”、“庄重”是限制言论自由的正当理由。(5)都认为政府能因重大利益适当限制言论自由。(6)都认为解决冲突必须细致地分析具体的情景。(7)都注重法律的可预测性，注重判决对未决案件的先示作用。

(二) 推理理路上的一致是冲突解决所依赖的路径

法官们得出不同结论所依赖的路径是一致的。首先，他们根据相同的理念和原则、都依循判例法和制定法（如美国法典第18编第1507节）确立了格雷丝诉伯格案的问题之所在，即基于宪法第一修正案的公民之言论自由权与政府基于重大利益得适当限制言论自由间的紧张关系。其次，他们都识别出适当的、相同的基点（包括考克斯诉路易

斯安那州案、安德雷诉佛罗里达州案、格瑞尔诉斯波克案、詹妮特·拉肯·布瑞吉德诉国会区警察局局长案)。再次，他们都在确定的基点情况和本案的问题情况之间识别事实上的相同点和不同点；通过细致的比较和对比这些案件的事实，力图不遗漏所有重要的相同点和不同点。最后，他们说明基点情况和本案的问题情况之间的相同与不同，进而决定是相同点更为重要还是不同点更为重要。从而，法官表现出“依照判例”或“区别判例”。例如，对于詹妮特·拉肯·布瑞吉德诉国会区警察局局长案，以爱德华兹法官为代表的多数意见表现为“依照判例”，而马坎南法官却表现为“区别判例”。循着这一过程，法官们意见的分野自然展现出来；循着这一过程，裁判文书这一文本的读者似乎也产生了一种强烈的被说服感。

(三) 法庭意见的多数决定制是冲突解决之审判制度上的终点和民主保障

庞德总结说美国法官习惯于“具体地而不是抽象地观察事物，相信的是经验而不是抽象的概念；宁可在经验的基础上按照每个案件中似乎正义所要求的从下一个案件谨慎地行进，而不是事事回头求助假设的一般概念；不指望从被一般公式化了的命题中演绎出面前案件的判决……”⑪ 也许正是由于这种相当程度地排斥法律真理的心态，这种怀疑纵使是资深年久的法官也难于在一定条件下克服包括自我束缚在内的种种迷障而再现客观事实的心态；反过来人们才为了寻求正义更坚定地依赖充分的对话与说理，才为了寻求没有最好只有更好的解决办法遵守多数决定制，才为了寻求安定性更坚定地认同判决的效力(拘束力、既判力、形成力、执行力)。

在格雷丝诉伯格案中，法官们所持的理念和推理理路一致、说理精彩，都符合美国社会的法的正统性；考虑到法的安定性、权利保障、国家法治资源的有效利用，以多数意见作为审理的结论、作为解决此

---

⑪ [美] 庞德：《什么是普通法》，转引自 [德] K·茨威格特、H·克茨：《比较法总论》，潘汉典、米健、高鸿均、贺卫方译，潘汉典校订，贵州人民出版社 1992 年版，第 458 页。

一冲突的整个过程的终结点无疑是一种明智的制度选择。而且，此选择是人类社会现阶段认同程度较高的一种民主形式，这也就强化了裁判结论本身的正当性。反过来又有助于公民和政府（包括立法、行政、司法部门）对法院裁判形成“内在观点”（哈特语），并因此渐渐对法院的所有裁判养成一种习惯性尊重。

诚如以上论述所示，在具体案件、具体情景和语境中法官解决权利与权力冲突这一实质性问题与他们据以解决问题的一整套机制事实上是难以割裂的。前者随着后者的进行而逐渐明朗，并在这一过程中获得了正当性。而法官的判决书又将这种难以割裂的关系富有技巧地浓缩、再现出来；不仅推进此交融，而且适时地强化了在该社会占统治地位的意识形态。笔者无意过分抬高判决书的功能，但它对于司法公正、对于法治恰似玉帛之于礼，钟鼓之于乐，所谓绘事后素，才能达到美好境界。⑫ 我国正在展开裁判文书改革的实践与研究。例如，广州海事法院对裁判文书书写方式进行了改革：改变了裁判文书“本院认为”部分的表达方式，代之以每个合议庭成员的个人意见和依据少数服从多数原则得出的最终处理意见。而且这种改革也负载着明确的目的。⑬ 所谓形式反作用于内容、过程相当程度地预设结果，相信这种改革是一个不错的切入点。值得谨记的是，我们进行的司法改革和法治建设绝不应是西化的过程或建成我们自以为是，而事实上却是经过了定型化（stereotyped）或性格化（characterized）的某国模式的实践。

另外，值得一提的是，权利与权力冲突的具体形态得以表现出来、格雷丝诉伯格案得以启动司法程序的发动者是认为其宪法第一修正案所含权利被非法剥夺的公民。相比之下，我国现实的情况是：公民可以向许多机关、组织上访、申诉、控告、反映意见；但这诸多机关、组织有许多其他职责，加之没有相应的规则可循因而使得拖延、推诿、

---

⑫ 见《论语·阳货》、《论语·八佾》。

⑬ 人民日报记者王楚：《广州海事法院改革裁判文书书写方式》，载于《人民日报》总编室主办的《内部参阅》，第3期（总第497期），2000年1月21日。

放任顺理成章。一方面，倾听群众呼声的入口非常宽坦；另一方面，又使解决无门或低效，从而形成瓶颈效应，以致公民的宪法性权利实现受阻，无疑也蓄积社会不满，甚至危及社会安宁和秩序。我国应建立公民宪法诉愿机制。事实上，这也是现代民主社会越来越重要的必然趋势的要求。⑭

---

⑭ 参见莫纪宏：《宪法审判制度概要》，中国人民公安大学出版社 1998 年版，第 105—106 页。

伯特尔政府协会诉国务院案

《联邦判例汇编》第2套丛书第780卷第86页以下

（哥伦比亚特区联邦上诉法院1986年判决）

傅郁林　译

案情摘要

根据《信息自由法案》（Freedom of Information Act）的规定，公民可以要求复制许多由政府机构掌握的文件。除某些例外情况外，例如可能妨害国家安全或正在进行中的刑事侦查，政府机构必须提供这些文件，但要求复制文件者通常须缴纳文件查阅和复制费用。

在本案中，上诉人伯特尔政府协会（Better Government Association）和国家野生动物联合会（National Wildlife Federation）对司法部颁布的一系列准则提出异议，这些准则被国务院和内政部援引来决定依法案规定要求查阅信息的个人或组织是否有权享受查询和复制费用豁免。

伯特尔政府协会和国家野生动物联合会要求享受法案所规定的费用豁免遭到拒绝，拒绝的依据是关于这一问题的准则和规定，于是伯特尔政府协会和国家野生动物联合会分别向联邦地区法院挑战这一决定。随后，政府提出简易判决（summary judgment）的动议，其理由为：(1) 关于拒绝个人费用豁免的请求已经诉由消失 (moot)[①]，亦即，法院已无争议可解决，因为两原告已经得到了他们所请求的费用豁免；(2) 对司法部准则和内务部规定显在 (facial) 有效性的异议对于司法裁决而言尚不成熟 (ripe)[②]。

联邦地区法院支持政府的主张，认为对于费用豁免的具体请求的事由已经消失，而对于准则和规定的一般性请求尚不成熟。上诉审法院对此决定部分赞同、部分反对。尽管联邦地区法院查明，对适用费用豁免请求的这些准则和规定的挑战诉由消失，尽管它也同时查明，上诉人关于司法部的准则和内务部规定一项法规归于无效的请求 (claim) 并不因具体费用豁免请求得以解决而诉由消失，这一请求仍然具有司法意义 (survive)，然而，法院所面临的问题是，这些规定的有效性本身对于司法裁决而言是否已经成熟。由于争议中的准则和规定已经被推到了终局的地位，因而其有效性问题就成为一个纯粹的法律问题而能够立即由司法途径解决。如果审查 (review) 被驳回，上诉人会面临许多困境。上诉审法院认定，上诉人的请求司法审查的时机已经成熟，故将本案发回联邦地区法院重新审理，以使这些实质问题 (或“事实问题”，merits) 得以重新考虑。

---

① 诉由消失 (moot)，又译为“已成既往”。——译者注。参见［美］爱德华兹：《美国联邦法院的权力和命令的执行》，李长栓译，载于宋冰编：《程序、正义与现代化》，中国政法大学出版社，1998 年版。这一制度的基本涵义是：当争议已经解决或已不存在，法院不可能再提供任何救济，因为诉由消失或“诉由消失”的事项不再是一个真实的争议。与之相对的是 survive，alive，和 live，本文译为“仍具有司法意义”或“诉由仍然存在”。参见［美］彼得·G·伦斯特洛姆编：《美国法律辞典》，贺卫方等译，中国政法大学出版社 1998 年版。

② 案件时机成熟是对诉讼资格的要求，法院仅对存在真实法律争议的案件行使审判权，时机不成熟的案件不适宜于通过司法手段加以回应。——译者注。参见《美国法律辞典》和《美国联邦法院的权力和命令的执行》，上引。

伯特尔政府协会诉国务院案
BETTER GOVERNMENT ASSOCIATION v. DEPARTMENT OF STATE

《联邦判例汇编》第2套丛书第780卷第86页以下
（哥伦比亚特区联邦上诉法院1986年）

伯特尔政府协会，上诉人
诉
国务院，等，被上诉人
国家野生动物联合会联合会，等，上诉人
诉
美国内务部，等，被上诉人

案号：84—5723，84—5928
哥伦比亚特区联邦上诉法院

辩论于1985年9月19日

判决于1986年1月3日

上诉自美国哥伦比亚联邦地区法院（民事案件号：83—02298和83—03586）。[3]

在84—5723号上诉案中，埃里克·R·格里芩斯汀、艾兰·B·莫利森、柯尼希·F·黑契柯克，华盛顿特区，代理上诉人诉讼。

在84—5928号上诉案中，约翰·波纳茵、厄尤金、沃尔为上诉人律师，米契尔·爱克思莱、厄尤金、沃尔代理上诉人诉讼。

在84—5723号和84—5928号两上诉案中，司法部顾问德布拉哈·露丝、司法部长执行助理理查德·K·威尔拉德、美国联邦律师约瑟夫·E·杰诺娃、华盛顿特区司法局顾问罗纳德·赛特曼担任被上诉人诉讼代理人。

合议庭成员：巡回法官莱特（WRIGHT）

巡回法官爱德华兹（EDWARTS）

巡回法官戴维斯（DAVIS），美国联邦巡回上诉法院[4]。

法庭意见由巡回法官J·斯克利·怀特和巡回法官哈里·T·爱德华兹共同制作。

在如下合并审理的案件中，上诉人伯特尔政府协会和国家野生动物联合会对司法部（Department of Justice）颁布的一系列准则的有效性提出异议，这些准则被被告国务院（Department of State）和内务部（Department of the Interior）[5] 用来决定个人或组织是否有权根据《信息自由法案》[6] 享受查阅和复制费用豁免。国家野生动物联合会还对内务部适用一项被诉称为违法的规定提出异议，[7] 这项规定成为内务部处理《信息自由法案》费用豁免请求的依据，它诉称，内务部没有适用《信息自由法案》授权制定的另一些规范，这些规范对费用豁免

---

③ 本书姓名及地名译名主要参考了商务印书馆“翻译参考资料”系列，在此感谢清华大学外语系傅向宇同学为我在资料方面提供的帮助。——译者注

④ 根据《美国法典》（U.S.C.）第28编第291节第a款授权参加合议庭行使审判权。

⑤ 在国家野生动物联合会等诉美国内务部等一案中，北方平原资源委员会是上诉人，土地管理局是被上诉人。为方便起见，我们在整个判决中只提到国家野生动物联合会和内务部。

⑥ 《美国法典》第5编第552节第a款（1982年）。

⑦ 《美国联邦法规汇编》（C.F.R.）第43卷第2节第19条第c款（1985年）。

问题的具体标准作出了规定。

伯特尔政府协会和国家野生动物联合会根据争议中的准则和规定(the guidelines and regulation at issue）提出的《信息自由法案》费用豁免请求均遭到行政部门的拒绝，遂分别向联邦地区法院起诉，对他们所受到的拒绝提出异议。在两案中，政府⑧在起诉立案后改变了他们的立场，免除了争议中的费用，并以下述理由提出简易判决的动议，即，关于个人费用豁免遭拒绝的请求诉由消失，而关于司法部准则和内务部规定显在有效性（facial validity）的请求尚不成熟。联邦地区法院支持政府的主张，认为对争议中的请求均不能进行司法审查。

对此我们持反对意见。尽管勿庸质疑，针对适用于特定费用豁免请求的准则和规定提出的挑战诉由已经消失，但同样明显的是，上诉人关于司法部的准则和内务部规定具有显在无效性的请求却仍具司法意义（survive)。关键的问题是这种显在的挑战在此时是否已经成熟。我们认为，成熟性的至关重要的条件是最后的行政行为，即纯粹的法律行为，以及假如审查被拒绝所产生的困境。这两个问题在本案中都已经显现出来了。所以我们基于对实质性问题的考虑，将上述案件发回联邦地区法院重审。

一、背景

（一）法律规范框架

《信息自由法案》允许各行政机构具体制定“合理地收取查阅和复制文件费用的标准”以收取提供这些服务的直接成本费。P89 该制定法还规定：

> 当各机构确定免除或减少收费是基于公共利益需要时，应当免费或降低费用提供文件，因为提供信息可以认为基本上是为了造福社会公众。⑨

费用豁免规定的立法背景表明，规定《信息自由法案》的细则

⑧ 被上诉人部门偶尔也称为“政府”。

⑨ 《美国法典》第5编第552节第a条第4款第A项（1982年）。

“旨在防止政府机构使用高收费来抑制某些类型的查询者或某些类型的查询”，特别是防止压制记者、学者和非营利性公益组织的积极性。⑩然而，1980年，在费用豁免条款实施一段时间后，国会的一个委员会得出结论认为，“一部分机构关于对贫困者、新闻媒介和学者提供免费服务的规定十分苛刻”，因此建议司法部制定准则来处理这些问题。⑪

1980年12月18日，司法部信息法律与政策司（the DOJ's Office of Information Law and Policy）以《费用豁免暂行规定》颁布了一系列上述准则。但是，1983年1月，司法部法律政策司（the DOJ's Office of Legal Policy）又颁发了一个新的备忘录，取代了暂行规定。1983年备忘录推出了司法部的双重委托：一是鼓励各机构在所要求的信息披露基本上是有益于社会公众时给予《信息自由法案》所规定的查询和复制信息以费用豁免，二是当从信息开示中所得到的公共收益不足时保留公共基金。⑫ 随后，该备忘录列举了五个原则性的要素⑬作为各机

---

⑩ 见 Ettlinger 诉 FBI，《联邦判例补编》（F. Supp）第596卷第872页（马萨诸塞州联邦地区法院1984年判决）；《参议院司法委员会对〈信息自由法案〉进行的补充规定》，《参议院报告》第854号，第93届国会会议第2次会议，第11—12页（1974年）《美国国会及行政法规汇编》（1974年），第6267页［下称“参议院报告”（S. Rep.）］。

⑪ 《参议院司法委员会行政实践与程序小组报告》（第95届国会会议第2次会议）、《对〈信息自由法案〉1974年补充规定的补充：关于听证监督的报告》第90—96页（委员会1980年出版）、［下称“小组报告”（Subcomm. Report）］。

⑫ 伯特尔政府协会联合附件第23页。

⑬ 根据1983年司法部备忘录，政府机构必须权衡：

（1）“在资料的主要事项中是否存在真正的公共利益……没有通用的公式《信息自由法案》请求中的主要事项中存在的正当的公共利益及公共利益的分量，所以每一个机构在决定这些关于它们各自记录的主要事项时必须根据自己特有的衡量标准。受益的‘公众’不必宽泛到包括所有的公民，但必须有别于要求者本人”；

（2）“记录本身对公众的公共价值……只有当信息有意义地在公众发展或理解这一主题方面有所贡献时，才能说是公众受益”；

（3）“所要求的信息是否已经在公众掌握的信息中可以获得”；

（4）“要求者的身份和资格”；

（5）“任何合理期望从披露信息中获得的要求者个人的利益……有必要估价任何这样的个人利益大小，然后把它与任何可计算的公共利益相比较……”（伯特尔政府协会附件第23页。）

构在确定是否给予费用豁免时应当考虑的条件。

在有关本案的任何情况下，国务院都执行了调整给予《信息自由法案》费用豁免[14]的规范，这些规范根据告知和评论的规则被采纳了。[15] 但是国务院已经承认，它“在解决费用豁免请求问题上适用了（司法部的）准则”。[16] 内务部也执行了关于给予费用豁免的一项规定，[17] 内务部还在其决定费用豁免时适用了司法部的准则。[18] 最为重要的是，法庭记录表明，两个部门在它们拒绝伯特尔政府协会和国家野生动物联合会请求给予本上诉案所争议的费用豁免时都明确地依据了司法部的准则，而且在未来处理《信息自由法案》费用豁免请求时还将继续适用这些准则。

（二）诉讼方面的背景

伯特尔政府协会是一个非营利性的组织，它进行旨在暴露政府项目运作中的浪费、欺诈和滥用权力现象的调查。在其工作过程中，伯特尔政府协会向国务院提出一项《信息自由法案》请求。伯特尔政府协会请求提供由监察署（department's Inspector General）发布的关于五个美国大使接受最高政府访问者事件的所有审计资料、调查资料和报告，并申请获得费用豁免。国务院在于 1983 年 7 月 26 日作出的最初决定中拒绝了费用豁免请求，声称它“相信准允这样的请求不会有益于社会公众”。[19] 伯特尔政府协会对这一决定申请复议，但国务院于 1983 年 9 月 27 日驳回了复议申请，其依据就是争议中的司法部准则。伯特尔政府协会遂向联邦地区法院提起诉讼，挑战这一复议决定。

1983 年 12 月 8 日，国务院的法律顾问通知伯特尔政府协会，说国务院已经转变了立场，决定给予其费用豁免。随即国务院提出简易判

---

⑭ 见《联邦法规汇编》(C. F. R.) 第 22 卷第 171 节第 13 条第 e 款（1985 年）。

⑮ 见《联邦每日公报》(Fed. Reg.) 第 45 卷第 108 页（1980 年）。

⑯ 被告的法律理由书Ⅱ8，摘录于伯特尔政府协会附件第 19 页。

⑰ 见《联邦法规汇编》(C. F. R.) 第 43 卷第 2 节第 9 条第 c 款（1985 年）。

⑱ 被上诉人部门偶尔也称为“政府”。

⑲ 伯特尔政府协会附件，第 45 页。

决的动议，辩称，它关于费用豁免的最后决定致使该案就具体要求而言诉由已消失，而就准则显在有效性的挑战而言尚未成熟。据此，联邦地区法院驳回了该案，由此引起了上诉。

国家野生动物联合会是一个“代表大批全国……选民利益致力于促进环境保护原则”的非营利性组织。[20] 1983 年 3 月，国家野生动物联合会向土地管理局蒙达拿处处长（the Montana State Director）[21] 请求查阅有关许可煤炭交易和出售鱼和野生国家野生动物联合会所产生的影响的文件，并请求给予查阅和复制费用豁免。国家野生动物联合会按要求支付了费用以免其工作受阻，同时申请对拒绝其费用豁免的决定进行复议。土地管理局蒙达拿处处长援引司法部的准则驳回了复议申请。

于是，国家野生动物联合会像伯特尔政府协会一样向联邦地区法院寻求救济。这时，政府的法律顾问也宣布说，该机构转变了立场，退还了费用并同时提出简易判决的动议。联邦地区法院认为，该案诉由消失，因此国家野生动物联合会没有诉讼资格（standing）。同时认为，对司法部准则和内务部规定的挑战尚不成熟。国家野生动物联合会对此判决提起上诉。

上诉法院将伯特尔政府协会和国家野生动物联合会两案合并审理。

二、分析

（一）关于诉由消失问题（Mootness）

政府声称，它所做出的关于豁免上诉人《信息自由法案》费用的那些迟到的决定致使提交到联邦地区法院的纠纷诉由消失。然而，上诉人挑战的不仅仅是司法部准则和内务部规定在上诉人上述要求中的适用，还有这些规定的显在有效性。因此，伯特尔政府协会和国家野

---

⑳ 国家野生动物联合会等诉内务部等，《联邦判例补编》（FSupp.）第 616 卷第 891 页（哥伦比亚特区联邦上诉法院 1984 判决），摘录于国家野生动物联合会附件，第 142 页。

㉑ 土地管理局是内务部的一个分支机构。

生动物联合会辩称，当事人之间纠纷的诉讼事由依然存在（alive）。

诉由消失原则是对宪法第三条所规定的“案件或争议”条件的逻辑推论（logical corollary）。宪法禁止联邦法院作出建议性的意见或“对那些不能影响本案当事人双方权利的问题判决”。㉒ 作出的任何判决，都必须用一个结论性的裁决（decree）来解决“一项现实的、实质性的、能够给予具体救济的纠纷，以区别于建议法律在假设的各种情况下应当如何如何的意见”。㉓

[1] 依宪法标准考虑本案的情形，则上诉人对那些用于他们具体费用豁免请求的标准所提出的挑战实际上诉由已消失。即使假设上诉人关于他们费用豁免请求被不合理拒绝的称辩确定无疑地成立，我们也不能责令被告再去做他们已经做完了的事情，比如本案中免除《信息自由法案》费用这样的事情。㉔ 就这一争议而言，伯特尔政府协会

㉒ 加利福尼亚州北部诉 Rice [404 U. S. 244，246，92 S. Ct. 402，404，30 L. Ed. 2d 413（1971）]。

㉓ Preiser 诉 Newkirk [422 U. S. 395，401（1975）（引述了 Aetna 生活有限责任公司诉 Haworth 案，300U. S. 227，241，57 S. Ct. 461，464，81 L. Ed. 2d 617（1937）]。

㉔ 上诉人的律师在辩论中提出，“自愿中止不合法行为”作为诉由消失理论的例外，把对个人费用豁免的拒绝从诉由消失中挽救了出来。这一说法明显是错误的。政府的费用豁免只为从法律上挑战其处于争议之中的显在合法性留下了空隙。

在多尔化学公司诉 EPA 一案中 [605 F. 2d 673（3d Cir. 1979）]，EPA 撤销了一则受多尔指责的规定，依据《行政程序法案》这则规定的颁布是无效的，EPA 撤销的目的仅仅在于补救其被指责的程序上的违法性，并表明了其重新颁布一项实质上相同的规定的意向。第三巡回法院依据“自愿中止”理论认为，对于这则规定的实质性挑战并为诉由消失。该法院接着阐述其理由为：

EPA 在那种情形下改变规定并不使整个案件诉由消失，具体而言，申诉人对这则规定的实质有效性的挑战并未诉由消失，法庭将继续审查这则规定……值得提出的是，在多尔案中法庭甚至没有审查申诉人起初在程序上挑战这则规定的实质性问题，这表明法庭默示地认为这一问题诉由消失，或者表明申诉人在这则规定改变之后没有再步步紧逼。

在国家资源防护委员会诉 NTC 一案中 [680 F. 2d 第 810 页始，第 814—815 页注释 9（哥伦比亚特区联邦地区法院 1982 年判决）]，上诉人对于所适用的规定的挑战类似于在多尔案中对程序的挑战，这一挑战由于机构的补救性的行为而诉由消失。法庭在适用“自愿中止”理论时作出具有典型意义的结论说：该案没有诉由消失。实际上，法庭应当更为精确地表述为整个案件没有诉由消失。

和国家野生动物联合会“已经获得了他们通过本案支持其主张的判决所能够获得的一切”。[25] 上诉人向本院诉求的显然是由法院宣告拒绝他们享受《信息自由法案》费用豁免的决定是违法的，而这样一项宣告恰恰是联邦法院可以提供的建议性意见。[26]

然而，上诉人的另一项请求即关于司法部准则和内务部规定的显在合法性问题的纠纷诉讼事由并没有消失，这一点毫无疑问。对拒绝费用豁免请求的挑战只不过是上诉人起诉中的一项主张；另一项主张矛头直接指向被上诉人所适用标准的合法性。政府认为前一个主张勿须证明地导致后一个主张的诉由消失是不正确的。拒绝个人费用豁免请求的决定是改变了，但是，满足了这一请求并不导致对准则和规定显在的挑战诉由也消失。[27]

上诉人是经常申请《信息自由法案》费用豁免的组织，而无论国务院还是内务部都毫无例外地适用了准则或规定。实际上，政府清楚地倾向于仍将适用这些被指控为值得反驳的标准来处理将来提出的《信息自由法案》费用豁免请求。所以很显然，被指控为不允许的习惯，亦即在衡量《信息自由法案》请求时适用上述准则和规定的做法，是持续的，上诉人针对一个基于这种习惯而产生的持续损害所提出的诉讼请求并没有什么可资借助的救济手段。简言之，上诉人的显在挑战诉讼事由并未消失。进而言之，政府和联邦地区法院的法官都正确地意识到，本案中的关键问题并非诉由消失的问题，而是成熟性的问题。下面我们来阐释这一问题。

（二）关于成熟性问题（Ripeness）

［2］本案中可司法性（justiciability）问题至关重要的一点是，对

㉕ NRDC诉NRC.，［680 F. 2d第814页引述了加利福尼亚州诉（古巴）圣巴勃罗和（美国）图莱里铁路局案，149U. S. 308，314，13 S. Ct. 876，878，37 L. Ed. 747 (1893)］。

㉖ 同上，第815页。

㉗ 见Super，轮胎技术公司诉McCorkle［416 U. S. 115，121—22，94 S. Ct. 1694，1697—98，40 L. Ed. 2d 1 (1974)．(在对法院禁令的需要已经变更而对政府习惯的挑战依然存续时适当地给予宣告性的救济)］。

司法部准则和内务部规定的显在挑战对于司法审查而言是否成熟。尽管“关于成熟性的法律与宪法第三条关于案件或争议条件规定的界线有所交叉”，[28] 这一点的确如此，但在本案件中的适用却采其狭义上适用的概念（或原则，doctrine）。[29] 从这个意义上考察成熟性，要对有关“法院与政府机构的制度上的职能分工及其相互关系”进行实用主义衡量。[30] 这些考虑因素包括“政府在政策系属于司法审查之前使其政策确定化中享有的利益”、“法院因避免非必要的司法和就具体案件对争议作出裁决而享有的利益”以及“申诉者因即时考虑被指控为违法的机构行为所获得的利益”。[31] 在艾博特药厂一案中[32]，最高法院宣布了成熟性的二元考查标准（two-pronged test）来平衡这些利益。该考查方法要求法院估价“纠纷对于司法判决的适宜性和当事人因法院拒绝救济所面临的困境”[33] 这两个方面。

［3］根据“争议的适宜性”标准，我们首先必须确定争议中的主张提出的是不是纯粹的法律问题，由此推断是否为适于司法审查的问题。[34] 其次，我们必须决定暂缓到行政行为或政策有一个所谓更具体的形式时再审查对于法院或行政机关是否会有好处。[35] 最后，我们要认定上诉人在从立即审查该案中所获得的利益。上诉人要证明自己的利益大于推迟审查所产生的任何制度性利益，就必须证明“困境”，亦

㉘ Eagle-Picher有限责任公司诉EPA［759F. 2d 905，915（哥伦比亚特区联邦上诉法院1985年判决）］。

㉙ 在该案中没有一方当事人争辩说这一法律原则没有满足宪法上的标准。

㉚ Eagle-Picher案［759 F. 2d 第915页］。

㉛ 同上。

㉜ Abbott 药厂诉 Gardner［387 U.S. 136，87 S. Ct. 1507，18 L. Ed. 2d 681 (1967)］。

㉝ 同上，第149页，87S. Ct. 第1515页。

㉞ 同上。另见 Eagle-Picher 案［759F. 2d 915］；大陆航空有限责任公司诉 CAB［522F. 2d 107，126（哥伦比亚特区联邦上诉法院1974判决）（由全员合议庭审判）］。

㉟ 见 Arkansas 电力光源公司诉 ICC.［725F. 2d 716，725（哥伦比亚特区联邦上诉法院1984判决）（全员合议庭审判）］；大陆航空有限责任公司案［522F. 2d，第124—125页］。

即，“行政行为的影响可以说是那些受此行为影响的当事人在从事日常事务中都会马上感觉到的”[36]。

[4] 首先我们认定，在本案中提出的问题都适于司法解决。两上诉人均诉称，司法部的准则违反了《信息自由法案》，这是明摆着的事。这一问题将通过分析《信息自由法案》——分析一下《信息自由法案》的制定法背景，并结合相关判例法分析一下它的结构——就可以解决。同样，伯特尔政府协会在诉讼中对准则的挑战提出了一个纯粹的法律问题：即国务院没有把准则告知公众，给社会一个评价的机会，这一做法是否违反了《行政程序法案》（Administrative Procedure Act）第553条第3款的规定。最后，国家野生动物联合会诉称内务部没有颁布确定的调整《信息自由法案》费用豁免请求问题的具体标准规范，违背了《信息自由法案》请求所有行政机构都必须颁布细则的制定法意旨。上述每一个主张都提出了纯粹的法律问题，对这些问题的理解既不要求通过等待进一步的事实发展，事实的进一步发展也无助于理解这些问题。我们对司法部根据《信息自由法案》的制定法要求和《行政程序法案》所制定准则的合法性的认同不会因为存在一个具体的《信息自由法案》费用豁免请求而有所增加。[37]

其次，我们查明，争议中的行政行为已经采用了它的终局形式。争议中的司法部准则已经生效两年多了。两被告均承认他们在自己未来衡量《信息自由法案》费用豁免请求时将继续适用司法部的准则。两被告均未表示他们打算把这些准则公之于众，内务部也未采取措施作出相反或不同的规定。换言之，从目前的法庭记录上看，内务部和

---

[36] 洁具协会诉Gardner [387U. S. 158，164，87S. Ct. 1520，1524，18L. Ed. 2d 697 (1967)]。

[37] 尽管准则和规定的意思可以用它们在处理具体费用豁免请求中的适用为例加以说明，但这种说明对于上诉人的异议而言并无必要。他们辩称，即使没有适用，这些标准与《信息自由法案》的规定也明显地不一致，同时也违反了《行政程序法案》的规定，因而是不合法的。正是这些主张使我们认为司法审查时机已经成熟。

国务院很显然已经适用并将继续适用他们以现有形式确定的正在争议中的标准。从被上诉人的言辞中可见，进一步的程序或实体上的改进是没有指望的。

被上诉人把准则描述为“非正式的”，这在我们对成熟性的确认中是不确切的。[38] 法院对于行政行为终局性问题的态度都是“弹性的”和“实用主义的[39]”，当机构，如本案所示，已经声称由争议中的行为(action) 来规范它的决定时，这样的行为在我们分析成熟性时一定认为是终局性的。[40] “决定性的事情就是机构已经做过的事情”，[41] 在此，国务院和内务部已经就适用受到挑战的费用豁免标准问题作出了终局性——而不是暂时性——的决定。

最后，我们认为，继续适用司法部准则和内务部规定对上诉人有“直接而即时的”[42] 影响，这种影响达到了“困境”的程度。这些准则“旨在对直接影响上诉人日常事务的制定法条款作出权威解释”，[43] 正如上面提到的那样，伯特尔政府协会和国家野生动物联合会大范围地和经常性地依赖于《信息自由法案》及其有关费用豁免的规定进行调查，这些调查对于他们基本的制度性惯例性的活动而言是至关重要的。这些活动暴露政府的行为选择，并聚焦于可能发生的权力滥用。没有

㊳ 见大陆航空有限责任公司诉 CAB［522F. 2d 107，124（哥伦比亚特区联邦上诉法院 1974 年判决）（“行政机构贴在其行为上的标签是不确定的”）。］尽管不清楚国务院和内务部是否有义务采用司法部准则，但他们明显地已经主动地这么做了。

㊴ 见 Abbott 药厂案（387 U. S. 第 149—150 页，87 S. Ct. 第 1515—1516 页）。

㊵ 尽管有关成熟性的某些问题也可以涉及事实问题，但在本案中我们不想先对事实问题作出判断。成熟性问题，关于本案现在是否适合司法审查的问题，独立于下面三个问题：关于这些准则和规定的性质问题、它们被诉称与《信息自由法案》的授权不一致的问题以及被诉称依据行政程序法案的规定应当将规定制定告知和付诸评论的问题。联邦地区法院在重审中将要解决的正是后面的这三个问题。

㊶ 海陆服务有限公司诉联邦海军总部，［402F. 2d 631，633（哥伦比亚特区联邦上诉法院 1968 判决）］。

㊷ Abbott 药厂案（387 U. S. 第 152 页，87 S. Ct. 第 1517 页）。

㊸ 同上。

他们的这些活动，政府行为和权力滥用可能免受质疑和挑战地蒙混过关。这些调查对于这些组织的基本性宣传和动员作用都是不可或缺的基本前提。借助《信息自由法案》接触信息对于他们组织的任务至关重要。

因此，上诉人的“基本行为”受到了争议中的标准的影响。同时，这一影响是“能够即时感受到的”。[44] 上诉人是非营利性的公益团体，经常提出《信息自由法案》请求，如果没有费用豁免规定，则会潜伏着无法提出这些要求的危机。在通常情况下，上诉人的财政紧张肯定不会达到我们所要权衡的“困境”的程度，在此，我们拥有国会赋予的另一项权力，即这样的紧张不应当成为象本案上诉人这样的当事人获得信息的障碍。

国会在制定“公共利益”衡量以确定《信息自由法案》费用豁免时明确地认识到这一类典型的资金短缺的组织和个人接触政府文件的重要性和难度，在《信息自由法案》中加进这项豁免条款“旨在防止政府机构用高收费来压制某类调查或某类调查者”[45]，明确地列举了记者、学者和非营利性的公益团体——最后一项正是我们讨论中最重要的。[46]

国会清楚地阐明了它的宗旨，即收费不能用来压制查阅资料的要求或给披露信息设置障碍，禁止把收费当作是“在公众进入信息库的路上收门票”。[47] 如果收费是禁止性的，那么事先交费——然后又通过诉讼返还——通常是不可能的。所以上诉人是正确的：争议中的司法部准则和标准会抑制《信息自由法案》请求并且妨害这些国会试图[48]通过费用豁免条款给予帮助的组织获得信息，这些准则和标准给

㊹ 洁具协会诉 Gardner（387 U. S. 第 164 页 87 S. Ct. 第 1524 页）。

㊺ Ettlinger 诉 FBI，《联邦判例补编》第 596 卷第 872 页；同时参见《参议院报告》，上引，注释 6，第 11—12 页。

㊻ “参议院报告”，上引，注释 6，第 11—12 页。

㊼ “小组报告”，上引注释 7，第 78 页。

㊽ 同上，第 90—96 页。

依赖《信息自由法案》为他们供血——信息——的非营利性公益团体制造了困境。上诉人诉称他们的组织致力于不只是自愿而且是国会明确欲予鼓励的活动，而司法部准则却给他们组织的能力和愿望"泼冷水"。

[5] 我们承认，这种困境分析中部分地接受了上诉人关于事实问题的观点。然而，当"争议中的损害和事实问题搅和在一起时"，[49] 我们采取这样一种角度作为考虑成熟性的切入点是合适的。（见 note 36 *supra.*）

本案的情况与最近由本上诉法院审理的美国联邦政府雇员（简称"政府雇员"）诉 FLRA 案中的情况完全相同。[50] 在那件案件中，政府雇员主张，争议中的法律规定于一个空白条款的授权（a blanket authorization），要求机构给予代表他们工会的雇员在"在岗期间"（duty status）或工作时间进行集体性协议谈判时以正式休假。政府反驳说，它的政策——这些政策在制定法权利上附加了一些限制对于司法审查而言尚未成熟，因为在工会谈判者面临被机构拒绝给予正式休假的具体情形之前没有困境存在。我们不支持这样的主张，理由如下：

如果政府雇员关于法律规定了空白授权（a blanket authorization），要求机构给予代表他们工会的雇员在"在岗期间"（duty status）或工作时间进行集体性协议谈判时以正式休假的主张是正确的，我们相信这一主张是正确的，那么对于这种权利的空白性质的权威性拒绝，即使其对于任何一个特定的工会的影响不是直接的，也构成具体的损害。[51]

同样，在本案中，上诉人诉称，准则否定了他们的确定的、制定

---

[49] 国家野生动物联合会诉 Snow [561F. 2d 227，237（哥伦比亚特区联邦上诉法院 1976 年判决）]。

[50] 750F. 2d 143（1984）。

[51] 同上，第 145 页。

法旨在保护的权利，例如推定他们作为非营利性的公益组织应当获得的《信息自由法案》费用豁免。[52] 这里，被诉称为不允许的标准已经并正在由被上诉人用来制造一种现实的《信息自由法案》之下的“权利侵害”。[53]

政府在其关于本案对于司法审查尚未成熟的论证中很大程度上依赖于韦布诉健康与保健部《Webb v. Dept. Of Health and Human Services》一案的判决。[54] 然而，本案上诉人已经经受了一种韦布案中所没有的困境。在韦布案中，法院认为上诉人对血液和药品管理局规定的挑战尚未成熟。我们对具体问题具体分析，确信对于争议中的血液和药品管理局规定的挑战是以特定事实为基础的，我们主张，“把规定适用于《信息自由法案》请求的有效性会因为实际包含在新药适用案件（New Drug Application file）中的信息的差异而不同”。[55] 此外，我们查明，韦布案中推迟考虑所产生的困境，只不过是“不得不提起另一个

---

[52] 例如，上诉人称，《信息自由法案》的立法背景和宗旨表明，个人和组织为非营利之目的提出的要求应当普遍性地获得费用豁免。给予这种豁免“鼓励那些没有直接经济动机的个人和组织参与政府事务”。（波莱恩：《〈信息自由法案〉下的公益费用豁免》，1981 Duke L. J. 213.）国会在制定费用豁免条款时所依据的原始资料的结论均为：非营利性的要求应当享受费用豁免。见“参议院报告”，上引，注释 6，第 3 页、第 10 页、第 11 页、第 12 页；Bonine，上引，第 239—242 页。另见“小组报告”，上引，注 7，第 96 页。

准则应当建议，每一个机构应当把给予贫困者、新闻媒介、研究者、学者和非营利性公益团体以费用豁免作为其规定的一部分。准则应当明确，推定这些类型的要求者已经被赋予了获得豁免的权利，特别是当这些人将公开发表这些要求获得的信息或以其他方式使普通公众获得这些信息的时候。

看来在 1983 年司法部准则中并没有这种推定；的确，在准则规定“要求者的资格和条件”的章节中没有提到非营利性团体。

[53] 我们的结论，即如果审查被延搁上诉人将经受困境，也支持了伯特尔关于国务院未将准则公诸于众和接受评论违反了《行政程序法案》的主张。伯特尔是有利害关系的当事人，如果国务院只改变它的习惯而不遵循《行政程序法案》的规定，它的程序利益将继续遭受损害。见国家资源保护政治行动委员会诉联邦选举委员会［626F. 2d 953，957（哥伦比亚特区联邦上诉法院 1980 判决）］。

[54] 696F. 2d 101，107（哥伦比亚特区联邦上诉法院 1982 年判决）。

[55] 同上，第 106 页。

诉讼的负担……几乎不足以促使对一个以抽象形式提出的问题予以即时考虑的那种困境”。[56] 法院也不相信原告声称他是一个经常提出《信息自由法案》请求者的主张。

在本案中我们面对的是完全不同的情形。正如上面所讨论的那样，本案涉及到纯粹的法律问题，对这一问题的解决不会因事实的增加而有大的进展。上诉人的请求涉及到准则和规定的性质、涉及到为他们诉称的与《信息自由法案》授权显在的不一致性、还涉及到所诉称的通知和制定规范的评价的请求，这些请求都是现在适宜审查的成熟的事项。上诉人是无可争议的经常提出《信息自由法案》请求者，他们的日常活动和决定过程都受到系争标准的影响。最为重要的是，上诉人诉称，由于他们的法定权利被剥夺，他们还会持续地受到侵害。韦布案无论是在“争议的适宜性”还是在考察成熟性的“困境”标准方面都与本案中的情形简直风马牛不相及。而我们相信对本案有拘束作用的先例是美国联邦政府雇员案，在认定本案司法审查的成熟性问题上我们遵循这一先例。

总而言之，对于被成熟性理论弄得复杂化的各种审慎考虑都会影响到对本案的司法审查。这些争议是纯法律性质的，机构的行为是终局性的，推迟审查而给当事人制造的困境是具体的和现实的。这些对于准则和内务部未公布调整费用豁免决定的具体标准的显在挑战现在对于司法解决而言已经成熟。[57]

---

[56] 同上，第107页。

[57] 由于我们解决了诉由消失和成熟性问题，本案的诉讼资格问题也就迎刃而解了。[见Warth诉Seldin，422 U.S，490，499 n.10，95 S.Ct.2197，2205 n.10，45 L.Ed.2d 343 (1975)] 此外，上诉人已经清楚地证明了他们“因为被告公认的违法行为而受到的一些实际损害和损害威胁”，同时证明了这种损害将会因为一个支持原告的判决而得到改正 [（美）瓦利福奇基督教徒团体诉以隔离教堂和州为目的的美国人组织一案 454 U.S.464，472，102 S.Ct.752，70 L.Ed.2d，第700页（1982年）（引述了Gladstone案）；Realtors诉（美）贝尔伍德村，441 U.S.91，99，S.Ct.1607，60 L.Ed.2d 66 (1979年)]。

（三）发回重审

我们判决，本案对于司法审查而言业已成熟，这一判决有待于解决涉及《信息自由法案》和《行政程序法案》的几个复杂问题。首先，联邦地区法院应当决定由被上诉人适用的司法部准则是否与《信息自由法案》的授权一致。换言之，初审法院应当确定《信息自由法案》是否要求司法部规定更多的或不同的实质性标准来调整依据《信息自由法案》作出的费用豁免决定。

政府把准则的特征仅仅归于有帮助的建议，由此论证它们的实质性内容是不相干的，因为这些内容没有约束力。我们既不能从记录中也不能从代理人在辩论的反应中查明司法部准则是不是或是否被看成是授权性的，也不能查明它们在性质上是不是纯粹建议性的。然而，被上诉人看来已经相信遵守准则一种义务（was required）。[58] 无论是哪种情况，上诉人都反驳说，不管准则是不是授权性的，它正在被国务院和内务部遵从，而这些准则是显然无效的。

其次，伯特尔政府协会抗辩说，根据《行政程序法案》第 553 条的规定，政府在公布准则时应当符合告知和制定规范评论的要求。换言之，伯特尔政府协会声称，准则在《行政程序法案》第 551 条第 4 款的涵义中是“规范”，在此准则远远超出了立法对规范制定义务预期的范围。[59] 然而，如上所述，政府把准则的特点归结为仅仅是建议性的，所以，联邦地区法院应当决定《行政程序法案》要求被上诉人把

---

[58] 见国务院给伯特尔政府协会的函，(1983 年 9 月 27 日)（“最近由司法部颁布的准则要求在行政机构可以豁免费用之前应当符合一定标准”）（着重号是原有的）（摘录于伯特尔附件第 49—50 页）；土地管理局蒙达拿处处长 1983 年 4 月 13 日给国家野生动物联合会的函（“你在 1983 年 3 月 11 日来信中要求给予资料查询费用豁免被拒绝，因为这一要求不能完全符合可适用的标准”）（摘录于国家野生动物联合会附件第 21 页）；国家野生动物联合会托马斯·弗朗士《信息自由法案》申诉的备忘录（1983 年 6 月 22 日）（“决定提供信息是否会基本上有益于普通公众……的五个相关因素”）（摘录于国家野生动物联合会附件第 35—36 页）。

[59] 见环境保护基金会诉 Gorsuch［713 F. 2d 802，814—16（哥伦比亚特区联邦上诉法院 1983 年判决）］；Batterton 诉 Marshall［648 F. 2d 694，708（哥伦比亚特区联邦上诉法院 1980 年判决）］。

司法部准则告之公众并置于公众评论之下这一义务的幅度（stricture）。

最后，上诉人反驳道，即使假设这些特定的“准则”不适当地受《行政程序法案》关于规范制定要求的制约，《信息自由法案》也授权颁行了一些具体标准来调整费用豁免请求。这里蕴含着一个结论：被上诉人的现行准则、规定和习惯没有达到《信息自由法案》的要求；当终局性地采纳规范时应当根据告知和评论的规范制定规则将规范予以颁布。

这些问题都应当由联邦地区法院在重新审理中加以解决。

三、结论

尽管上诉人涉及到政府拒绝其《信息自由法案》费用豁免请求的最初诉讼请求的诉讼事由已经消失，但是对司法部准则和内务部规定的显在挑战却是正在争议之中的、成熟的纠纷，因此我们将这一纠纷发回重审，由联邦地区法院解决。

特此裁定。

司法权与管辖权[①]

傅郁林　评

在美国法中，管辖权（jurisdiction，又译为司法权）是指法院从事其行为，包括审理和判决案件的权限在内的权力。从纠纷的裁判者角度看，管辖权是司法权或审判权的基础，司法权通过对管辖权的分配而特别授予；[②] 从受裁判者角度看，只有将具有可司法性或可裁判性（Justiciability）的事项提交法院，才能够使纠纷通过司法途径获得解决。可司法性的条件包括："（1）必须存在宪法第 3 条意义内的案件或争议。这些争议必须涉及真正相争或对抗的当事人；必须存在一项起源于法定事实情形的可被承认的合法利益；争议的问题必须是可以通过运用司法权力加以解决。"[③]（2）原告必须具备诉讼资格（standing），即当事人在案件的最终结果中有足够的利害关系；（3）案件具有成熟性（ripeness）或司法审查的时机已经成熟；（4）案件仍具有实际意义的（survive），诉讼事由消失（moot）的案件不再具有可司法性；（5）案件不能构成政治问题。[④]

管辖权问题在本书爱德华兹法官自选判例中占很大比例，反映出管辖权问题至关重要的地位。在伯特尔案中，主要涉及案件是否已经成熟和案件是否仍具实际意义这两个条件；在休斯敦案中，除解释上述两个条件之外，作者侧重于阐述系争事项是否"可以通过终结性的法院命令获得救济"的问题；[⑤] 在浩诉太阳公司案中，则主要处理联邦法院管辖权与州法院管辖权关系的问题，关于这一问题的法律是通

---

① 另参见本书德克萨斯州案点评。

② 参见［美］彼得・G・伦斯特洛姆编：《美国法律辞典》，贺卫方等译，中国政法大学出版社 1998 年版，第 62 页。

③ 彼得・G・伦斯特洛姆，上引，第 7 页。

④ 参见［美］爱德华兹：《美国联邦法院的权力和法院命令的执行》，载于宋冰编：《程序、正义与现代化》，中国政法大学出版社 1998 年版，第 213 页。

⑤ ［美］爱德华兹，上引，第 213 页。

过判例对美国宪法第3条第2款的解释形成的；而在吉柯保险公司案中，虽然当事人之间对于管辖权问题无异议，但法官仍需予以提及，因为宪法规定，联邦法院“仅有权审理在联邦司法权限范围之内的案件。这些案件由宪法确定，并通过国会授权赋予法院管辖……各当事人在法院无管辖权时不得放弃要求正当的管辖权主张……而法院（无论初审法院或上诉法院）则有义务主动考虑自己是否有管辖权。”⑥ 无事项管辖权的情况下作出的判决均为无效，所以有关事项管辖权的规则对于联邦法院和双方当事人都有重大影响：第一，寻求援引联邦法院管辖权的当事人有责任表明该管辖权存在；第二，对法院管辖权的质疑可以在诉讼程序中任何时候提出；第三，即使没有对管辖权提出质疑，甚至各当事人同意存在管辖权，联邦法院也必须对自己的权力提出管辖权的质疑。⑦ 这一点值得我们细心留意。在我国司法改革的种种尝试中有不少法院模仿美国“当事人主义模式”，片面地要求提出管辖权异议的当事人负证明责任，且不说与我国现行民事诉讼法的规定相悖，也不符合美国法管辖权制度的精神。⑧

美国法意义上的管辖权与我国管辖权的概念差异很大，为了避免概念混淆，本文将美国管辖权称为“司法权”。在笔者看来，司法权作为依法解决社会纠纷的权限，必须解决三个层次的问题：

第一，国家与社会的关系。立法把什么样的社会冲突纳入司法管辖范围，从制度设置者角度看，取决于国家干预社会生活的主观愿望和客观可能性，从制度利用者角度看，取决于社会生活对司法的主观和客观需求。现代国家虽然垄断暴力，却仍旧给社会留有适当的自治空间。一方面，纠纷本身有“适合于审判和不适合于审判”之分⑨，

---

⑥ ［美］爱德华兹，上引，第213页。

⑦ ［美］爱德华兹，上引，第212页。

⑧ 在国际私法中，程序问题也是作为法律问题而不是事实问题，因而属于法官识别而不属于当事人证明的范围。

⑨ 参见［日］棚濑孝雄：《纠纷的解决与审判制度》，王亚新译，中国政法大学出版社1994年版，第2页。

有些纠纷按其性质无法纳入司法调整的范围，例如像休斯敦案那样即使获得胜诉裁判也无法获得补救的争议，司法对于自己无能为力的事项只能“有所为有所不为”，这也是维护司法权威性的需要。另一方面，即使那些适于审判的纠纷，国家也可能基于司法资源有限性和在全社会合理配置资源的考虑而暂时被排除在司法管辖之外，留待纠纷各方以更加便利和经济的方式解决。最后但也是最为重要的一点是，被政府认为适于以司法手段解决的纠纷当事人却愿意谋求其他解决途径，国家不能对当事人双方的这种合意强施干预，比如法律规定仲裁协议对司法管辖权的排除效力，就是国家司法权对社会自治权妥协。在本书中，第 520 号工会案和美国邮政工会案都体现了美国法官对这种关系的准确把握。[⑩]

第二，国家机构之间的关系。这层关系受制于第一层次的关系。在社会生活的领域和事项由国家机关介入的基础上，法律进一步划分国家机构之间对于管辖这些事项的职能分工，以避免第一层次分配所确定的权利处于相互争夺或相互推诿的状况。在技术设置方面，宪法确定司法功能的时候要考虑国家机构之间的权力制约或制衡，而法治的需要把司法的权威提高到至高无尚的地位。不过，司法的权威并非与司法权的范围成正比关系，相反，司法管辖范围过大可能恰恰是导致司法权威下降的原因之一，因为权力伸向社会生活的每一个触角都可能面临来自社会生活的挑战，再假如没有足够的强制手段和其他国家机构的支持，司法只能在腹背受敌的情形下面临四面楚歌的境地。独立的法官受制于有界定功能的法律，政府向司法机关提供推行法律所需要的手段或工具而不是试图逼迫司法机关成为推行其他机关意志的工具。[⑪]

第三，法院之间的关系。在上述两个层次的关系既已确定的前提下，由立法进一步确定有司法权的法院之间在管辖具体案件方面的职

⑩ 参见该案的点评。

⑪ 参见［美］万斯庭法官：《美国法官的工作》，载于宋冰编：《程序、正义与现代化》，上引，第 280—285 页。

能分工，一般管辖权划分考虑的因素主要是：方便当事人诉讼，便利法院行使审判权并案件执行，均衡各地各级法院之间的工作负担。为了确保公正审判，在一般管辖权之外，法律往往以特殊管辖、指定管辖等其他方式加以调节。

美国关于“管辖权”和“可司法性”的制度包含了上述三个方面。而我国“管辖权”的内涵仅仅与上述“司法权”的第三层次涵义相同，即“指各级人民法院和同级人民法院之间受理第一审民事案件的分工和权限。”⑫

上述第二层次内容在我国是由“主管”概念和制度来确定的。主管是“指国家机关依法行使职权和履行职责的范围和权限”，“是人民法院与其他国家机关之间的权限职责划分”。⑬ 按照我国现行民事诉讼法关于起诉条件的规定（第 108 条），受诉事项属于法院（系统）主管范围和受诉法院享有管辖权是该案件得以受理的两个前提。而我国学理上认为，“主管是管辖的前提和基础，管辖是主管的具体化和权限化”。⑭ 然而，我国“主管”制度至少有两个缺陷：其一，“主管”的概念不是法律术语，行政管理的色彩太浓。司法机关管辖民事纠纷的特点在于它的消极性，当事人将纠纷提交受诉法院裁判既是法院行使审判权的基础，也是诉权对审判权的限制，在起诉之前，法院仅有审判权能而没有审判权力。而“主管”是具有能动和强制色彩的行政性术语，也容易与“管辖”的概念混淆。其二，在立法体例上，主管不象管辖权那样作为前提性问题规定在以规范审判行为为核心的第一篇，而是作为“起诉条件”规定在第一审普通程序中，这一部分从内容到措辞都是对当事人诉讼行为及其相关审判细节的规范，没有体现出诉权对审判权的拘束性和法律对法院自我审视审判权的要求。

我国民事诉讼法没有专门解决上述第一层次的问题，国家留待社会自治的空间无从显示。国家的司法权与社会的自治权之间没有明确

⑫ 张卫平：《民事诉讼法教程》，法律出版社 1998 年版，第 98 页。

⑬ 张卫平，上引，第 92 页。

⑭ 张卫平，上引，第 98 页。

和确定的界线，于是司法的手可以无限地伸向当事人期待以合意排除审判的仲裁事项，[15] 而模范法官们常常是善于充当民政干部或居委会主任或人民调解员角色的“司法”人员。将司法权与管辖权区分开来，把审判权作为法院管辖民事纠纷的前提性问题，有助于对滥用司法权的控制。在大陆法系，例如德国，关于“判决的效力”的通说认为，欠缺审判权的法院作出的判决无效，但欠缺管辖权的法院作出的判决仍属有效；判决基于事实上的原因不能就其实体内容发生效果，则判决无效。[16] 这些法律制度和法学理论与美国通过管辖权的三个内涵所确定的司法权限有着异曲同工的效果。

---

⑮ 我国对仲裁裁决进行实体审查的立法规定在世界仲裁制度中是罕见的，在实践中则成为法院借助优势地位与仲裁机构争夺案源的尚方宝剑。参见美国邮政工会案点评。

⑯ 江伟：《中国民事诉讼法专论》，中国政法大学出版社 1998 年版，第 126—127 页。

浩诉太阳石油营销有限责任公司案

《联邦判例汇编》第2套丛书第866卷第1515页以下

(哥伦比亚特区联邦上诉法院1989年判决)

胡悦琴[*]译　傅郁林　校

案情摘要

本案源于上诉人谭旺浩（下简称浩）与谭万凤（下简称凤）之间因对位于哥伦比亚特区的汽车加油站的控制权而引发的争议。浩从被上诉人太阳石油营销有限责任公司（下简称"太阳公司"）那里获得特许权，经营一家位于哥伦比亚的太阳汽车加油站。浩诉称，他被凤以谋杀相威胁继而被"逐出"加油站，"凤的帮凶是一帮越南人，他们是自成风格的'黑手党'"。浩还诉称，他已将自己被威胁敲诈之事通知了太阳公司。

浩试图从凤手中夺回加油站之后，凤便于1986年8月28日向哥伦比亚特区高等法院（D. C. Superior Court）起诉浩、太阳公司及其他人。法院在第二天举行听审之后，批准了一项临时禁止令（temporary

* 胡悦琴，女，执业律师。1987年毕业于武汉大学国际法系，现为浙江九曜律师事务所合伙人（杭州市）。huyueqin@mail. hz. zj. cn。

restraining order)，恢复了凤对加油站的权利，从而排除了浩对加油站的权利；禁止令同时指令太阳公司继续向该加油站供应石油制品。1986 年 9 月 8 日高等法院批准了一份凤与太阳公司之间的同意令 (consent order)。该同意令将临时禁止令的期限延长 7 个月，并要求太阳公司在临时禁止令终止之后继续向加油站供应石油制品，直至凤与浩的争议解决或特许权终止。此同意令的效力仅及于凤与太阳公司。

浩在该同意令被批准之后才被告知，他立即就同意令问题向哥伦比亚特区上诉法院（the D. C. Court of Appeals）提出上诉。直至 1987 年 4 月 7 日太阳公司的特许权终止，该上诉案仍未审结，此时太阳公司已经终止了特许权。1988 年 1 月 15 日，哥伦比亚特区高等法院以太阳公司作为被告不适格为由令其退出诉讼。1988 年 3 月 14 日，哥伦比亚特区上诉法院作出裁决：浩的上诉案诉讼事由已经消失（moot），将案件发回高等法院，由高等法院对浩起诉凤一案的事实问题进行处理。

在此期间，浩于 1987 年 9 月 8 日向联邦法院起诉太阳公司，诉称太阳公司与凤达成由同意令体现的协议非法地终止浩的经营特许权，违反了联邦石油营销法案。浩诉求宣告性救济（declaratory relief）和 3000 万美元的损失赔偿。太阳公司动议驳回浩的请求。联邦地区法院驳回了该动议，但在该案等待高等法院审理结果时中止了在联邦地区法院的诉讼程序。

根据“弃审原则”（abstention doctrine），如果在一项诉讼中联邦司法管辖权的行使与州司法管辖权的行使发生直接冲突，基于礼让和关于联邦法院应当服从于州司法程序的联邦制规则，联邦法院可以驳回一项诉讼。这一原则需符合几个条件才能适用：州的诉讼确实正在进行之中；在该诉讼中州的利益是如此重要，以至于行使联邦司法权将会无视州与国家政府间的礼让与衡平；州的诉讼能够为提交到联邦的诉讼请求提供一个充分的机会。这一原则旨在避免联邦司法机构与州司法机构之间不适当的摩擦，同时也为了确保各州在某一利益对于其作为独立、平等的主权实体至关重要时能够保护其自身利益。

在本案中，联邦上诉法院（the Court of Appeals），即本院，面临的一个基本问题是：联邦地区法院对浩的上诉案以“中止”（stay）诉讼而不是驳回（dismiss）的方式来避免在弃审问题上作出决定，这种做法是否正确？本院认为，联邦地区法院的做法是错误的。因为在中止与驳回的效果相同的情况下，为了州司法程序而中止诉讼，剥夺了当事人将实体问题交由联邦法院处理的权利，除非有适当的理由，否则联邦地区法院既不能以中止也不能以驳回的方式规避行使法管辖权。换言之，联邦地区法院必须对弃审问题作出决定。

再回到弃审问题上，本院认定，本案适用弃审没有正当理由。尽管哥伦比亚特区高等法院的诉讼正在进行，但初审记录中并未表明联邦诉讼将会影响到它的审理结果。初审记录也未表明该州有什么重大利益得失攸关。最后，地方司法程序能否为浩据联邦石油营销法案提起联邦诉讼提供一个恰当的机会也不确定。因此，我们将案件发回联邦地区法院，由其对事实问题进行审理。

浩诉太阳石油销售有限责任公司案
HOAI v. SUN REFINING AND MARKETING CO.， INC

《联邦判例汇编》第2套丛书第866卷第1515页以下
（哥伦比亚特区联邦上诉法院1989年判决）

谭旺浩，上诉人
诉
太阳石油销售有限责任公司，被上诉人

案号：88—7136
美国哥伦比亚特区联邦上诉法院

辩论于1988年12月12日

判决于1989年2月7日

上诉自美国哥伦比亚联邦地区法院（民事诉讼案号：87—02456）。

劳伦斯·A·艾尔金与华盛顿特区约翰·D·海明威共同代理上诉人。

J·戈登·小福斯特与华盛顿特区斯蒂芬·H·阿伯拉罕共同代理被上诉人。

由首席法官沃尔德（WALD）、巡回法官爱德华兹（EDWARDS）、巡回法官D·H·金斯伯格（D. H. GINSBURG）审判。

法庭判决由巡回法官哈里·T·爱德华兹制作。

巡回法官哈里·T·爱德华兹：

本案源于上诉人谭旺浩与被上诉人谭万凤因位于哥伦比亚地区一加油站的控制权而引发的争议。凤向哥伦比亚特区高等法院（D. C. Superior Court）起诉浩及汽油供应商——太阳公司，并最终与太阳公司达成了一份同意令（consent order），确认太阳公司继续给凤供应石油制品。因此浩向联邦法院起诉太阳公司，诉称太阳公司非法终止其经营特许权，违反了《联邦石油营销法案》（Federal Petroleum Marketing Practices Act）。联邦地区法院裁定同意在高等法院诉讼没有结案期间中止此联邦诉讼。对此裁定，浩提出上诉。我们认为，联邦地区法院拒绝浩的联邦诉讼作出裁判的做法缺乏法律依据，因此予以驳回。

一、背景

浩从被上诉人太阳公司那里获得特许，经营一家位于哥伦比亚地区的太阳汽车加油站。浩诉称他被凤以谋杀相威胁继而被“逐出”加油站，“凤的帮凶是一帮越南人，他们是自成风格的‘黑手党’”，（上诉人法律理由书第3页）。浩又称自己将威胁敲诈之事通知了太阳公司。

浩试图从凤手中夺回加油站之后，凤便于1986年8月28日向哥

伦比亚联邦地区法院起诉浩、太阳公司及其他人。第二天法院举行了听审，批准了一项临时禁止令（TRO），恢复凤对该加油站的权利，从而排除了浩对加油站的权利；禁止令同时责令太阳公司继续向该加油站供应石油制品。

1986年9月8日哥伦比亚特区高等法院批准了一份凤与太阳公司之间的同意令。该同意令将临时禁止令的期限延长7个月，并要求太阳公司在临时禁止令终止之后继续向加油站供应石油制品，直至凤与浩的争议解决或特许权终止［民事案号：7075—86，单行法律意见书（哥伦比亚特区高等法院1986年9月8日）］。此同意令的效力仅及于凤与太阳公司（见上引，单行法律意见书第3页）。

浩在该同意令被批准之后才得到通知，他立即就同意令问题向哥伦比亚特区上诉法院提出上诉。直至1987年4月7日太阳公司的特许权终止，该上诉案仍未审结。此时，浩或凤均不再拥有加油站的经营权。1988年1月15日，哥伦比亚特区高等法院以太阳公司被告不适格为由驳回诉讼；[①] 1988年3月14日，哥伦比亚特区联邦上诉法院（D. C. Court of Appeals）判决认定浩上诉案诉由消失，将案件发回高等法院，由高等法院对浩与凤案件的事实问题进行处理。

在此期间，浩于1987年9月8日向联邦法院起诉太阳公司，诉称太阳公司与凤达成由同意令体现的协议非法地终止浩的经营特许权，违反了联邦石油营销法案。浩诉求宣告性救济（declaratory relief）和3000万美元的损失赔偿。太阳公司动议根据弃审原则驳回浩的诉讼。

1988年5月26日，联邦地区法院驳回了该动议，但因该案仍在特区高等法院审理期间而如上所述中止了在该院的诉讼。［民事案号87—2456—LFO. 单行法律意见书（哥伦比亚特区联邦地区法院1988

① 继1988年8月26日联邦地区法院中止浩诉太阳公司的联邦诉讼之后，浩在州高等法院的诉讼中将太阳公司列为第三人对其提出了诉讼请求。

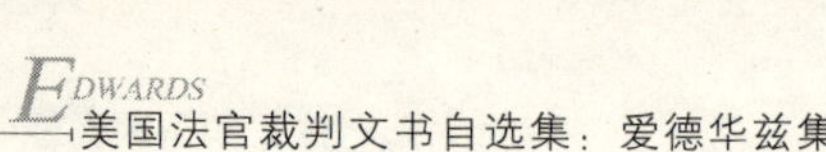

年 5 月 26 日）（1988 WL 58921）]。太阳公司主张，“潘绍尔公司诉德克斯科公司案［Pennzoil Cov. Texaco. Inc. 481U. S. 1，107S. Ct1519. 95L. Ed. 2d1（1987）］及杨格诉哈里斯案［Younger v. Harris，401U. S. 37，91S. Ct. 746. 27L. Ed. 2d669（1971）］的一般原则可以为驳回浩之诉讼的动议提供法律依据”，对此联邦地区法院表示赞同（同上，单行法律意见书第 3 页）。然而，联邦地区法院注意到弃审问题没有清楚的界定，而且它可能会把诉讼耗时数年，因而裁定：“目前既实际又公平的解决方式就是中止本院的诉讼程序，而不是以损害这些特别当事人（particular litigants）的利益为代价去解决节外生枝的管辖权争议问题”（同上，第 3—4 页）。浩不服裁定，提出上诉，现在我们将此裁定予以撤销。

二、有关礼让正在进行的诉讼而中止或驳回联邦诉讼的法律规定

［1、2］本案首先要考虑的问题是：联邦地区法院的建议，即中止诉讼是避免由杨格案/潘绍尔案所引发出来的具有争议性的弃审原则的恰当途径，是否正确。根据杨格案/潘绍尔案的弃审或衡平制约原则（doctrine of equitable restraint），如果在一项诉讼中联邦司法管辖权的行使与州司法管辖权的行使发生直接冲突，同时基于礼让和关于联邦法院应当服从于州司法程序的联邦制规则，联邦法院可以驳回一项诉讼。［参见杨格案：401 U. S. at 43—45，91S. Ct. at 750—51；潘绍尔案：107S. Ct. at 1525—26)］。在本案中，联邦地区法院选择“中止”而非驳回，显然是认为借此可以避开适用杨格案弃审原则是否恰当的问题。作为一个法律问题来看，这种立场是错误的。最高法院明确指出，“就拒绝行使联邦司法管辖权而言，中止的效果等同于驳回”，因为一项服从于州诉讼的决定不管是中止或是驳回，都“必然打算使联邦法院在解决案件的实体问题上无所作为”。［莫斯 H. 科

恩纪念医院诉马可里建筑公司案，Moses H. Cone Memorial Hosp. V. Mercury Constr. Corp.，460U. S. 1，28，103S. Ct. 927，943，74L. Ed. 2d765（1983）]。

尽管莫斯·H·科恩案涉及的中止问题所依据的是科罗拉多河原则，[参见科罗拉多河水资源保护区诉美国政府案，Colorado River Water Conversation Dist. v. United States，424U. S. 800，96S. Ct. 1236，47L. Ed. 2d 483（1976）]，而不是杨格/潘绍尔案确立的衡平制约原则，但法院的论证同样适用于本案。不管他们的理由怎样，实行中止诉讼和驳回诉讼都是用来拒绝原告求助于联邦法院的。所以，如果驳回起诉没有其他理由的话，中止一个案件可能要比驳回更为适当。[Bledsoe 诉 Crowley，849F. 2d639，645，哥伦比亚特区联邦上诉法院 1988 年判决] 法院应当首先决定维护它在拒绝行使管辖权方面的权力。然而，联邦地区法院并没有提供理由证明其拒绝浩向联邦法院寻求救济之行为的正当性，因此我们无法找到任何根据支持联邦地区法院中止诉讼的决定。

[3] 令人费解的是，为什么当事人在审判中只注意到杨格/潘绍尔原则，而没有明确地意识到适用科罗拉多河原则和莫斯·H·科恩原则的可能性。在莫斯·H·科恩案中得以引申的科罗拉多河原则表明，只有确实存在“非常情况”，联邦法院才能为了礼让一个在州法院平行的案件而中止或驳回联邦诉讼。审理科罗拉多案的法院指出，“由于出现州的平行诉讼的局面，基于明智的司法行政考虑而允许驳回一项联邦诉讼的情形比适于弃审的情形更为有限”（科罗拉多河案，424 U. S. at 818. 96 S. Ct. at 1246；与 Moses H. Cone. 案一致，460 U. S. at 15，103 S. Ct. at 936）。然而，尽管科罗拉多河原则的适用范围比杨格原则要狭窄，法院还是指出，“弃审本身相对于联邦地区法院恰当地处理提交给它的争议的职责来说只是一个很特殊和狭窄的例外”[科罗拉多河案，424 U. S. at 813. 96S. Ct. at1244（引述了 County of Allegheny 诉 Frank Mashuda Co.），360U. S. 185，188—89，79S. Ct. 1060. 1062—

63. 3 L. Ed. 2d 1163 (1959) .]。②

构成杨格原则和潘绍尔原则基础的政策不尽相同，后者主要侧重适用于联邦法院和州法院出现平行或并存的诉讼的情形。在此主要的是，无论杨格/潘绍尔原则还是科罗拉多河或莫斯·H·科恩原则都不允许对于联邦地区法院恰当地处理争议的职责有重大的例外。我们认为这两个原则中的任何一个都不能成为联邦地区法院中止或驳回上诉人案件的依据。

三、杨格/潘绍尔原则

一般认为，只有当州的“诉讼确实正在进行之中，如果该州在这一诉讼中的利益如此重要，以至于行使联邦司法权将会无视州与国家政府间的礼让”时，才被授权适用“杨格弃审原则”或衡平制约原则。[例如哈弗曼诉泊苏有限责任公司案，Huffman v. Pursue, Ltd.，420 U. S. 529，603—05（95 S. Ct. 1200，1207—09. 43L. Ed. 2d482）……(1975). 潘绍尔案，107 S. Ct. at 1526]。太阳公司诉称，联邦地区法院出于礼让和联邦主义的考虑对本案作出中止的处理是正当的，因为浩的请求是基于哥伦比亚特区高等法院所批准的同意令的合法性。然而有许多显而易见的理由表明，杨格案或潘绍尔案确立的公平制约原

---

② 在科罗拉多河案中论及这一点时，法院指的是各种形式的“弃审”，包括珀尔曼原则，参见 Railroad Comm'n v. Pullman Co.，312 U. S. 496. 61 S. Ct. 643，85 L. Ed. 971 (1941)，它涉及“联邦宪法性事项……可能成为既往或被州法院依据州的相关法律以不同的立场呈现出来”的案件。(科罗拉多河案，424. U. S. at 814，96S. Ct. at 1245（引自 County of Allegheny，360 U. S. at 189，79S. Ct. at 1063)。很长时间以来，珀尔曼原则和杨格原则是有相当区别的，前者只导致一项尚未审结的联邦诉讼的弃审（或延迟），后者却致使损害赔偿被驳回。作为一般性了解请参见爱德华兹：《“我们的联邦主义”之观念变更》，33 Wayne L. Re v. 1050 (1987)，然而在潘绍尔案中，法院提出了有关全部弃审原则的新方法：与那些授权珀尔曼弃审情形相同的考虑与法院关于是否依据杨格原则放弃审判的决定有关。弃审的不同模式并不是联邦法院必须努力削足适履的刻板的巢臼 (pigeonholes)，相反，它们反映出一种在紧张状况下用来使精心建构平行司法程序的制度获得弹性的复杂考虑。

则在此并不合适，对浩在联邦法院的案件行使管辖权并不会不适当地妨碍高等法院的诉讼程序。

［4］适用杨格原则或潘绍尔原则必须符合严格的三重标准：首先，只有当一项正在进行的州诉讼在性质上具有可司法性时，联邦法院才可以驳回联邦诉讼；其次，该诉讼必须涉及到州的重大利益；第三，该诉讼必须能够为提交于联邦的诉讼请求提供充分的机会（参见米德萨克斯县职业道德委员会高登州律师公会案，Middlesex County Ethics Comm. v. Garden State Bar Ass'n），457U. S. 423，432，102S. Ct. 2515. 2521. 73L. Ed 116（1982）；同时参见潘绍尔案，107S. Ct. at 1527）。然而联邦地区法院甚至米德萨克斯标准都没有适用，相反，而是推测杨格/潘绍尔原则可以为批准要求驳回的动议提供合法依据。［单行法律意见书第 3 页］。联邦地区法院求助于它自认为“既实际公平的解决方案……而不解决节外生枝的司法管辖权问题。”（单行法律意见书第 3—4 页）。但这一方法并没有为其适用杨格原则或潘绍尔原则放弃联邦司法管辖权的行使提供合法依据。

［5］很显然，高等法院正在进行着一个诉讼，这满足了米德萨克斯标准的第一项条件。但是审理法院的案卷里没有任何记录能够证明，联邦诉讼将“不正当地妨碍”高等法院的诉讼（杨格案，401U. S. at 44. 91 S. Ct. at 750）；或如米德萨克斯标准所要求的那样“牵涉到州的重大利益”（457U. S. at 432，102 S. Ct. at 2521；另见潘绍尔案，107 S. Ct. at 1527）；或者高等法院的诉讼能够为上诉人寻求联邦请求提供充分的机会。

第一，浩并没有试图对高等法院的任何判决提出异议，高等法院仅仅是批准了凤与太阳公司之间的一份自愿协议，那份同意令并不代表高等法院行使了独立的司法裁判权，浩也没有攻击那份判决书。相反，浩仅有的诉讼只是关于太阳公司继续向凤而不向浩供应石油制品的协议，而并不是高等法院对凤与太阳公司之间的争议或他们与浩之间的争议所作的判决。

第二，在联邦地区法院和高等法院进行的诉讼并非平行。同意令明确涉及的只是凤与太阳公司，并不准备解决有关浩的问题。相反，高等法院特别强调："对于任何其他被告而言，这份同意令不能被解释为对上述禁止令期限的延长（单行法律意见书民事字（86）第7075号案第3页）。"高等法院从来没有提供任何机会来处理浩向联邦法院提出的有关营销法案的请求，这些请求在浩被迫增加这些请求之前甚至未成为高等法院案件的一部分，而增加这些请求也已经是在同意令发出两年之后和联邦地区法院中止联邦诉讼四个月之后了。

第三，就这些联邦请求而言，联邦地区法院显然在时间上比高等法院持有优势，浩在向高等法院追增这些诉讼请求的整整一年之前就已向联邦法院提出了。即使在当时，浩也只是在联邦地区法院作出拒绝、在联邦法院管辖联邦请求的决定之后才诉诸高等法院的，他现在肯定不该因为曾试图保障自己的权益而对联邦地区法院的诉讼作出的反应受到处罚。

第四，浩诉讼的唯一依据是联邦法律——《联邦石油营销法案》。高等法院可能有权审理联邦请求，但联邦地区法院却错误地认为，浩必须证明其在联邦法院提出联邦请求的理由。然而，情况恰恰相反，最高法院明确指出，"联邦法院在行使法律赋予它的司法管辖权上责无旁贷"（莫斯·H·科恩案，160 U.S. at 15，103 S.Ct. at 936 quoting Colorado River，424 U.S. at 817，96 S.Ct. at 1246）。浩的确有权提出联邦诉讼，除非出现非常情形剥夺了他的这一权利。

第五，同意令已于一年半以前终止，浩只是因太阳公司终止他的经营特许权而对其提出索赔，他并没有试图推翻高等法院已确定的决定，太阳公司在中止被批准时还不是高等法院的被告，因而解决太阳公司与浩之间的争议不会干扰高等法院对浩与凤之间争议的裁处。

最后，看来高等法院的法官本人希望将联邦请求分离出来以简化本院的诉讼。在1988年9月16日的诉讼进程会议（scheduling conference）上，这位法官建议，浩与风之间的争议而引发出来的问题：

> 从本案中分离出来并在此进行审理，保留使本案更加复杂化的所有其他问题，诸如太阳公司的行为和特许权协议以及该

特许权协议违反联邦石油营销法案能否被转让等问题……

[参见凤诉浩案件中诉讼进程会议记录（Transcript of Scheduling Conference）第 24 页，民事案号：7075—86（哥伦比亚特区高等法院 1988 年 9 月 16 日）；同时参见上引，第 27 页，“也许在联邦法院的案件之步入轨道之后，我们谈谈这一个问题：能否简化高等法院的诉讼以加快本案部分问题处理进程，而至少不以任何方式剥夺你（浩的诉讼律师）对本案其余部分进行诉讼的权利；你是否想到达此目的什么方法?”] 当然，高等法院看来并没有把行使联邦司法管辖权看作是对它主权的攻击或是缺乏“礼让”的行为。

基于上述理由，我们认为本案适用杨格/潘绍尔原则或衡平制约原则完全没有依据。

四、科罗拉多河/莫斯·H·科恩原则

[6] 太阳公司还辩称，联邦地区法院根据上述科罗拉多河原则所作的中止诉讼决定是恰当的。然而我们认为该原则不能为本案联邦地区法院中止决定的适当性提供独立的依据。实际上联邦地区法院在签署中止令时根本没有依据科罗拉多河原则。

在科罗拉多河案中，最高法院认定：“经考虑司法资源的节约、诉讼案件的合并处理以及明智的司法行政权”，驳回在联邦法院的诉讼是合理的。[424 U. S. at 817，96 S. Ct. at 1246，引述了 Kerotest Mfg. Co. 诉 C-O-Two Fire Equipment Co.，342 U. S. 180，183，72S. Ct. 219. 221. 96 L. Ed. 200（1952）]。“明智的司法行政权”颇具说服力地包含了联邦地区法院对本案中由于联邦法院和高等法院的平行诉讼可能导致的复杂因素的考虑。然而最高法院已经明确指出，不应当为了排除正常属于联邦法院的那些案件而援引科罗拉多河原则，“由于出现州的平行诉讼的局面，基于明智的司法行政考虑而允许驳回一项联邦诉讼的情形，比适用弃审的情形更加有限”。[科罗拉多河案，424 U. S. at 818. 96S. Ct. at 1246；与之一致的莫斯 H. 科恩案，460 U. S.

at 15，103 S. Ct. at 936.］。科罗拉多河案为行使联邦司法管辖权确立了一个适用范围狭窄的例外，只有那些真正的“非常”情形才能使一项基于诉讼经济考虑的中止或驳回正当化。［科罗拉多河案，424 U. S. at 818，96 S. Ct. at 1247；莫斯 H. 科恩案，460 U. S. at 15，103 S. Ct. at 936；另参见 Gulf-stream Aerospace Corp. v. Mayacamas Corp. —— U. S. ——，108 S. Ct. 1133，1144，99L. Ed. 2d 296（1998）］。

然而在本案中，联邦地区法院没有表明它查明了此类非常情形或其他情形的存在从而证明中止本案的正当性。至于如法院引证的那样，把避免案件琐碎作为一个考虑因素而适用科罗拉多河原则，可能还不失为有说服力的理由。［参见 424 U. S. at 819，96 S. Ct. at 1247］这一因素之所以在科罗拉多河案中具有重要性，是因为该案牵涉到一项联邦法令，议会根据这一法令已明确承认了州系统有权裁处有关水资源的权利，并发布了有利于在单个的和合并的案件中解决这些权利问题的强行政策。［参见上引，第 819—20 页，96S. Ct. at 1247—48］。摆在我们面前的这一案件并不蕴含着这一政策，仅仅一个想在同一法院里解决牵涉相关事实的所有问题的愿望并不能为其剥夺浩联邦诉讼权利的做法提供合法依据。正如最高法院所指出的：“一项在州法院悬而未决的诉讼不会妨碍在享有司法管辖权的联邦法院中涉及同一事项的诉讼”。［科罗拉多河案，424 U. S. at 817，96 S. CL. at 1246，引证了迈克列兰诉高兰案，217 U. S. 268，282，30 S. Ct. 501，505，54 L. Ed. 762（1910）］。实际上，按照高等法院法官欲将浩诉太阳公司的联邦请求从浩与凤之间的非联邦争议中分离出来的想法，中止能否服务于诉讼经济原则还大可疑问。因此，我们认为科罗拉多原则不能为本案的中止提供支持。

五、结论

没有任何迹象表明本案“牵涉到州的重大利益”，杨格/潘绍尔案确立的弃审规则也不能为中止或驳回诉讼提供正当性的理由。太阳公

司也没有证实有关的“非常情形”并以此作为适用科罗拉多/莫斯·H·科恩原则中止诉讼的合法依据。因此联邦地区法院的判决被撤销，案件发回联邦法院就上诉人提出的事实问题进行重审。

撤销判决。

校者注：

1. 法院告知被告在法院作裁决期间不得做某事的命令。与此不同的是美国诉讼法中一项著名的制度“临时禁令”（temporary in junction）：一种诉前临时救济，待诉讼开始即停止生效。

2. 法院命令一方当事人未经另一方当事人同意时不得做某事。

3. 又译“拒审”：联邦法院可以拒绝审理某一案件，将它交由州法院审理，从而使州法院有资格裁决所提交的联邦宪法性问题。

4. 又译“拒审”：联邦法院可以拒绝审理某一案件，将它交由州法院审理，从而使州法院有资格裁决所提交的联邦宪法性问题。

5. 又译为“临时禁令”，Preliminary 修饰某一程序，通常是指在主要的和正式的程序开始之前预先进行的临时性程序行为，例如著名的欧洲法院的 Preliminary ruling 通译为“临时裁决”，但是为了避免与约定俗成的“临时禁令”（temporary in junction）混淆，本文译为“预先禁令”。

美国的上诉法院[①]

傅郁林　评

本案涉及在美国复杂的法院体系中联邦法院与州法院之间的管辖权积极冲突和消极冲突问题。这一问题若浅着笔墨加以介绍恐怕反而混淆视听，本文只能就其上诉法院进行浮光掠影式的简单介绍。

被本书译为“哥伦比亚特区联邦上诉法院”的法院，其英文为“United States Court of Appeals for District of Columbia Circuit（英文缩写为 D. C. Cir.）”。与这法院平列的，是在位于全国其他 11 个巡回区的联邦上诉法院。这些法院由国会于 1891 年设立于根据地理划分的司法巡回区，因此又称为巡回法院，除哥伦比亚特区外，其他巡回区法院均按数字进行编号，比如“United States Court of Appeals，Nineth Judicial Circuit（英文缩写为 9th Cir.）”为第九巡回法院。值得注意的是，这些联邦上诉法院或巡回法院最初被称为“巡回上诉法院”，我国台湾地区和大陆地区一些学者在翻译时沿用了这一名称，但由于这种名称易与 1982 年设立的 United States Court of Appeals for the Federal Circuit[②] 相混淆，为了区别起见，现在一般将 United States Court of Appeals for the Federal Circuit 译为“联邦巡回上诉法院”，而将 United States Court of Appeals 译为“联邦上诉法院”或“美国上诉法院”。本

---

① 本文主要参考了 Daniel John Meador & Jordana Simone Bernstein：*Appellate Courts In The united States*. West Publishing Co. 1994；Federal Rules of Civil Procedure（of U. S. A.）；New York Foundation Press，1999。同时参考了彼得·G·伦斯特洛姆编：《美国法律辞典》，贺卫方等译，中国政法大学出版社；杰弗里 C·哈泽德、米歇尔·塔鲁伊：《美国民事诉讼法导论》，张茂译，中国政法大学出版社 1998 年版；蔡彦敏、洪浩：《正当程序分析——当代美国民事诉讼制度研究》，中国政法大学出版社 2000 年版；《英汉法律词典（修订本）》，法律出版社 1999 年版。

② United States Court of Appeals for the Federal Circuit 是在这 12 个联邦上诉法院或巡回法院之外设立的两个具有特别管辖权的全国范围的上诉法院之一，位于华盛顿，但管辖权不限于区域，对专利、商标及其他特定案件行使全国性的管辖权（另一个是权利申诉法院，对于各种针对政府的案件具有管辖权），例如本书伯特尔案中的巡回法官戴维斯即来自这一法院。

书通译为“联邦上诉法院”。

联邦上诉法院在联邦司法系统中为中级上诉法院，亦即处于初审法院和终审法院之间的一种上诉法院，其基本职能是审查由那些在司法体制中隶属于它的法院或行政机构作出的裁决，其案件有三个来源：主要来自仅具有联邦司法管辖权的地区法院（district courts）即“联邦地区法院”，或来自行政机构，这些行政机构，如税务法院、联邦贸易委员会、国家劳动关系局，等等，依法行使准司法权，也有少数案件来自那些同时具有联邦和地方司法管辖权的特殊地区法院。这项权力即所谓“上诉管辖权”（appellate jurisdiction）。这是一种强制管辖权（mandatory jurisdiction），即，每一个上诉于联邦上诉法院的案件都必须受理。与此相应，位于美国联邦司法体系金字塔结构塔尖的联邦最高法院则有权选择决定对哪些案件进行复审，称为“裁量管辖权”（discretionary jurisdiction）。在本书引用的判例中出现“申请调卷复审”（cert.）即源于此。联邦最高法院每年将其调卷复审的数量控制在300件以内，所以每年总数约在5000件的调卷令申请大部分都被驳回。

在州法院系统，上诉法院的名称各异。位于各州司法制度体系塔尖的，亦即终审法院，通常跟联邦体系的终审法院一样，被称为“最高法院（Supreme Court）”，而马里兰州和纽约州则称之为“上诉法院（Court of Appeals）”，其他一些州还有其他名称。在高级法院之下，各州设立的中级上诉法院（intermediate courts）多数称为“上诉法院（Court of Appeals）”，但有几个州使用了其他名称，例如纽约州称为“高级法院上诉庭（Appellate Division，Supreme Court）”。③

美国各级法官的称谓也有所不同。在“最高法院”任职的法官常常被冠以Justice（法官）的正式头衔。主持法院的官员被称为Chief Justice（首席法官）。而那些参加“上诉法院”合议庭的人则通常被称为Judge（法官）。

根据上诉案件的性质和案件来源不同，上诉人和被上诉人的称谓

---

③ Daniel John Meador & Jordana Simone Bernstein，上引，第6—7页，附录B。

也不一样。提起上诉的一方当事人，比如寻求对初审法院（trial court）判决进行审查的一方，一般被称为上诉人（appellant），而对方当事人则被称为被上诉人（appellee）。在一方当事人必须首先获得上诉许可的案件中，那一方当事人通常被称为“申诉人”（petitioner），而对方当事人则被称为“答辩人”（respondent），参见本书中第520号工会诉劳动关系委员会案。

作为审查法庭或复审法院（review court），联邦上诉法院几乎将全部注意力放在决定其他法庭的裁决是否应当确认、推翻或以某种方式加以修正。美国上诉法院的职能及上诉法官的行为规范与初审差异很大，《联邦上诉程序规则》是与《联邦民事程序规则》并行的独立法律，而不是像大陆法国家一样作为整部民事程序规则的一编。上诉法院与陪审团无涉，因为陪审团的职能是决定事实问题，而上诉法院不负责决定事实问题，他们关心的是应当支持初审法院的结果还是将它弃之一旁，而这是作为法律问题来确认的。上诉法院判决案件时只考虑那些由初审法院法官和陪审团认定过的事实，他们几乎不接受另外的证据而是根据在初审中制作的“记录”（record），这些记录通常包含一份口头证词录音带（或者其中的几个部分）、诉状、动议、及其他在初审法院出示过的书面文件。有些法院作用初审过程的录相带取代。除记录外，上诉法院还接受和考虑当事人代理人的争辩，这些争辩有时记录在被称为法律理由书（brief）的书面文件里，有时在公开法庭上口头陈述，有时则二者兼备。这些特点使它们区别于那些以审理第一审案件而著称的初审法院，初审法院的基本任务是在案件启动司法体系的时候对案件行使裁判权，听取证人证词和接受诸如书证、物证这样的其他证据，确认每个案件的事实（常常包括在一堆相互矛盾的证据中进行评价），并针对这些事实适用法律以作出对一方或另一方有利的判决。行政机构在那些处于他们权限范围内的案件发挥着一种相似的第一审功能。

与适用法官独任审判的初审法院的另一差异在于，上诉法院通过多个法官组成的审判组织而集体地发挥功能，通常是由三位法官组成

合议庭，根据上诉法院的类型和待决定事项的性质，合议庭还可能由全体九位法官组成，称为“全员合议庭”或译为“满席审判庭”（en banc）。这在本书中许多案件中都有所提及。在美国，通过司法判例创设法律以及通过司法审查程序干预政治事务主要是在上诉法院进行的，因此，除了集中众人智慧、分担法官压力等通常意义之外，美国的合议庭在避免法官个人政治倾向或偏见方面的价值是独特的，而且在司法金字塔上位次越高的法院合议制的作用就越突出，参加案件合议的法官数目也相应越多，最高法院的判决都是由全部法官组成合议庭共同决定的。

德克萨斯州休斯敦市诉住房部和城市部案

《联邦判例汇编》第3套丛书第24卷第1421页以下

（哥伦比亚特区联邦上诉法院1994年判决）

傅郁林　译

案情摘要

德克萨斯州休斯敦市从住房部和城市部接受一笔钱（“发展资助金”）用于市区建设。由于休斯敦市未能在住房部和城市部限定的时间内用完全部资助款项，住房部和城市部就削减了给休斯敦市的资助数额而把钱拨给了其他城市。在预算年度末，国会授权住房部和城市部延长使用这笔钱的期限而新的一轮预算也开始了。休斯敦市于是起诉住房部和城市部，诉称它有权在住房部和城市部划走这笔资助款项之前获得听审的机会。休斯敦市诉求“宣告性和禁止性救济”（declaratory and injunctive relief），亦即，由法院宣告应当给予休斯敦市一次听审，并命令住房部和城市部给予休斯敦市那笔被其不适当划走的资助款项。

在上诉中的基本问题是，休斯敦市的请求是否诉讼事由消失（moot）[①]，亦即，事件的发生是否已使法院不可能给予休斯敦市以其

① 又译为“已成既往”。详细解释见本书伯特尔案译注2。

所诉求的救济。住房部和城市部辩称，因为它已经犯下了把这笔钱拨给其他城市的错误，而它支配争议中这笔钱的权力在预算年度末已经失效（lapse），因此休斯敦市诉求的这笔钱已经没有了，法院无法使之回转。对此，上诉法院表示赞同。

然而，休斯敦市诉称，即使它所诉求的特定款项不能通过法院要回来，它也可以继续诉讼，因为至少应当允许它对住房部和城市部掌握削减资助的政策提出异议，以免在将来发生同样的争议。上诉法院认定，这一异议还没有成熟（ripe）②，亦即，司法审查尚为时过早。得出这一结论的根据是下述事实：争议中的政策不足以解释为允许法院在缺少具体事实争议的情况下进行司法审查，如果让休斯敦市等待由司法解决更大的争议中政策争议，不会使它面临任何特别严重的困境。

② 详细解释见本书伯特尔案译注。

德克萨斯州休斯敦市诉住房部和城市部案
CITY OF HOUSTON，TEX. v. HUD

《联邦判例汇编》第3套丛书第24卷·第1421页以下
（哥伦比亚特区联邦上诉法院1994年判决）

德克萨斯州休斯敦市，上诉人
诉
住房部和城市部，等，被上诉人

案号：92—5491

美国哥伦比亚特区联邦上诉法院

辩论：1994年4月4日

判决：1994年6月3日

上诉自哥伦比亚特区联邦地区法院［案号：(89) 民事字 00918］

大卫·L·罗斯担任上诉人言辞辩论代理人，奥托·J·赫泽尔在法律理由书上与之同为上诉人的代理人。

联邦助理律师罗伯特·L·夏皮罗担任被上诉人言辞辩论代理人，在法律理由书上与之同为被上诉人代理人的还有，联邦律师小埃里克·H·霍尔德、联邦助理律师约翰·D·贝茨和R·克雷格·劳伦斯。

由巡回法官沃尔德（WALD)）、爱德华兹（EDWARDS）和森特尔（SENTELLE）审判。

法庭关于本案意见由巡回法官哈里·T·爱德华兹制作。

巡回法官哈里·T·爱德华兹：

1986 年 8 月 9 日，德克萨斯州休斯敦市获得 1986 财政年度的市区发展资助（Community Development Block Grant，下称“发展资助”）2160 万美元。这项资助是由住房部和城市部（the Department of Housing and Urban Development）作出的，住房部和城市部是管理项目资助的部门。在作出这项资助之后大约 4 个月时，住房部和城市部通知休斯敦市，由于该市未能满足消费指标，所以它的“发展资助金”被削减 260 万美元。随后住房部和城市部把这 260 万美元划给将在未来财政年度中参加“发展资助”项目的其他参与者们。由于国会法案的授权，包括争议中的 260 万美元“发展资助”基金在内的拨款（appropriation）于 1988 年 9 月 30 日获得展期。

1989 年 4 月 4 日，休斯敦市向联邦地区法院起诉要求禁止令和宣告性救济，诉称，住房部和城市部未经提供听审和寻求保留基金的机会不能从它 1986 财政年度的资助中削减“发展资助金”。联邦地区法院作出了支持住房部和城市部的即决判决（summary judgment），裁定：休斯敦市的案件诉由消失，因为包括 1986 财政年度“发展资助”基金在内的拨款失效意味着住房部和城市部无从获得基金来合法地补偿给休斯敦市。初审法院因此得出结论：即使认定休斯敦市的请求可予支持，也没有什么可资救济。休斯敦市提出复

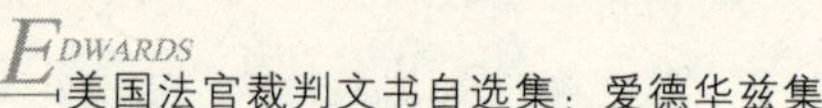

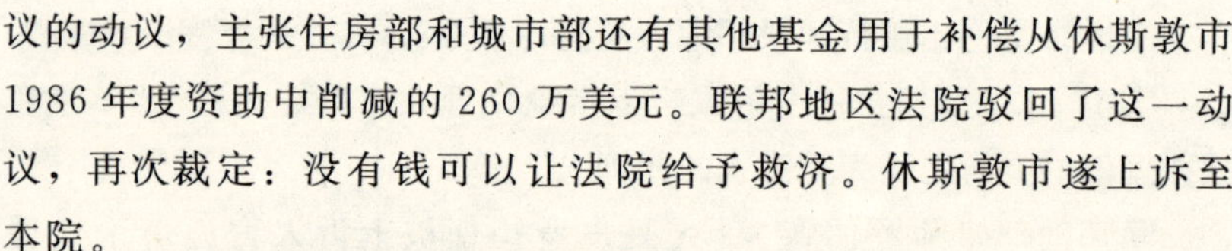

议的动议，主张住房部和城市部还有其他基金用于补偿从休斯敦市1986年度资助中削减的260万美元。联邦地区法院驳回了这一动议，再次裁定：没有钱可以让法院给予救济。休斯敦市遂上诉至本院。

[1] 当拨款已经失效或已经完全拨出（fully obligated）时，联邦法院不能命令支出由这笔拨款所包括的基金，这一事项是由宪法明确确定的。所以我们认为，休斯敦市请求给予禁止性救济和金钱救济应当作为诉由消失事项予以驳回。关于请求宣告性救济的主张，我们认定休斯敦市的主张不适宜司法审查，因而基于其缺乏成熟性要件予以驳回。

一、背景

休斯敦市是“发展资助”项目之下的所谓“受益城市”（entitlement city），意即它从由国会每年拨出的“发展资助”基金中接受年度资助。一旦给予某个“受益城市”的资助获得同意，则通常以一种形式的信用证（a letter of credit）提供，按资助的数额逐年增加。资助受益人在一年之内从信用证中提款，在一年内没用完的可以转入下一年。[一般性地参见堪萨斯市诉住房部和城市部案，（哥伦比亚特区联邦上诉法院1988年判决）《联邦判例汇编》第2套丛书第861卷第740页]。

在本案中，住房部和城市部因为休斯敦市被声称未能以及时的方式支出它的“发展资助”基金从而在它的信用证上有一大笔积压（baeklog）资助款项而惩罚它。住房部和城市部的1986年“监事报告”（Monitoring Report）中查明，休斯敦市的信用结余率（credit balance ratio）停留在2.8，信用结余率是一个市账目中的年终结余率与它的年度资助的比值，这个数字几乎等于是休斯敦市还没有投入到适宜项目之中的“发展资助”款项的二年投资额。1986年8月9日，住房部和

城市部在“发展资助”款项中拨给休斯敦市21699000美元作为1986财政年度资助，这一财政年度从1986年7月1日至1987年6月30日。为了促进1986年“发展资助”款项的及时支配，住房部和城市部在这项资助中加上了特别条件。休斯敦市的1986年“发展资助”款项要求该市在每一季度满足一个消费进度表；如果该市不能满足这一条件，则住房部和城市部将在下一个季度以该市低于指标数额的额度削减拨款。

住房部和城市部通过1986年12月22日的信函通知休斯敦市：由于该市没有满足第一季度的消费指标，住房部和城市部将按未满足指标的金额——2660486美元——削减1986年度给予该市的资助。住房部和城市部于1986年12月30日从休斯敦市的信用证中“减去了”这个数额的拨款（“deobligated” this amount）。在1987财政年度中，住房部和城市部把上一年度从休斯敦市获得补偿的260万美元拨给全国几百个城市，这一做法是1974年《住房与市区发展法案》[（下称“发展资助法案”）第106条、《美国法典》第42编第5306节（1988年卷及1992年补编Ⅳ）（1988&Supp. Ⅳ 1992)] 所要求的。根据国会法案，1986年的拨款计划授权住房部和城市部将本案争议中的“发展资助”基金的发放期限延长到1988年9月30日。[见Pub. L. No. 99—160，99Stat. 909，913（1985）]。休斯敦市于1989年4月4日向联邦地区法院起诉，诉称住房部和城市部未予听审削减它的“发展资助”金违反了《“发展资助”法案》第111条、《美国法典》第42编第5311节第a款、《行政程序法案》（the Administrative Procedure Act）和它依据宪法第五修正案所享有的正当程序权利。

“发展资助”的受益人受两项规定的约束。《“发展资助”法案》第104条第e款和《美国法典》第42编（1988年）第5304节第e款要求住房部和城市部至少每年对每一个受益人进行一次审查，以确定“受益人是否……以及时的方式进行了他的活动……—受益人是否有以及时的方式继续进行那些活动的能力”，并允许住房部和城市部“就每年资助的数额进行拨款调整”。[③] 与此相应，第111条规定，住房部和城市部可以在通知和提供听审机会之后对那些“没有实质性履行”“发展资助”项目的受益人缩短、削减或限制“发展资助”金支付。[④] 在堪萨斯市案中，本院认为，规定听审义务的第111条中包含了住房部和城市部旨在制裁（sanction）受益人过去“实质性不履行”的行为，而没有明确程序要求的第104条第e款的宗旨在于保证现在的资助能够用于履行“发展资助”项目。［参见堪萨斯市案，《联邦判例汇编》第2套丛书第861卷第742—743页］。[⑤] 在本案中，休斯敦市诉称，由于住房部和城市部的制裁涉及该市过去没有支出它的“发展资助”款项，根据第111条的要求应当进行听审。住房部和城市部反驳说，它是依据第104条第e款规定行事的，因为它附加在休斯敦市1986年“发展资助”的条件只涉及一项现在资助的消费率。

---

③ 第104条第d款在有关部分规定：秘书长应当至少以一年为基础作出这样的审查并审计作为可能是必要或适当的决定——

如果资助是根据第5306条第b款或第5306条第d款第2项第B目作出的，则判定受资助人是否履行了他的活动，并在适当的情况下判定他以及时的方式提供住房帮助计划的情况；判定受资助人是否履行了那些活动及按照要求、本章基本目标和其他可适用法律提供的证明；判定受资助人是否具有以及时的方式继续执行那些活动的能力……

秘书长可以按照秘书长根据这一规定作出的认定对每年资助的数目进行适当调整。

［《美国法典》第42编第5304节第e款（1988年）］

④ 第111条有关部分规定：如果秘书长在合理通知并提供听审机会之后认定根据本章受领帮助者没有实质性地履行本章的任何条款，秘书长在他对于不再有任何这样不履行行为感到满意之前，将——

（1）终止依本章规定向该受领者作出的支付；或者

（2）削减依本章规定向该受领者作出的支付，削减的数额等于这项支付中未按本章规定消费的数额；或者

（3）把依本章规定可以获得的支付限制在不受这样的不履行行为影响的项目、计划或活动范围内。

［《美国法典》第42编第5304节第e款（1988年）］

⑤ 现在的104条第e款在判决堪萨斯市一案时规定在104条第d款中。

二、讨论

(一) 拨款的失效和诉由消失

[2、3] 联邦地区法院以诉由消失为由作出支持住房部和城市部的即决判决，诉由消失是我们进行重新审查（review *de novo*）的一项规则。[例如参见尼可诉美国司法部长，(哥伦比亚特区联邦上诉法院1991年)《联邦判例汇编》第2套丛书第939卷第1068页]。我们同意本案由于有关拨款的终止而诉由消失，因此我们维持了初审法院的判决。“联邦法院对诉由消失事项没有管辖权，因为它们的宪法权限仅仅及于实际的案件或争议。”[Iron Arrow Honor Soc'y 诉 Heckler, 464U. S. 67, 70, 104S. Ct. 373, 374—375, 78L. Ed. 2 d 58 (1983) (上引)]。在本案中由于合议庭（the panel）无法提供任何救济“能够补偿（上诉人）声称的损害”，(同上)，亦即在“发展资助”基金中拒绝给予它的260万多美元。

[4、5] 为某机构使用而拨款的基金可以在三种情况下成为不能获得：拨款失效；基金已经给予其他受益人；或国会撤销拨款。[6]“一般情况下，联邦机构的预算权限在施予基金期间的最后一天失效，这是一项预算程序的基本原则。届时未拨出的基金返回国库。”[West Va. Ass'n of Community Health Ctrs. 诉 Heckler, 734 F. 2d 2570, 1576 (哥伦比亚特区联邦上诉法院1984年判决)(引述省略)]。然而，有一项衡平原则允许法院即使在拨款失效之日后也可以在某项拨款的基础上判予基金，只要“诉讼是在那天或那天之前提起的”。(同上)(着重号为笔者所加)。这一例外在全国宗教事务协会诉科斯特尔[0564 F. 2d 583 (哥伦比亚特区联邦上诉法院1977年判决)] 中是这样阐述：

> 法院的衡平权允许他们采取措施维持争议的现状（status

---

⑥ 关于撤销拨款的讨论，本案中没有提出的一种情形请参见罗彻斯特纯净水区诉EPA。[(哥伦比亚特区联邦上诉法院1992年)《联邦判例汇编》第960卷第2套丛书第180页]。

quo)，保障他们对提交给他们的案件进行判决的能力。在这种情形下，法院只是中止（suspend）失效条款的实施而延长了既存预算权限的期间。然而，如果预算权限在诉讼提起之前业已失效，那么法院就不能保留这项由国会享有的基本权限。如果它已经消失，法院的任何施予公共资金的命令都与宪法规定相抵触，宪法赋予国会独享这项权力。衡平赋予法院的权力是维护既存预算权的终局性，但是，倘若预算不存在——无论因为它从未提供过还是因为业已终止，无论法院如何推行衡平权，宪法都禁止法院创设它。

[同上，第588—589页（脚注省略）]

正如上面引证中所遵循的那样，衡平的例外范围很窄，而且“它是在联邦法院不能命令向没有拨款的那些人施予基金的争议之外”适用。[罗彻斯特纯净水区诉EPA，960 F. 2d 180，184（哥伦比亚特区联邦上诉法院1992年判决)]。

的确，即使原告在拨款失效前提起诉讼，这一巡回法院的判例法也无可争议地规定，一旦有关基金业已发放，法院也不能为了施予救济而予追回。例如在西部弗吉尼亚康复中心案中，我们知道如果案件及时提交法院（就象那件案件一样），衡平原则允许法院在拨款失效后给判予基金，但是我们认定，对于争议中的财政年度而言无可救济，因为“所有这些基金已经由秘书长发放给不同的受益人了”。（《联邦判例汇编》第2套丛书第734卷第1577页）我们至少在两件其他案件中依据了同样的理由。[参见阿姆贝彻诉贝尔（哥伦比亚特区联邦上诉法院1982年)《联邦判例汇编》第2套丛书第686卷第986页“一旦第一项基金已经分配到各州并已发放，就不能弥补。如果原告最终在实质性问题上胜诉，在没有预先禁令（preliminary injunction）[7] 的情况下

⑦ 又译为“临时禁令”，Preliminary修饰某一程序，通常是指在主要的和正式的程序开始之前预先进行的临时性程序行为，例如著名的欧洲法院的Preliminary ruling通译为“临时裁决”。但是为了避免与约定俗成的“临时禁令”（temporary injunction）混淆，本文译为“预先禁令”。

向原告施予他们请求的救济是不可能的。”；人口协会诉麦克菲森案（哥伦比亚特区联邦上诉法院1986年判决）《联邦判例汇编》第797卷第2套丛书第1081页。（引证了阿姆贝彻案和西部弗吉尼亚康复中心案，并阐述：“如果在本案中允许政府将100万分配给其他组织，上诉的事由即已消失”）]。所以，为了避免使案件诉由消失，原告必须在有关拨款失效之前提起诉讼，同时申请防止机构分配那些基金的预先禁令。

很显然，休斯敦市的案件基于两个彼此独立的原因而诉由消失，住房部和城市部在联邦地区法院提交了一份支持其申请即决判决动议的宣誓书（affidavit），声称，正值或先于1988年9月30日——这一日期（date）比休斯敦市提起诉讼早了六个月——机构经起初的分配和再分配，契约性地发放了它从国会那里获得的1986年全（财政）年度“发展资助”权益拨款。[受益城市部主任詹姆斯·R·布朗曼，关于住房部和城市部的附件第87页]。对于这一陈述上诉人无法辩驳。同样无可辩驳的是，1986财政年度的“发展资助”拨款于1988年9月30日失效，而在这一期日（date）休斯敦市没有申请中止（stay）拨款期间的届满（expiration）。

[6] 休斯敦市反驳说，即使它的请求诉由消失，合议庭应当依据诉由消失的例外原则对实质问题进行审查，这一例外原则允许联邦法院考虑那些“会反复发生而无法逃避审查”⑧ 的案件。[例如参见 Southern Pac. Terminal Co. 诉 ICC. 219 U. S. 498，31S. Ct. 279，55L. Ed. 310（1911）]。然而，这一例外对本案没有拘束力。如前所述，我们的判决特别规定如果案件及时地提起诉讼，则法院可以给予一项预先禁令以使将要失效的拨款中的基金在争议解决以前得以保留。然而，在本案，休斯敦市在住房部和城市部削减资助之后两年多、1986年“发展资助”拨款终结之后六个多月才提起诉讼。如果上诉人行动迅

---

⑧ 参见［美］爱德华兹：《美国联邦法院的权力和命令的执行》，载于宋冰编《程序、正义与现代化》，中国政法大学出版社1998年版。

速，它完全可以保留这项权利。本案的情形也许是“会反复发生”的，但是，只有休斯敦市或者其他城市在将来提起及时的诉讼并寻求预先禁令才能获得审查。因为中止1986年拨款的失效的可能性是潜在的，因此受挑战行为的持续并不是“太短以致于不能在它中断（cessation）或终结（expiration）之前完成诉讼”［Weinstein 诉 Bradford，423 U. S. 147，149，96 S. Ct，347，348，46 L. Ed. 2d 350（1975）（引证法官判词）］。

（二）鲍恩诉马萨诸塞州案关于上诉人请求诉由消失的判决的效力

在本上诉案中，休斯敦市的主要论点是，最高法院对鲍恩诉马萨诸塞州案的判决［Bowen v. Massachusetts，487 U. S. 879，108 S. Ct. 2722，101L. Ed. 749（1988）］和由本院对鲍恩案进行解释作出的判决使本案得以获得救济。我们认为这一论点没有实质意义。无论鲍恩案在法律上构成怎样的地位，它肯定不能推翻宪法的拨款条款。

［7］鲍恩案提到了依据《行政程序法案》第702条［《美国法典》第5编第702节（1988年）］规定获得救济的范围，其根据是1976年对该条的补充规定，⑨ 该规定删除了在不请求金钱损失赔偿的对美国诉讼案件中的主权豁免抗辩权。（见鲍恩案，487 U. S. 879，108 S. Ct. at 2731）。在鲍恩案中，马萨诸塞州主张，卫生保健部（the Department of Health and Human Services）不允许某些报销违反了医疗保健的制定法。马萨诸塞州使它的诉讼作为诉求禁令救济的案件别具一格——这是一项要求卫生保健部支付它所欠该州款项的命令（order），而不是一项诉求“金钱损失赔偿”的请求（claim）。最高法院对这一特征表示同意，认为，该案诉求具体救济，以一项命令的形式支付的

---

⑨ 《行政程序法案》第702条有关部分规定：在联邦法院诉求救济而不是诉求金钱损失赔偿并主张一项关于官员或受雇人在一项官方能力或有法律授权色彩的作为或不作为的诉讼，不应当因为其针对联邦政府或者因为联邦政府是不可补偿的一方当事人而驳回诉讼或拒绝给予救济。

［《美国法典》第5卷第702条（1988年）］

是卫生保健部所欠马萨诸塞州的实际的基金，而不是因损害而支付的金钱赔偿。因此，最高法院认为该诉讼依据《行政程序法案》第702条是可允许的。

休斯敦市一直主张，它的诉讼有别于我们那些讨论拨款失效或全部发放问题的案件，因为本案在起诉中的请求正如在鲍恩案中的请求一样，是依据《行政程序法案》而诉求禁令，因此在衡平法上站得住脚。上诉人声称：1976年对《行政程序法案》的补充规定是一项对凌驾于赞助基金和其他行政决定之上的主权豁免权的免除（a waiver of sovereign immunity…），它赋予联邦法院以判予充分救济的权力来行使审查联邦机构行政决定的的管辖权［见上诉人法律理由书第35页（着重号为笔者所加）］。上诉人的论证不得要领。鲍恩案及以之为先例判决的案件（progeny）甚至都没有隐晦地提到过失效的或全部发放的拨款问题，而且无可争辩的是，鲍恩案没有修正宪法。正如最高法院最近在一件后于鲍恩案的案件中解释的那样：

> 宪法拨款条款（第1章第9条第7款）规定："除非作为由法律作出拨款的结果，否则不得从国库中提取资金。"就本案争议中的请求的特点而言，这是一项从联邦国库中提取资金的请求，宪法条款提供了判决的明确规定。只有通过法律作出的一项拨款才能支出资金，换言之，从国库中支付钱款必须由立法（制定法）授权……拨款条款意味着除非已经通过一项国会法案获得拨款，否则国库不能支付任何钱款。

［人事管理部诉理士曼，Office of Personnel Management v. Richmond，496U.S.414，424，110S.Ct.2465，2471，110L.Ed 2d 387（1990）（中间引述省略）］。当有关拨款已经失效或业已全额发放——就象本案的情况一样——时，联邦法院没有权力提供资金救济。即使接受——能否接受还值得商榷——上诉人对鲍恩案的解释，休斯敦市也

不能逾越这一道由宪法设置的障碍。

[8] 休斯敦市还提出，住房部和城市部实际上的确可以从除1986年拨款之外的资源中获得基金，它可以从中支付该市诉求的款项。例如，上诉人指目标指向他所声称的住房部和城市部从其他受益人那里扣除的（recouped）约1200万美元，这是休斯敦市称之为"没有年度"的基金的、不是为任何特定年度或特定项目之用而保留的资金。然而，这一论点与《行政程序法案》第702条关于原告诉求救济"而不是金钱损失赔偿"的基本要求相冲突。《行政程序法案》第702条允许判付资金，但只有象在鲍恩案中那样，当这样的判付构成特定救济时，亦即，当法院判令被告支付的是一笔欠付的特定保留资金（a specific res.）时才允许。[一般性地参见哈巴德诉EPA，（哥伦比亚特区联邦上诉法院1992年判决）《联邦判例汇编》第2套丛书第982卷第531页（全员合议庭审判）认为退还（back pay）不构成可以依据《行政程序法案》第702条规定获得的特定救济]。1986年"发展资助"拨款之外的任何基金中给予资金都构成金钱损失赔偿而不是特定救济，因而《行政程序法案》第702条不能给予授权。

（三）宣告性救济的可取得性：诉由消失与争议成熟问题

最后，休斯敦市主张即使它的特定金钱救济请求（如我们认为的那样）的诉由消失，它仍有权诉求一项宣告性的判决，宣告住房部和城市部有义务在削减受资助人的"发展资助"之前提供通知和一次听审机会。

[9] 如果原告同时挑战一项具体机构行为和作为该行为根据的政策，则对于政策的挑战并不必然仅仅因为对特定机构行为诉由消失而诉由消失，这是一条成熟的规则。[例如参见佩恩诉美国，（哥伦比亚特区联邦上诉法院1988年）《联邦判例汇编》第2套丛书第837卷第486页；伯特尔政府协会诉国家部门（哥伦比亚特区联邦上诉法院1986年）《联邦判例汇编》第2套丛书第780卷第86页]。这些判例从诸如高级轮胎工程公司诉麦克可口案［Super Tire Engineering Co. v.

McCorkle，416 U.S. 115，94S. Ct. 1694，40 L. Ed. 2d 1（1974）］这样的判决中建立起来的，在该案中，一位雇主诉求宣告性和禁止性救济以制止新泽西把州的福利给予罢工工人。在高级轮胎案中，最高法院认为，由于促成那项诉讼的罢工在案件得以解决前已经结束，因此雇主要求以制止支付罢工期间福利的禁令诉讼事由已经消失［同上，第121页，《最高法院判例汇编》（S. Ct.）第94卷第1697页］。然而，最高法院注意到，因为雇主与工会随后的关系还会受到现行的向罢工者提供公共援助的州的政策的影响，同时因为这项受挑战的法律绝不是“临时的（contingent）”或由执行者自由裁量的，而是“稳定的和确定的（fixed and definite）”，因此雇主要求宣告性禁止令的诉讼事由没有消失。

［10—12］与高级轮胎案一致，本院的判例法规定，如果原告具体请求的诉由消失，只要原告具有提起这种未来异议的资格（standing）⑩ 并且宣告性救济的请求已经成熟，它仍可诉求禁止某机构在未来实施争议中政策的宣告性救济。例如，在伯特尔政府案中，两个公益组织对一些规则提出异议，这些规定被适用来确定依据《信息自由法案》的个人或组织什么时候可以享受查阅和复制信息的费用豁免权。在该案中上诉人在他们被拒绝给予费用豁免后同时对具体拒绝费

⑩ 如我们在伯特尔政府案中所见，旨在制止未来发生违法行为的宣告性救济请求经常包含在对诉讼资格的考虑之中。见伯特尔政府案，《联邦判例汇编》第2套丛书第780卷第96和第53页。试图使这一请求成立的原告必须证明他们受损害的风险是“实际的或紧迫的，而不是揣测的或假定的”。鲁健诉野生动物保护会，Lujan v. Defenders of Wildife，——U. S.——，112 S. Ct. 2130，2137，119 L. Ed. 2d 351（1992）。如最高法院在几件判例中所指出的那样，“如果不伴随着任何持续的、现在的不利影响，过去遭受过违法行为本身并不能成为现在案件或争议涉及禁止令救济的证明。”［同上，——US. at——，112S，Ct. 2138（引述洛杉诉莱昂斯 461 U. S. 95，102，103 S. Ct. 1660，1665，75 L. Ed. 2d 675（1983））（括号和省略号是鲁健案中的）］；比较一下里昂案和斯塔夫诉汤普森案［（415 U. S. 452，94 S. Ct. 1209，39 L. Ed. 2d 505（1974），（在里昂案中，声称被警察投入“窒息笼子”里的原告缺少诉求阻止将来使用这种招数的禁止令的诉讼资格；在斯塔夫案中，在依据禁止散发传单的州立法联邦而有受检察指控威胁的情形下不排除适用宣告性救济）。］

用豁免的行为和规定的终局性效力提出异议（见伯特尔政府案，《联邦判例汇编》第2套丛书第780卷第89页）。诉讼开始后，拒绝了上诉人费用要求的机构推翻自己的拒绝豁免的决定，致使上诉人的具体请求诉由消失。然而我们认为，显而易见，政府的目的在于继续适用受到挑战的标准，而上诉人对于规则的显在挑战是针对由于这些习惯产生的持续损害提出的（上引，第91页）。所以，在上诉人关于作出宣布规则无效的宣告性判决的请求没有诉由消失。在该案中我们注意到上诉人有资格挑战费用豁免政策的未来适用性，（同上，第96页和第53页）同时指出，“关键的问题”是依据传统的成熟性原则，规则是否足以成熟到允许进行诉求的司法审查的程度。（同上，第92页）。

[13] 当原告的具体请求诉由消失或完全解决，请求宣告性救济有三种可能的结果：其一，如果原告未对某项现行的作为依据的政策提出异议，而只是攻击一项孤立的机构行为，则具体请求的诉由消失致使任何要求作出具体行为违法的宣告性判决的请求都诉由消失，除非这项具体请求符合为“可能重复出现，仍不能逃避审查”这类案件所设的例外［例如参见罗伊诉魏德，Roe v. Wade，410 U.S. 113，124—25，93 S. Ct. 705，707，35 L. Ed. 2d 147（1973）］[11]，或者属于“自愿中止”原则的适用范围［例如参见美国诉 W. T. Grant Co. 345U.S. 629，632，73S. Ct. 894，897，97L. Ed. 1303（1953）；佩恩案，837F. 2d at 491］；其二，如果原告通过诉求一项宣告性救济对现行的机构政策提出异议，却缺乏攻击这项政策未来适用的资格，那么，原告具体请求

⑪ 例如，在福琳特诉温伯格案中［Flyntv. Weinberger，762 F. 2d 134（哥伦比亚特区联邦上诉法院1985年判决）］，媒体成员诉求作出宣告性判决，宣告在军事干涉格林纳达期间由国防部发布的“新闻禁令”（press ban）违宪。在该案中我们认为由于该新闻禁令在案件提起上诉一年多之前已经解除，因此致使该争议的诉由消失。福琳特案原告没有诉称有一项正在实施的不许新闻进行军事行动报道的“政策”，而不诉求作出一项宣告“仅仅关于格林纳达问题新闻禁令违宪”的判决。（同上第135页）于是，整个案件都诉由消失，因为争议中的单个军事性行为已经结束，没有理由预测格林纳达干涉“会重复发生”而使该案可以成为“会重复发生，无法逃避审查”的诉由消失例外。

的诉由消失使法院无法提供救济；其三，正如我们在佩恩案和伯特尔案判决中解释的那样，如果原告的诉讼不仅针对一项具体的机构行为，而且针对一项现行政策，并且原告具有挑战这项政策在未来实施的资格，那么，只要请求已经成熟到适宜审查的程度，就能获得宣告性救济。

［14］在本案适用上述原则是相当直接的。休斯敦市确实明确地诉求住房部和城市部在未来未经通知和听审不得削减该市“发展资助”的宣告性和禁止性救济，然而诉讼请求几乎完全集中于一项具体机构行为——在1986年休斯敦市的资助中削减了260万美元。上诉人没有宣称住房部和城市部随后还会实施任何与“发展资助”法案第111条不符的惩罚，也没有声称该机构威胁过要这样做或者哪怕有过这种苗头。休斯敦市在法律理由书中的确向本院提到过住房部和城市部在实施本案所申诉的这次惩罚行为之后的某个时间。该机构颁布规定，要求受益城市及时支取“发展资助”基金，评估这些城市年终信用结余率［见上诉人法律理由书（reply brief）第6页引证了（1993年）《联邦法规汇编》第24卷第570、902节］；但是，上诉人在初审和上诉审中均未直接挑战这些规定。休斯敦市也没有试图证明这些规定或其他的住房部和城市部政策正在影响它对该市“发展资助”项目的管理，而是在它的答辩法律理由书中向本院提到住房部和城市部提出的可以未经听审而削减资助的主张将“继续影响住房部和城市部与休斯敦市之间日常关系的格局和趋向……”（见上诉人法律理由书第4页）上诉人诉讼请求几乎完全集中在补偿1986年惩罚的努力上。所以，休斯敦市对于住房部和城市部的受指控的未经听审行为的“政策”一笔带过是否足以避免其整个案件的诉由消失就成了问题。然而，我们不必决定这一问题，因为即使假定该市关于宣告性救济的请求没有诉由消失，一般这样的挑战也未成熟到适宜审查。

我们指出，休斯敦市无疑地没有资格挑战所指控的住房部和城市部未经听审削减“发展资助”基金的政策。上诉人作为受益城市接受一笔年度性“发展资助”，可以想象，它要冒足够的受符合资格要求政策的紧迫风险。[参见佩恩案，《联邦判例汇编》第2套丛书第837卷第493—494页（原告是“经常性《信息自由法案》请求者”，它的“基本行为”受争议中的习惯影响）；伯特尔政府案，《联邦判例汇编》第2套丛书第780卷第93—94页（非营利性组织原告“日常性地提出《信息自由法案》请求”，并声称他们对《信息自由法案》费用豁免具有“制定法上的权利”）]。但是，即使休斯敦市具有诉讼资格，它的宣告性救济请求也尚未成熟。

[15、16] 衡量成熟性的法律框架是由艾博特药厂诉加德纳案建立起来的[Abbott Laboratories v. Gardner，387 U. S. 136，149，87 S. Ct. 1507，1515，18 L. Ed. 2d 681（1967)]，在该案中，最高法院规定了一个二元考查标准（two-pronged test)，要求法院估价“争议对于司法裁决的适宜性和当事人因法院推迟考虑所面临的困境两个方面”。⑫ 本院曾经解释，成熟性原则的“核心”，是平衡“申诉者因立即考虑被指控为违法机构行为而享有的利益、机构因为该项政策交付审查之前使之明朗化（crystallized）而享有的利益以及法院因避免不必要的司法管辖和决定确定性问题而享有的利益”。[Eagle-Picher Industries 诉 EPA，759 F. 2d 905，915（D. C. Cir. 1985)]。⑬

[17] 根据“争议的适宜性”标准，法院首先要审查的问题是“争议请求提出的是不是纯粹的法律问题从而是否被认为适于司法审查”。

---

⑫ 当某些案件不成类型以致于根本无法提出可司法性争议时，“成熟性法律的界线与（宪法）第三条关于案件和争议的要求有交叉”[Eagle-Picher Industries 诉 EPA，759 F. 2d 905，915（哥伦比亚特区联邦上诉法院1985年判决)。] 然而，就本案判决的意图而言，我们认为休斯敦市的宣告性救济请求能够符合第三条规定的条件，而只考虑成熟性方面的问题。

⑬ 根据成熟性原则，艾博特药厂诉加德纳案确立的二元审查标准中的“困境”标准不是与法院和机构制度性利益考虑割裂开来的独立的要求（佩恩案，837 F. 2d at 493—94)。因此，如果没有支持推迟审查的制度性利益，申诉者就不必满足困境标准[例如参见加固栏杆公司诉美国，896 F. 2d 574，577（哥伦比亚特区联邦上诉法院1990年判决)。] 如果如本案这样，有巨大利益在支持推迟审查方面起作用，那么我们就必须权衡推迟审查给上诉人造成的潜在困境。

[参见伯特尔政府案，《联邦判例汇编》第2套丛书第780卷第92页；另参见佩恩案，《联邦判例汇编》第2套丛书第837卷第492页；Eagle-Picher案，《联邦判例汇编》第2套丛书第759卷第915页]。然后，我们要考虑法院或机构是否会因为把争议中的政策推迟到由一种更为确定的形式而使之“明朗化”时再审查所享有利益。(伯特尔政府案，《联邦判例汇编》第2套丛书第780卷第92页)。本案关于宣告性救济的请求完全不符合这些标准。休斯敦市与住房部和城市部之间的争议所关注的是机构所采取的本案中具体行为的适当性，即1986年对休斯敦市的惩罚是否着手处理了（addressed）该市现在或未来支取“发展资助”款项。在“诸如本案这样的案件”，即无法归类的案件中，本院简直无从考虑住房部和城市部是否能够不经听审而采取行动，因为在类型范围内的案件中实际等高线潜在地决定着案件的结果。比如在本案中，如果住房部和城市部宣布过一项普遍适用于所有案件的确定的政策，而且根据这项政策它声称有权不经听审而削减受资助人的“发展资助”，情况就迥然不同了。然而，在此我们面对的是另一种情形：我们甚至为了了解住房部和城市部的政策是什么而要求提交具体的争议。

机构的现行规范规定，年终“信用结余率在1.5以上的‘发展资助’受资助人可以被认为是没有以及时的方式进行他们的活动”。[《联邦法规汇编》(C.F.R.) 第24卷第570.902 (a) 节 (1993年)]。我们无法以一种抽象的方式评价千差万别可能引起某一受资助人超过比率指数（target ratio）的情形，从而无法判定这些情形是否隐含在“发展资助”法案第111条规定之中。当然，如果法院要对本案的争议作出裁决的话，则“它有义务审查和权衡可能导致机构支持或拒绝在未来削减休斯敦市的‘发展资助’之前举行听审的各种考虑，以此方式进行一种拟制的造法性（a pseudo-rulemaking）诉讼”。[韦布诉卫生保健服务部，(哥伦比亚特区联邦上诉法院1982年判决)《联邦判例汇编》第2套丛书第696卷第107页]。

进而言之，住房部和城市部的规定还允许机构行使实施惩罚的自由裁量权，它规定，住房部和城市部“可以要求受资助人采取拨款纠正性或补救性行动”，如果这一措施失败，住房部和城市部“可以实施惩罚”。[《联邦法规汇编》(C. F. R.) 第 24 卷第 570.902 (6)(7) 节（1993 年）（着重号为笔者所加）]。由此可见，“被挑战的（权利）剥夺是自由裁量性的，以至于机构是否、何时、怎样进行这种剥夺都不清楚”。[老年人行动联盟诉赫可乐，Action Alliance of Senior Citizens V. Heckler，789F. 2d 931，940（哥伦比亚特区联邦上诉法院 1986 年判决）（以其他理由被撤销），494 U. S，1001，110 S. Ct. 1329，108 L. Ed. 2d 469（哥伦比亚特区联邦上诉法院 1990 年判决）]。正如最高法院在评价一项类推规定时遵循的那样：“只有委员（the Commissioner）可以在某些情况下命令检验某设备和数据时该规定才能够适用……在这种时候我们既不知道是否有也不知道何时会有作这种检验的命令，更不知道委员会以何种理由证明其命令的正当性。”［洁具协会诉加德纳（Toilet Goods Ass'n v. Gardner)，387 U. S. 158，163，87 S. Ct. 1520，1524，18 L. Ed. 2d 697（1967）]。对于这个问题的司法审查“在具体适用这一规定的场合很可能比该案这样一般性的挑战更能够站得住脚”（同上，第 164 页，87 S. Ct. at 1524）。

最后，依据“困境”标准，我们考虑了休斯敦市“在即时审查中的利益”。（伯特尔政府案，《联邦判例汇编》第 2 套丛书第 780 卷第 92 页）。如前所述，上诉人在递交法律理由书时提出，住房部和城市部被指控为违反“发展资助”法案第 111 条规定的政策影响休斯敦市与该机构的现实关系。这一含糊的诉求无非是在说这一争议尚未解决。“（休斯敦市）将作为延迟考虑这一争议结果而忍受的唯一困境是要承受不得不提起另一次诉讼的负担。”（韦布案，《联邦判例汇编》第 2 套丛书第 696 卷第 107 页）。上诉人还没有诉称自争议中的 1986 年惩罚以后住房部和城市部以一种违法的方式削减过它的“发展资助”，也没有诉称该机构威胁过在可预见的将来要这样做。即使这种威胁是紧迫的，一旦发生这样的行为，休斯敦

市也可以毫不费力地起诉挑战它。[14] 如果住房部和城市部准备实施另一次惩罚，即使休斯敦市关于受到损害的主张被证明是可受法律支持的，这种损害也只是临时性地损失了它的一部分“发展资助”。既然实施争议中的惩罚是因为上诉人有太多的钱在账户上没有足够迅速地支取，该市就不能说它的“发展资助”中一笔小小比例的款项受到临时性的损失将会使它“面临有正当理由即时考虑以抽象形式提出的争议的那种困境”。（同上）

三、结论

基于上述种种理由，我们主张，上诉人的禁止性和金钱救济的请求诉由消失。我们同时主张上诉人的宣告性救济的请求尚未成熟到适宜司法审查。因此，联邦地区法院的判决被撤销，案件被发回重审，并附以驳回原告诉讼请求的指示。

特此裁定。

---

⑭ 正如我们在韦布案中所遵循的，一项请求可能在将来不会被审查的这一事实是在成熟性考查中衡量“困境”标准的一个因素。（696 F. 2d at l07n. 45）

可司法性审查与起诉条件限制

傅郁林　评

本案与伯特尔政府协会诉国务院一案的争议焦点几乎相同，即讨论案件的可诉性或可司法性问题。可诉性与可司法性是分别从当事人诉权和法官审判权的不同角度表述的同一概念，它们与司法权、管辖权、起诉与受理等系列法律概念和制度联系在一起。在伯特尔一案的点评中，笔者主要从审判权的法律控制的角度比较了通常被译为“管辖权”的美国司法权（jurisdiction 译为“司法权”或“管辖权”）与中国意义上的“管辖权”概念的差异。在本案点评中，笔者试图从诉权的法律保护的角度分析美国关于案件可诉性审查制度与我国关于案件起诉与受理制度之间的实质性差异。

应当指出，“可诉性”这一概念既不符合美国司法制度的根本宗旨，也不符合大陆法系诉权理论的精神。本文是在中国起诉与受理制度的特定语境中，为了表述我国民事诉讼制度（包括立法和司法实务）对于当事人行为和法官行为要件的区分而不得已使用这一概念的。美国对于当事人的起诉不存在辩论前的审查程序或程序外条件限制。《美国联邦民事诉讼规则》第 3 条明确指出：“民事诉讼从原告向法院提交起诉状时开始。”可见，在美国，由当事人提交到法院的每一个案件都具有“可诉性”，法官从原告提交诉状开始，案件即进入审理状态，接受诉讼程序控制。换言之，当事人和法官双方的行为自原告提交起诉状时开始，都要接受民事诉讼程序的约束和控制。所以案件是否属于司法救济的范围，是否具有“可司法性”，都必须经过符合正当法律程序要求的法庭审理之后才能决定①。正如在伯特尔案点评中所述，关于案件可司法性及法院司法权的审查，可以由对方当事人提出动议，

---

① 关于可司法性审查的具体要件参见伯特尔案点评；关于正当法律程序的标准参见普罗珀特案及其点评。

如果当事人没有提出异议，法官也有义务加以审查，[②] 不过，在实行完全当事人主义诉讼模式的美国，即使法官有义务审查管辖权问题，审查方式也是由法官责令当事人双方就这一问题提供证据和进行辩论。对于以不具有可司法性为由驳回诉讼的裁定，当事人有权提起上诉，而上诉法官要象爱德华兹法官这样引经据典地说明理由，才能打发忿忿不平的当事人。“不予受理”这样的中国法律术语显然不能表达美国法院“不予提供司法救济”的内涵，因为即使对于因诉讼事由消失或司法条件尚未成熟等而致使案件不具可司法性的案件，美国法官也要予以“受理”，进行公开审理，作出说明理由裁判。“不予立案”这样司空见惯并以立案庭的存在表明其合法性的司法实践恐怕更具有中国特色，不可能成为通用的法律概念。

按照我国广泛接受的大陆法诉权理论中的“二元诉权说”，[③] 对于起诉和受理条件加以限制也没有根据，对当事人的起诉在其进入程序性审查之前即决定不予立案更无道理。“诉权作为统一的概念，可定义为当事人请求法院行使审判权以强制实现其民事权益的权利。”[④] 这一权利构成法院行使审判权的基础，成为审判权的必要条件。那么，从这一定义中能否逻辑地推出，诉权同时也是行使审判权的充分条件？这取决于对“审判权”涵义的理解。二元诉权说认为，诉权具有程序意义上的诉权和实体意义上的诉权双重涵义，其中“程序意义上的诉权是指当事人向国家审判机关即法院请求开始诉讼程序的权利”，亦即

---

② 关于法院对管辖权问题的审查方式请参见吉柯保险公司案。这里附带回答一个实务里经常提出的问题：如果认为当事人双方都没有提出某一事实（而不只是没有证据），而这一事实对于法官审结案件又不可或缺，美国法官能否提醒当事人（象日本法官那样行使“释明权”）？美国法官的答案是：如果不至于引起任何一方当事人对法官公正性的批评，法官可以要求双方当事人就这一事实问题举证和辩论。不过这种情况极少，法官不会代行律师的职责，如果出现这种情况，就是律师的失职。

③ 虽然我国学者对于诉权问题的观点分歧较大，表述各异，但主要流派的观点基本上都可归入二元诉权说。关于国内外诉权说的综合介绍请参见江伟、单国军：《关于诉权的若干问题研究》，载于陈光中、江伟主编：《诉讼法论丛》第 1 卷，第 214—223 页。

④ 江伟、单国军，上引，第 227 页。

起诉权；实体意义上的诉权是一种胜诉期待权，[⑤] 是当事人“在其（实体）权利受到侵害或发生争议时要求国家强制实现[⑥]其民事权利的权利。这一权利旨在发生实体法上的后果。”根据诉权与审判权的紧张关系，这里使用的“审判权”的内涵应当与诉权相对应，包括程序意义上的审判权和实体意义上的审判权，前者由起诉权发动，起诉权是发动程序意义上审判权的充分必要条件。如果我们把审判权仅仅理解为就实体纠纷进行裁判的权利（上述引文似乎表明的是这一含义），那么，既然当事人的起诉权仅仅是程序上的诉权——足构成行使（对实体法律关系进行裁判的）审判权的充分条件，那么法官就只能在确定当事人具有程序意义上的诉权并开始行使实体意义上的诉权之后，才可以行使审判权，对实体问题进行审查和判决。然而，此时尚未取得审判权的法官凭藉什么权力对案件进行程序性审查，又有什么资格对当事人是否拥有诉权——无论是程序意义上的诉权还是实体意义上的诉权——这一问题作出裁定？没有审判权，法官的一切行为都成为无源之水，而没有诉权首先是起诉权的发动，审判权就无从发生。可见，把审判权仅仅理解为实体意义上的权利无法使审判权成为审判行为（包括司法判决、裁定和决定）合法性的根据。所以，“程序意义上的诉权是请求法院开始审判程序的权利”[⑦] 应当是指请求法院对包括起诉行为在内的一切诉讼行为进行审查并予裁判的权利。法院对于提交到法院的任何起诉都无权“不予受理”，[⑧] 而只能在受理之后经过程序审查决定能否对实体纠纷提供法律救济。

---

⑤ 笔者同意关于实体意义上的诉权不是胜诉权，而是胜诉期待权的结论。详细论证参见原文。

⑥ 笔者认为此处用“回复”更为恰当，因为民事诉讼制度是一种救济制度，其核心功能并非确定某种未定法律关系，而是通过司法救济使由于纠纷而遭到破坏的法律关系得以回复。另外，引文括号中“实体”二字为笔者所加。本段引自江伟、单国军，上引，第 231 页。

⑦ 江伟、单国军，上引，第 240 页。

⑧ 笔者在此并非玩文字游戏，不予“受理”很容易被误解为法院对当事人的诉愿不予理睬，这种观念成为导致司法实务中随意对案件不予立案的主要原因。

在伯特尔案点评中笔者谈到过司法救济范围有限性问题，司法的触角不可能也不必要伸向社会冲突的每一个领域，纠纷性质的限制、司法资源的紧缺、审判权力的宪法控制等都限定着司法救济适用的范围，因此，任何国家都有关于诉讼资格的限定，任何法院在为纠纷提供司法救济之前都存在对案件可司法性问题的审查过程。问题在于，适用什么样的方式和程序进行这种限制和审查，又以什么样的裁定才算具备司法行为的性质。

在我国，诉权理论只要与民事诉讼法的具体规定纠缠在一起，便成为最为晦涩的理论；而驳回起诉与驳回诉讼请求的区别和适用范围问题也成为司法实务中永无休止的争论。按照我国民事诉讼法关于起诉和受理条件的规定和人民法院的司法实践，不具备起诉和受理条件的案件不予立案或裁定不予受理，坚持要求立案的以裁定驳回。这些案件在经过正当法律程序开庭审理和听取对方当事人意见之前就被法官宣判了死刑，立案庭的工作不是登记案件，而是对案件进行非程序性审查，对那些在他看来不具有可诉性的案件，好心地劝说当事人不必起诉，或强行地不予立案。在中国，关于立案庭对案件的审查范围与法官的审查范围的划分、[⑨] 关于不予立案与不予受理之间的区分、关于驳回起诉与驳回诉讼请求的讨论、关于被告必须在开庭前提出管辖权异议引起的困境，[⑩] 都有赖于对“可

⑨ 笔者陪同一位美国学者在处于改革前沿的某法院座谈时，中国法官就如何划分立案与法官之间在审查起诉方面的工作分工与衔接问题请教美国同行，这一问题绕了很久，几经澄清，美国同行才明白，原来在中国，除法官可以审查当事人的起诉之外，还有其他人有权审查和决定法院是否给予当事人司法救济。于是在自己的本上记录：中国对于案件数量的编译以登记数字为准，未予登记者不在其内。

⑩ 实践中经常遇到这样的情况，原告向侵权行为地法院提起诉讼，被告则答辩说，侵权行为本身尚且不存在，侵权行为地又从何谈起？因此对所谓“侵权行为地”法院的管辖权提出异议。原被告双方都没有对自己管辖权问题的主张提供证据，那么究竟是否发生过侵权行为以及该地法院是否有权管辖的问题究竟以何种程序加以解决？要不要双方提交证据？法院审查证据需不需要开庭辩论？法律规定必须在开庭审理前对此问题作出结论，显然已把管辖权这样的程序问题排除在辩论范围之外。关于这种规定给地方保护主义留下的程序空隙请参见本书代译序。

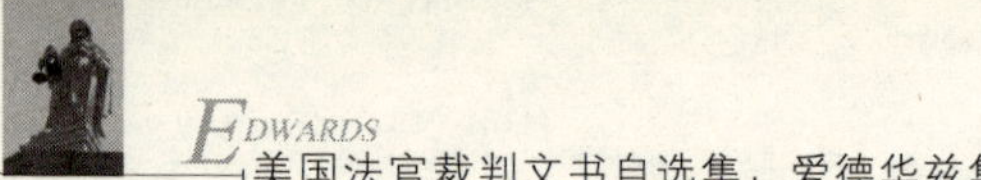

诉性”与“可司法性”概念的区分，不过这种区分将使目前生意红火的立案庭的工作性质、决定依据、工作程序、甚至存在价值等就会受到根本性的质疑。

进一步说，对起诉和受理条件进行限制是司法行政化制度体制和观念的体现。我国宪法没有赋予公民诉权和正当程序的权利，虽然民事诉讼法学者可以从宪法关于公民财产权、人身权等基本权利中派生出诉权的根据，但这种一厢情愿的努力在强大的行政性观念面前显得势单力薄，认为诉权渊源于宪法所确认的申诉权的观点似乎更能体现我国诉权问题的实质。诉权被等同于申诉权，成为公民向各级行政机关、党政机关申诉冤情的权利，而司法机关对于这种下对上请愿似的起诉自然可以酌情处理，遇到为民做主的青天，案件就有望被“受理”，遇到昏庸贪婪的官僚，或者手头事情太乱时，诉愿便被搁置一旁，法律术语称之为“不予立案”。把立案工作放在申诉工作一起而成为“告诉申诉庭”，已清楚地表明在我国司法意识中，起诉和申请再审的同等性质。[11] 目前处理“告诉”工作的立案庭与处理“申诉”工作的审判监督庭的分离，与其说是为了在审判前保护当事人行使诉权，不如说是为了加强在审判后对法官的惩治。在笔者看来，对法官的加重惩治不仅无助于当事人的诉权保护，反而让那些可能影响结案率和先进法院称号的案件在立案登记的时候，其范围就不为人知地排除在司法救济的大门之外。

---

⑪ 从申请再审到决定再审之间完全缺乏程序控制，提起再审的条件如此宽松，党和国家的各级机关都可以为了“有错必纠”而不经当事人请求发动再审……与这种带有行政性质的“申诉”理念都有着内在的必然联系。

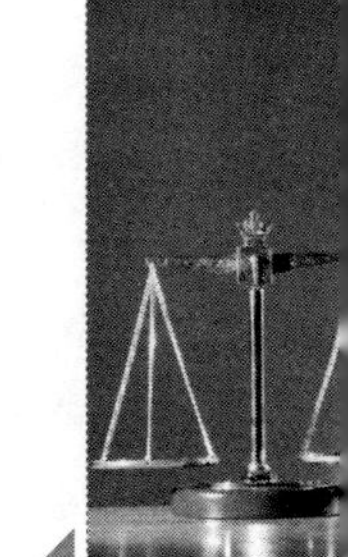

麦克尼尔诉喜—楼强力施工架公司案

《联邦判例汇编》第 836 卷第 2 套丛书第 637 页以下

（哥伦比亚特区上诉法院 1988 年判决）

傅郁林　译*

案情摘要

洗窗工卡尔·麦克尼尔（Carl McNeal）从施工架上摔下来严重受伤。该施工架用两根缆绳悬挂在华盛顿特区某建筑物的顶上，系在施工架左端的缆绳用 U 型夹（U-clips）加了保险，这种 U 型夹是克罗斯比集团公司制造的一种绳扣。在麦克尼尔踩上施工架的一霎那，左端的缆绳从 U 型夹中脱落，致使他和他的工作伙伴脚下的施工架倾垮。

麦克尼尔提起本案诉讼，状告克罗斯比公司和其他几个被告。诉讼请求以过失（negligence）、违反质量保障和严格责任之规定为依据，核心问题是克罗斯比公司对因不当使用 U 型夹可能产生的如此严重的、可以预见的危险没有提出警告。经过 12 天审理，陪审团作出判决

* 本文中技术性词汇由李红峰总工程师指导翻译，在此表达感谢。

(verdict)，由克罗斯比公司赔偿麦克尼尔 450 万美元。近 4 个月之后，初审法院准允了克罗斯比公司申请“不顾陪审团裁决的判决”(judgment not withstanding the verdict 简为 judgment n. o. v) 的动议，同时还有条件地准允了克罗斯比公司的动议，即如果上诉法院撤销了“judgement n. o. v”，则进行一次重新审判。

在审查初审法院关于准允 judgement n. o. v 动议的判决时，上诉法院调查了联邦地区法院在考虑这一动议时问过的同样问题，由于 judgement n. o. v 的动议涉及到陪审团的权限范围，因而调查的范围很窄。除非陪审团的判决所依赖的证据和所有能够据此作出的推断是如此偏袒一方，以致于任何通情达理的（reasonable）人[①]都不能不持反对意见，否则陪审团的判决必须维持。法院有义务考虑全部证据，并有义务以最大限度维护胜诉方当事人的原则立场来考虑这些证据，当证据存在相互矛盾之处时，法院必须从支持胜诉方当事人的角度来解决这些冲突。

在本案中，初审法院的结论是，陪审团的判决违背了优势证据原则（the weight of the evidence)，却没有解释得出这一结论的理由，只是说“没有充分证据表明反着装的 U 型螺栓（“U” bolts on backwards）如果拧紧的话会扣/锁（hold）不住”。然而，上诉法院在审查了初审记录之后查明：有充分可靠的证据令一个通情达理的陪审员得出结论认为，争议中的 U 型夹扣不住；被告明知与 U 型夹有关的危险却没有将这种危险告知买主；U 型夹导致了本案的事故发生。因此，上诉法院撤销了初审法院准允作出“judgement n. o. v”和重新审判的决定，将案件发回重审，指令其维持陪审团的判决。

---

① a reasonable man 和 a rational person 的译法原来有很多，本文译者统一将 a reasonable man 译为“通情达理”的人，（在其他文章中将 a rational person 译为理性人），除为了尊重已经渐渐约定俗成的译法外，还为了突出陪审审判的内涵——陪审员是代表民众而非代表官方法律的审判者，他们以正常的普通人的智力水平对案件的事实问题作出符合“情”、“理”标准（民间法标准）的判断。

麦克尼尔诉喜一楼强力施工架公司案
McNEALV. HI-LO POWERD SCAFFOLDING. INC.

《联邦判例汇编》第2套丛书第836卷第637页
(哥伦比亚特区联邦上诉法院1988年判决)

卡尔麦克尼尔，上诉人
诉
喜—楼加固施工架公司（等），
一家俄亥俄州公司，被上诉人

案号：87—7036。

美国哥伦比亚特区联邦上诉法院

辩论于1987年11月12日

判决于1988年1月15日

上诉自哥伦比亚特区联邦地区法院（地区民事案件号：84—02561）。

米尔顿·赫勒与华盛顿特区J·菲利浦·凯瑟尔、巴巴拉·莫伊尔·康达斯、迈克尔·A·埃布尔森共同担任上诉人的代理人。

里德·K·麦卡弗里与华盛顿特区基斯·A·罗森堡、克雷斯托弗·兰伯特共同担任被上诉人的诉讼代理人。

由巡回法官爱德华兹（EDWARDS）、西尔伯曼（SILBERMAN）、巴克雷（BUCKLEY）审判。

法庭关于本案意见由巡回法官哈里·T·爱德华兹制作。

巡回法官哈里·T·爱德华兹：

洗窗工卡尔·麦克尼尔（Carl McNeal）从施工架上摔下来严重受伤。该施工架用两根缆绳悬挂在华盛顿特区某建筑物的顶上，系在施工架左端的缆绳用U型夹（U—clips）加了保险，这种U型夹是克罗斯比集团公司（The Crosby group，Inc.②）制造的一种绳扣。在麦克尼尔踩上施工架的一霎那，左端缆绳从U型夹中脱落，致使他和他的工作伙伴脚下的施工架倾垮。

麦克尼尔对克罗斯比公司和其他几个被告提起多个诉讼形成本案。起诉中的核心问题是克罗斯比公司没有对因不当使用U型夹而产生的如此严重的、可以预见的危险提出警告，在过失、违反质量保障和严格责任方面有充分的依据。经过12天审理，陪审团判决由克罗斯比公司赔偿麦克尼尔450万美元。③ 近4个月之后，初审法院准允了克罗斯比公司申请“judsement n. o. v”的动议，同时还有条件地准允了克罗斯比公司的动议，即如果上诉法院撤销了“judgement n. o. v”，则进行

② 许多译本将Co. 译为公司，而将Inc. 和Co.，Inc. 译为有限公司，本书的翻译未作这样的区分，因为按照美国公司法规定，corporation和incorporation均为有限责任公司，incorporation为公司法上的公司。—译者注。译者就此请教了中国人民大学经济法学邓峰博士，籍此机会表达感谢。

③ 陪审团还作出了一项有利于卷入事故的施工架制造者喜—楼施工架公司的判决。在审判之前，麦克尼尔解决了他针对建筑物物业和物业管理公司的请求。

一次重新审判。[见麦克尼尔诉喜—楼加固施工架公司案，84—2561号（哥伦比亚特区联邦地区法院 1987 年 1 月 28 日判决）（下称“裁定”），摘录于专家证言记录 C—1]。④

在审查初审法院关于准允“judgement n. o. v”动议的决定时，上诉法院审查了联邦地区法院在考虑这一动议时问过的同样问题，由于“judgement n. o. v”动议涉及到陪审团的权限范围，因而调查的范围很窄。除非陪审团的判决所赖以产生的证据和所有能够据此作出的推断是如此偏袒一方，以致于任何通情达理的人都不能不持反对意见，否则陪审团的判决必须维持。法院有义务考虑全部证据并有义务以最大限度维护胜诉一方当事人的原则立场来考虑这些证据，当证据存在相互矛盾之处时，法院必须从支持胜诉方当事人的角度来解决这些冲突。

上诉法院根据最有利于麦克尼尔的原则审查了所有证据之后认定，麦克尼尔提出了充分可靠的证据令一个通情达理的陪审员得出结论认为：争议中的 U 型夹扣不住；被告知道与 U 型夹有关的危险却没有将这种危险告知买主；U 型夹导致了本案的事故发生。因此，上诉法院撤销了初审法院准允“judgement n. o. v”的裁定。由于初审法院认定陪审团的判决违背了证据衡量原则（the weight of the evidence），却没有解释这一结论的理由，只是说“没有充分证据表明反着装的 U 型螺栓（“U” bolts）如果拧紧的话会扣（ho1d）不住”，联邦地区法院以此为理由作出有条件重新审判的决定，滥用了自由裁量权，因此我们撤销这一裁定并指令联邦地区法院维持陪审团的判决。

---

④ 因为争讼中的被告被认为是独立侵权人，因此经初审法院还作出一项有条件的裁定，即，如果本院推翻了“judgement n. o. v”和进行重新审判的裁定，则不利于克罗斯比公司的判决将降低 50%。（麦克尼尔诉喜—楼施工架公司，84—2561 号，哥伦比亚特区联邦地区法院 1987 年 1 月 28 日判决）关于被告克罗斯比公司交叉请求的有条件裁定（摘录于初审记录 C—3.）麦克尼尔对这一裁决未提起上诉，对于初审法院驳回他请求对喜—楼案重新审判的动议的决定也未上诉。

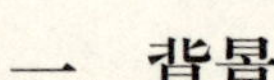

一、背景

1984 年 3 月 22 日，麦克尼尔和他的同事利奥·亨森（Leo Henson）被安排到位于华盛顿特区西北部的 H1333 大街某建筑物中洗窗户。麦克尼尔和亨森是美国窗户和建筑物清洁合同工公司（下称美国窗户公司）的雇员，做窗户清洁工都有二十多年。他们喜欢用两根缆绳悬挂在建筑物顶上的施工架上。系在施工架左端的缆绳系在一个叉梁上，这种叉梁是顶上半永久性的固定装置，右端系在一个顶檐上的吊钩上，吊钩是一种可以在房顶上移动的装置。两根缆绳各有一个套结（eye-splice），这种套结在缆绳末端回个脚、用金属绳夹把缆绳箍在剩余部分上。套结跟这些房顶设施连接在一起，左端缆绳上的套结是用 U 型夹固定的。U 型夹是一种有四个元件的金属绳扣：一个可以滑动的圆形的呈 U 型的金属片（U 型部分）：一个压在 U 型部分上的波形金属片（鞍部）；两对螺帽和螺钉。拧紧螺钉时，力量就直接作用于压在鞍部和 U 型夹型部分中间的两根金属缆绳上。鞍部的形状象凹槽，可以产生一种在鞍部与缆绳之间互锁的力量。相反，U 型夹型部分的内侧是光滑的，不会产生锁力。

U 型夹正确使用的时候，鞍部放在“活结”上，“活结”是缆绳上滚动到施工架的负载部分，U 型部分则放在缆绳的短得多的、“死”的一端。所以，当鞍部放在死的一端而不放在活的那端时，U 型夹就“装反”了，或者说 U 型夹使用不当。克罗斯比公司销售的 U 型夹是盒装的，每盒装 100 件 U 型夹。通常每盒中都装有一张关于 U 型夹的使用说明和警告的卡片。

施工架右边的套结是用拳型夹（fist clip）安装的，拳型夹是由克罗斯比公司生产的另一种类型的金属绳夹，与 U 型夹不同的是，拳型夹没有光滑部分，有两个鞍部和两对螺帽和螺钉。所以这种 U 型夹不会装反。正因为如此，拳型夹被认为是安全夹或双基夹（twinbase clip）。每一件拳形夹都独立包装销售，各附一份说明书。

从 1970 年代早期到 1982 期间，美国窗户公司的大部分施工架

设备都是从 AA 梯子和生活品公司（简称 AA 公司）购买的。AA 公司一直奉行绝不出售或供应 U 型夹的政策。除非另有要求，否则它用镍压套的方法（by means of a nico press sleeve）安装套结。⑤ 如果某用户要求供应金属绳夹，AA 公司就出售或安装拳型夹。1982 年，美国窗户公司开始从赞美设备公司（Approved Equipment）购买一些索具，这家公司是当年由 AA 公司的前职员理查德·帕金森开办的。美国窗户公司于 1984 年初订购缆绳和金属绳夹零配件时作出了一个例外选择。

美国窗户公司发出这一订单时，赞美设备公司的拳型夹正值紧俏。帕金森给克罗斯比公司仓库打电话查询可否补充他的库存不足。一位克罗斯比公司官员告诉他在几周内无法供应拳型夹，建议他用 U 型夹代替。帕金森同意了，克罗斯比公司用船运给他一箱内装 100 件的 U 型夹。帕金森作证说，这只箱子中没有使用说明卡片，也没有说明书或任何其他警告。

帕金森和他的儿子在金属缆绳上安装了三个 U 型夹，金属缆绳最后承受着左端那性命攸关的施工架。帕金森在审判中作证说，在此之前他从未使用过 U 型夹，他和他儿子向美国窗户公司供应零配件，他们都不知道“使用 U 型夹还有正确方法和错误方法”。（初审记录第 979 页）。帕金森还作证说，他用一把棘爪扳手检查过 U 型夹是否上紧了。美国窗户公司于 1984 年 3 月 8 日从赞美设备公司购进了 U 型夹组件。

1984 年 3 月 21 日，麦克尼尔和汉森在发生事故的建筑物上装上了一副施工架。从赞美设备公司购买的一个 U 型夹组件中支撑着施工架的左端，右端用一个拳形组件支撑着。麦克尼尔和汉森都没有调整过这些 U 型夹和拳形夹。次日，汉森和另一个美国窗户公司的洗窗工，爱尔·莱维斯一起使用这副施工架（从建筑物的边上失足过五六次）。莱维斯后来作证说，在那一天之前他从来没有见过 U 型夹，他只熟悉拳形夹。因为他不放心 U 型夹，所以在三次或四次失足之前他用老虎

⑤ 镍压套不象金属绳扣，它们是永久性（固定）的箍夹。

钳子把它们加固了。

1984年3月23日，汉森先踏上施工架，在麦克尼尔上来之前他在架上等了大约五分钟。麦克尼尔面对着建筑物，沿金属缆绳放下自己，下降到用U型夹支撑的那端施工架上。在踩上吊板之前，他把双脚最终放在了与左端施工架连接的镫（stirrup）上。几秒钟之后，麦克尼尔听到一声喳喳响，抬头看见绕在悬梁上的左缆绳正在解散。紧接着施工架在麦克尼尔和汉森的脚下脱落，致使他们摔下来。麦克尼尔严重受伤，汉森死亡。由于拳形夹的锁力，施工架顺着右缆绳悬垂着。⑥

在审判中，麦克尼尔作证说，他在开始下降之前没有检查U型夹和拳形夹紧不紧，但他说明，洗窗工之间的标准"政策"是由第一个踏上施工架的人负责检查金属绳夹是否上紧了。（初审记录第774页）。他进一步作证说，他知道如何使用拳形夹，但对于使用U型夹没有经验。麦克尼尔还诉称，他从未见过关于U型夹的使用说明卡片，也从未受到过指导他们如何适当使用的说明，更没有被警告过反着用的危险。

二、分析

（一）审查标准

在审查初审法院关于准允"judgement n. o. v"动议的决定时，上诉法院询问了联邦地区法院在考虑这一动议时问过的同样问题。由于"judgement n. o. v"动议涉入陪审团的权限范围，因而调查的范围很窄。陪审团的判决必须维持，除非"判决所依赖的证据和所有能够据此作出的推断是如此偏袒一方，以致于任何通情达理的人都不能不持反对意见。"［见卡特尔诉丹—哈更斯有限责任公司，Garter v. Duncan-

⑥ 施工架离房顶有十到十二英尺，所以麦克尼尔在他开始下降之前不能触碰到他的安全线。初审法院认定，建筑物物业和物业管理公司允许汉森和莱维斯在3月22日那一天结束时把施工架放在那样的位置犯有过失。［参见麦克尼尔诉喜—楼施工架公司案，84—2561号（哥伦比亚地区法院1987年1月28日判决）］，关于被告克罗斯比公司交叉请求的有条件裁定，（摘录于初审记录C—3）。

Huggins, Ltd., 727F2d 1225, 1227（哥伦比亚特区 1984 年判决）]。我们有义务“考虑全部证据并有义务以最大限度维护胜诉一方当事人的原则立场来考虑这些证据。当证据存在相互矛盾之处时，法院必须从支持胜诉方当事人的角度来解决这些冲突。”[见格罗干诉通用维修服务公司案，Grogan v. General Maintenance Serv. Co., 763F2d 444, 447（哥伦比亚特区联邦地区法院 1985 年判决，省略引证）]。因为我们询问了联邦地区法院问过的“同样问题”，所以我们的结论既不是从联邦地区法院的决定中推导出来的，也不受其决定的诱导。

（二）疏于警告

无论麦克尼尔关于疏于警告的指控是否符合过失、违反质量保障和严格责任方面的规范用语，按照特区法院法律进行分析也基本如此。[见佩恩诉软缎制品有限责任公司，Payne v. Soft Sheen Products, Inc.,《大西洋地区判例汇编》第 2 套丛书第 486 卷第 719—721 页（哥伦比亚特区联邦地区法院 1985 年判决）；拉舍尔诉 GA. FW 公司，Russell v. G. A. F. Corp.,《大西洋地区判例汇编》第 2 套丛书第 422 卷第 991 页（哥伦比亚特区联邦地区法院 1980 年判决）（引用法官判词）；杨诉亚普—莱特软件公司 Young v. Up-Right Scaffolds, Inc. 637 F. 2d 810, 814（哥伦比亚特区联邦上诉法院 1980 年判决）（适用特区法律）]。根据上述三种理论，特区的“普遍原则是，如果产品的供应者有理由知道产品有危险而没有克尽合理的注意义务告知使用者，则产品供应者对该产品使用者因产品作用所导致的可以预见的损害负有责任。”（佩恩案，《大西洋地区判例汇编》第 2 套丛书第 486 卷第 721 页）。⑦

---

⑦ 然而这并不等于说行为的原因都是相同的。例如，导致损害的过失在过失诉讼中是一种抗辩，但在严格责任诉讼中就不能作为抗辩（见佩恩案《大西洋地区判例汇编》第 2 套丛书第 486 卷第 721 页注释 9；另见杨案，《联邦判例汇编》第 2 套丛书第 637 卷第 814 页）。初审法院解释道：“严格责任的概念在本辖区内尚未完全形成。”即使作为一种一般性意见确实如此[见霍尔诉伊藤公司案，825 F. 2d 448, 453 (D. C. Cir. 1987)（引用法官判词）]（没有案件“明确建立联邦地区法院关于严格责任请求的要件”），疏于警告严格责任请求的要件与疏于警告过失请求中的要件也是相同的，而后一种请求的要件已经完全建立了。

这一普遍原则包含了侵权责任法的基本要素。麦克尼尔要获得赔偿，就必须在如下方面取得优势证据：(1) 克罗斯比公司对他负有义务；(2) 克罗斯比公司违反了这一义务；(3) 违反义务是导致对他伤害的近因。我们将逐一分析麦克尼尔的诉称，谨记本院的角色"象我们认为一个联邦地区法院会判决的那样去判决一件案件"。(杨案，637 F. 2d at814)。

1. 警告的义务 (The Duty to Warn)

[1] 疏于警告案件中的首当其冲的问题是"是否存在警告义务"[霍尔诉伊藤公司，Hull v. Eaton Corp.，825 F. 2d448，454 (哥伦比亚联邦上诉法院 1987 判决) (引用法官判词) (适用特区法律)]。哥伦比亚特区法院把所要决定的问题颠倒过来了，先决定制造商是否"知道或应当知道危险足以严重到必须警告"[参见拉舍尔案，《大西洋地区判例汇编》第 2 套丛书第 422 卷第 992 页；同时参见霍尔案，825 F. 2d at455 ("风险是可以预见且足够严重的")]。原告要获得赔偿不必证明产品的缺陷："产品制造可能没有缺陷而仍要求有关于适当使用的说明或警告以保障安全"[拉舍尔案，《大西洋地区判例汇编》第 2 套丛书第 422 卷第 991 页]。

在本案中，麦克尼尔在初审中提供的证据充分展示了风险的存在，即 U 型夹反着安装使其承受力大大减小而呈现出严重隐患。例如，根据一份由克罗斯比公司提供于索具行业广泛散发的手册《结构安全协会索具制品规则》所言，U 型夹反着装"会使连接效果降低到 40%"。(初审记录第 342 页)。⑧

爱德华·科尔调查了这次事故，他是特区职业健康与安全部 (the D. C. Department of Occupational Health and Safety) 的安全专家。他作证说，由于发生了大量因装反了 U 型夹导致的事故，因此他的前任部门负责人散发了绘有适当和不适当使用 U 型夹的方法图形的使用卡

---

⑧ 克罗斯比没有对这一数字提出异议 (见被告法律理由书第 11 页和 30 页)。连接的效果是根据缆绳的种类挣脱力 (the catalogue breaking strength) 测算的。

片，卡片上还包括下列警告：

> 不正确地连接缆绳会使效果减小到 30%！干嘛拿你的性命作赌注呢？

［原告物证 67（Plaintiff's Exhibit 67），摘引自专家证言 D—3］。

由建筑物的物业管理公司联系来调查这次事故的机械工程师也作证说，U 型夹在不当使用时的承受力会大大减小。

克罗斯比公司自己的 U 型夹使用说明卡片有力地支持了这一说法。这些卡片中包括以下两个警告：

把绳子的特定部分（长度）折过来……从金属绳的死端使用第一个夹的一个基本宽度（用 U 型螺帽压住死的一端——活的一端在夹的鞍部内）……

> 重要：不按照说明安装末端，或者不定期检查并加力拧紧到建议的转矩（torque），将会导致效果呈定比率的降低。⑨

［原告物证 8（Plaintiff'sExhibit67），摘引自专家证言 D—5。着重号为笔者所加］。

按照反着装会引起承受力减小的原理来看，就无怪乎“施工架与支撑架协会”这样一个确定悬力施工架（suspended powered scaffold）标准的全国性企业界组织曾公布一项“安全要求”规定：“如果使用金属绳夹，金属绳夹必须是双基型的（twin base type）”。无独有偶，美国生产加固施工架（powered scaffold）主要企业（喜—楼公司不在其中）建议不要使用 U 型夹。喜—楼公司的组件使用指南上提到了“适当安装”（初审记录第 395 页）。

美国全国标准协会（American National Standards Institute，“ANSI”）于 1970 年又向前迈进了一步，它颁布了一项标准，禁止用 U 型

---

⑨ 本案事故中使用的是 5/16 英寸的 U 型夹，使用卡片上建议至少使用两个夹子，把 5-1/4（五又四分之一）英寸缆绳折过来，产生 30 英尺一英镑的转拒。使用卡片声称，正确使用 5/16 英寸的 U 型夹将承受 80%金属绳种类挣脱力（同上）。

夹和拳型夹悬挂施工架进行建筑物的外部维修（初审记录第469—470页）。1974年，由职业健康安全部（the Occupational Health and Safety Administration，“OSHA”）颁布的法规参考这一标准从而使之得到具体化［《美国法规汇编》（C. F. R.）第29卷第1910节第66条第b款第5项第iii目（1986编入）］。曾经在1974年至1985年期间做过ANSI委员会主任的劳伦斯·斯塔福特作证说，洗窗业在OSHA的规定被采纳后仍将使用拳型夹，但ANSI正在考虑修订标准准许使用拳型夹。然而，他强调说，ANSI准备维持其禁止使用U型夹的规定。

在上述情形下，一个通情达理的陪审员很容易得出结论：克罗斯比公司完全意识到了反着使用U型夹存在的危险。当U型夹用来承受轻的和无生命物体时，形成的风险可能还不大，而当洗窗工悬挂在距离地面几层楼高处的时候，就存在着巨大的风险。克罗斯比公司没有反驳说它没有意识到反着使用形成的危险。⑩ 相反，克罗斯比公司辩称，它没有义务提出警告，因为麦克尼尔在美国窗户公司中的上司都是老练的U型夹使用者。⑪

这一辩解没有实质意义。的确，美国窗户公司总裁尤金·圣得拉和麦克尼尔的上司爱尔·苏丽文在审判中作证说，他们对于如何适当使用U型夹了如指掌，但圣得拉在他的宣誓证词——这一证词后来被宣读为审判证据⑫——中却宣称，P643 他“实际上对使用U型夹并无经验”（初审记录第1472页），他也不知道使用它们可能有“正确方法或错误方法”。苏丽文作证说，在发生事故之前的十年中，美国窗户公司从事金属绳夹作业时只使用拳型夹。AA公司总裁霍沃尔德·科斯的说法正好与此吻合，他说自1970年代以来，他的公司只为该公司组

---

⑩ 克罗斯比在他的法律师书中声称，为了取得“正确安装”U型夹的效果，“鞍部应当放在金属绳‘活’的一端，而不能放在‘死’的一端”（见被上诉人法律理由书第9页）。

⑪ 见佩恩案，（《大西洋地区判例汇编》第2套丛书第486卷第723页）（警告的义务“不能撇开那些可以合理地期待他们使用产品的专门知识来衡量”）。

⑫ 《联邦证据规则》第801条第4款第1项允许这种宣誓证词作为实质性证据记入笔录。

装或向其供应拳型夹或镍压套。

所以，一个通情达理的陪审员可以得出结论：圣得拉和苏丽文都不是老练的 U 型夹使用者。如果他们对什么有所熟悉的话，记录仅仅表明他们是老练的拳型夹的使用者。[13]

从上述证据可见，有足够的理由支持关于警告义务的主张。

2. 关于警告的充分性（The Adequacy of the Warning）

[2] 如果生产者有义务对其产品可以预见的危险提出警告，则警告必须“足以告诫面临风险的使用者并且提供具体的安全使用说明”。[参见白琪诉阿姆斯特丹公司，Burch v. Amsterdam Corp.，《大西洋地区判例汇编》第 2 套丛书第 366 卷第 1086 页（哥伦比亚特区联邦地区法院 1976 判决）（着重号为原文所加）；另参见佩恩案（《大西洋地区判例汇编》第 2 套丛书第 486 卷第 723 页）]。具体的程度以潜在危险的后果和危险发生的可能性为准。（参见拉瑟尔案，《大西洋地区判例汇编》第 2 套丛书第 422 卷第 922 页；白琪案，366《大西洋地区判例汇编》第 2 套丛书第 366 卷第 1087 页注释 24）。鉴于询问具体事实的特点，特别是当存在着严重伤害隐患时判定警告的充分性，对陪审团来说已是驾轻就熟的问题了。

在典型的疏于警告案件中，以手册形式提供的某些警告（例如见佩恩案）或以标签提出的警告（例如白琪案）只是举两个例子。当然，

---

⑬ 初审法院对于警告问题的分析是没有说服力的，它根本没有对其接替陪审团在本案中的角色提出任何根据。初审法院主张，作为一个法院总是没有义务警告某人“拧紧螺栓上的螺帽，那显而易见是被告产品的特点，危险是明摆着的。”（裁定第 1 页）。我们不同意这种毛病特点显而易见之说：“把克罗斯比的 U 型夹称为只是一对螺栓和螺帽……忽略了不经意地错误使用所隐藏的危险”（上诉人法律理由书第 35 页）。初审法院还接受了克罗斯比的另一争辩，即“证据证明原告的雇主的懂行的老练的克罗斯比‘U’型栓金属夹的使用者”（裁定第 2 页）。法庭试图通过莱维斯的证词来证明自己认定的正当性，莱维斯作证说，“工人们带着工具以保持施工架处于适当状态，包括加固螺栓”（同上）。然而，莱维斯还作证说，在 3 月 22 日以前他从未见过 U 型夹。此外，工人的知识与他们的雇主对于 U 型夹的了解并无关系。同样，初审法院观察到麦克尼尔和美国窗户公司的其他人对于施工架和索具有富有经验，并不证明美国窗户公司的每一个人都有使用 U 型夹的专门经验。

由于没有向赞美设备公司或美国窗户公司的任何人或至少向麦克尼尔本人提出任何警告——无论以使用说明卡片还是其他方式，本案的情况就完全两样了。联邦地区法院从未提及这一没有争议的事实，它既未引述证据也没加以解释地声称，“被告克罗斯比公司发出了作为法律问题的足够的警告”（裁定第2页）。

克罗斯比公司在法律理由书中称，“由克罗斯比公司散发的警告指南至少发到了麦克尼尔的雇主手中”（被上诉人法律理由书第45页），以此来搪塞如此令人注目的问题。克罗斯比公司似乎在提及使用一览表和工程手册，声称自1982年当它成为克罗斯比公司的散发者时就将这些资料提供给了赞美设备公司。然而，一览表仅仅提醒使用者去查询使用卡片。至于工程手册，从记录上看不出赞美公司何曾收到过，工程手册倒是明确地包含着具体说明。⑭ 联邦地区法院经认定“以各种安装手册的方式”提供了充分的警告而使克罗斯比公司的辩解得到了进一步发挥（裁定第2页）。这一观点是站不住脚的。没有证据表明赞美公司和美国窗户公司的任何人曾查询过这些手册。而且他们可能查询过的那份手册，即喜一楼手册也默许了使用U型夹，却并未提示如何适当使用U型夹。

最后，联邦地区法院试图支持他的下述认定，即“充分的警告”是通过提供“OSHA关于使用U型夹型结的金属绳夹（‘U’ bolt wire rope clip）的规范”提供的。然而，如前所述，并没有OSHA规范规定如何使用U型夹。相反，OSHA规范默示地禁止使用U型夹。⑮ 在这一点上初审法院的理由不能自圆其说。

基于这样的事实——既无警告也无指南提供给赞美公司和美国窗户公司的任何人，一个通情达理的陪审员会轻而易举地得出结论，认为本案中克罗斯比公司未提供充分的警告。

---

⑭ 即便赞美设备公司收到了一份手册，这些手册也是在事故发生前的两年前送到的，那个时候该公司还没有使用U型夹。

⑮ 参见29C. F. R. §1910.66（b）（5）（iii）（1986）（如前所述，这一规定参考了禁止在建筑物外部维修中使用U型夹的ANSI标准而得以具体化）。

3. 关于近因 (Proximate Cause)[16]

[3] 下面的调查是关于克罗斯比公司疏于提供充分警告是不是事故的近因。在哥伦比亚特区法院，“近因包括两个方面：损害的可预见性，除非违反义务与原告的伤害有实质性的和直接的因果关系，否则不涉及责任的判定。”[哥伦比亚特区诉弗里曼，District of Columbia v. Freeman，《大西洋地区判例汇编》第2套丛书第477卷第716页（哥伦比亚特区联邦地区法院1984年判决）] 原告必须举出证据，使人有合理根据产生这样的确信，即：正是被告的行为可能是导致系争的伤害的实质性因素”。[雷西诉哥伦比亚地区，Lacy v. DiStrict of Columbia，《大西洋地区判例汇编》第2套丛书第424卷第318页（哥伦比亚特区联邦地区法院1984年判决）。（着重号为原文所加）（引用者赞同初审法院陪审团的指示）]。在大多数案件中，“近因的存在是由陪审团决定的事实问题”。[弗里曼案，《大西洋地区判例汇编》第2辑第477卷第716页]。

克罗斯比公司辩述中令人置信的是麦克尼尔疏于提出证据证明不适当使用U型夹“导致了这一次事故”[被上诉人法律理由书第29页（着重号为原文所加）]。在克罗斯比公司看来，U型夹在23日那天出问题是因为螺帽松了，所以即使有关于反着用的警告也于事无补。[17]

这一辩解的根本问题在于，除一份专家证词之外，[18] 在记录中克

---

[16] 近因原则是英美侵权法中确定侵权责任成立与否的一个重要规则，它与民法法系侵权责任法中的“直接原因”不完全相同。关于这一概念的翻译请参见何美欢：《香港合同法》，北京大学出版社1995年版，第3页。

[17] 尽管克罗斯比从未给“松”下定义，也可以肯定地确认“松”即为未达到30英寸—英镑的某种状态。

[18] 工程顾问伯纳德．安费尔德作证说，在左缆绳中没有纽结和U型夹上的痕迹“使人相信”U型夹没有拧紧。（初审记录第1563页）至此我们从记录可以看出（而克罗斯比又没有提供其他的记录），安费尔德是声称自己在左缆绳于中看不出任何纽结的唯一目击证人。尽管沃尔夫也作证说U型夹“不够紧”，但他补充说他“无法知道这是怎样造成的”（初审记录第234页）。他还作证说，反着安装的U型夹比正确安装的U型夹的承受力要小（初审记录第235页）；U型夹“肯定比拳型夹危险”（初布记录第239页）；“不难想象把（U型夹）反着安装的滑落（slip）情况比正确安装要多得多（初审记录第233页）。”一个通情达理的陪审员可以从整体解释沃尔夫的证词而支持麦克尼尔关于因果关系的理由。

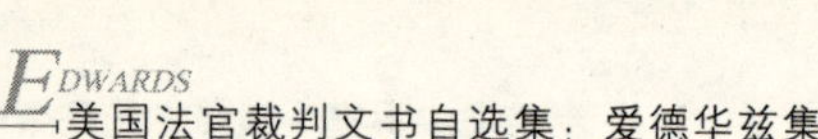

罗斯比公司不能引证任何东西表明U型夹在事故发生的那天松了。相反，下面这些克罗斯比公司从未提出过任何反驳的一系列证据清楚地支持着一个推断，即U型夹在事故发生的那天**没有**松：帕金森在准备安装的时候加固了U型夹；莱维斯在那天事故发生之前至少三次加固了U型夹；[19] 麦克尼尔作证说他肯定汉森在踏上施工架之前遵守惯例检查了U型夹。[20]

此外，事故后对U型夹进行检查的克罗斯比公司技术专家肯尼斯·赛尔夫作证说，在左缆绳里面有一些绞结（kinks）[21]，这些绞结不可能是由扭距仅仅达到30英寸—英磅（30inch-pounds）的U型夹所产生（也就是说是用手加固的）。最后，在试图保持锁力的右缆绳上的拳形夹表明这些拳形夹加固过，反过来也表明U型夹也加固过。怎么会有人仅仅加固右边的缆绳呢？

麦克尼尔提供了实质性的证据来支持他的基本主张，即U型夹安装反了。当把一个正确安装的U型夹和一个不正确安装的U型夹放在一起示于莱维斯时，莱维斯作证说，在事故发生的那天U型夹安装的样子是后一种情况。赛尔夫作证说，因为在事故的当天克罗斯比公司的官员相信夹子一定是安反了，所以他所检查的是反着安装的夹子。还有，麦克尼尔在初审时证实，U型夹正确使用时从缆绳死端的尽头有几英寸长，缆绳的绞结通常由U型夹的U型部分产生。所以，正确使用U型夹时，如果有绞结的话，绞结会产生于死端的尽头。既然在

---

⑲ 既然使用卡片上只建议把U型夹“定时地（periodically）”拧紧，那么可以推断从3月22日那天莱维斯加固夹子的时间到事故发生的次日这段时间里螺帽还没有松。

⑳ 常识表明这样的习惯是存在的：先踏上施工架的那个人要保证索具是安全的。另外，在没有相反证据的发问下，下降被认为是符合人类自我保护本能的适当注意的行为。[参见东方航空公司诉信托公司工会案，Eastern AirLine v. Union Trust Co.，221 F. 2d 62，72（D. C. Cir. 1995），在另一种情况下结论恰恰相反，见350 U. S. 962，76S. Ct. 429，10OL. Ed. 835（1956）]。

㉑ kinks在辞典中均译为“绞结”。按译者对本文的理解，这里的“绞结”应当是近似于头发编过之后或绳绞在一起之后再散开所留下的压痕，是波浪状的小凸形那样的“结”。

本案中从缆绳尽头至少一英尺的地方有一些突起的绞结，因而沃尔夫、斯塔夫特和参与了事故调查的 OSHA 观察员詹姆斯·沙利万都推断，U 型夹的 U 形部分被错误地安装在缆绳的活头部分。克罗斯比公司没有证人认真地对这一推论提出异议。

初审记录中不仅有大量关于 U 型夹在事故当天被不适当安装的证据，而且正如前面第二节第（二）部分第 1 点中所讨论的那样，这种安装方法严重地降低了 U 型夹的锁力。由这些情形来看，一个通情达理的陪审员完全可以得出结论，认为 U 型夹安反了对于导致事故“更可能是……一个实质性因素”［雷西案，《大西洋地区判例汇编》第 2 套丛书第 424 卷第 318 页（着重号为原文所加）］。[22] 此外，正如前面第二节第（二）部分第 2 点中所讨论的那样，一个通情达理的陪审员完全可以认定麦克尼尔证明了克罗斯比公司疏于警告由于所产生的隐患，而且“他的伤害正是由于冒这种隐患蕴藏的风险所致”。［佩恩案，《大西洋地区判例汇编》第 2 套丛书第 486 卷第 725 页］。[23]

---

[22] 克罗斯比自己提供证据证明了这一结果：如果正确使用的 U 型夹拧紧到 30 英寸—英磅，U 型夹就能承受 8000 英磅的重量，而反着安装的 U 型夹拧紧到同样程度所承受的重量会降低，降低后的承受力幅度在 462 磅到 2126 磅之间。施工架的重量接近 1000 英磅，在事故发生的那天用两根缆绳支撑着。尽管围绕证明结果有一些信息干扰，但是一个通情达理的陪审员可以从上述证据中作出推断，反着安装会致使 U 型夹的承受力严重降低，并且由此成为引起事故发生的实质性因素。

克罗斯比声称麦克尼尔的专家没有就因果关系的最后问题作证。这一主张不正确。在回答一系列问题时，斯塔夫特声明：因为要冒安装反的危险，因此 U 型夹“具有不合理的危险性”；在本案中 U 型夹安装反了；U 型夹“是导致套结（eye splice）垮掉的原因。”（初审记录第 443 页）。无论如何，我们没有意识到有任何规则规定原告的专家必须提供关于事故确切原因的意见。相反，陪审团有权权衡证据，进行推理，得出他们自己的结论。

[23] 根据哥伦比亚地区法律，一项“可反驳的推定（presumption）（存在于）：运用这种假定的人一定读过充分的警告，在没有证据反驳这一假定时，陪审团可以认定被告的产品是导致原告伤害的原因。”（佩恩案，486《大西洋地区判例汇编》第 2 套丛书第 486 卷第 725 页）。克罗斯比没有提出任何证据表明麦克尼尔一定是没有留意一份充分的警告。此外，我们看到初审法院对于推定的分析与哥伦比亚特区法律的规定完全不同。（裁定第 3—4 页）。

4. 介入的原因与产品的错误使用（Intervening Cause and Product Misuse）

[4] 克罗斯比公司辩称，即使它违反了充分警告反着安装危险的义务，这种违反也不构成事故的近因，因为“那些组装、装配和维修设备的人的行为”会成为这种违反义务行为的替罪羊（见被上诉人法律理由书第 41 页）。初审法院对此表示同意（裁定第 4 页）。我们却表示反对。

产品制造者疏于警告不必是损害的单一原因；相反，“即使其他原因直接导致了损害，产品制造者也要承担责任”。[佩恩案，《大西洋地区判例汇编》第 2 套丛书第 486 卷第 726 页]。同时，“如果损害结果是由介入的、独立的力量（forces）所导致……而他们的操作是应当预见的，那么由最初行为所延伸出来的因果关系链条（the chain causation）即成为近因。”（同上）毫不奇怪，这一调查通常是“审判者面临的事实问题。”（同上）

在本案中，克罗斯比公司已经认识到由于不当使用 U 型夹所蕴藏的风险。也认识到了由于它疏于发出关于 U 型夹安全使用的说明和警告所产生的结果。而赞美设备公司和美国窗户公司既然从未收到过一张使用卡片，他们不能（failto）适当装配是完全可以预见的。当然，这种错误（failure）还没有“司空见惯”到成为克罗斯比公司疏于警告过错的替罪羊的程度。[怀特诉美国，White v. United States，780F. 2d97，106&. 29（D. C. Cir. 1986)，(适用特区法律)]。

同样，麦克尼尔不应当因为他的所谓“错误使用”U 型夹而妨碍其受偿。“错误使用是以一种被告不能合理预见的方法错误地使用一件产品”（杨格案，637F. 2d at 815）。既然麦克尼尔从未收到过关于适当使用 U 型夹的说明或警告，他们可能不实行正确安装的可能性对于克罗斯比公司而言是可以合理预见的。

关于这一点，初审法院令人吃惊地表明，“即使证据足以使陪审团作出 U 型夹装反了的认定，依据本庭的记录制造商也不承担错误使用的责任。”（裁定第 2 页）。这一解释忽略了一个事实，那就是麦克尼尔

不知道使用克罗斯比公司的U型夹有正确方法与错误方法之分。再者，这种解释由于把重点从麦克尼尔行为的可预见性转移到麦克尼尔是否有某种过失从而混淆了对错误使用的分析。

（三）进行重新审判的有条件裁定

[5] 关于是否支持进行新审判的决定通常“交由初审法院作出令人信服的自由裁量”（格罗千案，763F，2d at 447.），并且只有在自由裁量权被滥用时才被上诉法院撤销。如果初审法院驳回了申请重新审判的动议，上诉法院的审查范围就受到特别的限制，因为初审法院的决定与陪审团的决定是一致的。[参见霍布森诉威尔逊，Hobsonv. Wilson，737F. 2d 1，58n. 160（哥伦比亚特区联邦上诉法 1984 年判决），上诉人请求调案复审被驳回，470U. S. 1084，105S. Ct. 1843，85L. Ed. 2d 142（1985）] 与此相比，如果初审法院支持重新审判的动议，则要求进行进一步审查，以防止初审法院“侵食陪审团重要的事实认定的功能”[范德·伊诉卡拉巴绰士，Vander Zee v. Karabatsos，589F. 2d 723，729（哥伦比亚特区联邦地区法院 1978 判决），上诉人请求调案复审被驳回，441U. S. 962，99S. Ct. 2407，60L. Ed. 2d 1066（1979）]。

在裁定进行重新审判的案件中，“上诉审审查监督的程度取决于同意重新审判的理由”（同上，第 728 页）。如果初审法院“因为法律错误而裁定重新审判，”（同上，第 729 页），或者因为“混淆了造成不公正潜势的证据和事实（events）”，[施奈德诉洛克希德航空公司，Schneider v. Lockheed Aircraft Corp.，658 F. 2d 835，849（D. C. Cir. 1978)]，上诉人请求调案复审被驳回，455 U. S. 994，102S. Ct. 1622，71 L. Ed. 2d 855（1982）。则初审法院的决定通常会得到确认。然而，如果重新审判的根据是陪审闭的判决违背了优势证据原则，那么：

> 初审法官即使没有篡夺（Usurp）也是接替（take over）了陪审团作为事实裁判者的基本职能。于是，行使一种比其在因为某种令人讨厌或有害的影响侵入审判而进行重新审判的案件中程度更为严格的审查和监督，P647 就成为上诉法庭的义务。要求进行这种严格监督的目的在于保护当事人接受

陪审审判的权利。

[见琳德诉申利：工厂案 Lind v. Schenley Indus.，278 F. 2d 79，90（第3巡回法院）（全员合议庭审判），上诉人请求调案复审被驳回，364 U. S. 835，81S. Ct. 58，5 L. Ed. 2d60（1960），在范德·伊诉卡拉巴绰士案中得到赞同和引述（589 F. 2d728—29）；（另参见施奈德案，658 F. 2d at 849）]。

[6] 在本案中，初审法院的结论是，陪审团的判决违背了优势证据原则（见裁定第5页）。法院没有解释为什么这样认定，只是说“没有充分的证据表明‘U’型螺栓（‘U’ bolts）反着安装即使拧紧也不能扣住”（见裁定第3页）。相反，有实质性的证据表明，一个通情达理的陪审员可以得出结论认为，反着安装的‘U’型夹即使用手加固拧紧也不能扣住。既然初审法院关于同意重新审判的裁定建立在有缺陷的理由基础之上——导致其作出“judgement n. o. v”裁定的理由与此相同，那么，它在有条件地裁定重新审判时滥用了其可以行使的自由裁量权。

三、结论

经以最有利于麦克尼尔的原则审查证据，我们认为，一个通情达理的陪审员能够认定，麦克尼尔证明了他的“疏于警告”主张的要素。因此，初审法院同意克罗斯比公司申请“judgement n. o. v”的动议是错误的。因为初审法院不能充分证明其有条件地同意进行重新审判的正当性，因此其作出的进行重新审判的有条件裁定无效，我们指令初审法院维持陪审团的判决。㉔

㉔ 既然麦克尼尔没有对初审法院作出的降低50%不利于克罗斯比公司的判决之决定提出上诉，则这一判决应当如数降低。

中美陪审审判制度的实质性差异

傅郁林　评

美国陪审制度是宪法的设计者们努力创造一个独立的司法系统，但同时又坚持进一步防止司法专断而设置的当事人权利保障制度，它的功能在于防止为消灭仇敌而进行的无事实根据的指控和提防那些容易受更高当权者影响的法官。于是，在我国，随着司法威信急剧下降，加强审判监督力度的呼声不断高涨，推行以美国陪审审判制度为原形的陪审员制度也成为我国审判制度改革中的一股潮流。然而，“照猫画虎反类狗”的教训在我国改革中实在不是一二例了，不同法律文化背景下有着相似名称的制度所承担的功能及其实现方式往往迥然不同，本案提供了由美国陪审审判制度运作的全过程，本文对英美陪审审判制度增加一点背景介绍，试图提供一个“虎”的原形，并与我国陪审审判制度加以对比，找出“猫”和“虎”之间的一些实质性差异：

1. 当事人对陪审审判程序的选择权。

美国陪审审判制度与我国陪审审判制度的一个最核心的、最有实质意义的差异在于，陪审审判是一种由宪法保障的权利——权利可以放弃。象有权选择由陪审团参加的审判一样，当事人也有权选择没有陪审团参加而仅由法官进行的审判（在刑事审判中他还有权选择供认犯罪而完全免予审判，即诉辩交易）。程序选择权赋予当事人根据自己的程序利益和实际需要作出自主判断的机会，当事人可以选择对他而言最为有利的程序，从而使不同审判程序制度的不可避免的内在缺陷在这种选择中得到过滤。比如，由陪审团参加的审判可能使审判的公正性有更多的保障，却比仅由法官进行的审判要复杂得多，当事人为此付出的时间、精力和金钱都成倍于法官审判。如果当事人认为陪审团的非理性的同情心并非总是帮助好人，或者当事人认为不值得为案件付出昂贵的成本或付不起如此昂贵的代价，他可以放弃陪审审判的权利。

相比之下，我国的陪审审判程序是由法律作出原则性规定而由法

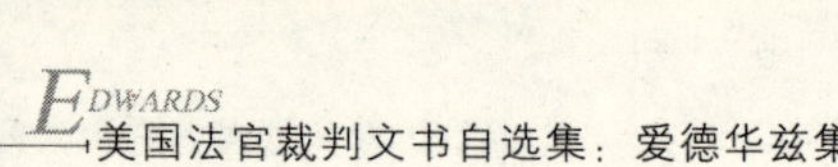

院作出自由裁量的制度设置，在实践中，是否由正式法官组成合议庭常常是法院根据在册法官是否够用而决定的。对于是否接受由陪审员参加的审判，当事人没有程序选择权。换言之，陪审审判是强加于当事人的程序，而被迫行使某种“权利”实质上构成了一种义务。即使当事人认为由专业法官组成的合议庭审判比由法律外行参与审判的混合法庭更能保障审判结果的正确性，他也只能接受法院为他安排的陪审审判程序，反之亦然。

2. 陪审员的产生方式及以此为基础的相对独立性。

美国陪审团成员的相对独立性首先是由陪审员的遴选程序保障的。陪审团候选人是法院辖区的选民，法官从选民民单中摇奖式的随机选择组成具体案件陪审团，全过程均由双方律师参与，如果律师有正当理由认为某公民不宜担任本案陪审员，比如他事先熟悉案情，则可以提出申请，经过双方辩论后排除；各方当事人还有一定名额的“无条件异议”权。陪审员选择的随机性使陪审员没有职业法官那样屈从于腐败或滥用权力的动机，因为他们既不依赖于司法当局而生存，也不会因为追求职业升迁而屈从于政治干预；与此同时，自案件审判开始审判员与世隔绝的制度性安排使审判员也独立于社会舆论；当事人双方律师对选择陪审员过程的参与承担了与回避制度同样的使命，使陪审员独立于某种社会角色或人身关系。

我国的陪审员是由法院聘任的，其身份与美国法院中的司法辅助人员差别不大。他们在法院辖区有某种身份，比如法学专家，或某种有代表性的模范、先进人物，或曾经有过正规、非正规司法经历的退休人员，经法官“选拔”、聘任之后，即作为法院常设的编外法官并接受法院支付的定期或定额报酬。参与具体案件审判，也是由法院临时指定的，不过没有随机产生程序。这些陪审员之所以能够作为案件的裁判者，往往是基于他们对当地情况的熟悉或在当地的威望。如果经过人大常委会以正式程序任命的法官且不能作为人民的“公仆”而免于受任何政治势力和社会利益集团的操纵，那么，这些把陪审员身份作为一种荣誉、奖赏或把参加陪审作为第二职业机会的人，这些没有任何哪怕只是掩人耳目的遴选程序保障的普通人，在熟人社会中行使与法官同样的权力，并且不承担任何职业责任，按照正常的人性推论，他们滥用权力的危险性岂不比法官大得多？

3. 陪审员的审判权力。

以陪审员身份相对独立性为基础，法律赋予陪审团以相对独立的审判权力。陪审团与法官分别对事实问题和法律问题分别做出裁决——陪审团的裁决称为 verdict，而法官的判决称为 judgment。在刑事案件中，有罪无罪由陪审团作出结论，而量刑则是法官的权力；在民事案件中，陪审团对事实加以认定（find），法官就原告胜诉或败诉的金钱数额作出相应判决（decide）以为执行依据。如本案所示，不服陪审团裁决的一方当事人可以在上诉之前请求原审法院对审理中的程序性错误或支持裁决的证据缺陷作出补救，即动议重新审理或作出不顾陪审团判决的判决（“judgement n. o. v”），实际上是法律赋予法官重新评判陪审团裁决正确性的权力。但法官只能宣告陪审团的裁决无效而裁定重新审理，但无权直接作出判决。初审法院对于上述动议的自由裁量权受到上诉法院的严格审查，审查以最有利于初审胜诉方的原则进行，亦即假定陪审团裁决完全正确为前提。在这一基础上，陪审团有关证据的结论具有终局性。法官与陪审团之间在事实问题和法律问题上的这种明确职能分工除了具有相互制约的意义之外，还具有一种合理分配资源以最大限度求取正当性的价值——陪审团以普通人的智识对事实作出的判断最有可能获得普通公众的认同，而法官作为法律专家对于法律问题的判断显然也具有更高正确率。

与此不同的是，我国法律规定，陪审员在行使审判权时与法官居于同等地位。法官与陪审员之间没有职能分工，在混合合议庭中陪审员与法官共同评议事实问题和法律问题，并在民主集中制的原则下与法官享有平等的表决权而形成判决。这种与美国陪审团权力设置和权力行使方面的重大差异可能导致两种截然相反的效果：一方面，在判断事实方面，陪审员受到习惯于法律思维的专业法官的诱导而把事实问题纳入法律的框架，从而与陪审审判的初衷背道而驰，因为陪审审判的原理在于，正义应当是普通公民关于正确与错误观念的体现。同时，以牵制法官权力为己任的陪审员们由于在认定“法律事实”方面处于劣势，反而被职业法官牵着鼻子走而成为合议庭中的傀儡法官；另一方面，在适用法律和真正把事实纳入法律框架的努力方面，为了使身为法盲的“同事”——陪审员——能够真正地行使法律赋予的权力，法官在整个审判特别是合议的过程中须得不厌其烦地向他们解释法律的规定和涵义，从某种意义上讲，不懂法律的陪审员“依法”行使适用法律的权力恰恰是对审判权“合法”的滥用；无论对于公正和效率可能都成为障碍而不是帮助。正因如此，加强我国陪审审判制度建设的思路便“历史地”朝着陪审员专业化方向发展，媒介热情地报道某陪审员努力学习法律知识、提高自己法律素质的感人事迹，真是对陪审制度的莫大讽刺。如果自学速成的陪审员可以比经过法律院校多年专业培训的法官更有可能保障国家法律的公正实施，那我们不妨思忖片刻：这是否意味着，要么是国家法学教育彻底失败，要么整个社会的“公正”取向有问题？

4. 陪审审判制度的适用范围。

尽管中美两国陪审审判制度存在上述种种差异，但这并没有根本性地妨碍它们以不同方式发挥各自的功能，重要原因在于它们各有与之相应的适用范围。如果以普通民事案件为对象，选择与之相应的程序，那么，严格、复杂的审判程序问题与重大、疑难的案件相适应，伴随着巨大的司法资源投入和相应的司法收益；反之，简易、宽松的司法程序应当与大量简易、小额的案件需求相适应。美国的陪审审判程序投入大、时间长、代价高，主要适用于刑事案件和标的大、赔偿额高的民事侵权纠纷；而我国的陪审审判程序除与专业合议庭同样适用普通民事案件外，主要用于解决某种类型的案件，如婚姻家庭纠纷、社区邻里纠纷案件和少年犯罪案件，它的意义与其说在于监督司法、确保公正，不如说在于道德教化，实现社会综合治理。这种制度在以熟人社会为主要特征的我国具有广泛而深远的意义。然而，我们必须意识到，这种陪审制的内在机理与改革家们倡导为我国陪审制改革样

本的美国陪审审判制度完全不同。

不妨回头看看与我国法制传统有着亲缘关系的德国混合法庭制度，或许可以为改进我国的陪审审判制度提供另种参考。与美国相同的是，德国以随机性的陪审员遴选程序保障了陪审员的相对独立性（这一点至关重要）；与美国不同的是，德国陪审员在参与案件审判时不受事实问题和法律问题划分的限制而与混合法庭中的法官共同评议。于是，德国以混合法庭审理的案件受到广泛而全面的上诉审查，并硬性要求法官对评议意见制作书面意见以供上诉审查之用。这种上诉审查对事实问题和法律问题进行重新审理，而且，陪审员在合议庭中所占的比例与案件的难易或重要程度成反比，越难、越重要的案件陪审员成分越少，高等法院以上的案件不适用陪审员。在德国上诉制度中出现越简单的案件上诉的法律容许度越大且上诉率越高的奇怪现象，尽管没有结论说，简易案件适用陪审审判是导致案件判决错误率高的直接原因，至少可以说，德国的陪审审判并不与判决质量成正比，陪审审判的结果也远不象美国那样不易质疑。

最后，当我们考虑借鉴国外陪审审判制度的时候，不能不注意一个重要趋势，即，民事纠纷日益呈现出技术化、专业化特点，陪审审判适用于民事案件的几率越来越小，无论是居于大陆法系代表地位的德国还是英美国家都是如此，英国干脆取消了在民事诉讼中适用陪审团审判的制度，美国对于陪审审判方式也进行了较大改革。在美国，陪审审判制度的存在价值与其说具有实质性或现实性，不如说具有更多潜在价值或象征意义，也就是说，当公民受到刑事追究或者与相对人发生纠纷的时候，宪法为他设置了一种他可以选择利用的制度，使他可以在自己可以信赖的被认为代表百姓说话的陪审团面前陈述故事，获得正义。如果我们适用陪审审判只不过是为了减轻法院的工作负荷，变相地扩大法院编制，将这些“代用法官”参与审判的诉讼程序强加于无可选择的当事人，我相信，引进陪审制既不会增加我国司法的正义性也不会增加判决的正当性。

美国诉博伊德案

《联邦判例汇编》第3套丛书第55卷第667页以下

（哥伦比亚特区联邦上诉法院1995年判决）

傅郁林　译

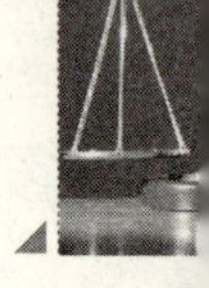

案情摘要

科利·D·博伊德（Corey D. Boyd）在哥伦比亚特区联邦地区法院被陪审团裁决犯有蓄谋散发5克可卡因和以散发为目的在一所学校附近1000英尺范围内持有5克可卡因罪。警察在驾车巡逻时看见博伊德和另一个人在街上拿着一个塑料袋当即逮捕了他。警察观察这两个人只有几秒钟时间，所以无法确切地看清博伊德和他的同伙正在做什么，也无法分辨出他们俩究竟是谁拿着那个塑料袋。既没人听见博伊德和他的同伙说什么，也没有看见他们做什么（除了往塑料袋里面瞅以外），没有看见也没有找到钱或毒品工具。当巡警在角落停车时两个人都跑了，博伊德仍然拎着那个塑料袋。在要被抓住的时候，博伊德将塑料袋扔进一辆卡车下面，被警察找到。博伊德的同伙一直没有抓到。

在初审中，公诉人不顾被告方的反对，陈述了确切反映围绕逮捕博伊德被控事实的“假定”事实（hypothetical facts），然后被允许向一位号称是毒品交易“专家”的警官施特劳德（Stroud）提问，问他

那些事实跟用于个人使用目的的持有一样还是跟用于散发目的的持有一样。施特劳德作证说，依他的“看法”，这些事实表明“是以散发为目的持有”。博伊德抗辩说，根据《联邦证据规则》第704（b）条之规定，施特劳德的证词不应当被接受。

《联邦证据规则》第704（b）条规定：

> 对被告的心理状况或状态（state or condition）作证的专家证人不得就被告是否有具有所指控的犯罪的心理状况或状态发表意见或作出推断。这种根本性的问题独属于事实裁判者的事项。

这一规则旨在防止陪审团受专家证人关于被告心理状态看法的不当操纵（unduly swayed），被告心理状态的问题具有主观性，专家的判断并不比陪审员更准确。此外，由于一种特定的心理状态对于一项犯罪指控总是至关重要的因素，被告有权要求陪审团根据排除合理怀疑的证据和规定的心理状态的存在而作出判决。由于专家作证的权限受到限制，《联邦证据规则》第704（b）条试图确保陪审团在其必须作出的判决尚不确定时不会简单地通过对专家关于被告心理状态的意见进行推论来解决它所怀疑的问题。

在本案中所涉及的《联邦证据规则》第704（b）条所规定的可允许的作证范围问题，上诉法院已经通过一系列先例进行了探索。上诉法院一贯主张，关于牵涉到毒品交易的个人“心理状态（modusoperandi）”的专家证言不得违背《联邦证据规则》第704（b）条的规定，即，政府专家可以就下列问题作证：毒品包装的重要性、不同毒品工具的使用、毒品的行情（street value）或个人在一种典型的毒品散发网络中可能扮演的不同角色，甚至于在毒品犯罪行业中适合从事的特定行为——即使所描述的行为恰好跟其他证据明显关联着的某一被告的行为相同。因为这类问题不在大多数陪审员的知识或经验范围内，这样的证词有助于理解所提供的证据。尽管如此，法院还是明确指出，专家证人不能逾越一定的界线。

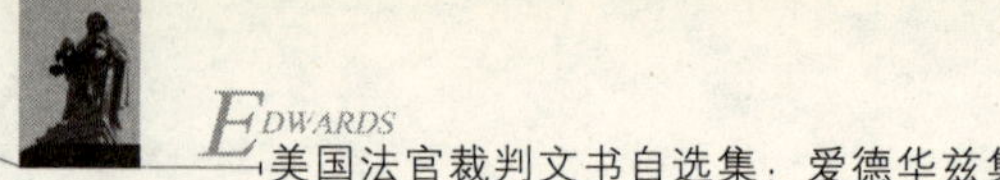

在本案中，本院指出，政府不能仅仅叙述一些正好反映手中案件的“假定”事实，然后要一个专家就这样的事实能否证明被告有散发毒品的蓄谋发表意见，因为这样做公然违反了《联邦证据规则》第704（b）条的规定。本案所发生的情形正是如此，因此本院撤销对博伊德的判决，发回原审法院重新审理。本院注意到不具许容性的（impermissible）专家证词的危害后果在本案中引起了特别的麻烦，陪审团对被告的罪行不能确定，因为所提供的事实在被告所指控的犯罪行为中的角色问题上模糊不清，仅仅依赖于号称是专家的政府证人来应付陪审员们所面临的非常模糊的问题，这种做法正是《联邦证据规则》第704（b）条所禁止的，因此接受证词是错误的。

上诉法院撤销了对博伊德的判决，将案件发回联邦地区法院重新审理，在重新审判中不得再出现不具许容性的专家证词。

美国诉博伊德案
US. v. BOYD

《联邦判例汇编》第3套丛书第55卷第667页以下
(哥伦比亚特区联邦上诉法院1995年判决)

美利坚合众国，被上诉人
诉
科利·D·搏伊德，上诉人

案号：92——3020

美国哥伦比亚特区联邦上诉法院

辩论于1995年4月11日

判决于1995年5月30日

上诉自哥伦比亚特区联邦地区法院［案号：(91) 民事字第00105—01号］

华盛顿特区联邦公共辩护助理律师丽莎·D·伯吉特担任上诉人法庭辩论代理人。华盛顿特区联邦公共辩护律师A·J·克雷默与她在法律理由书上同为上诉人的代理人。

华盛顿特区联邦助理检察官S·霍利斯·弗来彻尔担任被上诉人法庭辩论代理人。与她在法律理由书上同为被上诉人的代理人的还有联邦检察官小埃里克·H·霍尔德、华盛顿特区联邦助理检察官约翰·R·费希尔和小托马斯·J·图里希。

由首席法官爱德华兹（EDWARDS）、巡回法官沃尔德（WALD）和巡回法官金斯伯格（GINSBURG）审判。

法庭关于本案意见由首席法官哈利·T·爱德华兹制作。

首席法官哈利·T·爱德华兹：

上诉人科利·D·博伊德（Corey D. Boyd）因持有5克或5克多可卡因蓄谋散发和以散发为目的在学校附近1000英尺范围内持有5克或5克多可卡因而被哥伦比亚特区联邦地区法院陪审团判决有罪。博伊德是在警察瞥见他跟另一个人在街上拿着一个塑料袋时被逮捕的。警察观察这两个人的时间只有几秒钟，所以无法确切地看清博伊德和他的同伙正在做什么，也无法分辨出他们俩究竟是谁拿那个塑料袋。既没人听见博伊德和他的同伙说什么，也没有看见他们做什么（除了往塑料袋里面瞅以外），没有看见也没有找到钱或毒品工具。当巡逻警在角落停车时两个人都跑了，博伊德仍然拎着那个塑料袋。在行将被抓住时，博伊德将塑料袋扔进一辆卡车下面，被警察找到。博伊德的同伙一直没有被缉拿归案。

［1］在初审中，政府方律师不顾被告方的反对，叙述了确切反映围绕逮捕博伊德的控诉事实的“假定”事实，然后被允许向一位号称是毒品交易“专家”的警官施特劳德提问，问他那些事实跟用于个人使用目的的持有一样还是跟用于散发目的的持有相同。施特劳德作证说，依他的“意见”（opinion），这些事实表明“是以散发为目的的持

有”。博伊德抗辩说，根据《联邦证据规则》（下称《规则》）第704（b）条之规定，法庭不能接受施特劳德的证词。

这种做法昭然若揭地违反了《规则》的规定——这一规定就是为政府而制定的，旨在剔除关于根本性事实问题的专家意见，以使陪审团能够独立裁判。《规则》第704（b）条规定：“对被告的心理状况或状态作证的专家证人不得就被告是否具有所指控犯罪的心理状况或状态发表意见或作出推断。这种根本性的问题是专属于事实裁判者的事项。”这还不能算是政府纵容“假定”问题以规避《规则》的伎俩的答案，本案违反《规则》是因为专家被允许在陪审团面前提出一种复写事实（a carbon copyofthe matter）的假定，从而对正在审理之中的案件作出被禁止的意见。因此，我们推翻了对博伊德的判决，将案件发回联邦地区法院重新审理。

一、背景

1991年2月4日，大约下午6：50，当市警察局的四个警官驾一辆无标志汽车沿着霍尔布鲁克大街（Holbrook Street，N. E）1600街区行驶时，坐在汽车后排的布拉德利·贝尔登（Bradley Belden）警官看见博伊德和一个看不清楚的人站在霍尔布鲁克大街1523街区。警察看见博伊德和他的同伙的时间只有几秒钟，但是，贝尔登警官却声称他观察到博伊德拿着一个塑料袋，两个人都在往里面瞅。贝尔登警官没有声称他听见博伊德和他的同伙说什么，也没有看清他们在做什么（除了往塑料袋里瞅以外）。没有看见交付钱币，也没有看见（一直也没有找到）毒品工具。

当巡警在大街角落停车时，博伊德和他的同伙拔腿就跑。在快要抓住博伊德的时候，贝尔登警官看到博伊德将塑料袋扔进停在孩子大街（Children Street）的一辆卡车下面。警察在博伊德停止奔跑时抓住并逮捕了他，但没有看清的另一个人钻进附近的操场逃之夭夭了。警察还找到了那个塑料袋，里面有一个用有拉链的小塑料装着的七小块

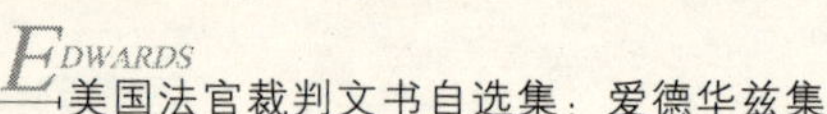

可卡因和三个大一些的可卡因块，总共刚刚超过 6 克。博伊德最初被发现拿着塑料袋的地方和被逮捕的地方都在距离韦布（Webb）市初中 1000 英尺的范围内。

1991 年 3 月 5 日，博伊德因为两项指控而接受大陪审团的审判：以散发为目的持有 5 克或 5 克多可卡因，违反了《美国法典》第 21 编第 841（a）（1）节和第 841（b）（1）（B）（iii）节之规定［下称“罪状 1”（“count one”）］；以散发为目的在学校附近 1000 英尺范围内持有 5 克或 5 克多可卡因，违反了《美国法典》第 21 编第 841（a）（1）节和第 845（a）（1）节之规定①（下称“罪状 2”）。在初审中，政府传唤哥伦比亚特区的施特劳德警官作为包装和散发可卡因的“专家”作证。政府对施特劳德的直接询问形成如下对话：

> 政府：施特劳德警官，现在我要问你一个假定的问题，这个问题以你作为专家证人的经验为基础。假定一个人——
>
> 辩方律师：尊敬的法官大人，我要反对在未经听审供述（proffer）的情况下进行假定。
>
> 法庭：我们还没有听清。
>
> 政府：假设个人在下午 6：50 左右在大街上，这儿就是在霍尔布鲁克东大街 1600 街区。假设这个人手里拿着一个三明治塑料袋并向另一个人展示袋子里的内容；假设这个人展示内容的塑料袋里面装的是十块可卡因，其中七块独立地包装在有拉链的塑料里，三块较大的散装在这个大塑料袋里；假设这些展示中的可卡因的实际重量总共有 6.037 克。
>
> 政府：……最后，假设便衣警察驾车到这里，那个拿着塑料袋的人——当警察在他那里停车时，那个拿着塑料袋的人从那个地方逃跑了；而且在一两个街区范围内把装有可卡因的这个袋子扔在那个地方的一辆汽车下。
>
> 好了，在这些假定事实的情形下，施特劳德警官，依你

① 《美国法典》第 21 编第 845a（a）节被编为《美国法典》第 21 编第 860（a）节。

的意见，那个人对混合物或物质——6.037 克包装可卡因的持有，是为了个人使用呢，还是和蓄谋散发一致？

法庭：好了，在你回答这个问题之前，现在让我来听听反对意见。

辩方律师：我对此表示反对，尊敬的法官先生。

法庭：好。反对无效（overruled）。

施特劳德警官：是以散发为目的的持有。

初审记录（1991 年 5 月 22 日）第 87—88 页，摘引自关于上诉人的附件。

公诉人继续向施特劳德警官询问假定的案情，包括询问关于毒品买卖者企图避免被发现的方式。

在 1991 年 5 月 23 日初审结案时，陪审团在判决中认定博伊德的两项罪名成立。1992 年 1 月 17 日，联邦地区法院针对第一项罪名判处博伊德 78 个月监禁和随后 4 年管制（supervised release）；针对第二项罪名头判处 60 个月监禁和随后 8 年管制。

二、分析

博伊德称，允许施特劳德警官回答政府的问题——“那个人的持有……是不是和蓄谋散发的持有一致？”——违反了《联邦证据规则》第 704（b）条之规定。他抗辩说，即使情况正如假定的那样，政府的问题恰恰是博伊德被逮捕当时的实际情况，这一事实也表明施特劳德警官实际上是在就博伊德的动机（intent）发表意见。我们也认定，得出这一结论是不可避免的。②

[2—4]《联邦证据规则》第 704（b）条规定：

对被告的心理状况或状态作证的专家证人不得就被告是

② 因为上诉人的《规则》第 704（b）条主张对于本案是处置性的（dispositive），所以我们对于由博伊德在本上诉案件中所提出的其他问题未予涉及。

否有具有所指控的犯罪的心理状况或状态发表意见或作出推断。这种根本性的问题独属于事实裁判者的事项。

[《联邦证据规则》第 704（b）条]。尽管《联邦证据规则》第 704（b）条规定的宗旨在于当刑事被告依据于精神病抗辩时限制精神病专家的证言［参见《参议院报告》第 225 号，第 98 届国会会议第一次会议记录，第 230 页（1983 年）［S. Rep. No. 225，98th Cong.，1st Sess. 230（1983）］，摘引自《美国法制会议和行政新闻报导》1984 卷第 3412 页（1984 U. S. C. C. A. N. 3182，3412)］。但是这一规则适用于专家就作为一项犯罪指控或对这一指控的抗辩因素的心理状况或状态提供证言的各种情形［同上，第 231 页，摘引自《美国法制会议和行政新闻报导》1984 卷第 3413 页；美国诉 Windfelder，790F. 2d576，580（第七巡回法院 1986 年判决）］。我们审查了联邦地区法院滥用自由裁量权依据《规则》第 704（b）条对证言的认可。③［美国诉 Salamanca，990 F. 2d 629，637（哥伦比亚特区联邦上诉法院），请求调案复审被驳回——U. S. ——，114 S. Ct. 337，126 L. Ed. 2d 281（1993）］。

［5］我们一再主张，关于牵涉到毒品交易的个人“心理状态（mo-

---

③ 政府辩称，施特劳德警官的证词只应当因为普通错误（plain error）而受到审查，因为博伊德的初审律师没有提出反对这一证词的依据从而没有适当地提出《规则》第 704（b）条争议。被告律师的反对理想的情况应当更为具体，然而我们认为，施特劳德警官作证的情形勿庸置疑地表明《规则》第 704（b）条是反对的依据。参见《联邦证据规则》第 103（a）（1）条（当记录中出现及时的反对，提出具体的反对依据，或者“如果具体的依据……在具体情形中显现出来”，则错误可以通过对证据认可的判定而预见。）被告律师在政府第一次表明要问施特劳德警官一个假定问题时提出反对，在政府问施特劳德警官“如果出现这样的假定事实，……那个人持有……与以个人使用为目的的情况一样还是与以散发为目的的情况一样”之后又马上提出反对。此外，被告律师随后又在政府询问施特劳德警官“持有这些毒品是不是为了散发而不是为了个人使用”之后马上重申了反对。我们认为，被告律师每每在他们特别询问施特劳德警官关于政府假定的人的动机的意见时提出反对，足以提醒地区法官和反方律师：被告律师肯定地认为政府谋求（试图）违反《规则》第 704（b）条而从专家证人那里套（elicit）证词。

dus operandi)”的专家证言不得违背《联邦证据规则》第704（b）条的规定，[例如参见美国诉Clarke（24F. 3d 257，268—69）（哥伦比亚特区联邦上诉法院1994年判决）]；美国诉Chin（981 F. 2d 1275，1278—79）（哥伦比亚特区联邦上诉法院1992年判决），请求调案复审被驳回——U. S. ——，113 S. Ct. 2377，124 L. Ed. 2d 281（1993）；美国诉邓恩[846 F. 2d 761，762—63（哥伦比亚特区联邦上诉法院1988年判决）]；即使“‘关于被告行为的所有证据与他的动机都有关系’”[美国诉Mitchell，996 F. 2d第422页（哥伦比亚特区联邦上诉法院1993年判决）（引证了邓恩案，846 F. 2d第762页）]例如政府专家可以就下列问题作证：毒品包装的重要性（例如参见邓恩案，846 F. 2d第762—763页），不同毒品工具的使用（例如参见同上）、毒品的市场行情（例如参见Clarke案，24F. 3d第269页）、或者个人在一种典型的毒品散发网络中可能扮演的不同角色[例如参见美国诉哈利，990 F. 2d第1343页（哥伦比亚特区联邦上诉法院），上诉人请求调案复审被驳回，——U. S. ——，114 S. Ct. 236，126 L. Ed. 2d 190（1993）；美国诉波内，977F. 2d，第628—631页（哥伦比亚特区联邦上诉法院1992年）]。的确，我们甚至于主张，《规则》第704（b）条允许专家申明某种行为适合于在毒品犯罪业中充当特定角色——即使所描述的行为恰好与其他证据明显关联着的某一被告的行为相同（米歇尔案，996 F. 2d第422页，引证了波内案，977F. 2d第631页）。

然而，法院明确指出，有“一条专家证人不可逾越的界线”（同上）。在美国诉威廉斯案中[980F. 2d第1465页（哥伦比亚特区联邦上诉法院1992年）]，政府询问专家证人，放在拉链袋子里的特定质量的毒品使用什么样的包装表明“持有那些袋子的人的动机”，施特劳德警官（也是以专家身份出现）回答道：“这些袋子意味着以随行就市的价格（at street level）散发”（同上，着重号为笔者所加）。法院认定该案对专家证言的认可没有违背《规则》第704（b）条的规定，却指出，政府的问题很“蹩脚”，“如果没有法官进行干预”，强调专家在陪审团面前不得对实际案件发表意见，“本案就会很麻烦”。（同上，第

1466 页）。

在米歇尔案中也出现了相同的情形（996 F. 2d，第 422 页），“检察官的问题几乎和在威廉斯案中的问题一样”。但我们认定，专家的回答——“那是想要散发”——“更直接地指向‘提着那个拉链塑料袋的人’即被告的心理状态”。（同上）所以，我们认为，专家证词“逼近了在案威廉斯中划定的界线……依据现行法违反了《规则》第 704（b）条的规定”（同上）。尽管本院认为米歇尔案中的错误不符合适用于那个案件的普通错误标准，因为上诉人在初审中没有提出《规则》第 704（b）条问题，但是本院还是认定米歇尔案的错误（同上，第 422—423 页）。

本案远远超出了过去认定的《规则》第 704（b）条所允许的范围。本院从不主张政府可以简单地引证一系列直接反映手上案件情况的“假定”事实，然后询问专家这些事实是否证明散发毒品的动机。的确，我们甚至于反复在发回重审时提醒注意过这种方法，因为它直接与《规则》第 704（b）条的规定相冲突。而本案中所发生的恰恰是这种情况。在本案中，检察官在他向施特劳德警官询问时简直就是在叙述案情事实，而且，尽管名之曰假定，但问题本身就是为了引导出专家关于被告的动机而设计的。因此，当施特劳德警官回答说假定的主体持有可卡因与“以散发为动机”相一致时，认可这样的证词就明显地违反了《规则》第 704（b）条的规定，因为这样的证词无可避免地等于“就被告是否具有构成所指控犯罪要素的心理状况或状态发表的意见或推断”［《联邦证据规则》第 704（b）条］。

在这样的案件中，当初审所提供的证据在被告指控的犯罪活动中的角色问题上模糊不清时，专家关于根本性事实问题的证词可能对结果具有非常大的影响。如果陪审团有理由对被告的罪行持不确定态度，却被安排听取一位声称了解被告心理状态的“专家”的意见，那么，陪审员们可能依赖于这位政府证人的倾向性经验来解决他们所面临的模糊问题。这正是《规则》所禁止的，因为应当决定根本性事实问题的是陪审员们，而不是专家。如果简单地允许专家来宣告被告的罪行，

就没有什么必要在审判中设陪审团了。

最后，很明显，在本案中联邦地区法院的错误远非无所损害的，而且政府还没有完成它所承担的关于错误无害性问题的证明负担。[参见美国诉奥勒洛，——U. S.——，113 S. Ct. 1770. 1778，123L. Ed. 2d 508 (1993) 在该案中适用无害错误审查由政府方承担关于错误的有(无)害性问题的证明责任；美国诉萨洛，24F. 3d 283，287 (哥伦比亚特区联邦上诉法院，1994 年) (同上)]。没有施特劳德警官的证词，政府关于被告散发目的的证据就有疑问。因此，我们不能“以相当的确信”说，“……判决没有受错误实质性地支配”[Kotteakos 诉美国，328 U. S. 750，765，66 S. Ct. 1239，1248. 90 L. Ed. 1557 (1946)]，故撤销原判。

三、结论

基于上述理由，我们撤销陪审团的判决，将案件发回联邦地区法院重新审理，进行一次可能为适当的诉讼。

特此裁定。

专家证人的角色[④]

傅郁林　评

专家证人在司法过程中的角色因诉讼模式不同而有所差异，但简单地说，其核心职能是以所谓“科学”权威的身份使判决获得正当性。然而，作为判决正当性基础的科学结论本身也存在正当化问题，当科学的权威性受到挑战的时候，也就动摇了专家证词的权威效力。这现象决定，专家证人无论在查明事实中居于多么重要的地位，都不可能取代法官（或陪审团）对案情事实进行综合判断；科学权威更不可能取代司法权威而成为案件的最终裁判者。波斯纳指出，司法判决具有权威不在于它们统帅着与科学家的共识相对应的律师们的共识，而在于它是从司法等级的上层传达下来的。与普通人形成科学信仰时对理性权威的服从相比，与这种政治权威可对应的是等级上层所作的司法决定大致比下层法官对案件的决定更可能是正确的。高层法官的选择更仔细（一般如此，当然不是每人皆然），上层法官的眼界更宽，此外上层法官还得益于下层法官对案件的思考和律师的额外诉讼摘要和论点。但这种上层正确的假设是无力的。并且即使所有上下层法官意见都一致，他们的决定也比一致的科学判断少一些内在的说服力，因为法官的方法比起科学家们的方法实在是太虚弱无力了。[⑤]

司法制度的等级结构以及包含在遵循前例原则中的对稳定性的追求也许会在各种意义上促进“正义”：它使司法决定更可为普通大众所接受，它减少了不确定性，但它阻却了对真理的探索。于是，当证据、事实、科学意义上真理及法律意义上的证实这些对于公正性和正当性至关重要的要素不断受到挑战而变得模棱两可时，当价值多元和社会

④　本文一部分内容取自拙文：《知识经济与程序法的变革》，载于刘剑文主编：《知识经济与法律变革》，法律出版社。

⑤　［美］波斯纳：《法理学问题》，苏力译，中国政法大学出版社 1995 年版，第 101 页。

需求的多样性和客观真理的不确定性致使判决产生的过程成为判决结果正当性资源时，专家证言便有了独特的价值，它使裁判建立在科学权威基础之上从而至少获得感觉上的正当性。

专家证人的这种角色随着科学技术发展的不同阶段而发生嬗变。在西方奴隶制度社会和欧洲封建社会，科学不发达，证明手段落后，法官在案情真伪不明时通过人们最信服的神灵来判断真相，实行神示证据制度，即由神意（或上帝之意）判断案情，神誓、水审、火审、决斗、卜卦、抽签等，使审判获得合法性。现代科技发展了收集和审查证据的技术和方法，如形貌显示与放大技术，组成与结构分析技术，法医生物学技术，激光技术，计算机技术，等等；在证据种类方面，视听资料，即录音、录像及计算机存储的资料都被用来作为证明案件的真实情况的证据。随着科学技术的发展，鉴定所涉及的科学已由原有的法医学扩展到其他科学，如心理学、考古学、建筑学、化学、毒物学、遗传学、社会学等，仅化学就涉及到工程化学、生物化学、物理化学等分支学科。与此相适应，鉴定采用的手段、方法也越来越多，越来越先进，鉴定结果也越来越准确。如显微分析法、DNA 检验法、智商测定法，指纹鉴定可以采激光、染色剂、激发能量和化学等方法。鉴定手段、方法的日益科学，降低了审判人员审查判断的难度，如毒品含量、纯度的鉴定，可采用显色检验法、色谱法、分光光度法、显微结晶实验以及免疫分析技术，其中有的方法是凭借精密仪器进行的。这些发展使得鉴定结论等专家证言在现今查明案情中的意义越来越大。⑥ 于是，曾经在某个时期，人们欣喜地看到，在大量案件中，科学家甚至成为实际的审判者，审判人员直接运用结论意见的数据就可以了。

然而，道高一尺，魔高一丈。现代科技的发展在增加证明手段的同时也增添了更多新型的证明对象，诸如智能型侵权和犯罪剧增（如计算机侵权和犯罪、利用高科技手段交通、通讯及物理、化学、生物

---

⑥ 参见江伟：《证据法学》，法律出版社 1999 年版，第 10 页。

学及生态学原理作案）、因发展和利用高科技引起的侵权纠纷（如环境污染纠纷、高速运行的飞行器和运输工具造成的侵权、医疗事故纠纷、专利侵权纠纷）、利用和发展高科技的合同纠纷（如遥测技术，即计算机和远距离电信的配合实施远距离的民事行为，签订合同具有即时消灭性，由计算机所记载的交易过程和结果不断发生变化，难以保全证据）……法官在运用先进科学技术手段、分析方法的鉴定结论时，不仅仅要审查鉴定经过、鉴定所凭借的仪器、分析方法，确定所得出的数据、鉴定对象的提取与保管是否及时，固定的方法是否安全可靠等，[⑦] 而且常常要在鉴定结论受到挑战时或在不同的鉴定结论之间进行甄别和选择，换言之，法官对于专家证词不仅要进行程序性审查，而且要进行实质性审查。[⑧] 更为重要的是，20 世纪以来，科学失去了对其客观性的确定感，而裂变为无以数计的次原则和次专家。没有人还能够轻易地说有关科学界是什么，更没有人能够说科学界是否已经“普遍认可”了某项技术或方法。这种发展使法官在面对眼前的证据并在相互对立的观点之间作出判断并说明其判断的理由的任务变得复杂起来。现代科学在证明“真理”和正义方面的价值却受到科学自身合法化的困扰，科学“真理”的多元化使科学权威自身受到挑战，以科学真理面目出现的专家意见在法律权威面前丧失了“权威”地位，于是，专家证言与其他任何证据一样，都要受到法官自由心证的审查，并由此带来司法制度的一系列深刻变革。

在美国，根据 1923 年美国哥伦比亚特区在“美国诉弗莱尔案”（United States v. Frye）中所确立的规则，科学证据只有在得到有关科学界的“普遍认可”后才能获得法院的承认，所以科学证据在审理程序、发现程序中并非举足轻重。并且弗莱尔案通过某种陈述方式将决定认可与否的责任转移到科学界本身，不要求法官对科学的有效性作出判断，只须被动地听取“有关科学界”的意见即可。于是，测谎仪、

---

⑦ 何家弘，《证据法学》，法律出版社 1997 年版，第 438 页。

⑧ 何家弘，上引，第 439 页。

指纹、分光摄像仪、弹道学证据等都进入了法庭，但看起来十分容易。继弗莱尔案之后，科学的发展变得更为复杂、更难以自我证明。自1975年美国证据法规则颁布以来，法庭上使用的科学数量更大，复杂性更强。根据这一规则，“所有相关证据都可接纳”，包括科学知识，如果有助于对证据的理解或确定争议的事实以判决事实问题。这里不再要求“为有关科学界所普遍认可”，相反，规则明显的措辞表明，至少在联邦法院系统中弗莱案规则不再具有有效性。最高法院在1993年Daubert v. Merrell Dow Pharmaceuticals，inc案中正式宣布弗莱案规则失效。在本案中，法官在评价由双方当事人传唤的专家方面的角色消极性减少了，法官须常常涉足于科学问题并独立作出判断。最高法院在是否提供专家证据的问题上的结论与《证据规则》第702条一致，初审法官须作出“对作证所适用的推理或方法是否具有科学有效性以及是否可以适当地用来证明争议中的事实初步评估”。用大法官Blackmun的话说，最高法院衡量和评论初审法官将这一考虑作为技巧是否为虚假或伪造是否交同行审查过、其误差率是否被知悉以及是否取得了科学界的普遍认可。一个至关重要的变化在于，过去要求法官审查科学家是否认可一项技术，现在则要求法官审查技术的有效性本身。⑨专家在裁判中的地位还受《规则》第704条第2款规定的明确限制：“对被告的心理状况或状态作证的专家证人不得就被告是否具有所指控犯罪的心理状况或状态发表意见或作出推断。这种根本性的问题专属于事实裁判者的事项。”这就是本案所涉及的问题，对此，爱德华兹法官指出，这一规则旨在防止陪审团受专家证人关于被告心理状态看法的不当操纵。一种特定的心理状态对于一项犯罪指控总是至关重要的因素，如果陪审团有理由对被告的罪行持不确定态度，却被安排听取声称了解被告心理状态的专家的意见，那么，陪审团成员们可能依赖于这位政府证人的倾向性经验来解决他们面临的模棱两可的问题。被

---

⑨ *Reforming the Civil Justice System*， edited by Larry Kramer · New York University P. 1996. pp. 212—234.

告心理状态的问题具有主观性，专家的决定并不比陪审员更准确。如果简单地允许专家来宣告被告的罪行，就没有什么必要在审判中设陪审团了。

这一变化在更深层意义上改变了法官与当事人之间的职能分工，引起诉讼模式和系列程序制度的悄然变革。一方面，英美法官的消极性受到一定程度的威胁，他们比以前更加积极地参与审查事实和证据，而不再那么信奉波普尔的市场竞争理论，完全等待事实在律师们的相互对抗中“现身”。虽然与职权主义模式下的法官相比，制定法赋予美国法官的传唤证人的权力形同虚设，⑩ 但这项法官职权的意义在于它的存在本身对于律师聘请专家证人的潜在威慑力，美国的完全“当事人主义”受到法官职权的控制。⑪ 另一方面，以法官职权调查为特色的大陆法法官面对无法大量难以确定真伪的案情事实和来自当事人方面的质疑，不再那么肯定地依赖于从前那些由他们传唤来充当他们技术顾问的专家证人，聪明的法官渐渐地将证明风险转移给当事人和他们的律师，由当事人双方对专家证人的证词进行论证和辩论。法律共同体的成员们开始意识到，认为法院是在寻求真相而且求真是一个不现实的假设，调查事实者对事实精确性以外的其他价值的关切这一点是与司法规则制定者对规则真实性价值以外的其他价值的关切并行的。求真的目的与其他目的——诸如经济性、保护某些自信、助长某些活动、保护一些宪法规范——相竞争。因而，程序制度只能在精确和成本之间追求最大的交换值。于是职权主义模式也在向当事人主义方向迈进。

专家证人在中国司法中的角色相当于法官的科学顾问，从目前的情况来看，专家意见差不多比法官对案件的判断还要权威。一审法官推翻一审法官的判决、再审法官推翻原审法官的判决、再审案件的再审法官推翻再审法官的判决……常常都依赖于专家证人对事实问题的

---

⑩ 参见［美］约翰莱兹：《为什么美国无法接受德国民事程序中的优点》，傅郁林译，载于陈光中、江伟主编《诉讼法论丛》第3卷，法律出版社1999年版。

⑪ 参见沈达明：《英美证据法》，中信出版社1996年版，第96页。

结论。不同审级的法官之间在事实问题和法律问题上没有明确的职能分工，再审程序自然更要对原审案件进行全面审查处理，因此，不同的法官便可以就邻居房屋是否过于临近原告房屋这样的问题一次又一次地聘请各自认同的专家证人发表意见，并各自依据这些鉴定结论做出推翻先前判决的重新判决。科学在证明判决权威性和正当性方面的工具性价值在没有程序控制的司法体制下得到了淋漓尽致的张扬，司法的终局性和权威性却在这种掩耳盗铃的“科学证明”中荡然无存——人们无法想象，依据相互不承认同行权威的专家证人的结论作出的判决可以获得司法权威！于是，诉讼程序成为法外资源和权力较量的场所，案件一审、二审、发回重审、再次一审以及再审、再审、再再审的翻云覆雨中寻求着政治、私利和舆论上的价值。面对以司法资源的巨大投入为代价，以牺牲司法的终局性、正当性和权威性为结局的现实，我们应当反思一下：是否应当对专家证人在司法中角色准确定位、是否应当确立法官在事实判断方面自由心证原则、是否应当对初审法官和上诉法官在事实问题和法律问题上的职能进行合理分配。

水暖工管道工第 520 号地方工会诉国家劳动关系委员会案

《联邦判例汇编》第 2 套丛书第 955 卷第 744 页以下

（哥伦比亚特区联邦上诉法院 1992 年判决）

傅郁林　译

案情摘要

在本案中，法院面临的问题是，劳动关系委员会由于雇主从事一种为《国家劳动关系法案》所禁止的“不公平劳动实践”而提起一项雇员请求，这时它能否尊重（或遵从，deference to）由雇主和工会在仲裁之前达成的雇员合同申诉和解协议。

在雇主与十四个国际建筑贸易工会达成的一个集体劳动合同中，禁止罢工，并规定雇主得以“适当理由”解雇或惩戒受雇员工。1985 年，雇主解雇了水暖工管道工第 520 号地方工会（下称第 520 号工会）的工会代表加兰·贝里，因为他与一次有罢工危险的反叛行为有牵连。第 520 号工会依据集体劳动合同提起申诉（grievance），并向劳动关系委员会提起不公平劳动实践控诉（charge），以此作为对解雇贝里的抗议。作为申诉基础的事实与不公平劳动实践控诉的事实是相同的。

合同申诉争议以和解替代仲裁的方式解决了，雇主的代表与国际工会双方达成协议，雇主为贝里提供原有职位但不给予任何赔偿。随后，在委员会进行的诉讼中，一位行政法法官拒绝尊重和解协议，在实质性问题上作出有利于贝里的认定、裁定，在为其提供原有职位的同时给予赔偿。劳动关系委员会推翻了行政法法官的裁定，认为尊重和解协议才是适当的。

本院面临的问题是，首先，劳动关系委员会关于尊重仲裁前和解协议的政策是否与《国家劳动关系法》的规定一致；其次，劳动关系委员会在本案中适用这一政策是否滥用了它的自由裁量权。尽管本院支持劳动关系委员会关于尊重仲裁前和解协议的政策，并认定劳动关系委员会在本案中尊重和解协议并没有滥用自由裁量权，但是本院告诫劳动关系委员会，它关于尊重协议的政策表达方式论证不充分，并警告它如果这一政策不加以改进和提炼，在将来的判决中可能不会再获得支持。

在本案中，有两方面的价值是至关重要的。其一，由于许多工人的雇用都是由集体劳动合同调整的，这些合同包括了申诉和解程序，因此，这样的和解协议对于同类不公平劳动实践的处理结果会对许多工人和雇主产生广泛的影响，并从整体上影响到集体劳动合同的诉讼。其二，由于劳动关系委员会承担着监督美国联邦劳动法执行的基本职责，因此法院在推翻劳动关系委员会对于政策事项的决定时必须三思而行，在本案中，尽管法院对劳动关系委员会的政策表示关切（concerns)，却仍然支持了委员会的决定。相互对抗的制度性的关切以及法院与行政机构之间的职责分工在形成这一判决结果中都起了重要的作用。

水暖工管道工第 520 号地方工会诉国家劳动关系委员会案
PLUMBERS AND PIPEFITTERS LOCAL UNION NO. 520 v. NATIONAL LABOR RELATIONS BOARD

《联邦判例汇编》第 2 套丛书第 955 卷第 744 页以下

（哥伦比亚特区联邦上诉法院 1992 年判决）

水暖工管道工第 520 号地方工会，

申诉人（Petitioner）

诉

国家劳动关系委员会，

答辩人（Respondent）

UE & C—催化剂公司，

第三人（Intervenor）

案号：91—1098.

哥伦比亚特区联邦上诉法院。

辩论于 1991 年 12 月 10 日

判决于 1992 年 2 月 11 日。

申诉请求对国家劳动关系委员会的一项裁定进行司法审查。

詹姆斯・L・考登担任申诉人的代理人，P・大卫・洛佩斯在法律意见书上与之同为申诉人的代理人，大卫・R. 施特劳斯也出庭支持申诉人。

国家劳动关系委员会律师威廉・M・伯恩斯坦担任答辩人的代理人，在法律意见书上与之同为申诉人代理人的还有，总顾问杰里・M・亨特尔、执行副总顾问・D・兰德尔・弗来伊、协作副总顾问艾琳・A・阿姆斯特朗，国家劳动关系委员会律师查尔斯・P・唐纳利也出庭支持答辩人。

在法律意见书上弗朗西斯・M・米隆和瓦莱丽・I・哈里森同为第三人的代理人。斯坦德利・F・莱奇纳也出庭支持第三人。

由首席法官米克瓦（MIKWA）、巡回法官爱德华兹（EDWARDS）和巡回法官 D・H・金斯伯格（D. H. JINSBURG）审判。

法庭关于本案意见由巡回法官哈里・T・爱德华兹制作。

巡回法官哈里・T・爱德华兹：

在本案中，简单的问题是，国家劳动关系委员会（the National Labor Relations Board，以下简称“劳动委员会”）是否可以尊重由雇主和工会之间在仲裁之前达成的和解协议，这一协议对雇员就有关双方当事人集体劳动合同中所包括的事项提出的合同申诉进行了处理。简要的回答是：可以。

在本案中，适用的集体劳动合同是 UE & C—催化剂公司（以下称“催化剂公司”）与 14 个国际建筑贸易工会签订的，名为“主席项目维护总裁协议”（the General Presidents' Project Maintenance Agreement）（以下称“总裁协议”），这一协议禁止罢工，并规定雇主得以“适当理由”解雇或惩戒受雇员工。1985 年，催化剂公司解雇了申诉人水暖工管道工第 520 号地方工会（以下称 520 号工会）的工会代表加兰・贝里，理由是他与一次有罢工危险的反叛行为有牵连。520 号工会依据集体劳动合同提起申诉，并向委员会提起不公平劳动实践（unfair labor practice）控诉，以此作为对解雇贝里的抗议。作为申诉基础的事实和不公平劳动实践控诉的事实是相同的。合同申诉没有以仲裁方式而是以和解方式替代性地解决了，催化剂公司的代表与国际工会双方达成协议，为贝里提供了不给予任何赔偿的复职。随后，在劳动委员会进行的诉讼中，一位行政法法官（Administrative Law Judge）拒绝尊重和解协议，在实质性问题上作出了有利于贝里的认定、裁定，在为贝里提供原有职位的同时给予赔偿。劳动委员会推翻了行政法法官的裁定，认为尊重和解协议才是适当的。[催化剂公司案，《劳动委员会案例集》第301卷第44号（1991年1月28日），摘录于附件第11页]。

我们支持劳动委员会的决定而驳回了请求司法审查的申诉。我们认定，劳动委员会关于尊重仲裁前和解协议的政策与《国家劳动关系法案》（the National Labor Relations Act，以下称《劳动关系法》）的规定是一致的[《联邦判例汇编》第29卷第151—169页（1988年）]；劳动委员会在本案中适用这一政策没有滥用它的自由裁量权。然而，在本案中驳回请求司法审查的申诉时，我们不想以此表明劳动委员会的政策是没有缺陷的。的确如此，正如在本庭进行的言辞辩论中所展示的那样，劳动委员会关于“尊重”的政策①在具有重大意义的方面内容空洞，因为它缺少任何相应的理论基础。尽管由于在我们手上的

---

① 劳动委员会历史性地遵循了两项独立的宣告性限制政策，这两项政策都作为“尊重”政策而得到了参照：一项是所谓“仲裁后尊重”或“斯庇尔伯格”政策，据此政策，劳动委员会在某些条件获得满足的情况下给予经集体劳动合同申诉程序作出的仲裁裁决以尊重（grant deference），[见斯庇尔伯格案，《劳动委员会案例集》第112卷第1080号（1955年）]；另一项是“仲裁前尊重”或称“科利尔”政策，据此政策，劳动委员会在某些情形下推迟（defer/delay）考虑不公平劳动实践控诉，直到申诉方已经穷尽依据可适用集体劳动合同所提供的一切救济[见科利尔案，《劳动委员会案例集》第192卷第837页（1971年）。同时参见哈蒙崔案，（哥伦比亚特区联邦上诉法院1991年）《联邦判例汇编》第2套丛书第925卷第1490—1491页（1955年）（全员合议庭审判）[阐述了劳动委员会的“延期”（deferral）政策]；劳资纠纷仲裁部分，下同（阐述了“斯庇尔伯格”政策）]。本案争议中的劳动委员会的政策——给予仲裁前申诉和解以尊重——是对旧一些的“斯庇尔伯格”政策的突破。

在哈蒙崔案中，我们称“斯庇尔伯格”主义为“尊重（deference）政策”，而称科利尔主义为“推迟（deferment）政策”，以此区分劳动委员会的延迟（deferral）政策。[《联邦判例汇编》第2套丛书第925卷第1490—1491页（1955年）]。为澄清政策内涵，我们将在本意见书中沿用哈蒙崔案中的术语，所以我们称本案争议中的政策为尊重政策。

案件记录中尊重和解协议是明确容许的，因而本案不必发回重新处理，然而，劳动委员会应当接受警告，重新考虑它的尊重政策的理论基础，以避免在将来的判决中不会被发回。

一、背景

(一) 作为基础的事件

催化剂公司是一家工程合同者，向工厂企业和事业机关提供各种维修服务。催化剂公司的技工雇员都在被称为“总裁协议”的集体劳动合同范围内。[②] “总裁协议”是在全国性基础上进行的谈判，十四家国际建筑贸易工会和包括催化剂公司在内的几家工程合同者都签署了这一协议。除了工资率、某些福利性交易条件和租用工会活动场所之外（这些全是由地方工会谈判时提出来的），这一全国性的合同还包括了在签署协议的单位中雇用技工雇员的大部分条件。地方工会没有在“总裁协议”上签字，但是，每一个地方工会都分别加入了某个签署了协议的国际工会。所以，尽管这些地方工会的监事都对“总裁协议”表示不满，但他们所加入的国际工会才是被承认的参加签字地方单位中雇员的代表。本案中的第 520 号工会是水暖和管道行业计日工（或短工）和学徒工联合会（以下简称“联合会”）的团体会员，而联合会是“总裁协议”的签署者。

“总裁协议”中包含了一个不罢工条款，禁止协议中的工会和雇员停工或怠工（见“总裁协议”第 21—22 页，摘录于附件第 42 页）。这一协议还包括一项管理权利条款，其中规定雇主得以“适当理由”解雇或惩戒受雇员工。（同上，第 5 页）。

引起本案争议的事件发生于宾夕法尼亚州德尔塔的桃底核电站

② 总裁协议是考虑象催化剂公司这样的合同者的个别情况而设置的，他们在各种工地从事大量临时项目。[见催化剂公司案，《劳动委员会案例集》第 212 卷第 471—472 页（1974 年）（介绍了总裁协议的历史和作用）]。

(the Peach Bottom Nuclear Power Plant)，该设施为催化剂公司的一个客户费城电力公司所有。1985 年夏天，费城电力公司决定迁移和修理桃底核电站的“缓冲器”（大型振动吸收器），催化剂公司与之签订合同，负责迁移缓冲器，但由于费城电力公司对催化剂公司管道工以前的工作不满意，因而把与之相关的工作交给另一合同者去做。第 520 号工会认为修理工作应当分派给它的管道工，因而对这样的工作分配表示反对。

催化剂公司决定，迁移缓冲器的最有效方法是把被分派去做这项工作的八个管道工“分成两班”，四个人按通常的白班（day shift）工作，另四个人接第二班。1985 年 8 月 29 日，这组工人中的领班把这一倒班安排通知了工会代表加兰·贝里，并告诉他，这一工作时间安排在下周二之前一直有效。贝里将这一通知转达给了第 520 号工会业务经理奥格斯特·海汀格。海汀格基于安全考虑（但很明显的动因是他不喜欢管理权限争议），建议贝里告诉受这一工作安排影响的工人们，说工会不会同意倒班。8 月 30 日星期五，贝里告诉八个工人，他们应当继续象通常一样报白班。其中一个工人问贝里，不理会领班关于工作时间的通知行不行，贝里答复说工会的指示必须遵守。（见催化剂公司单行法律意见书，第 3 页）。

当催化剂公司的劳资关系经理尼尔·格瑞里得知贝里的行动后，立即与联合会宾夕法尼亚州代表弗兰克·德鲁卡联系。德鲁卡同意，工会将按照资方的意图来排班，但作为交换条件，格瑞里必须承诺举行一次会议来讨论有关缓冲器工作的管理权限争议，问题到此就算解决了。据报告，受影响的工人随即于 9 月 3 日星期二按照指挥工作，没有发生停工。

1985 年 9 月 12 日，在费城电力公司举行了一次讨论有关缓冲器工作的管理权限争议的会议。但会议的焦点更多地集中在贝里事件而不是讨论缓冲器的迁移问题。格瑞里代表催化剂公司声称，贝里应当被停职，因为资方认为在几天前他曾威胁过一位团结检查员（welding inspector)。工会对这一说法持有异议，催化剂公司在当天后来的满意表

示也是这一说法的反证。尽管如此，雇主代表仍然表达了他们对贝里的不满，说“他是一个大大的麻烦制造者”。[行政法法官听审记录第25页（海汀格先生的证词）]。贝里的地位问题在这次会议上并未得到解决。尽管如此，催化剂公司的工地经理罗·麦克考利第二天还是通知贝里：基于他授意缓冲器工人无视资方关于排班指示的行为，他正在停职待派。

（二）申诉程序（The Grievance Procedure）

继贝里被解雇之后，520号工会提起了申诉，声称雇主的行为没有理由，同时还对催化剂公司提起了不公平劳动实践控诉，诉称因为贝里从事了受保护的工会行为而停职，违反了《劳动关系法》第8条第a款第1项和第3项的规定。③ 直到1987年1月30日之后，劳动委员会才对不公平劳动实践控诉作出反应，这一天总法律顾问发出了一份诉状，但通过“总裁协议”的申诉程序进行得更快。

“总裁协议”为解决产生于合同的争议建立了一种四步申诉和仲裁程序（见“总裁协议”第9—10页）。第一步程序由申诉的雇员和/或一名来自于地方工会的代表与该雇员直接进行会晤。如果申诉未获解决，则进入第二步，由一名地方工会的代表和一名加入了国际工会的代表向雇主的劳资关系经理进行质询。如果第二步不成功，申诉即在第三步提交到总裁委员会（the General Presidents' Committee），该委员会由签署“总裁协议”的每个国际工会各自选派的一名代表（没有雇主的代表）构成。在第三步程序中，容许来自雇主方面的和负责申诉事宜的国际工会的代表们向总裁委员会作出口头的或书面的陈述。如果总裁委员会与雇主之间之间不能在听审后的十天之内达成关于适当处理申诉的协议，则雇主方面或国际工会方面均可发动第四步程序，

---

③ 《劳动关系法》第8条第a款规定：（1）必须因为雇主有下列行为而导致一项的不公平劳动实践：（a）在雇员行使由本法第157条所保障的权利时对其实行干预、限制或强迫；……（b）在有关雇用或雇用期间或任何雇用条款或条件问题上对任何劳动组织中的成员实行鼓励或抑制而显示歧视态度…… [《美国法典》第29编第158节第a条（1988年）]

亦即有拘束力的仲裁（同上）。

本案中的申诉程序开始于1985年9月下旬。第一步会晤显然没有结果。1985年10月，海汀格、德鲁卡和贝里来到位于华盛顿特区的联合会总部，准备第二步申诉程序的几位联合会官员会见了他们。海汀格解说了事实情况，联合会官员爱德·莫尔打电话给催化剂公司的副总裁大卫·麦克茵特尔，试图为申诉的解决做出努力，却未获成功。

在随后的一周内，第一步会谈在华盛顿举行。德鲁卡与联合会的其他两名官员出席了会谈，格瑞里和麦克茵特尔代表公司。当事人双方详细地讨论了贝里的解雇和相关的缓冲器争议，包括工会的立场，即贝里在作出与资方关于排班的指示时是在执行工会的命令（见催化剂公司单行法律意见书第5页）。申诉的问题在那次会议上没有得到解决。

1986年2月2日，联合会发动了三步申诉程序，将问题提交总裁委员会，由其在1986年1月中旬的会议上考虑。在总裁委员会的会议上，格瑞里陈述了催化剂公司案并呈递了书面陈述。联合会的案件由柯恩陈述，柯恩曾经接受过由德鲁卡对贝里事项的详细汇报并且显然接到过前两次华盛顿会谈的记录。柯恩向总裁委员会作了口头陈述并且也呈递了对工会立场的书面陈述（案件记录第189页）。

1986年1月31日，总裁委员会将它的如下决定通知了双方当事人：

> 在总裁委员会最后一次例会上，对涉及到加兰·贝里的第三步申诉进行了司法审查，加兰·贝里是UA地区工会即第520号工会的成员，被宾夕法尼亚州德尔塔桃底核电站开除。
>
> 经对双方当事人陈述进行听审并认真司法审查所提交的所有证据，委员会的立场是，加兰·贝里应当被合法地重新雇用，但不给予补偿。

[总裁委员会行政官员托马斯·欧文发给催化剂公司大卫·麦克茵特尔的函，第1页（1986年1月31日），摘录于附件第87页]。催化剂公司和联合会都接受了这一决定，依据合同规定，总裁委员会对于

申诉的解决成为终局性的决定［见“总裁协议”第 10 页（在总裁委员会阶段“不能达成协议时”可以提交仲裁）］。海汀格获悉结果之后即代表贝里表示反对，但是联合会通知说，“由于在总裁委员会上已达成协议，因而下一步的仲裁已经没有了。只有当总裁委员会不能对结果形成一致意见时才可以提交仲裁。”［联合会主席助理爱德·莫尔给第 520 号工会业务经理奥格斯特·海汀格的函第 1 页（1986 年 3 月 6 日），摘录于附件第 79 页］。

（三）劳动委员会的决定

1987 年 4 月 20 日，在总裁委员会作出决定之后一年多，一位行政法法官就第 520 号地方工会的不公平劳动实践控诉举行了听审。这位行政法法官在判决中以贝里和第 520 号地方工会反对总裁委员会对申诉的处理为根据，拒绝尊重申诉程序的结果（见行政法法官的法律意见书第 8—10 页，摘录于附件第 29 页）。在实质性问题上，该法官认定，贝里被解雇是由于其工会行为，不服从指挥的指控只是借口（同上，第 7—8 页）。基于这些结论，行政法法官裁定在为贝里提供原有职位的同时给予赔偿。

劳动委员会在尊重和解协议问题上推翻了行政法法官的裁定，驳回了控诉。劳动委员会的理由是，根据它在阿尔法—贝塔公司案中的裁决［《劳动委员会案例集》第 273 卷第 1546 页（1985 年），请求司法审查被驳回，马洪诉劳动委员会，（第九巡回法院 1987 年）《联邦判例汇编》第 2 套丛书第 808 卷第 1342 页］，尊重仲裁前关于贝里申诉的和解协议是适当的（见催化剂公司，单行法律意见书第 7—8 页、第 11—12 页）。

劳动委员会尊重仲裁前申诉和解协议的政策是对它长期奉行的斯庇尔伯格主义（Spielburg doctrine）的最新突破，根据斯庇尔伯格主义理论，只是在某些情形下才会给予申诉和解以尊重。［见斯庇尔伯格公司案，《劳动委员会案例集》第 112 卷第 1080 页（1955 年）］根据斯庇尔伯格主义——这一理论在奥林公司案［《劳动委员会案例集》第 268 卷第 573 页（1984 年）］中进行了修正——劳动委员会在下列情况下给予申诉和解以尊重：（1）仲裁程序看上去是公平而规范的；（2）所有当事人都同意受其约束；（3）仲裁裁定与劳动关系法的宗旨和政策没有“明显冲突”；（4）仲裁员考虑了不公平劳动实践问题。（见同上，第573—574页；斯庇尔伯格公司案，《劳动委员会案例集》第112卷第1080页）。仲裁员的裁决除非有“明晰可见的错误”，否则与劳动关系法就没有“明显冲突”，亦即，没有“与劳动关系法不可容许的不一致的解释”，而且举证责任由反对尊重和解协议的一方承担，他要证明不符合给予申诉和解以尊重的条件。（奥林公司案，《劳动委员会案例集》第268卷第577页）。

劳动委员会将斯庇尔伯格主义适用于阿尔法—贝塔公司案的仲裁前申诉和解问题，并通过这次适用而予以扩大。在该案中，二十名雇员在一次声援罢工中被解雇，工会提起申诉的同时提起不公平劳动实践控诉。在合同所确立的申诉委员会陷入僵局之后，工会征得受影响的雇员同意而同意了和解，依据和解协议，雇员们没有补偿地复职了。劳动委员会尊重了这一和解协议，认为，“斯庇尔伯格主义同样适用于，由当事人合同性申诉程序或仲裁程序产生的和解”。（《劳动委员会案例集》第273卷第1547页）。劳动委员会裁决，它将依据四项（斯庇尔伯格或奥林）准则来衡量申诉和解，有一种例外就是，“明显冲突”准则将会修改以体现给予仲裁和解的尊重与给予申诉和解的尊重之间的差别。劳动委员会裁决，只要和解是通过双方认可的程序达成的，就不得被看成是“明晰可见的错误”（同上）。

委员会关于尊重和解协议的政策在美国邮政服务公司案［《劳动委员会案例集》第300卷第23页（1990年9月28日）］中得到进一步提炼。在该案中，劳动委员会尊重了由工会和雇主达成了申诉人表示反对的和解协议。劳动委员会裁决，工会可以要求工会成员受和解协议的约束从而免除（waive）他合同上和制定法上的权利。（见同上，单行法律意见书第5—6页。）劳动委员会还澄清了适用于和解案件（考虑不公平劳动实践控诉）的第四项尊重准则：“合同争议和不公平劳动实践争议实际上是并行而至的，并且当事人各方一般都意识到关于解

决不公平劳动实践（请求）的事实，这种情况符合这项准则。”（同上，第 7 页）。

在本案中，劳动委员会把阿尔法—贝塔案和邮政服务公司案作为它裁决尊重和解的根据。劳动委员会认定——这一认定在我们看来是正确的——催化剂公司和联合会对于在总裁委员会对贝里申诉案的解决的认可，就“相当于一个诸如邮政公司中和解协议那样的和解”，这一认定成为其展开分析的开端。（同上，第 10—12 页）。劳动委员会接着得出结论：在本案中，阿尔法—贝塔案和邮政服务公司案所确立的尊重准则的适用条件都得到了满足。（同上，第 10—12 页）。劳动委员会拒绝了总顾问所提出的在贝里和第 520 号地方工会反对尊重和解协议的情况下尊重这种和解协议是不适当的论点，因而驳回了原告的请求。（同上，第 12 页）。第 520 号地方工会遂申请对劳动委员会的决定和裁定予以司法审查。

二、讨论

[1、2] 我们对本案中劳动委员会决定和裁定进行司法审查的范围是相当狭窄的。劳动委员会尊重政策的公式只要是理性的并且与劳动关系法相一致，就应当得到支持。[见劳动委员会诉食品连锁及商业工人第 23 号地方工会案，《联邦判例汇编》第 484 卷第 113 页，《最高法院判例汇编》第 108 卷第 413 页始，第 420—421 页，律师版《最高法院判例汇编》第 98 卷第 429 页（1987）年④；汉蒙崔诉劳动委员会案，

④ 在食品连锁及商业工人地方第 23 号工会案中，最高法院认为：

在纯属立法结构的问题上，我们的首要任务是尽可能确定国会的意图，使用立法结构的传统工具。如果我们能够这样做，那么解释应当被赋予效力……然而，当立法在具体问题上默然无示或模棱两可时，那么法院的问题就是，机构的答案是否以立法的可容许的结构为根据。依据这一原则，我们依照传统同意劳动委员会就其对劳动关系法的解释所作出的尊重决定，只要它的解释是理性的并与制定法相一致。《联邦判例汇编》第 484 卷第 123 页，《最高法院判例汇编》第 108 卷第 421 页（省略了其中的引号和引述。）

(哥伦比亚特区联邦上诉法院1991年)《联邦判例汇编》第2套丛书第925卷第1486页始，第1491页(全员合议庭审判)]。劳动委员会关于在特殊案件中给予尊重的决定只能因为滥用自由裁量权而予以撤销。[面包师同盟和烟草工人第25号国际工会诉劳动委员会案，(哥伦比亚特区联邦上诉法院1984年判决)《联邦判例汇编》第2套丛书第730卷第813页]。我们认定，委员会的尊重政策构成了对劳动关系法的可容许的解释，劳动委员会在将这一政策适用于本案时没有滥用自由裁量权。因此，我们驳回了请求司法审查的申诉。

(一) 关于劳动委员会的阿尔法—贝塔尊重政策

[3] 我们必须处理的第一个问题是，劳动委员会尊重仲裁前和解协议的政策是否构成劳动关系法的可容许的组成部分。第520号地方工会并未强烈地抨击这一政策的合法性，而是把矛头对准另一个方面，诉称劳动委员会在适用其尊重仲裁前和解协议政策于本案事实时滥用了自由裁量权。尽管如此，我们还是要首先从处理政策的显在有效性(facial validity)入手，因为如果政策是无效的，那么劳动委员会在适用其尊重仲裁前和解协议政策时必然要滥用自由裁量权。

我们的分析是从澄清本案中没有争议的问题开始的。首先，第520号地方工会对于劳动委员会尊重仲裁前和解协议程序的合法性及适用于本案并没有异议。第520号地方工会承认争议中的事项——即贝里被催化剂公司停职一事——在“总裁协议”第11条“适当理由”条款中有规定，应受“总裁协议”申诉程序调整。的确，代表贝里发动申诉程序的正是520号地方工会。所以，当事人双方在贝里事项受总裁委员会处理具有适当性这一事实上没有争议。

[4] 第520号地方工会还承认，它也必须承认，在本案中贝里所主张的制定法上的权利属于工会可以通过集体劳动合同程序予以免除的那一类型的权利。在大都市爱迪生公司诉劳动委员会案中[《联邦判例汇编》第460卷第693页，《最高法院判例汇编》第103卷第1467页，律师版《最高法院判例汇编》第2套丛书第75卷第387页(1983)]，最高法院阐明，只要工会履行了它的公平代表职责并且未从

事过任何将会损害雇员对集体劳动合同谈判代表之选择的行为，那么由劳动关系法保障的许多权利都可以在工会进行谈判的集体劳动合同中加以变更或免除。[见同上，第705—707页，《最高法院判例汇编》第103卷，第1475—1477页；另见美国运输公司诉劳动委员会案（哥伦比亚特区联邦上诉法院1983年判决），《联邦判例汇编》第2套丛书第722卷第832页。（工会可以在集体劳动合同中合法地免除其所代表的雇员的制定法上的权利）]。⑤ 罢工的权利包括在这些可以变更或免除的权利之内。[爱迪生公司案，《联邦判例汇编》第460卷第705页，《最高法院判例汇编》第103卷第1475—1476页]。所以工会可以代表工会中的雇员同意免除参与罢工的权利，并且同意工会官员不得鼓励其会员采取任何撕毁不罢工条款约定的工作行为。（见同上，第705—706页，《最高法院判例汇编》第103卷第1475—1476页）。

第520号地方工会承认，在本案中，正如在爱迪生公司案中一样，争议中制定法上的权利，即贝里所享有的建议工会中的雇员不理会催化剂公司关于排班的指示而进行罢工的特权，是一项联合会可以免除的权利——无论是通过合同谈判还是申诉或仲裁程序加以免除。⑥ 所以，第520号地方工会承认，本案所称受到侵犯的制定法上的权利是

---

⑤ 另参见［美］爱德华兹：《对仲裁的尊重（deferral）和对谈判义务的免除：一种走出〈劳动关系法〉困惑的可能途径》[《俄亥俄州法学杂志》（Ohio St. L. J）第46卷第23页，第27—32页，第36—40页（1985年）]。

（译注：从辞典上查deferral本意为“延期”或“延迟”，不过译者本意见书注释1已表明defer的两种名词形式deference和deferenment分别为“尊重”和“延迟”，译者参见爱德华兹法官的上述原文后认为，deferral在此译为尊重更有助于反映作者的倾向。）

某些制定法上的权利不能通过集体劳动合同免除，这些权利中包括自由选择谈判代表的权利、《劳动关系法》所禁止的“hot cargo”协议和secondary boycott、制定法所禁止的“关门交易”（closed shops）、享受给工会成员以优惠的hiring hall practices的权利。查尔斯·J·莫里斯（Charle s J. Morris）：《发展中的劳动法》第865页（1983年第2版）。

⑥ 由于“申诉仲裁程序构成集体谈判程序的不可分割的一部分”（爱迪生公司案，《联邦判例汇编》第460卷第708页，《最高法院判例汇编》第103卷第1477页），工会在申诉程序中免除制定法上权利的权力相当于它在集体劳动合同谈判中免除这些权利的权力。

一种容许催化剂公司与联合会进行交易的权利。

最后，第520号地方工会没有对阿尔法—贝塔案（《劳动委员会案例集》第273卷第1546页）和邮政公司案（《劳动委员会案例集》第300卷第23号）所确立的法律制度提出异议。依据上述案例，劳动委员会将在下列情况下给予仲裁前申诉和解以尊重：（1）和解是通过“公平而规范”的集体谈判程序达成的；（2）当事人双方同意受和解协议条款的拘束；（3）所达成的结果不是“明晰可见的错误”，意即双方当事人在某种程度上达成了共识；（4）如果合同性的问题和不公平劳动实践问题实际上是并行而至的而双方当事人都普遍意识到了相关的事实，则不公平劳动实践问题在和解程序中得到了考虑。（邮政公司案，单行法律意见书第5—7页，阿尔法—贝塔案，《劳动委员会案例集》第273卷第1547—1548页）。第520号地方工会阿尔法—贝塔案或邮政公司案法律制度的合法性，因而承认满足了上述四个准则的劳动委员会尊重仲裁前申诉和解政策的有效性要件，这一承认是产生法律后果的承认。

第520号地方工会作出如此承认并不奇怪，因为劳动委员会尊重仲裁前申诉和解的政策在一般意义上与劳动关系法是一致的。我们长期以来都承认，劳动委员会“并不因尊重自愿接受以行政方式处理争议的和平解决结果而放弃其执行劳动关系法的职责”。［新闻协会诉劳动委员会案，（哥伦比亚特区联邦上诉法院1974年判决），《联邦判例汇编》第2套丛书第492卷第667页；另参见电力工人国际工会第2188号地方工会诉劳动委员会案（哥伦比亚特区联邦上诉法院），请求调卷复审被驳回，《联邦判例汇编》第2套丛书第494卷第1090页（同上），请求调卷复审被驳回，《联邦判例汇编》第419卷第835页，《最高法院判例汇编》第95卷第61页，律师版《最高法院判例汇编》第2套丛书第42卷第61页（1974）］在此基础上，我们在几个判例中都表明了对劳动委员会斯庇尔伯格主义尊重政策的支持。［例如，面包师同盟和烟草工人第25号国际工会案，《联邦判例汇编》第2套丛书第730卷第814—815页，美国运输公司案，第2套丛书第722卷第

832—833页；布鲁姆诉劳动委员会案，（哥伦比亚特区联邦上诉法院1979判决）《联邦判例汇编》第2套丛书第603卷第1019—1020页（全员合议庭审判）；新闻协会案，《联邦判例汇编》第2套丛书第492卷第666—667页]。我们支持了劳动委员会的科利尔“尊重”政策，[7]按照这一政策，劳动委员会要求申诉人在具体情况下在提起不公平劳动实践控诉之前穷尽一切可用申怨程序。在汉蒙崔案中，本院认为，劳动委员会的政策是对劳动关系法鼓励纠纷的私人解决政策的推行，没有与联邦劳动法发生抵触。（同上，第1494页、第1496页）。

与上述案件一样，我们找不到任何证据表明劳动委员会尊重仲裁前申诉和解协议的政策构成了对劳动关系法不容许的解释，正如本案这样，申诉中蕴含的制定法权利在“可免除权利”一族的范围内。[见爱迪生公司案，《联邦判例汇编》第460卷第705—707页，《最高法院判例汇编》第103卷第1475—1477页（讨论了“可免除的”权利类型）；另见能源公司案，《劳动委员会案例集》第290卷第635页始，第636页（同上）]。仲裁前申诉和解正如在布鲁姆案和美国运输公司案中的仲裁一样，代表着一种通过集体谈判程序解决劳资纠纷的合意。劳动委员会通过承认这种解决方式的有效性和终局性来促进集体谈判程序的完整性，从而实现国家劳动政策的基本目标。[见爱迪生公司案，《联邦判例汇编》第460卷第704页，《最高法院判例汇编》第103卷第1475页，国会在现行劳动法中力图“保障（集体谈判）程序的完整性”；哈蒙崔案，《联邦判例汇编》第2套丛书第925卷第1502页（恰巧也是爱德华兹法官）“劳动关系法和劳动管理关系法（Labor Management Relations Act）都规定保护个人和集体权利，并以促进通过劳方与资方的集体性努力和平解决争议作为其至高无上的宗旨”]。至少，在申诉蕴含的仅仅是“可免除的”权利时，我们在劳动关系法中找不到妨碍劳动委员会表明对仲裁前申诉和解予以尊重的依据。所以，我们不难认定，“尊重”政策是理性的并与劳动关系法相一致，从

---

⑦ 见科利尔绝缘线公司案，《劳动委员会案例集》第192卷第837页（1971）。

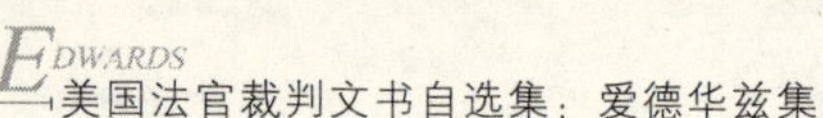

而认定，劳动委员会采取这种政策有权受到本院的尊重。（见食品连锁及商业工人第 23 号工会案，《联邦判例汇编》第 484 卷第 123 页，《最高法院判例汇编》第 108 卷第 420—421 页）。

（二）关于本案中尊重政策的适用

在判定劳动委员会尊重仲裁前申诉和解的总的政策为可容许政策之后，我们转入讨论劳动委员会在将这一政策适用于本案时是否滥用了自由裁量权。如上所述，劳动委员会尊重仲裁前申诉和解的依据是阿尔法—贝塔案和邮政公司案，在这两个案例中，和解据以达成的申诉程序是“公平而规范的”，所有的当事人都同意受其拘束，形成的结果依据劳动关系法不是“明晰可见的错误”，当事人各方都“考虑到了”不公平劳动实践问题，亦即，合同性的问题和不公平劳动实践问题实际上是并行而至的，而双方当事人都普遍意识到了相关的事实。（邮政公司案，单行法律意见书第 5—7 页，阿尔法—贝塔案，《劳动委员会案例集》第 273 卷第 1547—1548 页）。第 520 号地方工会主张，在本案中这四个尊重准则的要件无一获得满足。与第 520 号地方工会的主张恰恰相反，我们认为，案件记录中包括了支持劳动委员会关于每一个条件都符合准则这一结论的大量证据。

[5] 首先，第 520 号地方工会反对尊重政策之主张的根据是，总裁委员会的程序不是“公平而规范的”，因为除其他问题之外，贝里未被容许出席总裁委员会会议，由柯恩先生代表他所作的陈述不够充分，而且总裁委员会没有发给书面意见。我们驳回了第 520 号地方工会的这一称辩。案件记录表明，贝里案件由联合会和催化剂公司在总裁委员会会议之前进行了充分的讨论。贝里的确未出席总裁委员会会议，但是这不是一个关键性的程序错误。协议的当事人双方不是组织中的雇员个人，而是那些必须制定和遵守依据集体劳动合同确定的程序的当事人。所以，在受公平代表义务约束的范围内，在参加谈判的组织中的雇员个人在申诉程序中要适当地受他们的工会代理人裁断行为的拘束。这既不奇异也非不公，因为工会是合同的签署者因而要负责合同的履行。换言之，雇主只受他与雇员代理人——而不是组织中的每

一个雇员——之间的合同的约束。

[6] 即使劳动委员会或本院有权重新对本案中工会的申诉程序探查一番，本案的记录也无可怀疑。柯恩先生代表贝里陈述了由德鲁卡详细汇报的贝里的案情并且显然接到过前两次华盛顿会谈的记录（亦即与贝里的初次会晤和“第二步”会谈）。没有证据表明柯恩先生向总裁委员会所作的陈述不充分，或者陈述以某种方式不公平地曲解了贝里的主张。声称总裁委员会处理结果没有书面意见书也不符合事实。[参见联合钢铁工人诉钢铁汽车公司案，《联邦判例汇编》第 363 卷第 593 页始，第 598 页，《最高法院判例汇编》第 80 卷第 1361 页，律师版《最高法院判例汇编》第 2 套丛书第 4 卷第 1424 页（仲裁员对法院不承担给裁决理由的义务）；布鲁姆案，《联邦判例汇编》第 2 套丛书第 603 卷第 1020—21 页（尽管仲裁庭的裁决没有以详细的书面形式发出，予以尊重也是适当的）]。这里关键的事实是，由当事人双方协商同意的申诉程序是合法的并在本案中得到了遵循；劳动委员会没有法定义务仅仅因为申诉者会喜欢另一种申诉程序而拒绝表明自己的尊重立场。

[7] 其次，第 520 号地方工会主张，它自己和贝里都反对和解协议的条款，所以不是所有的当事人都同意受和解协议的拘束。[⑧] 这一论点是站不住脚的。受承认的贝里的谈判代表是联合会而不是第 520 号地方工会。在没有违背公平代表义务的前提下，联合会被授权约束贝里接受通过申诉程序达成的结果。[见爱迪生公司案，《联邦判例汇编》第 460 卷第 705—707 页，《最高法院判例汇编》第 103 卷第

---

⑧ 记录清楚地表明，联合会和催化剂公司在和解条款上达成了一致意见，而第 520 号地方工会也没有强烈反对。总裁协议本身已考虑到总裁委员会关于一项申诉如何才能达成协议、雇主如何才能接受解决结果、申诉如何才能得以解决以及怎样才能不再求助于仲裁等的问题。[见“总裁协议”第 10 页（总裁委员会与雇主之间“不能就事件达成协议时”可适用仲裁）]。此外，联合会明确地把申诉视为已经解决，它声称“基于总裁委员会达成的协议，已经没有进一步采用仲裁的步骤了”，以此来答复海汀格尔的抗辩。[联合会总裁助理爱德·莫尔致第 520 号工会业务经理奥格斯特·海汀格尔的函，第 1 页（1986 年 3 月 6 日），摘录于附件第 79 页]。

1475—1477页（工会可以免除组织中雇员的未予提出的权利）；马洪案，《联邦判例汇编》第2套丛书第808卷第1345页［联合会被授权“总括性地约束”组织内的雇员贝里接受限制他们获得赔偿权利的和解协议而“完全排除他们自己分别作出的同意表示”。能源公司案，《劳动委员会案例集》第290卷第637页（同上）］。这里并没有谁提出联合会在处理贝里申诉时违背公平代表义务的主张［见案件记录第51—53页（海汀格尔先生的证词）］，所以劳动委员会认定有关当事人联合会和催化剂公司适当地同意受申诉和解协议拘束没有错误。

［8］再次，这也是第520号地方工会最极力主张的一点，和解达成的结果——即贝里不获补偿地复职——公然违反了《劳动关系法》，所以劳动委员会给予尊重是错误的。第520号地方工会论证道，由于贝里是因从事被声称为受保护的活动而被解雇的，因而劳动委员会的先例要求他可以获得“完全的”救济。既然贝里获得了少于完全救济的结果，那么依据劳动关系法的规定和解协议就是“明晰可见错误”的，而劳动委员会就不应当给予尊重。

我们反对这一论点，根据有几个：其一，第520号地方工会关于“明晰可见错误”的论点认为本案提出了除合同争议以外的劳动实践问题，即催化剂公司有没有“适当的”理由解雇贝里。这一观点已经由本院在美国运输公司案中作为类型问题予以驳回［《联邦判例汇编》第2套丛书第722卷第831—32页］，在该案中，我们认为在一个集体劳动合同中关于拒绝工作分配的条款不同于劳动关系法中的类似条款，当事人的协议构成对雇员制定法上权利的免除；我们指出，如果作其他的认定，则会包含

> 明显的谬见……即认为在合同争议之外另有一个制定法上的争议……换言之，认为依照《劳动关系法》的规定（在那些与合同规定不同的情况下）雇员个人有权利拒绝工作……，认为声称的权利在本案中被集体劳动合同免除了。

［同上，第832页。同时参见爱德华兹，同上，第28页（“当事人

双方的合同在本质上说取代了制定法而成为许多雇员在集体谈判时的依据”)]。那么在本案中，被声称为受到侵犯的制定法上的权利——贝里劝说雇员采取相当于罢工行动的特权——被淹没在“总裁协议”中的“不罢工”和“适当理由”条款之中。正因如此，肯定地说，通过申诉程序达成的结果，依据劳动关系法的规定，就不是“明晰可见错误”的，因为没有独立的制定法上的争议存在。

进而言之，劳动委员会在阿尔法—贝塔案和邮政公司案中尊重了提供少于完全救济的和解协议，而第 520 号工会并未对这些案件的有效性提出异议。(邮政公司案，单行法律意见书第 4 页，第 7 页；阿尔法—贝塔案，《劳动委员会案例集》第 273 卷第 1546—1547 页)。此外，有一条确定的规则，劳动委员会的总顾问可以在听审前解决不公平劳动实践控诉，即使这种控诉的一方当事人反对说获得的救济不充分。例如见食品连锁及商业工人第 23 号地方工会案，[《联邦判例汇编》第 484 卷第 118—21 页，《最高法院判例汇编》第 108 卷第 418—20 页；同时见《联邦法规汇编》(C. F. R) 第 29 卷第 101.7 节和 101.9 节 (1991 年)(调整和解制度的规范)]。我们没有看出在被接受的习惯与适用于本案的尊重政策之间有什么重要差别。

[9] 最后，第 520 号工会争辩道，因为当事人双方在达成和解协议时没有“考虑”不公平劳动实践问题，因此本案不符合阿尔法—贝塔案或邮政公司案的第四项准则。对于这一问题的简洁回答是，由于“总裁协议”规定了衡量贝里停职的正当性的规则(适当理由)，因此没有真实的(有司法意义的)不公平劳动实践争议存在。无论贝里依据劳动关系法拥有什么权利，这些权利都已经被联合会在集体劳动合同中——并继而在和解的谈判桌上——免除了，这样就没有什么单独的制定法上的争议要当事人双方或总裁委员会加以“考虑”了。(见美国运输公司案，《联邦判例汇编》第 2 套丛书第 722 卷第 832—833 页)。

无论如何，以劳动委员会最近关于“被考虑的”准则，我们可以清楚地看到，劳动委员会在本案中适当地适用了它的尊重政策。在邮政公司案中，劳动委员会认定，“当合同争议与不公平劳动实践争议实际上是并行而至，而双方当事人都普遍意识到了关于解决不公平劳动实践争议的事实时”，和解双方当事人“考虑”不公平劳动实践争议的条件即为满足。（同上，单行法律意见书第 7 页）。在本案中，依据“总裁协议”和劳动关系法所产生的争议都是催化剂公司是否能证明它根据其所声称的不服从行为而解雇贝里具有正当性。贝里依据合同请求提出的抗辩与依据不公平劳动实践争议提出的抗辩是相同的，亦即，他当时只是在遵照工会业务经理海汀格尔的指示行事。如此以来，有效事实就成为两个争议的支撑，而尊重和解协议的“考虑”（不公平劳动实践）这一条腿已经稳稳地立住了。［参见布鲁姆案，《联邦判例汇编》第 2 套丛书第 603 卷第 1020—1021 页（当合同和不公平劳动实践争议都出现在雇员的行为是否正当问题上的时候，这两个争议实际上是并行而至的）］。

然而，第 520 号地方工会争辩道，即使合同和不公平劳动实践争议实际上是并行而至的，“考虑”（不公平劳动实践）的准则也未能满足，因为联合会特别放弃了任何谋求解决制定法上争议的主张。第 520 号地方工会把矛头指向德鲁卡先生在行政法法官听审中的证词，该证词指证，联合会中心办公室的爱德·莫尔获悉第 520 号地方工会代表贝里提起了不公平劳动实践控诉，他通知德鲁卡说这一事项“他们（联合会）已经鞭长莫及，因为案件已经提交到……劳动委员会”。（案件记录第 295 页）。第 520 号地方工会的争辩作为事实问题而言是错误的。这一记录表明，当联合会获悉案件提交到劳动委员会时，“第二步”会谈几乎已经举行了，而且联合会对于贝里事件不必借助于“总裁协议”的第三步程序即可解决持乐观态度。德鲁卡先生作证说：联合会获悉劳动委员会卷入案件之后才作出结论说，“他们（联合会）已经鞭长莫及”，也就是说，在少一些正式性的第二步申诉程序中解决争议已经不可能了。（同上；另见行政法法官法律意见书第 4 页）。的确，联合会随即将贝里的申诉带入了第三步，将这一案件呈交给了总裁委员会。于是，第 520 号地方工会的论点，即联合会放弃提出不公

平劳动实践主张的责任或贝里事件的任何其他部分，被案件记录攻破了。

总之，我们在案件记录中找到了支持劳动委员会关于本案已满足阿尔法—贝塔案或邮政公司案四项准则这一结论的坚实证据。“总裁协议”的申诉程序是公平而规范的，并且有关当事人——联合会和催化剂公司——都同意受和解协议条款的拘束，这就明显满足了前两个条件。第三个和第四个条件在某种程序上说是相对的（见美国运输公司案，《联邦判例汇编》第2套丛书第722卷第832—33页），案件记录说明，这两个条件都满足了。所以我们得出结论认为，劳动委员会在给予和解协议以尊重时没有滥用自由裁量权，因而驳回了请求司法审查的申诉。

（三）关于劳动委员会尊重政策的理论基础

尽管我们驳回了第520号地方工会请求司法审查的申诉，但是劳动委员会明显缺乏与阿尔法—贝塔案或邮政公司案确立的尊重政策一致的理论，我们却不能不表达对此问题的关切。在达尔诉劳动委员会一案中［哥伦比亚特区联邦上诉法院1986年《联邦判例汇编》第2套丛书第801卷第1404页］，我们撤销了一项裁定，劳动委员会在这项裁定中尊重了一项似乎与仲裁裁决劳动委员会先例不一致的仲裁裁决（同上，第1407—1409）。我们作出如此处理是因为劳动委员会不能提供支持其尊重决定的相关的理论。我们指出，劳动委员会的决定可能依据本院在美国运输公司案中支持的合同免除理论可以证明其正当性，然而由于劳动委员会没有明确地提出这一理论，也没有提出其他的尊重理论，因而我们将该案发回以作进一步考虑。［见达尔案，《联邦判例汇编》第2套丛书第801卷第1408—1409页］。尽管本案不必发回，但是劳动委员会的决定和由劳动委员会总顾问在言辞辩论中对决定所作的解释几乎没有让我们感到一点欣慰，达尔案中出现的理论困境仍然没有得到解决。

特别值得关注的是本案中尊重政策的所谓“明晰可见的错误”之准则。在阿尔法—贝塔案和邮政公司案中，劳动委员会声称，在和解的情况下，只要和解的双方当事人承认即符合“明晰可见的错误”之准则。[9] [见邮政公司案，单行法律意见书第 7 页；阿尔法—贝塔案《劳动委员会案例集》第 273 卷第 1547—48 页]。在言辞辩论中劳动委员会总顾问不能给出关于审查“承认”的有说服力的理由。

如果劳动委员会的尊重政策是合同免除主义，那么以“明晰可见的错误”之准则审查“承认”就没有意义。[见邮政公司案，单行法律意见书第 5—6 页（看来是适用了免除理论）；见达尔案，《联邦判例汇编》第 2 套丛书第 801 卷第 1408 页，指出劳动委员会的斯庇尔伯格尊重政策“好像带有危险理论的色彩”]。根据合同免除主义理论，劳动委员会对于不能免除的制定法权利绝不能尊重和解协议，这些权利包括雇员选择谈判代表的权利等，劳动关系法禁止性规定反对“关门交易”（closed shops）和联手抵制以及诸如此类的行为。因为工会与雇主之间不能合法地就非免除事项进行交易，因而与此规定相一致，劳动委员会对于蕴藏着这种权利的和解协议不能尊重。

另一方面，当由申诉和解所包含的制定法上的权利属于“可免除”权利时——例如经济争议、罢工权利、可选择制裁事项等——那么，劳动委员会除了给予尊重之外别无选择，至少只要和解据以达成的申诉程序是公平而规范的，并且工会没有违背其公平代表义务。换言之，既然工会有广泛的自由裁量权通过集体劳动合同去改变或变更雇员的“可免除的”权利（爱迪生公司案，《联邦判例汇编》第 460 卷第 705—707 页，《最高法院判例汇编》第 103 卷第 1475—1477 页），我们找不到劳动委员会仅仅因为和解是由工会达成的和雇主不合劳动委员会的口味就合法地进行干预的根据。正如法院在拒绝交易的情况下一再认识到的那样，劳动委员会没有一般性的权力去操纵和解或强迫当事人双方同意符合劳动委员会主张的合同条款。[见 H·K·波特尔公司诉

---

⑨ 劳动委员会在认定阿尔法—贝塔案没有“明晰易见的错误”时，好像把重点放在“和解是在就申诉或仲裁程序达成一致意见的情形”这一事实上。[阿尔法—贝塔案，《劳动委员会案例集》第 273 卷第 1547 页]。当然，从一定程度上说，运用申诉程序是“明晰易见的错误”审查标准的一部分，这一因素只是在尊重的第一项标准之上画蛇添足。

劳动委员会案，《联邦剂例汇编》第397卷第99页第106页，《最高法院判例汇编》第90卷第825页，律师版《最高法院判例汇编》第2套丛书第96卷第146页（1970年）（“‘劳动委员会不得直接或间接地强迫承认或参与以集体劳动合同为实质性条件的裁断’”），引自劳动委员会诉美国保险公司案，《联邦判例汇编》第343卷第404页，《最高法院判例汇编》第72卷第829页，律师版《最高法院判例汇编》第2套丛书第96卷第1027页（1952年）；莫莉斯案，同上，第849页（论理部分同上）；另参见佛尼尔诉劳动委员会（哥伦比亚特区联邦上诉法院1982年），《联邦判例汇编》第2套丛书第670卷第341页，（认为在可选择制裁的情形下，“劳动委员会不应当试图干预集体谈判程序的合法成果”）]。

一言以概之，我们既茫然于“明晰易见的错误”之准则的理论基础，又困惑于劳动委员会适用这一准则的标准。的确，这一准则的现行公式似乎是用来容许劳动委员会在同意和解结果时给予其尊重而在不同意时加以干预的，却没有明确的判断标准。[⑩] 这样的方法不可能在所提交的案件中就什么样的和解会被认定为“明晰易见的错误”的问题给双方当事人以明确指示。敏锐尖刻的观察者可能会倾向于认为，这种方法是算命先生给仲裁行为开具的处方。

在本案中，我们不必进一步阐述“明晰易见的错误”尊重政策的现行公式在逻辑上的不一致性。第520号工会没有对政策的有效性提

⑩ 在言辞辩论中，劳动委员会的律师如此解释“明晰可见的错误”标准的原理：

劳动委员会的处境是，依据制定法，它负责防止和追究不公平劳动实践；依据制定法它还……有一项维护私人之间通过和解解决纠纷的国家政策……我认为，具体案件具体分析是有余地的。

劳动委员会在此处于中立地位。它有责任……延迟行使管辖权，克制使用它自己的程序，运用它对和解协议和对仲裁裁决的裁断权，并为审查这些事项制定标准，以此来保护雇员的权利。这样才符合劳动委员会双重角色的需要，由此促进有利于纠纷私人解决的国家政策，也履行其（保护雇员）的职责。除了得出结论认为劳动委员会在它不喜欢一项和解协议时就会依据“明晰可见的错误”标准来横加干预而在和解符合它的意思时袖手旁观之外，我们找不到解释这些相当晦涩的评论的途径。问题在于，无法确定除了劳动委员会之外还有什么东西能够对裁判赞成或不赞成一项和解协议发生影响。

出质疑，而且它在这里适用也明显是可容许的，因为正如第 520 号工会的承认，在贝里案件中争议中的制定法上的权利在“可免除权利”范围之内。然而，我们要求劳动委员会认真考虑它的现行政策中的逻辑错误，并形成一套尊重政策的理论。正如在达尔案中所指出的那样，对于劳动委员会不能形成尊重政策的理论，我们的耐心不是无限的，如果劳动委员会继续顽固不化，只要再出现比今天我们面前这个案件更迷糊的状况，我们将会予以撤销。

三、结论

基于上述理由，我们驳回了第 520 号工会请求对劳动委员会的决定和裁定进行司法审查的申诉。然而，由于提交审查的决定表明，劳动委员会仍然不能对它的尊重政策提供可以说出个“所以然”来的有关理论，因此我们郑重警告，如果这一政策不能提高和改进，在将来的案件中将被撤销。

蒯诉美国航空公司案

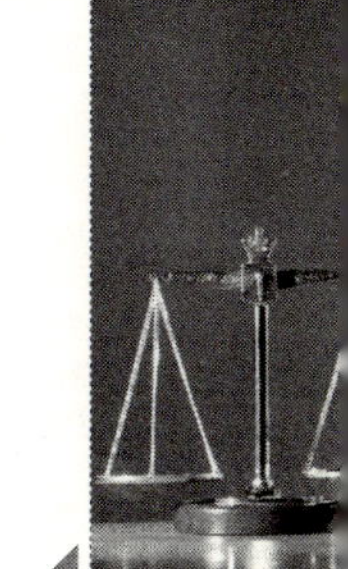

《联邦判例汇编》第 2 套丛书第 667 卷第 1095 页以下

（哥伦比亚特区联邦上诉法院 1981 年判决）

傅郁林　译

案情摘要

本案是针对一项“批准附加费的裁定”（Order Approving Additional Costs）的上诉。原告（即被上诉人）基于一次发生在越南的空难已经在针对被告（上诉人）的过失致死诉讼中获得了胜诉判决，然后联邦地区法院又作出了上述有利于原告的裁定。这笔争议中的费用是在陪审团作出有罪判决和判令赔偿 392300 美元之后裁定给付的。“批准附加费的裁定”批准了六项费用，合计 6510.92 美元，但上诉人只对下列三项提出异议：（1）津贴费 588.00 美元，包括证人酬金、交通费及被上诉人的一位来自加利福尼亚州的证人的生活费用——该证人从未在庭审中被传唤作证；（2）翻译费 412.50 美元；（3）被上诉人关于越南法律的专家证人的特别酬金补偿 2425 美元。

由于美国联邦的一般规则是当事人各方必须支付本方的诉讼费用，胜诉方只能在制定法或法院规定所允许的费用方面获得补偿，所以，

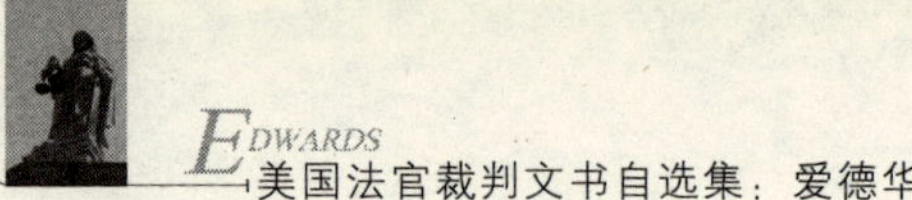

在本案中，上诉法院分析了调整费用补偿的各种制定法并得出结论认为，联邦地区法院可以裁定给付上述前两项费用，但对于支付给专家证人的酬金补偿不能批准。

蒯诉美国航空公司案
QUY v. AIR AMERTCA，INC.

《联邦判例汇编》第2套丛书第667卷第1095以下
（哥伦比亚特区联邦上诉法院1981判决）

蓝木·蒯等，被上诉人
诉
美国航空公司，上诉人
案号：80—2327.

哥伦比亚特区联邦上诉法院
辩论：1981年9月16日
判决：1981年10月20日
上诉自哥伦比亚特区联邦地区法院

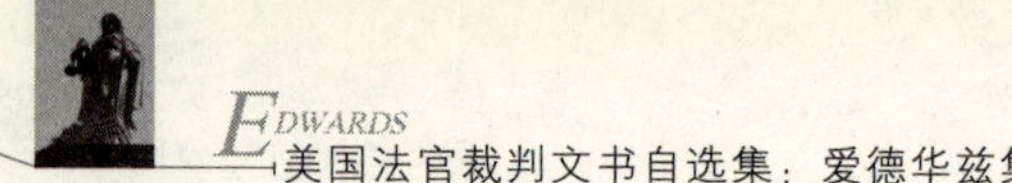

哥伦比亚特区联邦地区法院民事案件号：74—00428号

纽约市劳伦斯·门兹为上诉人诉讼代理人，

在法律理由书上与之共同代理上诉人的还有：

华盛顿特区托马斯·J·华伦、莫菲特·B·罗勒、康登及福赛斯。

纽约市哈丽雅特·K·多尔森为被上诉人诉讼代理人，

在法律理由书上与之共同代理上诉人的还有：

华盛顿特区小罗伯特·X·佩里、纽约市约翰·C·兰克劳

合议庭组成：贝兹伦（BAZELON），资深巡回法官

泰姆（TAMM），巡回法官

爱德华兹（EDWARDS），巡回法官

本法庭意见书由巡回法官哈里·T·爱德华兹制作。

巡回法官哈里·T·爱德华兹：

本案是对一项"批准附加费裁定"的上诉。作为一次发生在越南的空难结果，原告（即被上诉人）已经赢得了一项针对被告（上诉人）过失致死（wrongful death）的判决，1980年10月22日联邦地区法院又作出了上述支持原告的裁定。（附件110a）这笔争议中的费用是在被上诉人在过失致死的诉讼中胜诉，陪审团作出有罪判决和判令赔偿392300美元之后裁定给付的。

"批准附加费裁定"批准了六项费用，合计6510.92美元①，但上

---

① "批准附加费裁定"原文如下（附件110a—111a）

这是一件异乎寻常的死亡案件。它由直升飞机在越南发生的无关乎战争行为的碰撞事故所引起。死者的遗孀和七个幸存的遗孤在本案审理期间仍在越南。所有到庭作证的证人都是从远隔重洋的地方带到美国来的。

一位越南执业律师有资格作为复杂的越南法律的专家，这一法律涉及到对法国法的考虑——在越南推翻法国政府统治之前法国法居于统治地位，涉及到对华沙公约及其对本案的适用性以及如不适用华沙公约如何选择准据法等问题的考虑，涉及到越南法律关于近亲属继承权的规定，以及其他复杂的法律考虑。本院所审查的是在书记官对所主张的大多数请求不予批准之后原告赢得许可的诉讼费用。在考虑原告的申请、被告的反对和原告的答辩之后，本院作出下列认定：

1. 原告有权缴纳书记官费用。 10.00美元

2. 原告有权缴纳审前副本费。 850.02美元

诉人在此只对下列三项提出异议：

（1）津贴费（allowance）588 美元，包括证人酬金（witness fees）、交通费及被上诉人来自加利福尼亚州的一名证人的生活津贴——该证人从未在开庭审理中被传唤作证；

（2）翻译津贴费 412.50 美元；

（3）被上诉人关于越南法律的专家证人的特别津贴费 2425 美元。②

基于在本意见书中说明的理由，我们确认了联邦地区法院关于给付上述前两项费用的裁定，而撤销了其关于补偿支付给“专家证人”的费用的这部分判决并将这部分裁决发回重审。

一、背景

本案的原诉讼是由蓝木·蒯和她的孩子们提起的因过失致死诉讼，请求原告的丈夫和父亲的死亡赔偿。胡在一次空难中遭受了致命的伤害，1971 年 3 月 17 日的这次空难发生在越南南部的芹苴，当时一名乘客慧在一架由被告美国航空公司所有并经营的飞机上。针对航空的诉

---

3. 未在庭审中适用的证词费用不予批准。

4. 原告有权支付关于越南法律的专家（作为对法庭和双方律师均必要的情况处理）的费用。

5. 原告有权缴纳应法庭要求出席的证人的费用，扣除格拉德．拜特尔的生活费用 50 美元，他的按哩计费的差旅费为 12.00 美元（或单程 6.00 美元），表明他可以回家。 1424.40 美元

6. 原告有权缴纳使用于本案的越南法律复印费。书记官的许可是公平的（复印审前文件是一项律师费用，因此不予批准。） 100.00 美元

7. 原告有权缴纳在法庭中使用的全部资料的翻译费。 452.50 美元

以上被批准的诉讼费用总计 6510.92 美元

② 联邦地区法院批准的一项总额为 3674.00 美元的专家证人酬金包括：支付给古茵·库克·戴（被上诉人越南法律专家）的酬金 2425.00 美元；古茵·库克·戴的交通费 474.00 美元；古茵·库克·戴的食宿费用每天 50.00 美元；向古茵·库克·戴支付的翻译越南法律资料的酬金 325.00 美元；向奥德维·希尔顿支付的鉴定蓝木·蒯签名的酬金 400.00 美元。（附件 63a.）上诉人提出异议的费用项目只有 2425.00 美元。上诉人特别声称，“联邦地区法院无权收取超过制定法《美国法典》第 28 编第 1821 所规定标准的专家证人食宿费、交通费和生活津贴费”。（上诉人法律理由书第 7 页）。

讼于1974年3月14日提交法院，该案由陪审团和尊敬的琼·L·格林法官（the Honorable June L. Green）于1978年12月进行了审判。在近七天开庭审理之后，陪审团作出了支持诸位原告的判决（verdict），赔偿总额为392300.00美元。法官于1978年12月21日作出判决（judgment）采纳了这一数额。③

1980年6月5日，被上诉人通过他们的律师提交了一份总额为8707.15美元的费用单据（附件3a）。1980年7月1日，哥伦比亚特区联邦地区法院的书记官只准许了其中917.30美元，未准的项目中包括三项请求：（1）威廉·史丹雷（原告的证人，他来自加利福尼亚州，出现过，但没有在开庭审理中作证）的机票；（2）交通费用请求；（3）“专家证人的费用”请求。（附件3a—4a）。1980年7月14日，被上诉人提交了一份费用请求动议，要求格林法官“审查书记官……只许可本案所提交的费用单据中一部分费用的行为”。（附件68a）。根据各方当事人提交的书面理由，格林法官发出了“批准附加费裁定”，作出裁定的日期为1980年9月23日，于1980年9月25日归档。（附件110a—111a，另见前文注释1）。

为了弄清被上诉人请求费用的根据，下面分别列出围绕这三项有争议费用项目的事实：

1. 关于所许可的出过庭但未在开庭审理中作证的原告证人的费用：

在空难发生后不久，当时正在美国联邦军队中服役的威廉·史丹雷调查了事故原因。史丹雷先生在调查期间还准备了一个在事故现场录制的控制台录音整理译本。在审前证据开示程序中，史丹雷先生的证词是在加利福尼亚采集的，双方当事人后来约定史丹雷先生的证词要在开庭审理中受到认可才行。

---

③ 在陪审团和法官分别作出有利于被上诉人的判决之后，美国航空公司动议作出“不顾陪审团判决的判决”或重新审判。这一动议在格林法官于1979年1月17日作出的裁定中被驳回了。随后，本院于1979年9月26日，未制作判决书（decision），确认了联邦地区法院对过失致死的判决（judgement）。[蒯诉美国航空公司案，《联邦判例汇编》第2套丛书第605卷第572页（哥伦比亚特区联邦上诉法院1979年判决）]。

被上诉人的律师认为，史丹雷先生在庭审现场作证对于证明其他证据无法包括的重要事实可能是必不可少的，[④] 于是请史丹雷先生从加利福尼亚飞到华盛顿以便在审判时作证。史丹雷先生在华盛顿停留了两天。然而，原告的律师在开庭审理中确定，没有史丹雷先生的证词他们的证据也足够了。于是，原告的律师决定反对传史丹雷先生作证。

2. 关于所许可的已花费的翻译费用

在联邦地区法院的过失致死诉讼开始大约四年之后，上诉人的律师去越南西贡收集原告蓝木·蒯和原告方死者的雇主的证词。原告蒯和死者的雇主都在越南提供了证词，一位翻译把这些证词同声传译为英文。由于在越南找不到合适的法庭记录官，因而在越南的证词及其英文翻译都记录在录音带上。上诉人的律师随后向被上诉人的律师提供了录音带复制件和英文翻译的录音记录。

被上诉人的律师在检查英文翻译带时发现有几段空白和筛选过的部分，随即留下了（retained）原始译者——该译者当时正住在被上诉人律师的居住地——来审核这盒磁带，填补了空白部分，并纠正了晦涩难懂的句子。被上诉人的律师在开庭审理中作为证据宣读的是纠正过的录音记录。

3. 关于所许可的向原告方越南法律“专家证人”古茵·库克·戴支付机票的特殊酬金[⑤]

在 1978 年 10 月 24 日的听审中，格林法官建议双方当事人律师于 1978 年 11 月 20 日举行一次审前会议，于 1978 年 11 月 20 日开始开庭

---

④ 被上诉人论证，其理由与上诉人的观点并无重大分歧：

记录清楚地表明史丹雷先生是引起本案诉讼的这次空难调查中的核心人物。他是军方调查员，备有控制台录音，这在原告方诉讼中是关键的证据，因为肇事飞机已经坠毁，无法获得关于事故原因的其他直接证据。（上诉人法律理由书 42a）。所以，原告律师预测史丹雷先生的证词对于原告在庭审中对于责任的证明具有相关性和重要性是合理的。

（上诉人法律理由书第 11—12 页。）

⑤ 当事人双方一致认为，在这起过失致死案件中，“调整责任和损害赔偿争议的法律是越南南部法律”。（上诉人法律理由书第 11—12 页。同时见“原告的审前陈述”，摘引自关于上诉的补充记录）。因此，在由格林法官主持的诉讼过程中双方当事人都提交了关于越南法律的证据也就不奇怪了。

审理［初审记录第 10 页（1987 年 10 月 24 日）］，还建议他们在庭审之前提交“审前陈述”（同上）。

随后，被上诉人于 1978 年 11 月 17 日提交了一份“审前陈述”。［摘引自关于上诉的补充记录（Supplemental Record on Appeal）］原告的“审前陈述”包括了一份“证人名单”，但原告并没有把他们的越南法律专家列入将在庭审时被传唤作证的证人名单之中。（同上，第 15—16 页）。相反，原告的审前陈述只是这样说明：

> 越南法律适用于本案的责任和损害赔偿争议。法院在讨论有关越南人在责任和损害赔偿争议的法律授权问题时参考了随同的越南法律专家古茵·库克·戴的宣誓证词。原告另外要求由法院在庭审前就越南法律作出一项决定，以便在法院 1978 年 11 月 9 日所裁定的庭审前两天形成对陪审团的适当指示。

（同上，第 16 页。）⑥

在庭审开始以前，格林法官与原、被告双方的律师有过两次审前会议。这两次审前会议似乎是在 1978 年 11 月 20 日和 1978 年 11 月 27 日举行的，但在任何一次审前会议中都没有关于正式诉讼行为的官方（official）记录。⑦

---

⑥ “被告的审前陈述”（摘引自关于上诉的补充记录）把方—坎·固恩列为可能“作为越南法律的专家作证”的潜在证人。（同上，第 4 页）。

⑦ 在 1979 年 5 月 15 日上诉人律师发给格林法官办公室的派特·夏劾南先生的函中最详细地提到审前会议，他主张：

> 格林法官作出的任何裁定都反映了一个事实，即这些所要求的文件（律师之间的各种往来信函、审前陈述、补充审前陈述及原告的一览表）都根据法庭的指示在于 1978 年 11 月 20 日和 1978 年 11 月 27 日的两次审前会议中交换过，格林法官也命令过双方当事人把所有证人的报告于 1978 年 12 月 1 日前提供给对方。没有反映这些事实的裁定，则提交给上诉法院的记录就不完整……

格林法官以 1979 年 5 月 17 日命令中指示联邦地区法院书记官送达了这些文件，这些文件在被上诉人的律师在上诉中作为补充记录的函件中找到了。其中一个已送达的文件是 1979 年 5 月 15 日发给派特·夏劾南先生的函。所有这些前面引述过的文件都摘引自关于上诉的补充记录之中。

1978 年 12 月 12 日，就在开始陪审审判之前，格林法官举行了一次听审，允许双方当事人提出证据并就越南法律问题进行论证。诉讼记录表明，被上诉人的证人古茵库·克·戴作为被承认为有资格的关于越南法律的“法律专家”作了证［初审记录第 5—55 页（1978 年 12 月 12 日）］。关于古茵·库克·戴证词的结论，格林法官与律师之间发生了这样一段交谈：

兰克劳先生（原告的律师）：

法官大人，我根据这个证人的证词和在他作证过程中的演示相信我关于越南法律的证据。

华伦先生（被告的律师）：

法官先生？

法庭：

华伦先生？

华伦先生：

我相信已经向法庭提交的宣誓证词，法官先生。

而且我的立场是，法官大人可以在您确定外国法时考虑法庭演示、宣誓证词和在庭审现场的证人的证词，而我相信原告专家证人的宣誓证词，也相信我对他的交叉询问。

法庭：

好，你们那个人的宣誓证词有很多事情需要法庭询问，没有他出席落实这些问题，我不可能充分考虑这份证词。

（同上，第 55 页）。

记录没有表明格林法官如被上诉人在上诉中所说的那样“裁定”或以其他方式要求古茵·库克·戴作证。相反，记录表明初审法官只进行了一次简短的审前听审，采集了关于越南法律的证据并听取了双方的论证。在这次听审中，原告选择了呈递专家证词，被告则选择根据对原告的专家及双方当事人事先提交的宣誓证词进行

交叉询问。⑧

二、关于所许可的为一位出过庭但未在庭审中作证的证人支付的费用

[1] 上诉人称，“法院批准支付史丹雷的出庭费用是适当的，他虽然没有在庭审中作证，但他的证词在审判中被采纳了。”（上诉人法律理由书，第11页）。在本案的记录中，我们驳回了这一争辩。我们认定，联邦地区法院的行为从一般意义上讲属于《美国法典》第28编第1821节（1978年第二次补编）的范围，因此，我们确认了格林法官许可的给付史丹雷的出席费、差旅费和生活费补助。

制定法授权为象史丹雷先生这样出过庭但没有在庭审中作证的证人支付费用，这些规定在《美国法典》第28编第1821节第a条第1款、第b条、第c条第1款、第c条第d款、第4条第1款和第d条第2款（1978年第二次补编）中：

> 第a条第1款：除非法律另有规定，在任何联邦法庭出庭的证人、或在联邦治安法官面前出席的证人、或在根据任何联邦规则或联邦法院命令有权收集其证词的人面前出席的证人，应当根据本编规定支付他们费用和津贴。
>
> ……
>
> 第b条：证人出席应当按每人每天30元支付给出庭费。还应当支付证人往返出席地点所占用的必要时间内的出庭费，可以在出席开始时或结束时或在出席期间的任何时间支付。
>
> 第c条第1款：通过正常交通方式旅行的证人应当以合理使用的运输方式和往返该证人的住所以最捷径的通常路线

⑧ 格林法官在她的“批准附加费裁定”中指出，原告的专家证人“对于法庭和双方当事人都是必要的”……（附件110a）。然而，没有什么说明原告的专家证人被命令或被要求作证，原告也没有诉求过或收到过法院发出的事先批准有特别资格“专家证人”的证词，法院也没有其他可行的方法来保障通过古茵·库克·戴的证词提供的信息。

> 往返出席地点的必要距离为基础按实际支出的费用。必须提供实际支出的收据或其他证据。
>
> ……
>
> 第d款：在司法管辖区内外的所有正常差旅费应当是根据本编第1920节规定为可缴税的费用。
>
> 第d条第1款：由于出席地点距离证人的住所太远不允许每天往返而且必须在出席地投宿时，应当给付证人（而不是被隔离证人）生活津贴。
>
> 第2款：证人的生活津贴数额应当最高不超过由第五编(title 5)第5702节第1款《普通公共机构的行政人员》中所规定联邦政府雇员在出席地出差的津贴标准。

根据这些提到了“在任何法庭出席的证人”的条款，一般说来，联邦地区法院有权许可付给史丹雷出席费、差旅费和生活费补助。

上诉人在提交给本院的法律理由书中没有提到《美国法典》第28编第1821节，而基本上是依据C·怀特和A·米勒的《联邦实务与程序：民事第2678节》，第10册，第230页（1973年版）中的这一段(脚注省略)：

> 通常，对于到了法院却没有在庭审中作证的证人不必缴费，也就是假定他不是一个必要证人……

然而，值得注意的是，C·怀特和A·米勒在这一段的其余部分接着写道：

> 然而这只不过是一个假定而已，如果表明经法庭命令或某些其他明显的情形提出过他的证词并非必要，那么这一假定就被推翻了。于是，当在公开法庭上应反方律师的意见作出安排因承认而使该证人证词不再必要，出庭费用也已获许可。当律师是因为避免继续浪费时间才克制不去传唤证人时，法院已经认定这笔费用是可以补偿的了。

[同上，第230—231页（脚注省略）。] 在引述的C·怀特和A·米

勒这一段文字中暗含的原则是，没有作证并不自动地导致支付出庭证人酬金的请求败诉。

［2］我们认为，与《联邦民事诉讼规则》（Fed. R. Civ. P.）第54条第d款⑨联系起来解释，《美国法典》第28编第1821节（1978年第二次补编）给联邦地区法院确定在什么时候应当许可支付那些庭审中未采用的证人以出庭费用留下了充分的自由裁量权。在这一点上，我们同意第五巡回法院在美国诉林德案中的判决［United States v. Lynd, 334 F. 2d 13（第5巡回法院1964年判决）］，在该案中提出了下列理由：

> 一些证人出现过却但未被法庭传唤作证，只是因为在庭审过程要以诚实信用避免给双方当事人造成拖延和不必要的不便或其他由于延长庭审时间造成的实体性的花费，这些花费本来是不需要支出的，因为他们的证词不过是在重复和堆砌已经被充分证明了的案情而已，然而仅仅因为上述原因而否定这样的证人的出庭费用与行使明智而衡平的自由裁量权似乎不一致。在这种情况下更合理的规则和政策是表现得足够宽松以保证这类证人的合理费用的补偿，作为最大限度减少这种拖延和不便及不必要的实体性花费不可或缺的手段，与此同时，作为法院官员，应当决定哪一个证人和多少证人是必须传唤的或者是在听审中应证明事实的需要可以临时传唤的，在这些问题上给律师一个可以预期的幅度和裁量标准。

（同上，第16页）。

在本案中，被上诉人的律师本着诚实信用和合理判断的原则传唤史丹雷先生听候传唤作证。史丹雷先生在责任问题上是一位重要的证

---

⑨ 第54条第d款是这样规定的：

（d）：诉讼费用。除联邦制定法或其他这类规范中另有明确规定的情况外，应当当然地批准向胜诉方给付诉讼费用，除非法院另有规定；但是对联邦政府、联邦官员和联邦机构诉讼的诉讼费用收取应当限于法律允许的范围。书记官可以择日发出收取诉讼费用的通知。根据嗣后五日内提出的动议，可由法庭审查书记官的行为。

人，被上诉人不可能合理地设想到他在庭审中不被要求作证。再者，可以获得史丹雷先生证词并没有成为他不必出庭作证的原因，而取决于庭审程序如何进展，本来有大量重要问题需要传唤史丹雷先生回答的。

上诉人闪烁其辞地同意在庭审中需要史丹雷先生，使得这一问题界限变得模糊起来。问题不在于史丹雷先生是否实际上被传唤作证，而在于被上诉人的律师是否在需要史丹雷先生作证的问题上做到了诚实信用和合理判断。联邦地区法院的法官对庭审情况掌握了第一手信息，最适于作出他自己的决定。在本案中我们找不到重新考虑格林法官判决的理由。

由于联邦地区法院的判决是经《美国法典》第28卷第1821节授权作出的，也由于我们没有发现滥用自由裁量权的情况，因此我们确认格林法官批准史丹雷先生出庭费、差旅费和生活费的裁定。

三、关于翻译费的批准

[3] 关于争议中的第二项费用，上诉人申辩道，“法院收取412.50美元翻译费是不合理的，因为这些收费并不代表翻译服务”。（上诉人法律理由书第13页）。我们认为这一观点完全站不住脚。根据案头的诉讼记录，我们认定，联邦地区法院的行为由《美国法典》第28卷第1920节第6条（1978年第二次补编）明确授权，因此我们确定了格林法官给予翻译费补偿的判决。

第1920节第6条是这样规定的：

> 任何联邦法院的法官或书记官可以对下列事项收费：
>
> ……
>
> (6) 对法院指定的专家的补偿、对翻译人员的补偿、工资、酬金、开销和本编第1828节规定的特殊翻译服务的开支。

（着重号为本意见书作者所加）根据这一规定，联邦地区法院有权准予支付提交给法庭的越语——英语翻译的原告证词的翻译费。上诉人对于津贴费翻译费这一点并没有争议，提出争执的是“（交给被上诉人的律师）的已经录入磁带的英语完全没有必要让海先生（即那位译员）‘翻译’”。（上诉人法律理由书第 14 页）。实际上，上诉人坚持认为，由海先生为被上诉人所做的工作“明显不是一项翻译服务”。（同上）

我们认为，无论关于海先生工作的性质问题可能存在怎样的纷争，格林法官都适当地予以解决了。记录表明，海先生曾被聘请来审查翻译磁带以填充录音复制带中的空白并纠正晦涩难懂的句子。尽管海先生未在庭审中作翻译，但他的工作涉及到对原告蓝木·蒴证词的翻译，而蓝木·蒴的证词已作为她本人在庭审中现场作证的替代品提交给了法庭。

根据这些事实，我们认定联邦地区法院的判决不应受到质疑，海先生的工作可以适当地被解释为由《美国法典》第 28 编第 1920 节第 6 条（1978 年第二次补编）所规定的应当许可准予支付其费用的“翻译”的工作。我们认定，联邦地区法院的决定即没有明显的错误，也没有滥用自由裁量权，更没有违反法律规定，因而我们确认地区法院支持被上诉人主张的判决。

四、关于所许可的支付给“专家证人”的酬金

关于争议的最后一点，上诉人申辩道，“联邦地区法院无权以超过制定法的标准收取原告专家证人酬金补偿费、差旅费和生活津贴费。”（上诉人法律理由书第 7 页）。我们在实质上同意上诉人在这一问题上的立场，因此对联邦地区法院核准的准予支付给被上诉人关于越南法律的专家的酬金予以撤销并发回重审。⑩

---

⑩ 对于被上诉人有权支付他们的越南法律专家古茵·库克·戴的交通费和生活津贴这一点没有争议，这已在《美国法典》第 28 编第 1821 节（1978 年第二次补编）中规定了。唯一有争议的是关于支付给古茵·库克·戴的“酬金”（fees）这笔费用（costs）的数额是否正当的问题。

本院从没有武断地考虑过如果发生的专家证人酬金费用超过《美国法典》第 28 卷第 1821 节第 2 项（1978 年第二次补编）规定能否给予补偿的问题。在 Postow 诉 OBA Federal Savings & Loan Association 一案中［《联邦判例汇编》第 2 套丛书第 627 卷第 1388 页注释 38（美国联邦哥伦比亚特区上诉法院 1980 年判决）］，本院指出，本院在联邦地区法院关于在“有较便宜的替代方式”可以用来提供由专家给与的证据时不许可专家证人酬金的决定中“没有发现有滥用自由裁量权的现象”。联邦地区法院在 Postow 案的意见书中指出：

> 一般说来，向专家证人支付的费用限于制定法所规定的证人酬金，而不是证人索取的实际酬金……在专家证人的建议得到法院的事先同意时有时也会有例外。

［见 Postow 诉 Oriental Building Association（《联邦判例补编》第 455 卷第 792 页，哥伦比亚特区联邦地区法院 1978 年判决）］，然而，本院没有机会传达这一声明的“例外”，因为我们认为争议中的费用已经被适当地驳回了。

［4］面对现在的问题，我们认为，除非案件中涉及到“例外情形”，[11] 否则能够许可的费用必须根据《美国法典》第 28 编第 1821 节第 2 条（1978 年第二次补编）的规定作出限制。我们看到，在支付给专家证人酬金的可许性问题上至少有一个巡回法院明确采取了不同的

---

⑪ 见伊利诺斯州诉 Sangamo 建筑公司案［657 F. 2d 855 1981—2 Trade Reg. Rep. (CCH) Ⅱ64，204，at 73，741—742（第七巡回法院 1981 年判决）］仅从表达方式来看，我们认为，如果联邦地区法院事先同意或要求某一获得特别资格的专家证人作证，这一证人将向法庭提供以其他合理方式无法获得的信息或证据，并且这一证人的出现对于本案的解决至关重要，则产生“例外情形”。

规则，[12] 但我们认定，在各巡回法院中压倒性的意见与我们今天在此宣布的意见是一致的。[13] 我们之所以被说服去附和多数派意见，是因为这种意见更忠实于制定法关于专家费用许可的明确规定。

最高法院从未解释过《美国法典》第 28 编第 1821 节和第 1920 节的法条；然而，最高法院在 Henkel 案中［Henkel v. Chicago，St. Paut. Minn. & Omaha Ry. 284 U. S 444，52 S. Ct. 223，76 L. Ed. 386 (1932)］解释了《美国法典》第 28 卷第 1821 节的前身对本案中争议中的问题所作的重要的指导性意见。

在 Henkel 案中，最高法院驳回了一项要求给予在庭审中作证的专家证人酬金补偿的请求，认为：

> 在国会已规定了作为诉讼费用许可的数额时，它的执行是有约束力的……
>
> 关于可支付和可收取的证人酬金数额的具体条款是由国会早在《1799 年 2 月 28 日法案》中制定的……现在仍可适用的这一立法就是《1926 年 4 月 26 日法案》（《美国法典》第 28 编第 1821 节的前身）……依据这些规定，在联邦法院的案件中作为补偿金或酬金支付给专家证人的附加费不得作为诉讼费用收取。

---

⑫ 见 Roberts 诉 S. S. Kyriakoula D. Lemos. ［651 F. 2d 210，206（第三巡回法院 1981 年判决）］（“联邦地区法院有衡平的自由裁量权在专家的证词对于案件的确定必不可少……或者在专家证词在争议的争议中居于关键地位时批准给付专家酬金）；另见 Welsch 诉 Likins，［《联邦程序规则判例汇编》第 68 卷第 589 页。（明尼苏达州联邦地区法院），上诉维持原判并引用法官判词，525 F. 2d 987（第八巡回法院 1975 年判决）］。

⑬ 例如见 Bosse 诉 Litton United Handing Sys. ［646 F. 2d 689，695（第一巡回法院 1981 年判决）］；伊利诺斯州诉 Sangamo 建筑公司［657 F. 2d 第 1981—1982 页；Trade Reg. Rep. (CCH) Ⅱ 64，204（第七巡回法院 1981 年判决）］；Jones 诉 Diamond［636 F. 2d 1364，1382（第五巡回法院）（全员合议庭审判），上诉请求调案复审获准］；Ledbetter 诉 lones［452 U. S. 959，101 S. Ct. 3106，69 L. Ed. 2d 970（1981），请求就一个问题发放调卷复审令状，453 U. S. 911，101 S. Ct. 3141，69 L. Ed. 2d 993（1981），上诉人请求调案复审被驳回，453 U. S. 950，102 S. Ct. 27，69 L. Ed. 2d 1033（1981）］。

(同上,284 F. 2d 446,52S. Ct. 224)⑭。在 Henkel 案中的这一判决强化了如下意见:

国会综合性地处理了这一问题,没有作出关于专家证人酬金的例外规定。国会的立法必须被视为有约束力的并排除了在联邦法院适用任何不同的各州习惯。

(同上,第 447 页,52S. Ct. 225)。

[5] 在 Henkel 案的判决和《联邦民事诉讼规则》第 54 条第 d 款、《美国法典》第 28 编第 1920 节和《美国法典》第 28 编第 1821 节已有明确规定的情况下,我们在本案中找不到许可适用特殊酬金(超过制定法津贴标准)支付专家证人的根据。我们关于这一理由(holdiang)的论证已在伊利诺斯州诉 Sangamo 建筑公司一案中 [Illinois v. Sangamo (见《联邦判例汇编》第 2 套丛书第 657 卷第 855 页),《贸易规则判例汇编》1981—1982 年卷(CCH)第 64 卷第 204 节,第 73 页和第 741—742 页(第七巡回法院,1981 年判决)] 中作了如下简明阐述:

> 《联邦民事诉讼规则》第 54 条第 d 款授权联邦地区法院在没有其他制定法上的授权时行使自由裁量权许可胜诉方当事人的诉讼费用。并非方当事人所有发生的与诉讼有关的开销都构成可补偿的诉讼费用。的确,主要的开销,如律师的

---

⑭ 在后来的 Farmer 诉 Arabian Am. Oil Co. 案中 [379 U. S. 227,235,85, S. Ct. 411,416,13 L. Ed. 2d 248 (1964)],最高法院承认联邦地区法院依据第 54 条第 d 款规定保留有限的自由裁量权批准制定法没有具体规定的一些为诉讼支付的费用为诉讼费用。然而,最高法院声明,所有诉讼费用申请都应当予以"小心审查","赋予联邦地区法院收取诉讼费用,自由裁量权应当以'制定法未具体规定的费用'的名义额外行使"。(同上,第 235 页,《最高法院判例汇编》第 85 卷第 416 页)。

与 Henkel 案不同的是,Farmer 案没有涉及专家证人酬金的争议,而涉及另一项请求,即不能批准向 100 公里以外的证人的支付交通费,因为根据《联邦民事诉讼规则》第 45 条第 5 款规定,法院的传唤权力限制在 100 公里以内。多数法院现已承认,对于他们传唤权力的限制并不能限制把从法院权限范围外来出庭的胜诉方证人的交通费列入诉讼费用。参见 C. 怀特和 A. 米勒著:《联邦实务与程序:民事第 2678 条》,第 10 册,第 231—234 页和第 42 页中引述的案例 (1973 年)。

酬金、调查服务费、大多数差旅费和生活费，一般都不是可补偿的“成本”。［见 Moore's Federal Practice Ⅱ 54.70（1），第1301—1302 页；Wahl v. Carrier Mfg. Co.，Inc.，511F. 2d 209，第 216—218 页（第七巡回法院，1975 年判决）］。联邦法院要许可的，除了有限的例外情况之外，只是那些被制定法具体承认的开支。［见《穆尔联邦实务》（Moore's Federal Practice），第 6 卷第 54 节第 77 条第 1 项，第 1701—1702 页］。

联邦法院适用《联邦民事诉讼规则》第 54 条第 d 款时首先查阅制定法《美国法典》第 28 编第 1920 节关于普通诉讼费收取的规定。（见 Wahl 案，511 F. 2d at 215.）在第 1920 节所规定的可许可的诉讼费用中有“向……证人支付的酬金或开销”。多数法院在解释第 1920 节关于证人酬金条款时……认为，对支付给专家证人的酬金的补偿限于《美国法典》第 28 卷第 1821 节中具体规定的制定法费用。

我们相信，把专家证人的费用限制在《美国法典》第 28 卷第 1821 节中具体规定的范围之内是正确的。国会在在第 1920 节中声明了诉讼费用包括向证人支付的酬金或开销，国会的第 1821 节规定把可以许可的证人的酬金或为其支付的开销具体化，这一规定也同样有效。在实施这一立法体制时，国会没有对类属于专家证人的当事人的私人证人作出特别规定。但是国会却具体规定了包括为法院指定的专家证人支付的费用在内的诉讼费用。

《美国法典》第 28 编第 1920 节第 6 项。我们认为，国会对于私人雇请的专家证人的默认意味着由于当事人私人雇请专家证人所发生的开销是可以根据第 1920 节规定作为第 1821 节所具体列明的范围之内的诉讼费用予以补偿的。（脚注省略）

我们认为伊利诺斯诉 Sanfamo 建筑公司案判决对于上述问题的意见无懈可击，因而在关于许可给专家证人的诉讼费用问题上我们接受了第七巡回法院的理由（holding）。

在本案中，被上诉人坚持主张他们的越南法律专家证人是应格林法官的指示作证的。上诉人否认了这一主张，而我们在记录中没有发现支持被上诉人主张的证据。（见前文注释7、注释8及其原文）。

进而言之，尽管格林法官没有认定被上诉人的专家是“必要的”（见前文注释8）。联邦地区法院的“同意附加费的裁定”中也没有证明“例外情况”的认定的正当性（见前文注释11）。也许由被上诉人的专家提供的信息对于某些法律问题的最终解决的确是必要的，然而记录中没有任何迹象表明该专家在证词中所提供的信息不能以其他合理的方式向法庭和双方当事人提供。[15] 肯定地说，没有什么显示这位有争议的特殊证人古茵·库克·戴对于法庭来说有某种不可缺少性。

基于所有上述理由，我们推翻联邦地区法院就主张将支付给专家证人的酬金列入诉讼费用的请求作出的判决。本案中支付给专家证人的酬金限于在《美国法典》第28卷第1821节（第二次补编）中具体规定的制定法诉讼费用数额的范围。所以我们将案件发回重审，由联邦地区法院重新考虑这项费用的适当数额。

五、结论

我们确认了联邦地区法院许可被上诉人未在庭审时作证的证人酬金和翻译费的判决，推翻并发回了联邦地区法院就许可支付给“专家证人”的酬金的这部分判决。

裁定如上。

---

⑮ 如，我们认为由被上诉人专家所提供的信息可以通过法律调查得到保障，而联邦地区法院却认为古茵·库克·戴会提供以其他合理方式无法向法院提供的信息或证据，而且他作为证人出庭被确定为对于案件的解决至关重要，于是法院本应当事先同意或要求他就此作证的。没有这样的认定，就没有依据“专家证人”特别酬金，而不依据《美国法典》第28卷第1821节关于“证人”的规定，批准其为诉讼费用的审判权力。

诉讼费用的性质及其法律规制

傅郁林　评

美国实行免费（准确的说是“免税”）诉讼制度，法院裁判由某一方当事人承担诉讼费用不是为了上缴国库，而是用于补偿对方当事人的诉讼成本支出。美国法律所调整的诉讼成本包括律师费用以外的费用（costs other than attorneys’fee）、律师费用（attorneys’fee）。律师费用以外的费用包括当事人及其证人的差旅费、法庭记录费用、专家费用等，除制定法另有明文规定外，律师费用以外的费用由败诉方当然补偿给胜诉方，这些费用的范围由书记官评定，法官对书记官的处分行为进行审查；而律师费用则原则上由当事人自行承担，要求从败诉方那里获得律师费用补偿及其他非税性花费的当事人必须提出动议，说明所依据的判例和制定法、规则或其他依据。地方法院以特别程序解决有关诉讼费用的争议，在给予对方当事人以对抗机会的基础上由法官单独作出判决。正如本案法律意见书所示，法官关于诉讼费用的裁判必须“认定事实、陈述法律结论”[①]，以供上诉审查。这与我国的做法大相径庭。在我国，专门就诉讼费用提起上诉是不允许的，所以我国的裁判文书对关于诉讼费用承担的裁判不必说明理由。

美国的免费诉讼制度及补偿性诉讼费用制度与我国具有行政规费性质和一定惩罚性的诉讼收费制度之间形成如此鲜明反差，引发了学界对我国高额收费和司法低效现状的反思。然而，对法院是否应当收取诉讼费用上缴国库作出笼统评价，似乎有些把问题简单化了。诉讼费用制度的性质和功能在各国特定制度背景下存在的差异决定了法院费用在不同国度的不同命运，比如法国在1977年几乎全部废止了法院

---

① 见 *Federal Rules of Civil Procdure Rule* 54（*d*），1998*LEXIS—NEXIS*，*P. 108—9*. 参见白绿铉、卞建林译：《美国联邦民事诉讼规则》，中国法制出版社2000年版，第93—94页。

费用，[②] 而德国关于减少或取消诉讼费用的问题在70年代也曾经有过热烈的讨论，但最终，维持诉讼收费制度的主张占了绝对上风，取代免费诉讼制度的是强制诉讼费用保险制度。主张取消诉讼费用者认为，令当事人承担任何诉讼费用（疑为“法院费用”之误译，笔者）或在败诉时偿还对方诉讼费用都是违反宪法所保证的援用司法程序的权利，但反对者说，“解决私人之间的纠纷虽为政府职能，即对整个社会有利，但同时亦直接有利于诉讼当事人，尤其是当诉讼目的有时只是强制执行对方未提出争议的请求时，承担诉讼费用的人应当是不应诉当事人，而不是一般纳税人。”[③]

德国关于保留诉讼费用制度的上述理由实际上涉及法院费用的性质和法院费用的功能两个方面的问题。关于诉讼费用的性质在我国似乎容易理解得多，因为中国人以语言文字的精细把英文中的 tax 区分为税费和行政规费，税费是指由一般纳税人通过税收方式上缴国库并由国家财政以行政拨款形式统一分配给全社会一般纳税人享用的费用；行政规费则是向直接利用某一公共设施的人即受益人收取或回收的费用，如机场建设费（airport tax）、道路桥梁费、公园门票费，等等。这些公共设施通常都是全部或部分利用国家财政拨款修建而成的，使用这些公共设施的人作为一般纳税人已经履行了税赋义务，认为由他们另行支付所谓“行政规费”实为重复收费不无道理，但是，如果从公平分配和使用一般税收的角度来理解这问题，多受益者多缴费——向使用特定设施的人合理收取行政规费——也同样具有合理性，因为有些纳税人可能一生都不会使用某些用他们所缴纳的税款修建的公共设施，另一些纳税人却可能无数次使用这些设施。

民事诉讼中的法院费用究竟属于税费还是规费，与民事诉讼制度基本功能的设定有关。如译序中所述，无论哪种诉讼目的论都不会否认，解决当事人之间的民事纠纷是民事程序制度的基本和首要功能，

② 参见沈达明：《比较民事诉讼法初论》（下册），中信出版社1991年版，第206页、第207—209页。

③ 参见沈达明，上引，第208页。

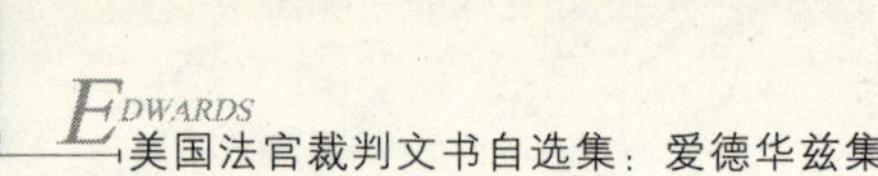

换言之，民事程序制度这一公共设施的直接和主要受益者是参加诉讼的当事人；与此同时，民事诉讼制度的另一重要功能是在处理个案的过程中创制规则，为避免或减少潜在的民事纠纷提供法律依据；另外，从制度的设置者而言，通过解决民事纠纷而（间接地）实现社会控制或维护社会秩序是民事程序制度的根本目的。民事诉讼制度的后两种功能是全社会性的，一般纳税人均可从中受益。可见，民事诉讼费用的性质兼具规费和税费双重性质，而以规费性质为主。

进而言之，民事诉讼制度在创制具有普遍约束力的法律规范方面的功能在两大法系司法制度中所占的比重是不相同的。在以法官造法为主要法律渊源之一的美国，司法判例如同制定法一样为全社会成员共同享有，美国人有理由把法院费用视同于国家税收，要求当事人向法院缴纳诉讼费用等于向纳税人重复收税，因为国家已经把大量的税收投入司法程序。以制定法为主要司法依据的大陆法系则与此不同，其诉讼费用主要具有行政规费性质。因为司法判决并不能作为有拘束力的先例而直接为后来的纠纷解决提供依据，诉讼程序创制具有普遍约束力的规范的功能受到致命限制，因此，司法程序的显在获益者主要是纠纷各方，国家投入于立法程序的税收份额要远远高于判例法国家，而投入于司法程序的财政拨款相应减少，由利用司法程序解决纠纷的社会成员来分担一部分司法成本，既有理论上的合理性，也具有现实上的必要性。法院既然是用全体纳税人的税款设置的公共设施，却未由每个社会成员同等享用，社会上多数人一生与官司无涉，那么，占纳税人中少数的人无偿享用公共司法资源意味着分配不公。

再比较同属大陆法系的法国和德国，法国免费诉讼制度之所以可行，是由其诉讼程序结构决定的。其实，诉讼费用制度究竟是调整法院与当事人之间纵向关系的制度，还是调整当事人之间横向关系的制度，抑或二者兼而有之，取决于各国的诉讼模式和程序结构。就法国而言，无论将其民事程序结构定位于“当事人主义”也好，“处分权主义”也罢，在法官消极主义和由当事人来推进程序事项这些特点上，法国和美国基本相似——送达文书、交换证据、决定程序进度，等等，

都是在当事人之间进行的，所以在法国和在美国一样，诉讼费用问题被认为是当事人程序权利和实体利益的重要组成部分，法官就诉讼费用问题行使自由裁量权时必须在裁判中说明理由以备上诉审查之用。④从诉讼成本或司法成本承担主体上看，法国法院为运作程序事项而发生的费用要比德国法院少得多。德国面临在保障司法资源补给、维护资源分配公平、在当事人之间确定费用责任分担等方面困境时，没有可能作出免除法院费用的选择，而是顺应了后工业社会法律发展的一种趋向，即通过社会福利或社会保险来解决民事责任或风险分担上的困境。德国以诉讼费用强制保险制度为败诉方承担包括对方律师费在内的全部诉讼费用的制度，不仅对权利方的保护更为充分，而且在抑制滥讼方面具有免费诉讼无可比拟的效能。相比之下，美国在实行免除法院费用与当事人各付本方律师费的诉讼费用制度时，是否考虑到抑制滥讼的问题，暂无从考证。笔者在此也无意于抽象地比较美德诉讼费用制度的优劣，因为各国对于自身诉讼费用制度引起的问题有其相应的配套措施，比如美国通过发展 ADR 等渠道来疏导由于诉讼爆炸引起的问题，这是另一个话题，况且，在没有获得社会学调查数据之前，并不能贸然得出结论说免费诉讼制度必然引起诉讼爆炸问题。本文在此只想针对我国司法实践曲解和误用诉讼费用制度在抑制滥讼方面的功能的现状，通过分析和比较其他国家的相应对策，思考在我国的具体语境下，如何在诉讼费用制度中平衡双方当事人之间以及国家或全社会与当事人之间的权利、责任和风险，同时以保护正当民事主体不受无端缠讼者的骚扰——而不是或不主要是以减少法院的工作负荷为直接目的，思考如何合理利用诉讼费用责任分担制度来抑制滥讼。

我国诉讼费用制度呈现出以下特点：

其一，诉讼费用包括诉讼的公共成本和私人成本两大部分，我国

---

④ 参见《法国民事诉讼法典》第 696 条，罗结珍译，国际文化出版公司 1997 年版，第 582 页；沈达明，上引，第 203 页。

规制诉讼费用的法律仅限于对公共司法成本即法院费用部分的调整。由法律授权最高人民法院所制定的《人民法院收费办法》被认为是我国关于“诉讼费用”的唯一法律规范，它主要规定当事人如何向法院缴纳费用以及双方当事人之间如何分担这些费用；当事人为参加诉讼而支付的私人成本，如律师费、差旅费等，都不计入“诉讼费用”法律规制范围。试图对律师收费标准进行法律规制的由司法部所颁布的《律师收费办法》，从出台之日起就仅仅是种没有强制效力的参考文件，目前早已被通货膨胀之后的诉讼代理人和被代理人们扔进了记忆回收站。所以，我国法律界在使用“诉讼费用”概念时也仅指法院费用，这与美国和德国西方“诉讼费用”概念有很大差异⑤。目前律师和客户之间遵循约定俗成的行业准则或惯例，列入民事合同法律调整范围⑥，律师费收取标准往往把律师与法官共享的“诉讼活动费”都考虑在内。⑦ 当然法律不可能去公开“规制”这部分费用，可是，既然法院可以“抑制滥讼”为藉口增加当事人向法院缴纳费用的名目和数额，为什么不能把当事人支付的律师费用及其他相关的合理诉讼成本列入败诉方费用责任范围？“滥讼”所损害的首先是对方当事人的尊严、权利和利益，因而最应当从滥讼者那里获得补偿的不是作为纠纷中立者的法院，而是被迫陪讼的对方当事人。

表面上看，由当事人各负本方律师费的制度似乎与美国很相似，二者的差异却是本质性的，因为美国诉讼费用制度调整的是双方当事

---

⑤ 在一次研讨会上，德国教授在与中国教授们交流本国关于诉讼费用的法律规定时出现了一种有趣的现象，双方语言不通，各自使用“诉讼费用”这一概念时又均暗指本国法律规定由败诉方承担的费用，由于两国法律规定不同“诉讼费用”的内涵和外延也大相径庭，于是怎么也澄不清对方法律关于费用责任究竟是如何规定的，直到分项列出所谓“诉讼费用”的名目，真正的交流才算开始，可是时间已经花去了一大半。

⑥ 德国之所以可以把律师费列入败诉方承担诉讼费用责任范围，重要因素之一是德国律师费标准象法院费用那样是由法律明确规定的，即使实践中有人悄悄地实行胜诉酬金制度，法院判决由败诉法承担的律师费仍是依法定标准确定的。

⑦ 参见拙文：《让胜诉酬金制在阳光下生长》，载于《工人日报·新闻周末》，1999年10月16日。

人之间的关系，是民事性的法律规范，法院只是象裁判当事人之间其他实体或程序权益一样，在诉讼活动结束之后对各方当事人预先支出的诉讼成本重新确定责任分配，无论这些费用最后在当事人之间作如何分担，都与法院无涉；我国的情况恰恰相反，无论法院费用最后由当事人中的哪一方承担，都是上缴法院的费用，所以我国诉讼费用制度调整的是法院（国家）与当事人（公民）之间的财产关系，是行政性的法律规范。所以法律规定，法院在诉讼尚未开始前向原告预收诉讼费用，以及向败诉的被告终局性地收取诉讼费用，都应当直接在法院与原、被告之间分别进行。如果原告胜诉，法院应将预收诉讼费用如数退还原告，然后法院再向负有诉讼费用责任的败诉被告收取，如果遇到穷困潦倒、刁钻无赖、甚至望风而逃的败诉人，不能回收诉讼费用的风险应当由法院承担。但在实践中，法院这笔由原告“预交”的收入却是旱涝保收、绝无风险的。原告作为行政规费“预交”给法院的诉讼费用在判决时莫名其妙地转化为被告对原告的民事债务，诉讼费用制度只有在把国家的风险转嫁给赢得官司的原告时才变成为调整当事人之间权利义务关系的制度。

与此特点紧密相关的，是我国诉讼费用立法主体方面的特色。法院既然是诉讼费用制度所调整的关系中的核心主体，作为利害关系一方当事人，其作为司法者能否保持中立地位已经大可怀疑，民事诉讼法却把诉讼费用的立法大权另授予之，而且，关于诉讼费用的判决不许提起上诉，不必说明理由。我们无法想象，一个集立法、司法、执行大权于身，又在其中享有切身利益，又没有任何程序监督的法院能够就诉讼费用问题制定合理的法律规范、作出公正的司法裁判、付诸有利于当事人的执行措施。

其二，诉讼费用的计算标准有两种方式——诉讼支付的成本和从诉讼中获得的收益。我国诉讼费制度兼采两种标准，而以后者为主。比如，财产案件以标的额为计费根据，因为在以确认或变更财产关系为目的的案件中，标的额越大，当事人收益越大，因而收费就越高。非财产案件则采取等额低费制，因为这类案件以维持、变更或消灭某

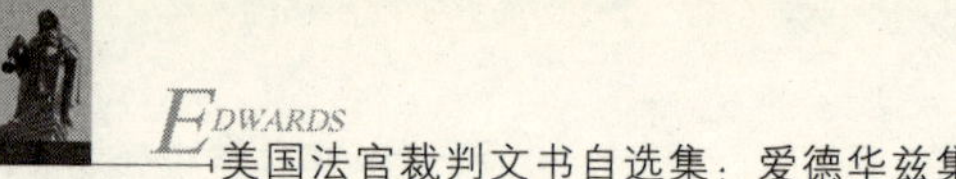

种社会关系为诉讼目的，当事人并不能从诉讼中直接获得经济利益，只能假定这类纠纷的处理为当事人创造的司法收益大致相等；同时，这类关系对社会公序良俗有着重要的关系，社会收益大于个人收益，因而采取低额收费制。这种以当事人收益来确定收费标准的方法与普通行政规费的特点大致相同，也是值得肯定的。从收费制度的功能来说，以当事人的诉讼收益为标准要比以当事人所消耗的司法资源为标准更有助于当事人行使程序自主权和程序选择权，当事人可以合理地预测自己的诉讼成本和收益而选择更符合自己程序利益的纠纷处理方式，如决定是否以诉讼方式解决纠纷、是否在诉讼中达成和解、是否提起上诉，等等，一般说来，最有利于当事人程序利益的选择在客观上也是最节约司法公共资源的一种选择。

在诉讼费收费比率上，我国以当事人所消耗的司法资源为基础。财产案件采用收费比率随标的额增长而递减的计算办法，标的越小收费比率就越高，标的额越大则收费比率越低。因为诉讼所占用的司法资源并非与案件标的大小成正比关系，俗话说，“清官难断家务事”，处理标的较小的案件所消耗的司法资源并不一定少于标的额较大的案件。有一些司法资源启动司法程序必须付出的基本成本，例如受理、送达、制作文书，案件不论大小所消耗的这些方面的司法资源大致相同，因而采用按请求额的增加而收费比率递减的办法，可以均衡个案之间司法成本与收益的关系。诉讼收费的计算方式从另一个角度表明，我国的诉讼费制度具有行政规费性质，与税收制度采取“累进制”的税收制度截然不同。税收是国家对社会财富进行再分配的重要手段，税收比率随收入增长而增加，使那些从社会中获得财富越多的人给予社会的回报越多，以累进制计算方法可以更大程度地削减贫富差距，实现社会资源分配的相对公平，这与诉讼费用的功能是不同的。

其三，关于当事人之间诉讼费用责任的分担，我国采取比例胜诉制，亦即在财产纠纷案件中，原告胜诉的比例以其诉讼请求总额与法院在判决中所确认的财产权利总额之差来确定，与当事人主张的权利之间的差额确定原告胜诉的比例。原告的诉讼请求受到法院确认和保

护的，谓之"胜诉"，所发生的诉讼费用由被告承担；原告请求法院确认和保护而未获确认的部分视为败诉，诉讼费用由原告自行承担。反诉请求适用同样规则。

这种规定有似于德国。以分担诉讼费用的办法防止当事人滥讼或漫天要价，鼓励诚实信用的诉讼行为，是德国诉讼费用制度中的一条重要政策，比如德国民事诉讼法规定，败诉方承担非必要程序发生的费用；当事人各方一部分胜诉、一部分败诉时，其费用互相抵销，或按一定的比例负担之。费用互相抵销时，裁判费由双方当事人各半负担；起诉并非是因被告的行为所引起，被告对于诉讼中的请求即时认诺者，诉讼费用由原告承担；当事人提起无益上诉者[⑧]，其上诉费用由提起上诉的当事人负担，但因上诉者提出新证据而获得胜诉者上诉费由胜诉者承担。[⑨]

然而，我们应当注意到，德国这种费用（风险）责任制度除了基于诉讼效率的考虑之外，其目的在于维护双方当事人之间权利义务对等关系，换言之，德国诉讼费用制度的基本点是调整双方当事人之间的权利义务关系，由败诉方承担诉讼的全部公共成本和本方与对方的私人成本，足以使"惧讼"和"好讼"两类当事人在起诉和上诉时都三思而行，不仅有助于制裁滥讼、抑制上诉、鼓励合作，也有助于鼓励和充分补偿拥有权利和真理的一方当事人利用司法途径维护自己的权利。相比之下，我国抑制诉讼的办法是增加起诉费、上诉费和申诉费（幸好法律明文规定再审案件不收费，不然再审率、"错案"率不知还要上升多少倍），诉讼费用制度却达不到上述两大目的中的任何一种，一方面，拥有债权的原告如果胜诉，则不仅要承担本方诉讼的全部私人成本，而且以中国法院目前不退还预交诉讼费用的实践和执行

---

⑧ 可理解为上诉败诉者。参见沈达明，上引，第 203—204 页。

⑨ 参见《德意志联邦共和国民事诉讼法》第 91 条、第 92 条、第 93 条、第 97 条。谢怀栻译，法律出版社 1984 年版，第 24 页；*The Code of Civil Procedure Rules of the Federal Republic of Germany*，Juristisches Seminar der Universitat Tubingen，1990 by Simon L. Goren，printed in the U. S. A. p. 23.

难的现状，胜诉原告实际上要承担诉讼的全部公共成本；另一方面，无理缠讼的原告如果败诉，至少也可以在一审、二审、再审、再再审、再再再审没完没了的程序大战中，把被告拖得精疲力竭而不得不接受调解，不必承担对方诉讼成本的合算增加了健讼、缠讼者的风险利益和侥幸心理[10]，而旱涝保收的法院和律师自然也不会对当事人的损失有切肤之痛。

诉讼费用制度需要思考三个层次的问题：首先，在全部诉讼成本中公共成本与私人成本的比例，这是确定诉讼程序模式和进行司法资源合理配置的基础；其次，公共成本中应当由当事人承担的比例，这一问题涉及国家与公民的关系，需要参考当事人从公共司法资源消耗中的受益，当事人向法院缴纳的审判费用不能以审判案件的全部成本为标准，而只能以当事人所消耗的司法资源或者以当事人从司法资源消耗中的收益为标准，因为司法成本的另一部分用于生产由社会成员共同享有的司法产品，实现创制规范和维护社会秩序的司法功能，应当由国家从税收中开支。通常说来，案件标的越大，社会从诉讼中获得的经济利益也就越多，案件越典型、案件的社会影响越大、审级越高，司法在创制社会规范方面的功能越能得到发挥，所以上诉费与一审诉讼费采用同样标准与司法程序的功能相悖；最后，当事人之间如何分担诉讼成本，核心问题是，能否将私人成本列入诉讼风险责任范围。这一关系涉及当事人权利义务关系的平衡。

---

⑩ 另一种奇怪的比较法现象也很有说服力。德国的督促程序制度与我国一样规定，只要债务人对支付令提出异议，则转入诉讼程序。实践中的情况却大相径庭，德国民事案件中 90%以上是以支付令来解决的，当事人即使对支付义务存有某些疑问，昂贵的败诉风险足使他们放弃铤而走险的念头；而我们的支付令制度却形同虚设，债务人对通过转入诉讼程序赢得现金周转时间所获得的机会利益与即使败诉所承担的费用损失加以比较，得出的理性结论常常是“顽抗到底”。

舍伍德诉华盛顿邮报上诉案

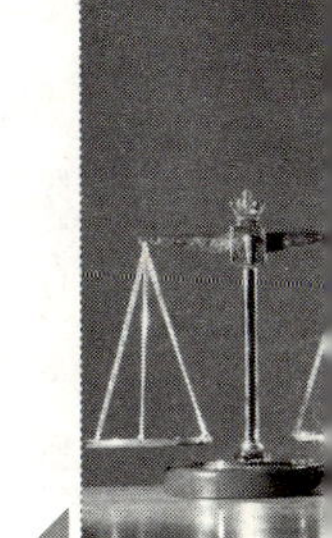

871 F. 2d 1144（D. C. Cir. 1989）

于秀艳* 译

案情摘要

上诉人托马斯·R·舍伍德是华盛顿邮报的一名记者，对邮报提起上诉，称上诉人有权根据《公平劳动标准法》，即《美国法典》第29编§213（a）（1）（1982年版）获得加班费。这一上诉提出了这样一个问题，即舍伍德是否以《公平劳动标准法》第13（a）（1）条规定的"善意职业身份"受雇于华盛顿邮报并因此排除适用该法关于加班费的条款。如何解决这一问题，将取决于舍伍德和加入其诉讼的在邮报工作的其他记者和编辑所从事的工作是否基本上具有"初始性和创造性"。通过广泛的证据披露和询问，双方当事人提交了简易判决程序的动议。如果对于主要事实没有争议，从而使一方当事人在法律问题上胜诉，简易程序的适用则是适当的。换言之，当初审法官以简易判决程序处理一个案件时，他或她应当确定这样一点，即如果案件主要事实不存在争议，便不再需要进行正式审理。如果对事实有争议，则需

---

* 于秀艳，女，中国法律与发展有限公司法制项目主任。

要进行正式审理以决定事实问题。在本案中，在对邮报提出的简易程序动议进行答辩时，舍伍德提交了一份声明，认为他相信双方当事人对案件的主要事实仍有争议，对于邮报就记者和编辑的工作的分类定性提出质疑。邮报在答辩中也对舍伍德提出的分类定性提出不同意见。

地区法院作出的简易判决判定邮报胜诉，并认为关于原告工作性质的主要事实是“无争议的”。上诉法院撤销了这一判决，认为实际上存在事实上的明显争议，需要法院进行审理后才能作出判决。邮报在上诉审过程中辩称，地区法院实际上已经解决了争议的事实问题，并根据约定的记录（即双方当事人同意以此解决案件的书面记录）作出了判决，而且除非有“明显错误”，上诉法院应当采纳地区法院对事实的认定。但是，上诉法院拒绝了地区法院判决中确定的分类定性。因为对主要事实存在争议，所以将该案发回进行实体审理。

托马斯·R·舍伍德和其他上诉人
诉华盛顿邮报案
SHERWOOD v. WSHINGTON POST

（案号：88—7042）

美国哥伦比亚特区巡回上诉法院

辩论日：1989年2月10日

判决日：1989年4月11日

原审法院：哥伦比亚特区地区法院

（民事案件号：86—02701）

上诉方代理人：罗伯特·E·保罗与尤金·R·费德尔，哥伦比亚特区华盛顿

被上诉方代理人：约翰·G·凯斯特，哥伦比亚特区华盛顿

巡回区承审法官：罗宾逊、爱德华和森特尔

法院判决

本法院认为：

上诉人托马斯·R·舍伍德是华盛顿邮报（下称“被上诉人”或“邮报”）的一名记者，对邮报提起上诉，诉称上诉人有权根据《公平劳动标准法》，即《美国法典》第29编§213（a）（1）（1982年版）获得加班费。在简易程序的交叉动议（cross-motion）过程中，地区法院认为舍伍德是“以善意从事职业的身份”受雇的，符合《公平劳动标准法》第13（a）（1）条的规定，因此不适用该法关于发给加班费的规定。上诉人诉称，因为当事人对确定职业身份的主要事实中的“真正问题”（genuine issue）（也称“重大问题”）存在争议，所以本案不应按照简易程序处理，而且法院没有指导当事人进行正式的初审程序。对此，我们同意。

［1］被上诉人辩称，“根据《联邦民事程序规则》第52（a）条，除非有‘明显错误’，地区法院认定的事实是有拘束力的。”［见被上诉人的“简要理由”第8页］。这一判断是非常错误的。该案由地区法院根据当事人依《联邦民事程序规则》第56条提起的动议，按简易程序作出的判决，只有在主要事实方面不存在重大问题，而且该判决虽然从最有利于上诉人的角度来认定证据，但被上诉人仍在法律问题上胜诉的，上诉法院才能支持。［见拜尔斯诉伯利森案，713 F. 2d 856，859 (D. C. Cir. 1983)］。换言之，上诉法院必须决定主要事实方面是否存在重大问题，如果没有问题，则要决定一审法院适用法律是否正确。而且，简易判决中败诉的当事人能够得到对其有利的所有合理证据推断的好处。［见麦克康乃尔诉霍华德大学案，818 F. 2d 58，59n. 1 (D. C. Cir. 1987)］。第52（a）条中的所谓“明显错误”标准并不适用于对简易判决的审查。［见托尼诉伯格兰案，645 F. 2d 1063，1066

(D. C. Cir. 1981)；蒂格里特诉华盛顿案，534 F. 2d 840，844n. 17 (D. C. Cir. 1974)]。

鉴于地区法院遇到了主要事实中的“真正问题”，我们认为，以简易程序处理该案是不适当的，所以，我们撤销原判，发回原法院对案件实体问题进行审理。

一、背景

舍伍德于1974年到华盛顿邮报工作，此前在《亚特兰大宪法》报社做了十年记者和编辑。他还曾为一名国会议员当过短期的行政助理。舍伍德为每日出版的华盛顿邮报提供报道，而且经常发表署名文章。他的报道职责包括报道的创意，决定收集哪些事实，从有利于一般读者理解的角度组织这些事实，以及决定将哪些情况纳入报道之内，以及是否需要扩展或压缩报道等。见“联合附录”第168—171页。

1986年10月1日，舍伍德向地区法院提起诉讼，指控邮报违反了《公平劳动标准法》。根据该法，如果雇员每周工作超过40个小时，雇主即应支付加班费。而邮报拒绝支付舍伍德加班费。邮报辩称，舍伍德与其他加入本诉讼的报社雇员一样，不受该法中的加班费条款的保护，因为他是以“善意职业身份受雇的”。[见《美国法典》第29编§213 (a) (1)]。

为了集中处理法律问题，双方当事人同意将证据披露程序只限于二十名原告的代理人，并将问题分成两部分，从而将编辑或记者的“职业”地位问题与摄影者地位问题分开来考虑。当事人还同意不使用陪审团审判，并向地区法院提交事实以决定有关团体是否适用该法的加班费条款。双方当事人制作了一份详细的记录，提供了作为原告的十三个记者或编辑的陈述，听取了邮报总编和执行总编的供词，并提供了无数的书面陈述和材料。

证据披露程序之后，双方当事人提议依简易程序作出判决。除当事人编制的记录外，舍伍德还提交了一份关于邮报对主要事实的某些描述中他不同意的“真正问题”声明，特别是他的工作的创造性。[见“原告关于‘真正问题’的声明”，舍伍德诉华盛顿邮报案，677 F. Supp. 9（D. D. C. 1988）（No 88—2701）；“联合附录”1241—1244页]。邮报也提交了一份声明，对舍伍德关于主要事实的观点提出反驳。[见“对原告关于实行简易裁决程序主要事实的声明的答辩”，舍伍德诉华盛顿邮报案，677 F. Supp. 9；“联合附录”1245页]。

1988年1月13日，地区法院依简易程序作出判决，判决邮报胜诉。[见舍伍德诉华盛顿邮报案，677 F. Supp. 9（D. D. C. 1988）] 初审法院认为，关于十三个作为原告的记者或编辑的主要事实中不存在“真正问题”，而这些雇员都是《公平标准法》中规定的职业雇员。但是，在分析“详细记录”和“双方对简易程序的交叉动议”（见前引文第9页）后，地区法院认为以下事实是“无争议的”，即这十三名记者或编辑“从事了本规章所规定的初始性的和创造性的高质量的撰稿”，而且“无论在撰稿过程中还是在必要的准备过程中，他们作为撰稿人的的工作均为个人化的、阐述性的和分析性的。”（见前引文第14页）。初审法院进而评论道，因为原告在邮报工作时从事的是创造性的、负责任的工作，因而不能获得加班费。（见前引文第15页）。《公平劳动标准法》关于艺术行业的排除条款规定，任何“初始的和创造性的”以及“其结果主要产生于雇员的发现、想象或才智”的工作都不适用该法关于加班费的规定。[见《联邦规章典》第29编 § 541.303（1987年版）]。地区法院适用上述规定，判决原告十三名记者或编辑是该法律所规定的“职业人员”，因此无权获得加班费。原告向本院提起上诉。①

二、分析

[2] 根据《联邦民事程序规则》第56条，简易判决只有在下列情

① 根据1988年9月8日作出的裁定，该法院驳回了舍伍德及所有上诉人的上诉，因为其他没有遵守《联邦上诉程序规则》第3（c）条。1988年11月10日，法院拒绝了上诉人提出的“重审申请和全员合议庭重审的建议”。

况下才能获得上诉法院的支持，即“在主要事实方面不存在‘真正问题’，而且虽然一审法院已经从最有利于非动议方的角度认定证据，而动议方仍然在法律问题上胜诉”。[见拜尔斯案，713 F. 2d at 859（引语省略）]。因此，我们对简易判决审查后认为，“在简易判决中败诉的当事人应当得到对其有利的所有合理证据推断的好处。”[见托尼案，645 F. 2d at 1066（引语省略）]。

双方当事人看起来都同意这样一问题，即确定舍伍德的工作是否属于《公平劳动标准法》的职业排除范围的法律标准，就是他的工作是不是“主要的是初始性的和创造性的”。[见《联邦规章典》§541.3（a）（2）]。《公平劳动标准法》的这一实施规章规定：

第13（a）（1）条中规定的“以善意职业身份受雇的雇员”是指：

“（a）其基本职责包括

（2）在某一公认的艺术领域从事初始性的和创造性的工作（与之相反的是可以由具备普通的手工能力或知识能力和训练的人完成的工作），而且其结果基本上产生于雇员的发现、想象或才智……”（参见前引文）。

而且，劳工部对此所作的解释是：“被排除在加班费之外的报纸撰稿活动，‘其基本性质必须是初始性的和创造性的’。只有在撰稿是分析性的、阐述性的和高度个人化时，才能被认为具备创造性。”[见前引文§514.303（f）（1）]。② 根据对该法的前述解释，只有当初始性和创造性因素构成该工作的基本的或主要的功能时，该人的工作才能被认为是初始性的和创造性的“职业”。③

---

② 劳工部的解释还规定：

（1）……一般从事§541.3所指的初始性和创造性工作的报纸撰稿人，是指社论撰稿人、专栏作家、批评家以及分析和阐述性文章的“一流撰稿人”。

（2）新闻报道、从其他来源收到的文章改写，或者报纸的日常编辑工作，其主要性质都不是§541.3所指的初始性的和创造性的，必须作为不被排除的工作……[见§541.303（f）（1）和（2）]。

③ 我们将“基本的”与“主要的”之间在适用初始和创造性职业排除中有何区别的问题，留给地区法院在第一审中决定。

地区法院试图以简易判决程序将这一法律标准适用于本案。但是，在适用过程中，初审法院认定了主要事实存在的“真正问题”。例如，初审法院认为，记者“从事规章所规定的初始性和创造性的高质量写作”是毫无疑问的，而且“他们作为撰稿人的工作是个人化的、阐述性的和分析性的。”（见 677 F. Supp. at 14）。这一认定解决了当事人之间的一项主要纠纷，而且在这点上并不是基于一项“无争议的”记录作出的。

在“原告关于‘真正问题’的声明”中，舍伍德具体“申述了被告对于主要事实的声明”，认为，“邮报记者们的工作当然是运用智能的活动，但原告在工作中运用智能的程度基本上还没有达到邮报对该工作的要求，即该工作主要应是初始性的、创造性的或分析性的”。[见“联合附录”第 1242 页]。的确，舍伍德在记录中重新提及“如果你的文章是准确的、简练的和清楚的，那便可以说你已经完成了报道新闻的工作。”[见“联合附录”第 218 页]。他还指出，邮报将具有创造性和分析性的新闻报道分别叫做“新闻分析”或“述评”[见“联合附录”第 506—507 页]，而且他本人所写的报道中，只有极少数被纳入上述类别。在对舍伍德的答辩中，邮报声称“邮报的记者和编辑均被期望并且实际上也已经发表了初始性的和创造性的新闻事件报道。”[见“联合附录”第 1250 页]。因此，当事人双方对于舍伍德的报道是否具备初始性或创造性，以及这种性质是不是主要的这两个问题上，存在尖锐对立。

[3] 根据简易判决程序的动议，地区法院并不能因为对事实给予了认定并称其为“无争议的”而拒绝承认本案的主要事实存在争议这一情况。该法院也无权在决定简易判决程序动议的过程中对关键事实加以认定。在对简易判决程序动议进行审理时，“该法院的职能只能是确定是否存在与争议相关的任何事实问题，而法院不能对其中的任何问题做出结论。”［见奈休斯诉旅游管理公司案，466 F. 2d 440，442

(D. C. Cir. 1972)（尾注省略）]。[④] 相应地，地区法院或者应当认定主要事实中没有“真正问题”并作出简易判决，或者对该案进行全面审理，以便使其认定的事实可以根据《联邦民事程序规则》第 52 条接受审查。但在该案中，初审法院什么都没做。

三、结论

根据提交给我们的记录，我们不能支持该简易判决。运用对上诉人有利的所有证据判断，舍伍德的工作是不是基本上是初始性的和创造性的问题，当然是有争议的。因为我们发现地区法院面临一个主要事实中的真正问题，所以我们撤销地区法院作出的判决邮报胜诉的简易判决，发回原审法院对实体问题进行审理。[⑤]

撤销原判。

---

④ 被上诉人有点不机敏地试图将初审法院的判决看作是根据约定的记录作出的判决，因此应当根据第 52（c）条关于“明显错误”的标准进行有限的审查。情况确实如此，“在某些情况下，申请简易程序的交叉动议为了审查的目的……可以作为对于进行基于约定记录的审判的相互请求。”（托尼案，645 F. 2d at 1066）。但是，“地区法院判决中的用语与当事人提交的材料表明，一项真正的简易判决程序是各方有意进行的。所以，我们适用的审查标准要求，如果……记录不能排除主要事实中存在真正的问题，即应撤销原判。”[见前引述（引述省略）]。

而且，与被上诉人所声明的相反，地区法院所面临的要求适用简易判决程序的交叉动议并无关系。“关于要求适用简易判决程序的交叉动议规则……并不是任何一方当事人放弃要求提交自己的动议对案件实体问题进行全面审理。任何一方都承认，为了自己的动议，没有任何主要事实中存在问题”。［麦肯齐诉索耶案，684 F. 2d 62，68n. 3 (D. C. Cur. 1982)]。即使假设在辩论中当事人寻求让步，承认在提起简易程序的交叉动议时主要事实中不存在问题，地区法院明显拒绝了进行独立的事实认定的建议，从而作出了对邮报有利的简易判决。

⑤ 我们对本案的实体问题不发表任何意见。我们只是认为本案以简易程序审理是不适当的。

程序选择权与程序控制权

傅郁林　评

本案涉及美国简易判决（summary judgment，又译为“即决判决”）的适用条件问题。简易判决在本书中多次出现，由于与中国简易程序概念上的相似，很容易引起望文生义，将二者混为一谈。实际上，两个概念的相似远不如各自所代表的制度之间的差异重要。① 美国简易判决在性质、适用范围和条件以及具体程序等细节上与我国简易程序都存在差异。根据《美国联邦民事诉讼规则》第56条规定，简易判决具有中间判决性质，其适用的基本前提是系属纠纷的基础事实没有争议（undisputed）。如果当事人双方对纠纷的主要事实没有争议，则法院可以应一方或双方当事人的请求作出对该案的实质性判决；如果双方对部分事实没有实质性争议，则法院可应当事人请求就没有争议的部分请求作出简易判决，有争议的部分则继续进行审理，比如对于损害赔偿的数额存在争议不影响法院就责任分担问题作出简易判决。但对于仍有真实争议的问题，法院不得适用简易程序进行实质性裁判。正如本案所指出的那样，在一方或双方当事人请求对仍具有争议的事实作出简易判决时，初审法院的职能只限于确定是否存在与争议相关的事实问题，而不能对这一有争议的事实问题本身作出结论。这些有争议的事实问题须经审判程序进行辩论和全面审查后才可能作出裁判。

美国程序法对于初审法官决定能否适用简易判决的权力进行了多

---

① 德国教授 Burkhard Hess 在中国讲授德国民事诉讼法时，对由于术语翻译所造成的概念和制度混淆也颇感苦恼，好在这位比较法出身的学者精通英文和美国诉讼法，为了让中国学者将类似于中国简易程序的德国的简易程序（summary procedure，仅在商事案件中适用）与美国的 summary judgment 区分开来，于是将德国的简易程序称为 simple procedure。也许这样的变通对于我们理解德国、中国、美国制度中被译为同一名称的不同制度有所帮助。在中文翻译中陌生概念“即决判决”也有助于对这一概念内涵的探究。关于法律术语的翻译方法问题请参见拙文：《法律术语的翻译与法律概念的解释》，载于《北大法律评论》第2卷第1辑，转载于《中国社会科学文摘》2000年第5期。

层次的控制，以防止法官滥用简易判决的自由裁量权，避免由于简易判决在程序保障方面的缺陷给动议对方当事人可能造成的损失。法律规定，适用简易判决要经当事人申请（motion，又译为动议）。如果一方当事人申请适用简易判决而另一方当事人认为存在实质性争议，则双方当事人应就能否适用简易判决的问题进行辩论，初审法官经对是否存在实质性争议作出判断，作出准予或驳回动议的裁定。这一判决经不服者上诉后受到上诉法官的审查。即使象本案这样，双方当事人在适用简易判决问题上没有争议的，初审法官必须对双方动议中的请求之间是否存在实质性争议作出司法判断。对于这种判断和决定，上诉法官首先要审查双方当事人之间是否存在真正的争议（genuine issue)，如果存在，则撤销简易判决，责令初审法官适用普通程序开庭审理，对事实问题作出认定并接受上诉法官对事实问题的审查；② 如果不存在，则要决定初审法院适用法律是否正确，这一标准也十分苛刻。在没有事实争议的前提下，即使初审法官从最有利于对方当事人的角度来认定证据，动议方仍在法律问题上胜诉，这样的简易判决才可以得到上诉法院的支持。

在对法官的程序支配权进行严格控制的前提下，法律也设置了严厉的措施，以防止当事人滥用程序选择权，恶意阻挠适用简易判决。《美国联邦民事诉讼规则》第 56 条［简易判决］第 7 款规定：“根据本条规定提出的宣誓陈述书，无论何时如果法院明显地认为是出于恶意或仅仅出于拖延诉讼为目的的，法院应当立即命令使用该宣誓陈述书的当事人向对方支付由于该宣誓陈述书的提出而使对方蒙受的适当的费用，包括合理的律师费用，并且任何一方违法的当事人或律师可被判处藐视法庭。”

---

② 按照《美国联邦民事诉讼规则》第 52 条规定，初审法官对于事实的认定，除非有明显错误，都不应被撤销。即使上诉法院因明显错误撤销初审法官对事实的认定，也无权直接对事实问题作出裁判。唯一的处理办法是将案件发回重审，由初审法官对事实问题进行重新审理和判决。这种职能分工除有利于发挥上诉法院在法律问题上的审查功能之外，对于二审法官的权力也构成有效的程序控制。

法律一方面把程序选择权赋予当事人，另一方面也赋予法官严厉强硬的程序控制权，在当事人的程序选择权与法官的程序控制权之间起着决定作用的是当事人的诚实信用。当双方当事人正常行使法律赋予的程序权利时，法官的程序控制权引而不发，给予当事人以充分的程序自治空间，而当一方当事人违背诚实信用原则，恶意滥用程序选择权时，法官即会基于程序控制权对其实行严厉惩罚。被认为“消极”的美国法官在程序控制方面的职权令“超职权主义模式”下的中国法官们望尘莫及，仅仅一项藐视法庭罪便足以使美国法官不怒而威。与此同时，法律为补偿对方诉讼成本而施于拖延诉讼者的经济制裁措施也严厉得让当事人进行程序选择时不能不三思而行。③

与之不同的是，我国将程序选择决定权赋予法官，当事人无权参与选择对自己命运攸关的案件的审理程序。简易程序与普通程序的适用由法官根据民事诉讼法的原则性规定自由裁量决定，当事人对于自己提交法院解决的纠纷适用何种程序没有选择权，对于法官的程序选择更没有提出质疑的权利。两种简易判决之间的这一差异具有实质意义，它反映程序问题在程序法中是否获得足够重视，决定当事人的程序权利能否得到切实保障。除此之外，我国简易程序适用条件的多元标准缺乏象美国那样的确定性，从而给法官的“自由裁量”留下了巨大的空间，比如，法官对“争议不大”和“简单”的民事案件可以做任意解释。所以，实践中的普遍状况是，对所有的民事案件法官均可先以简易程序审理，当法官感到在简易案件的法定审理期限（三个月）以内无法审结因而在司法统计上影响到个人业绩时，简易案件便在审限到期时摇身一变而成为普通案件，享受以六个月为期、以合议庭为审判组织的审判程序。业内人士都明白，此时的普通程序只不过是简易程序的延伸，因为区别于简易程序的普通程序之核心要素合议制此时与独任制无异，承办法官以外的两名法官只不过是基于司法管理上

③ 参见本书蒯诉美国航空公司案点评：《诉讼费用的性质及其法律规制》。

的捆绑和“礼尚往来”的需要在正式开庭时陪坐法庭而已。④

自笔者十几年前进入法院以来，加强合议庭作用的呼声不绝于耳，合议庭空洞化的现象却有增无减。面对这种现实，我们是否应当换一种思路，思考一下这样的合议制的存在是否必要？按照存在主义哲学观点，初审案件能够如此长久地不经实质性的合议而审判完结，是否足以证明这种合议形式本身并没有价值和存在的必要性？即使这一结论尚待证明，中国目前的现实至少说明，相对于司法资源的巨大投入而言，这种合议制的司法收益可以忽略不计。基层法院的案件压力如此之大，让法官把本来可以用来清结自己手中案件的时间用于陪坐法庭，是不是一种巨大的司法资源浪费？而这种浪费又会影响陪坐法官对自己承办案件的精力和时间投入从而影响这些案件的质量。我们当然可以设想更加充实、更加有实际效果的合议制，然而我们必须学会计算完美的设想是否具有现实可能性。

如果我们对法官的独任审判不能放心，认为合议庭的存在对于法官的公正和清廉仍具有潜在的价值，至少可以增加感觉上的正当性，这种考虑不无道理。然而，在由法官自由裁量决定是否适用简易程序或普通程序的制度下，即使最终适用普通程序审判案件，合议制的这两方面价值也不可能实现，因为法官完全可以自由决定是否将自己置于另两个陪审法官的监视之下，只要他不超出审判期限的规定，他便可以独自一人将审判进行到底。这种选择权不受任何人、任何程序的控制。相反，当事人却在这种程序变更中处于完全被动的地位，即使

---

④ 同一小组的法官互有参加其他法官开庭的义务。如果某法官在另一法官承办的案件开庭时因故或借故不出庭，使自己的同事不能按法定人数如期完成开庭任务，这种被认为“不合作”的行为将会招致同样的不合作。所以，法官们宁可在法庭上打盹、写自己所承办案件的判决书、或藉此机会调整一下自己疲惫不堪的精神，也不会去得罪同事。至于“合议”，除了开庭休庭的那一次合议有95%以上是三人之间的讨论之外，其余的合议庭笔录许多都是为了逃避执法大检查而由书记员写好后请合议庭全体成员签名，要么在案件审结后补议补记。循规蹈矩的法官按照法定的合议制审结整个案件，往往在案件已经达到审结的程度时因为无法凑齐合议庭而不能不将结案时间延期。在法官出差频率较高的边远法院情况更是如此。

双方当事人之间的纠纷不过是鸡毛蒜皮，即使案件的“事实清楚、争议不大”，只要承办法官手上有一堆快过审限的案件，新案也只能在此排队，直排到审限快过的时候再转入普通程序，一等再等地等待另两位陪坐法官从他们自己的开庭日程安排中腾出空隙，来“参与”本案的审理和合议。⑤

一方面，当事人对于程序的适用没有选择权和制约权，另一方面，法官对于当事人滥用诉讼权利也没有程序控制权。当事人可以在诉讼的任一阶段提出新的证据，业经初审法院审查、认定过的事实和证据当事人可以在上诉程序中矢口否认，甚至在终审判决发生法律效力之后还可以因发现新证据而发动再审，这一“新证据”可能是发动再审的当事人在审判当时故意或因过失而没有提供法庭的，法官对此不仅束手无策，而且还要承担因缺少重要证据而造成的结案超审限的责任。根据最高人民法院的最新统计，2000 年 1—7 月全国法院结案率达 69.43%，比上年同期增长了 3.15 个百分点，但到 7 月底前，全国法院未结案仍有 185 万多件，这些案件中多数为超审限案件。为了提高诉讼效率，最高法院最近又出台了制裁法官拖延审判的“新规定”。然而，当法官对当事人不按指定时间出庭都没有法律明示的制裁措施时，要求法官单方面加快诉讼进程未免强人所难。同时，如果我们对这些案件进行细致分类，找出重复审理（发回重审、再审和重复再审）的案件数；再对已经按审限要求结案的数字进行分析，找出那些由简易程序转入普通程序，以形同虚设的合议制规避审限制度却浪费了两个陪坐法官真实办案时间的案件数；如果我们以当事人程序选择权为前提，以法官的程序控制权为保障，充分地利用简易程序，或许在诉讼公正和诉讼效率方面我们可以找到比“依法惩戒处理”⑥ 法官更加有效的方法。

---

⑤ 资料来源：北大法律信息网，chinalawinfo.com/.../details.asp? lid=145.00—10—5.

⑥ 引自《最高人民法院出台新规定：各类案件有了“死期限”》。北大法律信息网（同上）。

美国邮政工会诉美国邮政服务公司案

《联邦判例汇编》第2套丛书第789卷第1页以下

（哥伦比亚特区联邦上诉法院1986年判决）

胡悦琴 译 傅郁林 校

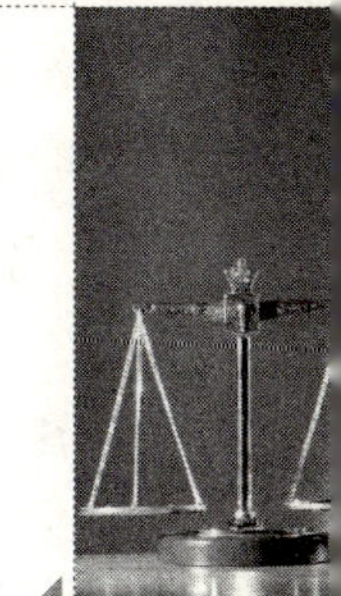

案情摘要

本案是关于不常见的联邦地区法院拒绝执行仲裁裁决的情形。争议中的仲裁案涉及到由美国邮政工会（下称工会）代表一名雇员提出的申诉，这名雇员因被指控在处理邮政业务时有不诚实行为而被解雇。在仲裁程序中，雇主试图引用该雇员在被联邦执法官监管讯问时所作的供述，但仲裁员认定，该雇员应被告知根据“米兰达”规则，宪法赋予他保持沉默或在讯问之前向律师咨询的权利，该雇员在被告知这项权利之前所做的供述应被排除。[该规则得名于美国最高法院关于米兰达诉亚利桑那州（Miranda v. Arizona）一案的判决，在此案中，美国最高法院认为，应当告知犯罪嫌疑人这一权利，以保障犯罪嫌疑人在监管讯问阶段的宪法权利]。仲裁员据此认定这一供述不具许容性(inadmissible)。因此，仲裁员裁决，由于缺乏雇员的供述，那么雇主解雇该雇员的理由便不充足。仲裁员于是推翻了解雇雇员的决定，并将其改变为惩戒性长期无薪停职。雇主拒绝履行仲裁裁决，邮政工会遂请求地区法院予以强制执行。

在一份简要的会谈纪要中，地区法院明确承认仲裁裁决是基于对双方当事人之间集体劳动合同的似乎有理的解释（plausible reading）。但初审法官采取了对合同的另一种解释（alternative reading），从而认定雇员的供述具有许容性。因此，法庭裁定不予执行仲裁裁决，因为仲裁裁决没有如初审法官解释的那样撷取合同的实质。

上诉法院查明，地区法院的判决与关于执行劳动仲裁裁决的联邦法律规定不一致，因而推翻了该判决。法院无权撤销一个无可争辩地依据集体劳动合同作出的仲裁裁决尔后以自己关于对合同恰当解释的意见取而代之。最高法院明令禁止法院如此越俎代庖。如果一个仲裁裁决撷取了集体劳动合同的实质，那么它必须得到维持；申请仲裁的各方当事人谋求的是仲裁员对合同的解释，而不是法院的解释，至于法院是否同意仲裁员对案件实质性问题的处理则不重要。

在本案中，集体劳动合同明确规定，根据本合同，邮政服务公司承诺遵守“准据法”（applicable laws）。因此，正如地区法院所认可的那样，仲裁员显然有权在解释合同时考虑有关法律规定，包括“米兰达”规则允许的要求（possible requirement）①。至于仲裁员关于适用“米兰达”规则的裁决是否正确则无关紧要。仲裁员对合同的解释应当得到执行，除非仲裁本身违反了现行法或试图强制施行某种非法行为。在此，仲裁判定仅仅是针对证据的可采纳性而作出的认定，这一判定撷取了双方当事人合同的实质而没有违反任何现行法。在这种情形下，法院别无选择，只能维持和执行仲裁裁决。

① 在 possible 的多种涵义中，其中有一个为“合理的，可允许的，二者可选择其一的”，与前文出现的 alternative（“二者可选择其一的”）有共同涵义。——校者注

美国邮政工会诉美国邮政服务公司案
AMERICAN POSTAL WORKERS v. UNITED STATES POSTAL

《联邦判例汇编》第2套丛书第789卷第1页
（哥伦比亚特区联邦上诉法院1986年判决）

美国邮政工会，AFL—CIO，上诉人

诉

美国邮政服务公司

案号：85—5167

美国哥伦比亚特区联邦上诉法院

辩论：1986年1月28日

判决：1986年4月18日

上诉自美国联邦哥伦比亚地区法院（民事诉讼案号：83—02921）。

阿瑟·M·卢比担任上诉人诉讼代理人。

美国助理律师施科特·T·克瑞吉担任被上诉人律师。在法律理由书上与之共同代理被上诉人的还有，美国律师约瑟夫·E·迪吉诺瓦、美国助理律师罗伊斯·C·兰博斯和R·克莱格·劳伦斯。

审判法官：巡回法官爱德华兹（EDWARDS）、巡回法官金斯伯格（GINSBURG）和美国第七巡回法院资深巡回法官费尔查德（FAIRCHILD）[②]。

法庭意见由巡回法院法官爱德华兹制作。

哈里·爱德华兹，巡回法官：

本上诉案所挑战的是一项拒绝执行劳动仲裁裁决的联邦地区法院判决。我们认为，地区法院的初审法官简单地将自己的判决取代仲裁裁决，从而严重地无视最高法院关于对劳动仲裁裁决司法审查的规定，我们将其撤销。

本案的仲裁事项是涉及一项由邮政工会代表一名雇员所提出的申诉，这名雇员因被指控在处理邮政业务时有不诚实行为而被解雇。在仲裁程序中，雇主试图引用该雇员在被联邦执法官监管讯问时所作的供述，仲裁员认定排除该雇员应被告知“米兰达”[③] 规则之前所作的供述。仲裁员据此认定这一供述不具许容性。因此，仲裁员得出结论认为，“既然排除了构成邮政服务公司指控基础的申诉人的供述，那么免职行为就无法维持。”[④] 仲裁员遂推翻了解雇该雇员的决定，将其变更为惩戒性的长期无薪停职。然而雇主拒绝履行仲裁裁决，邮政工会便向地区法院申请强制执行。

在一份简要的会谈纪要中，地区法院明确承认仲裁裁决是基于对

---

② 根据《美国法典》第28卷第294节第d款授权参加审判。

③ 米兰达诉亚利桑那，384 U.S. 436，86 S.Ct. 1602，16L. Ed. 2d 694（1966）。

④ 美国邮政服务公司诉美国邮政工会，案号：C1C—4A—D 14023&C1C—4A—D 14024，at 18（1983）（McAllister，Arb.）［下指仲裁员意见］，摘录于上诉人法律理由书附件A—24.

双方当事人的集体劳动合同的似乎有理的解释。但初审法官采取了对合同的另一种解释，认定雇员的供述具有许容性。因此，法庭裁定不予执行仲裁裁决，因为仲裁裁决没有如初审法官解释的那样“撷取合同的实质”。

[1、2] 因为初审法院的判决与有关劳动仲裁的联邦法律大相径庭，所以我们予以撤销。假如一个劳动仲裁裁决是无可争辩地建立在集体劳动合同基础之上，那么，法院就无权撤销它而将自己关于合同恰当解释的意见取而代之，最高法院已明令禁止法院如此越俎代庖。如果仲裁裁决撷取了合同的实质，那么就应当被维持。因为当事人所谋求的是仲裁员对合同的解释，而不是法官的解释。至于法院是否同意仲裁对案件实质问题的决定则无关紧要。[参见联合钢铁工人诉钢铁企业和汽车公司案（United Steelworkers v. Enterprise Wheel & Car Corp)，363 U. S. 593，599，80 S. Ct. 1362. 4 L. ED. 2d 1424（1960)]。

[3] 在本案中，根据集体劳动合同，邮政服务公司承诺遵守“准据法”。因此，正如地区法院所认可的那样，仲裁员显然有权在解释合同时考虑有关法律规定，包括“米兰达”规则的可允许的要求。至于仲裁员关于适用“米兰达”规则的裁决是否正确则无关紧要。仲裁员对合同的解释应当得到执行，除非仲裁本身违反了现行法或试图强制施行某种非法行为。在此，仲裁判定仅仅是针对证据的可采纳性而作出的认定，这一判定撷取了双方当事人合同的实质而没有违反任何现行法。在这种情形下，法院除维持和执行仲裁裁决之外别无选择。

一、背景

在下述争议中，申诉人亚瑟·石默曼（Arthur Zimmerman）是一位邮政柜台职员。据邮政检查机构（the Postal lnspection Service）的一项调查披露，由于石默曼的账目中有些不正常而使检查人员认为石默曼可能将邮资据为已有。一名检查人员在邮政检查局办公室会见了石默曼，在大约一小时二十五分钟的讯问后，检查人员才向石默曼宣读“米兰达”规则并交给他一份弃权声明书（waiver)。石默曼签署了两份承认在办理邮政业务过程中有不法行为的供述。邮政检查机构解除了石默曼的职务并对他提出刑事控诉。在刑事案件的审理中，法院没有采纳石默曼的供述，因为它们系“米兰达”规则被告知前监管讯问的结果，因此，这两份供述的取得违反了宪法第五修正案。最后，石默曼被宣告无罪。

随后，仲裁员举行了听证，以确定集体劳动合同是否允许解除石默曼邮政职员的职位。该集体劳动合同规定，只有具备“正当理由”才能解雇职员。双方一致认为，摆在仲裁员面前的问题就是解雇石默曼职位的正当理由是否存在。尽管邮政服务公司向仲裁听证会提供了证据说明石默曼在处理邮政业务过程中没有遵守邮政规章关于处理邮资的规定，然而能够证明石默曼具有挪用资金的不法行为的唯一证据只是石默曼本人的供述。邮政服务公司请求仲裁员考虑这些供述，邮政工会则认为这些供述是在石默曼被监管讯问期间未被告知“米兰达”规则前所作的，因而请求将其排除。

仲裁员裁定解雇石默曼的“正当理由”不成立。仲裁员在意见的开头识别了集体劳动合同的条款及与有关他的调查的邮政法规，⑤ 他所援引的规范中包括《行政管理权利》(Management Rights) 第 3 条，该条款要求邮政服务公司解雇雇员“必须与准据法及有关法规相符”。仲裁员的裁决依赖于他的如下判断：石默曼的供述不具有许容性，因为这些供述是在违反“米兰达”规则的情形下获取的。仲裁员在得出石默曼在接受“米兰达”警告前即受到监管讯问这一结论时指出，邮政检查人员是联邦执法官，而石默曼仅仅是一名被确认为嫌疑人并在讯问期间完全与外界隔绝的个人。然后仲裁员评述，“米兰达”规则是

---

⑤ 仲裁员所援引的相关的条款如下：行政管理权利（Management Rights）第 3 条，惩戒程序（Discipline Procedure）第 16 条，手册和指南（Handbooks and Manual）第 19 条，雇员索赔（Employee Claims）第 28 条。同时仲裁员也引用了包含雇员行为及处理邮政资费程序的各种邮政服务手册的章节。(仲裁员意见书第 3—5 页，摘录于上诉人法律理由书附件 A—9 至 A—11)。

众所周知的旨在防止公民在面对刑事指控时被迫认罪的保障，除非政府方能够证明刑事被告接受了“米兰达”警告而被告有效地放弃自己的“米兰达”权利，否则被告在监管讯问时所作的供述应从刑事审判中予以排除。仲裁员认为由于邮政检查人员显然是为了刑事指控的目的而取得这些供述，所以，这些供述应当从民事解雇诉讼中予以排除。

被排除的申诉人的供述是能够证明申诉人有不法行为的唯一证据，所以，仲裁员对解雇石默曼不予支持。但是，石默曼未遵守有关邮政法规应受一定处罚，故而将解雇变更为惩戒性的长期无薪停职，并将这一处罚记入石默曼的个人档案。

邮政服务公司拒绝履行这一仲裁裁决，邮政工会遂向地区法院诉请执行裁决。地区法院依据申请简易判决的交叉动议处理该案。初审法院在审查仲裁裁决过程中正确地认识到，只要一项仲裁裁决撷取了集体劳动合同的实质，那么它就应当得到法院的尊重。同时，地区法院也清醒地注意到，在双方的集体劳动合同中有如此的语句：“建议适用其他准据法，其中顺理成章地包括了米兰达警告”。⑥ 地区法院推翻了仲裁裁决是依照自己对集体劳动合同第 17 条第 3 款规定的解释，该条规定，“假如雇员在检查机构讯问期间要求一名监护人（steward）或工会代表在场，这样的要求将得到允许”。⑦ 地区法院由此推断，合同的这一部分表明合同的双方当事人一定是已经考虑到讯问期间有关雇员的权利，同意适用“米兰达”规则以外的其他程序。根据对该合同的这种不同解释（alternative reading），地区法院认为没必要在监管讯问前将“米兰达”规则告知雇员。

将自己的判决取代了仲裁裁决之后，初审法官轻而易举地判定仲

---

⑥ 美国邮政工会诉美国邮政服务公司，民事案件第 83—2921 号，单行法律意见书第 4 页（哥伦比亚特区联邦地区法院 1985 年 1 月 22 日），摘录于上诉人法律理由书附件 A—4。

⑦ 美国邮政服务公司与美国邮政工会之间的协议，AFL—CIO，全国邮递员协会章程（AL—CIO）第 17 条及第 3 条（1981 年 7 月 21 日至 1984 年 7 月 20 日），摘录于上诉人法律理由书附件 A—52。

裁裁决没有撷取集体劳动合同的实质，因而驳回了工会申请简易判决的动议而接受了邮政服务公司的动议。邮政工会遂向本院提起上诉。

二、分析

（一）审查标准

在钢铁工人三部曲（Steelworkers Trilogy）一案中，最高法院明确确立了里程碑性的意见：国家劳动立法的基本政策是提倡自愿的、有法律约束力的劳动仲裁。最高法院认为，只要双方一致同意将案件递交仲裁，那么法院的作用将是非常有限的。

在联合钢铁工人诉美国企业商会（United Steelworkers v. American Manufacturing Co.）[⑧] 一案中，最高法院阐明，由于“双方当事人约定将所有的而不仅仅是那些法院认为具有价值的争议提交仲裁”，因此法院“在衡量争议的实质问题方面就无能为力”。[⑨] 同样，法院在审查和执行仲裁裁决时所起的作用也是有限的。在联合钢铁工人诉钢铁企业和汽车公司案[⑩]中，最高法院规定法官不应当琢磨仲裁员的判定，而只能审查裁决是否“撷取了集体合同的实质”。[⑪] 在联合钢铁工人诉武士和海湾航海公司案（United Stealworkers v. Warrior & Gulf Navigation Co.）[⑫] 中，最高法院指出，集体劳动合同的性质不同于其他合同，“它是调整起草人无法完全预见的千变万化的案件的总则，”[⑬] 进而言之，它由某一特定行业的习惯法（Common Law）加以补充。[⑭] 换言之，劳动合同是一部产业自治的宪法，在其中，知识渊博的仲裁员扮演着不可或缺的角色。所以，审查法院的作用严格限定于审查仲裁

---

⑧ 363 U. S. 564. 80 S，Ct，1343，4 L. Ed. 2d 1403（1960）.

⑨ 同上，第 568 页，80 S. Ct. at 1346.

⑩ 363 U. S，593. 80 S. Ct. 1358. 4 L. Ed. 2d 1424（1960）.

⑪ 同上，第 597 页，80 S. Ct. at 1361.

⑫ 363 U. S. 574. 80 S. Ct 1347，4 L. Ed. 2d 1409（1960）.

⑬ 同上，第 578 页，80 S. Ct. at 1351.

⑭ 同上，第 579 页，80 S. Ct. at 1351.

员是否超越了合同赋予他的权限，而不应该关注该仲裁员是否正确地解决了争议。

在钢铁企业案中最高法院明确认定，仲裁员在解释合同时“理所当然地可以从多方面寻求线索”。[15] 法院指出，即使面对的是一个模棱两可（ambiguous）的仲裁裁决，法官也无权琢磨仲裁员的裁断；[16]“当事人所谋求的是仲裁员的裁决，至于仲裁员关于合同解释问题的裁断，法院无权因为他们自己对合同的解释与仲裁员意见不同而予以否决。”[17] 最近，在W·R·格雷丝及公司诉地方795工会（W. R. Grace & Co. v. Local Union 795）、联合橡胶工人国际工会（International Union of United Rubber Workers）[18] 案中，最高法院特别强调在钢铁企业案（Enterprise Wheel）中已确立的倍受推崇的审查标准之持续有效性：

> 当双方当事人在他们的集体劳动合同里达成一项仲裁条款时，他们就选择了将有关合同解释的争议提交仲裁员处理。除非仲裁裁决没有“撷取合同的实质”，否则法院就有义务执行仲裁裁决，而无权审查合同争议的实质问题。即便仲裁员裁决的根据是模棱两可的，上述标准依然如此。[19]

（二）审查标准的适用

1. 仲裁裁决是否撷取了集体劳动合同的实质

地区法院的判决仅仅停留于由钢铁企业案和W·R·格雷丝案确立的法律原则的表面，因此我们予以撤销。初审法院特别强调仲裁员的解释是基于集体劳动合同的可以想象的解释，然而，地区法院不是接受这样的解释，而是采取了它自己认为胜其一筹的另一种解释。钢铁企业案确立的司法命令所要取缔的正是这种在对抗的合同解释之间

---

⑮ 钢铁企业案，363 U. S. at 597，80 S. Ct. at 1358.

⑯ 见同上，第598页，80 S. Ct. at 1361.

⑰ 同上，第599页，80 S. Ct. at 1362.

⑱ 461 U. S. 757，103 S. Ct. 217，776 L. Ed. 2d 298（1983）.

⑲ 同上，第764，103 S. Ct. at 2182（引述钢铁企业案）（引述部分省略）。

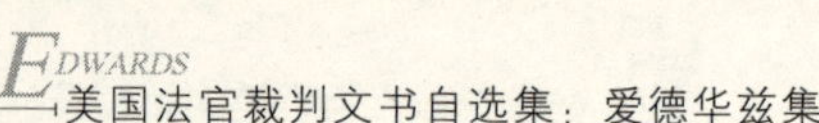

进行选择的做法。当事人谋求的是仲裁员对合同的解释并自愿受其约束，法院无权将自己的判决取代仲裁员的裁决。在本案的言辞辩论中，邮政服务公司的律师显露出地区法院的理论依据有严重瑕疵的看法。

我们维持了仲裁裁决，因为正如地区法院最初所认同的那样，该裁决撷取了集体劳动合同的实质。很显然，合同赋予了仲裁员适用“米兰达”规则的权力。仲裁员认为，有关的合同用语尤其是合同的其中一项条款要求解雇一名邮政雇员必须“与有关准据法和法规相符”。当联邦执法官的讯问导致雇员被解雇时，“米兰达”规则当然属于准据法的范畴。合同既没有规定如何处理这种情形，也没有禁止仲裁员适用“米兰达”规则。

从适当的角度看，本案涉及到适用证据规则的常见性争议，这类争议对于仲裁员来说是司空见惯的。仲裁员的裁决反映了他对合同的解释，仲裁员考虑适用“米兰达”规则的裁决的弦外之音中蕴藏的宪法含义并未改变这一结论。

2. 所称的“法律错误”不改变审查标准

[4] 邮政服务公司强调，如果不是因为违反“米兰达”规则而导致石默曼的供词被排除，那么仲裁员应当支持解雇石默曼。本案中的关键问题——往往迷失于对案件实质问题的争论之中——在于，仲裁员对“米兰达”规则的解释和适用作为一项“法律问题”是否正确并不重要。在言辞辩论期间，邮政服务公司的律师承认，除非合同明确限制仲裁员的权力，否则根据“传闻证据”（hearsay rule）规则排除一项证据的仲裁裁决不应受到法律审查，尽管法院认为仲裁员在解释传闻证据规则时犯了所谓的“法律错误”。然而这种推测的情形与法庭上的情形根本就难以区分。在任何情形下，仲裁裁决真正关注的是合同的涵义。因此，法院不必担心因没有纠正仲裁员所谓的法律错误而被认为是在认可不良法律（bad law）。

[5、6] 西奥多·圣，安东尼奥教授将仲裁员角色定位为受委派的各方合同当事人的“合同解释者”（contract reader），这是对这一问题

的更好解释。”[20] 根据圣·安东尼奥教授的观点，适用仲裁条款就意味双方当事人同意聘请一位仲裁员充当他们的“合同解释者”，授权他或她对集体劳动合同作出具有法律约束力的解释。当解释合同暗含的或者直接要求适用“外部法律”（external law）——比如成文法或判例法（decisional law）——时，双方当事人必定已经就仲裁员解释法律的问题进行过磋商并受仲裁员解释的约束。由于仲裁员是“合同解释者”，他对于法律的解释就成为合同的一部分，从而也成为调整合同双方关系的私法的一部分，这样，合同当事人就不能因为仲裁员所谓的法律错误而向法院寻求司法救济。因为他们一致同意了要受仲裁员解释的约束，而不管法院在处理同样争议时是否会得出同样的结果。在这种情况下，当事人的补救措施与他们不满仲裁员的工作表现时的补救措施一样：协商修改合同或重新聘请一位仲裁员。

大卫·费勒教授在另外一篇杰出的文章中极有说服力地捍卫了不干预仲裁程序的联邦劳动政策。[21] 费勒指出，在典型的劳动合同中，当事人双方的争议在包含于合同之中的规则被双方当事人的仲裁员解释或适用时受这些规则的调整，这一合意（agreement）是交易中至关重要的部分，法院干预或提供自己对合同的解释就会削弱当事人双方交易的实质性基础。

圣·安东尼奥和费勒教授的观点并非是误入歧途的学者的哲学倾向，相反，他们的观点恰恰与最高法院在钢铁企业案和W·R·格雷丝和公司案中确立的观点相一致。不管这些案件如何被定性，本巡回法院与其他法院已达成如下共识：

即使在法官看来仲裁员犯了事实上或法律上的错误，仲裁裁决也

---

[20] 圣·安东尼奥：《劳动仲裁裁决的司法审查》，《钢铁企业案及以此为先例的案例再思考》（St. Antoine，Judicial Review of Labor Arbitration Awards；A Second Look at Enterprise Wheel and its Progeny），《密西根法律评论》（Mich. L. Rev.）第75期第1137页（1977年）。

[21] 费勒：《集体劳动合同概论》（Feller，A Genneral Theory of the Collective Bargaining Agreement），《加利福尼亚法律评论》（Calif. L. Rev.）第61期第663页（1973年）。

不应被撤销，除非是“强制实施违法行为或与公认的公共政策相抵触”。[22]

因此，在本案中，仲裁员关于排除雇员供述的裁断的法律妥当性无关紧要。如果地区法院在主持审理民事案件时作出同样的裁决，那么根据最高法院关于违反宪法第四修正案而取得的供述在民事驱逐出境案（civil deportation hearings）中具有许容性的规定，[23] 我们可能将其撤销。然而，我们不是在考虑地区法院对这一法律问题的判决，而是仲裁员的裁决，所以我们没有这样做。我们对仲裁裁决的审查严格限于确定该裁决是否撷取了合同的实质，我们在审查根据合同而作出的仲裁裁决时并非拥有不受约束的权力。

3. 邮政服务公司主张对合同进行另一种解释是毫无根据的

［7］最后，我们必须驳回邮政服务公司的论点：即由于仲裁裁决没有采纳地区法院所依赖的另一种解释就是没有采撷合同的实质。特别要指出的是，地区法院曾注意到的集体劳动合同第 17 条第 3 部分规定，在任何讯问期间雇员均可要求一名监护人或工会代表在场。邮政服务公司虽然没有辩称更好的合同解释在于这一部分，却认为仲裁员

㉒ 华盛顿—巴尔的摩新闻业第 35 号地方工会诉邮政公司案［442 F. 2d 1234，1239（哥伦比亚特区联邦上诉法院 1971 年判决）（引述了 Gulf States 电话公司诉 1692 号地方工会案）］，电业工人国际兄弟会案［416 F. 2d 198，201（第五巡回法院 1969 年判决）］，该案在华盛顿医疗中心诉服务业雇员国际工会第 722 号地方工会案中得到赞同并引为论证根据［746 F. 2d 1503，1514（哥伦比亚特区联邦上诉法院 1984 年判决）］；同时参见 Wilko 诉 Swan，［346 U. S. 427，436—37，74S. Ct. 182，187—88，98L. Ed. 168（1953）（“与明显无视法律规定相比，由仲裁员作出的法律解释在联邦法院不因解释错误而受司法审查”。）（脚注省略）］；卡车司机地方第 863 号国际兄弟会诉 Jersey 海湾鸡蛋产业公司［773 F. 2d 530，533（第三巡回法院 1985 年判决）（对法律的错误解释不成为宣告仲裁裁决无效的根据）］，P. D. C. A 纽约州分会诉油漆工国际兄弟会第 201 号第 12 号及 622 号工会［743 F. 2d 142，148（第二巡回法院 1984 年判决）（引述 *Wilko* 案，以说明仲裁员对法律的解释不因解释错误而受司法审查）］；George 白天建筑公司诉木工兄弟会第 354 号地方工会，［722 F. 2d 1471，1477（第九巡回法院 1984 年判决）（对合同进行了可允许解释的仲裁裁决即使在法律结论上有错误也必须执行）］。

㉓ 移民服务公司诉 Lopez-Mendoza，［468U. S. 1032，104S. Ct. 3479，82 L. Ed. 2d 778（1984）］。

在解释合同时疏于考虑这一部分。如果仲裁员仅仅根据外部的法律资料作出裁决，而全然不考虑双方当事人合同的条款，那么裁决就不应被认为撷取了合同的实质，但本案情况并非如此。此外，仲裁员还查明本案的焦点在于"正当理由"是否存在——这显然是一个合同解释问题。仲裁员没有同意邮政服务公司关于哪些合同条款最具相关性的衡量，仲裁员对于恰当合同条款的选择本身就是对合同的解释，而选择合同条款是本院无权过问的。因此，我们否决了邮政服务公司的这一论点。

4. 关于所谓对"公共政策"的考虑

本案值得我们注意的最后一点是，邮政服务公司宣称，尽管仲裁裁决撷取了合同的实质，由于它违反"公共政策"，应被弃置一旁。但是，这一观点缺乏相应的法律依据，我们予以驳回。

[8] 由上述分析很容易理解，如果一项仲裁裁决本身违反成文法或试图强制推行某种非法行为，那么它就得不到法院的执行。然而，这一有时又被称为公共政策例外的规则之范围是异常狭窄的。最高法院在W·R·格雷丝案中已经做了解释：为了给例外提供法律基础，争议中的公共政策"必须界定准确并具有支配力（well defined and dominant），并确保'参照法律及司法判例，而不是从假定的公共利益中作一般性考虑'"。[24] 显然，设置范围狭窄的例外，目的在于限制对仲裁裁决进行潜在的、侵略性的、以"公共政策"为幌子的司法审查。

有一点并不完全清楚的是，在W·R·格雷丝案中提到的"公共政策"有什么比各家法院这些年来所说的在阐释钢铁企业公司案中更多的或不同的东西。[25] 然而，无论如何，从W·R·格雷丝案的措辞本

㉔ 461 U. S. at 766，103 S. Ct. 442，451，89L. Ed. 744［引述 Mushany 诉美国案，324 U. S. 49，66，65 S. Ct. 442，451，89 L. Ed. 744（1945）］。

㉕ 例如参见华盛顿—巴尔的摩新闻业第 35 号地方工会诉邮政公司案［442F. 2d 1234，1239（哥伦比亚特区联邦上诉法院 1971 判决），（即使在法官看来仲裁员可能犯了事实和法律上的错误，仲裁裁决也不会撤销，除非该裁决"强制施行违法行为或与公共政策相违悖"）］。

身可以看出，最高法院要说明的仅仅是，如果一项仲裁裁决超越了“界定准确”并“具有支配力”的“法律和司法判例”，它就得不到执行。另一种意见在W·R·格雷丝案中也十分清楚，即法官没有资格在决定适用公共政策时强加他们自己的正义观。因此，只有当公共政策具有明确的成文法或判例法渊源而“并非来自于对假定的公共利益的一般性考虑”时，才能适用例外。㉖

［9］毫无疑问，本案并没有构成需要援引公共政策之例外的情形。仲裁员的裁决本身并不违法，因为没有任何法律反对维持象本案申诉人这样的人的职位，而且该裁决也没有实施强制任何非法行为。换言之，即便仲裁员对于“米兰达”规则的观点是错误的，但他排除申诉人供述的决定无论如何也不违反法律或引致本案雇主实施非法行为。㉗除此之外，也是更为重要的一点，就是申诉人仅仅提出了一项仲裁事项，而仲裁员被适当指定和授权处理案件，裁决是基于对合同的解释而作出的。

邮政服务公司试图从第一巡回法院的判决中得到一些安慰，该判决拒绝执行一项欲恢复一名重罪犯职务的仲裁裁决。㉘坦白地说，我们发现，无论从理由方面还是从结果上想要找出所引述的案例与最高法院在W·R·格雷丝案中所作的判决的共同点都是比较困难的。然而，我们不必为这一问题过分费神。在本案中，申诉人从任何犯罪指控中都得到解脱，对我们来说无论如何没有正当理由以公共政策为根据不执行该仲裁裁决。对于我们而言，在此接受雇主的论点就会冒一个风险：让一个未经准确界定的“公共政策”例外去吞食维护司法对仲裁的尊重。我们不会支持任何这样公然无视钢铁企业案和W·R·

㉖ W·R·格雷丝案［461 U.S. at 766，103 S.Ct. at 2183（引述了Muschany诉美国，324 U.S. 49，66，65 S.Ct. 442，442，89 L.Ed.2d 744）（1945）］。

㉗ 华盛顿邮政局诉华盛顿—巴尔的摩新闻业第35号地方工会［787 F.2d 604，606（D.C.Cir. 1986）（“我们不必尊重一项图谋违背法律的仲裁裁决”）］。

㉘ 美国邮政服务公司诉美国邮政工人工会［736 F.2d 822（第1巡回法院1984判决）］。

格雷丝案学说的努力。

结论

综上所述，地区法院的判决应予撤销。案件发回初审法院重审，指令其作出对支持申诉人的判决。

裁定如上。

仲裁裁决的司法审查①

傅郁林　评

仲裁是由第三者以解决纠纷为直接目的而介入纠纷解决过程的一种社会冲突的自力救济方式，这种审判外纠纷解决机制经法律认可并借助国家强制力保证其裁判效力实现，但国家在赋予其强制执行力之前要进行司法审查。本案主要讨论了审查标准的适用。美国对仲裁裁决实行程序审查而不审查仲裁裁决的实体处理是否“合法”，这一标准即使在法院认为仲裁员……犯了所谓“法律错误”时也不改变，“除非合同明确限制仲裁员的权力。”这是因为，正如爱德华兹法官指出的那样，“当事人谋求的是仲裁员对合同的解释并自愿受其约束，法院无权将自己的判决取代仲裁员的裁决。”而国际商事仲裁委员会秘书长沃纳·米利斯博士在问到当事人是否需要拥有对司法监督和干预权力的反对权时，得到的回答同样是：“我们……去仲裁的目的就是避免法院程序，当然要求这种反对权。”②

仲裁的灵魂是意思自治，当事人双方的合意是仲裁裁决正当性和有效性③的基础。是否提交仲裁、将哪些事项提交仲裁、仲裁机构和仲裁地点的选定、仲裁员的指定和仲裁庭的组成、仲裁请求的变更乃至于纠纷解决准据法的确定，等等，都取决于当事人双方的协议。仲裁的功能就是根据当事人双方的自主意志，按照当事人双方选择的程序规则，解决当事人之间的纠纷。仲裁中的种种关系都渗透着契约精神，体现着契约规则。不必说仲裁管辖权的发生依据是当事人之间的仲裁协议，就连当事人与仲裁员之间的关系也建立在契约之上，当事

---

① 水暖工管道工第 520 号地方工会诉国家劳动关系委员会一案涉及到司法机构或行使准司法权的行政机构尊重当事人之间和解协议的政策，其中所体现的支持纠纷自治解决的精神与本案相同，对第 520 号工会案不另点评。

② 《国际商事仲裁文集》，中国国际商会仲裁研究所编译，对外经济贸易出版社，第 23 页。

③ 正当性是指当事人和社会公众对仲裁过程和仲裁结果的认可，有效性是法律（立法和司法）对仲裁的评价。如果获得正当性的仲裁不能获得有效性，则有关仲裁的立法和司法本身的正当性就可能受到挑战。

人选定仲裁员和仲裁员本人接受这一选任构成双方关系的基础，依据这种“类契约关系”，仲裁员承担义务，必须依当事人所选定的仲裁机构制定的仲裁规则进行仲裁，而当事人则承担履行仲裁裁决的义务。

仲裁的这种合意性、自治性和民间性一方面限制了仲裁的适用范围和仲裁员的权限，比如仲裁的事项就只能限于当事人可以处分的财产权范围，比如仲裁员不得在第三人与双方当事人达成合意之前追加其参加仲裁程序，因为“合同不得为第三方创设义务”，④ 比如仲裁庭不享有直接施行财产保全、证据保全及其他强制措施的权力，⑤ 因为暴力或强制手段由国家机关垄断或统一实施；另一方面，仲裁的这种特质也约束着司法对仲裁裁决的审查标准和范围，法官对于在合意基础上产生的仲裁裁决只限于程序审查而不及于实体处理，我国对国内仲裁实行实质审查原则，⑥ 这种做法与国际上的通行做法和世界各国不仅容许而且鼓励和保障社会成员以非暴力方式自行解决纠纷的趋势逆流而行。⑦ 司法系统的建立本来是对“自力救济”的否定，然而由

④ 关于仲裁可否追加第三人的问题，我国实务界讨论得十分激烈，这种激烈恰恰反映出我们对仲裁权性质的认识有问题。第三人不是仲裁协议的当事人，没有将自己与原当事人之间的纠纷提交仲裁的意思表示，管辖权产生于当事人各方之间提交仲裁的合意，因而仲裁庭对第三人行使管辖权没有根据。除非第三人与原双方当事人之间另行达成仲裁协议，并在第三人参加下重新选择仲裁员组成仲裁庭，否则仲裁庭的组成也不符合法律程序。《日本国际商事仲裁协会国内商事仲裁规则》明确规定，仲裁程序的非当事人以申请人或被申请人参加仲裁程序都应当征得其本人和参与仲裁程序的各方当事人同意。

⑤ 我国实务界在请求银行等单位提供仲裁当事人资信情况时常常遇到阻力，因而有人主张赋予仲裁机关像法院一样的强制性权力。

⑥ 见我国现行仲裁法第 58 条和现行民事诉讼法第 217 条。

⑦ 近年来，国际上的发展趋势是法院对仲裁主要表现的是鼓励和支持，尽量减少对仲裁的监督和干预。最能反映这种趋势的两个例子，一是向来对仲裁持严格干预态度的英国法院与仲裁加强了紧密合作；二是《国际商事仲裁示范法》第 5 条“法院干预的限度”规定：由本法管辖的事情，任何法院均不得干预，除非本法有此规定；在关于撤销仲裁裁决的理由方面，沿袭了纽约公约的规定，实际上消除了法院基于法律方面的理由来撤销仲裁裁决的可能性。参见《国际商事仲裁文集》，中国国际商会仲裁研究所编译，中国对外经济贸易出版社，第 222 页以下。

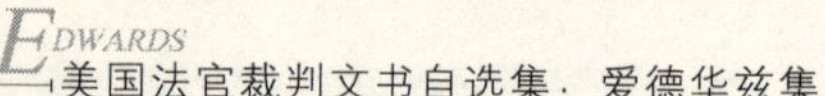

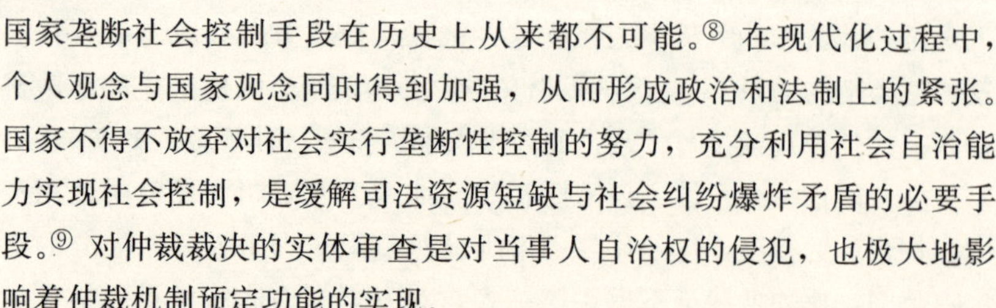

国家垄断社会控制手段在历史上从来都不可能。[⑧] 在现代化过程中，个人观念与国家观念同时得到加强，从而形成政治和法制上的紧张。国家不得不放弃对社会实行垄断性控制的努力，充分利用社会自治能力实现社会控制，是缓解司法资源短缺与社会纠纷爆炸矛盾的必要手段。[⑨] 对仲裁裁决的实体审查是对当事人自治权的侵犯，也极大地影响着仲裁机制预定功能的实现。

仅仅从立法技术层面上看，仲裁裁决的实体审查原则在一系列问题上都违背了仲裁机制的内在逻辑：

首先，仲裁的自治性或民间性原理。仲裁和诉讼所适用的基本原则不同，二者正当性标准也不同。我国《仲裁法》第 7 条规定，“仲裁应当根据事实，符合法律规定，公平合理地解决纠纷。”《民事诉讼法》第 7 条规定：“人民法院审理民事案件，必须以事实为根据，以法律为准绳。”仲裁的正当性要求不仅包括不违法，而且强调“公平合理”，其标准明显地带有民间性和伦理性，地方、社区或行业惯例甚至多数人的感觉需要都有可能成为仲裁裁判的依据；而司法判决却必须在法律的限度内不得稍越雷池。对仲裁裁决进行实体性审查，意味着法院对当事人的权利义务关系进行重新组合，由法院对实体问题作出判定，那么法院此时究竟选择什么标准来判断仲裁裁判“正确”或“错误”呢？

其次，仲裁的合意性原理。仲裁协议的法律效力在于：（1）就仲裁协议本身而言，一个有效的仲裁协议具有独立的效力，合同中的仲裁条款具有独立于合同而存在的效力，不因合同的变更、解除、终止或无效而失效；（2）对于当事人而言，仲裁协议一经签订就对当事人产生法律约束力。争议发生不能自行解决时，当事人有义务将争议提

---

⑧ 参见［美］弗里德曼：《法律制度》，李琼英、林欣译，中国政法大学出版社 1994 年版，第 229 页以下；另参见［日］千叶正士：《法律多元》，强世功等译，中国政法大学出版社 1996 年版。

⑨ 参见［日］棚濑孝雄：《纠纷的解决与审判制度》，中国政法大学出版社 1994 年版。

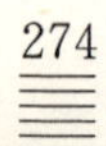

交仲裁，而不能向法院起诉；（3）对于仲裁机构来说，它是受理案件的依据，表现为对仲裁机构进行管辖授权；（4）对于法院而言，它具有排除司法管辖的效力。我国现行“或裁或审”、一裁终局的制度设置，意味着当事人只能在司法和仲裁之间作一次选择，当事人之间的实体法律关系只受一次审理，而司法对仲裁裁决的实体审查等于实行裁了又审或一裁二审。换言之，仲裁协议阻断司法管辖权，当事人选择仲裁则等于同时自愿放弃诉权，司法在没有诉权启动的情况下不享有司法权或审判权，因此法官对于提交仲裁的事项作出的实体裁判属于无效裁判；[⑩] 同时，根据一事不再理的原理，作为终局裁判的仲裁裁决在仲裁事项上产生既判力，法院没有权力对既判事项再次裁判。

第三，仲裁的经济性原理。一裁终局制度是按照仲裁的经济性要求设立的制度，可能在某种程度上牺牲实体公正的价值目标，而当事人双方以合意选择仲裁时已经在各种价值和利益指标中进行权衡和取舍。仲裁的实体审查导致重新仲裁或进行司法程序，增加了当事人预期的纠纷解决时间和经济成本。

第四，仲裁的公正性原理。对仲裁的实体审查以牺牲仲裁机制的全部特色功能为代价，试图确保纠纷解决结果的实体公正，然而，公正并不一定因此而实现。相反，当事人的意愿既不能约束自己，也得不到有关国家机关的尊重，仲裁裁决的实体审查就会成为当事人不信守契约、滥用诉权、以合法手段拖延债务等恶习的温床，损害了对方当事人基于自主选择而应当享有的程序利益和潜在经济利益，从而导致实质上的不公正。特别是当这种司法审查裁定得不到上诉法院的审查和监督时，[⑪] 以目前我国值得怀疑的司法人员素质、以司法机构在仲裁审查中所享有的本位利益，实体审查原则往往成为司法机关利用司法监督的优势地位跟仲裁机构抢案源或实行“地方保护主义”或“亲友保护主义”的尚方宝剑。

---

⑩ 参见伯特尔政府案点评。

⑪ 根据我国民事诉讼法规定，撤销仲裁裁决的裁定和不予执行仲裁裁决的裁定均属不得上诉的裁定。

在本案和第520号工会案中，作者都详细阐述了美国立法和判例对于当事人自力解决纠纷方式给予充分尊重的基本倾向，即使在涉及劳动合同这样属于国家侧重干预的经济法领域，也与普通民商合同仲裁一样适用程序审查原则。我国的劳动仲裁实行“先裁后审”的原则，有利于鼓励劳动部门和有关行政管理部门自行解决劳动争议，同时缓解司法的压力。不过，值得一提的是，中国的劳动者没有美国那样的工会为后盾，少有集体劳动合同，劳动合同远远不象普通民商事合同那样参与劳动者的自主意志，提交仲裁的劳动争议也远远不限于有仲裁协议的争议。我国的劳动争议仲裁是一种强制仲裁，具有行政司法性质。这些因素在阅读这篇法律意见书时都不能不予以考虑。与劳动合同相比，本案对于我国商事仲裁审查标准的形成应当更具有借鉴价值。

吉柯保险公司诉菲迪索夫案

《联邦判例汇编》第2套丛书第958卷第1137页以下

(哥伦比亚特区联邦上诉法院1992年判决)

傅郁林 译

案情摘要

在本案中，要求本庭解决一家保险公司，吉柯保险公司（GEICO)，与它的政策持有者（holder）菲迪索夫（Fetisoff）先生之间就吉柯保险公司的保险政策产生的争议。具体地说，本庭必须确定，因菲迪索夫先生的妻子卷入其中的一场车祸而引起的针对菲迪索夫先生的某些请求是否受一项责任限制政策调整，该政策规定，因为事故而遭受身体伤害者的责任限制的补偿额“每人”不超过10万美元，或“每次”不超过30万美元。

在此首先提出两个前提性的问题。其一，法院是否享有管辖权来审理这一案件。管辖权的基础是“州籍的差异性”（diversity of citizenship)，即要求原告和所有被告为不同州的公民（或法人）。如果有一被告与原告的州籍相同，则联邦法院不能审理此案，而必须向州法院起诉。在吉柯保险公司提起的宣告性判决诉讼中，被告是菲迪索夫夫妇和事故的受害者惠特尼夫妇，惠特尼夫妇分别是弗吉尼亚和哥伦比亚特区的公民。根据向联邦地区法院提交的文件（papers），吉柯保险公司也是哥伦比亚特区籍法人。这样，由于惠特尼夫妇和吉柯保险公司具有相同州籍，看来此案不适宜在联邦法院审理。管辖权的存在与否关涉联邦法院对提交给它的案件有无审判权，所以即使初审法院和双方当事人都没有提出这一问题，上诉法院也必须解决。但是，吉柯保险公司在最后能够证明它是马里兰的法人，故认定为联邦法院享有管辖权。

第二个基本问题是，系属纠纷受哪一个州的法律调整——马里兰州、弗吉尼亚州还是哥伦比亚特区？在一宗仅仅因为当事人双方来自不同州而提交联邦法院管辖的案件中，联邦法院有义务适用与该案向州法院起诉所适用的法律相同的法律，因此，联邦法院必须确定这一问题。在此，本庭查明，三个辖区的有关法律实际上是相似的，所以并没必要决定适用哪个州的法律。

针对纠纷的实质问题，本庭查阅了保险政策原文的措辞。由于模棱两可的合同一般按照不利于起草该合同的一方当事人——在本案中是吉柯保险公司——的原则解释，因而问题在于，关于责任的政策限制是不是模棱两可。通过审查吉柯保险公司政策的通常涵义的措辞（plain language），本庭得出结论：责任限制条款并非模棱两可。

吉柯保险公司诉菲迪索夫案
GEICO v. FETISOFF

《联邦判例汇编》第2套丛书第958卷第1137页以下
（哥伦比亚特区联邦上诉法院1992年判决）

吉柯保险公司，上诉人
诉
范仑汀·菲迪索夫，被上诉人
案号：91—7065.

美国哥伦比亚特区联邦上诉法院
辩论：1992年1月31日
判决：1992年3月20日

上诉自哥伦比亚特区联邦地区法院（民事案件号：90—2499）。

华盛顿特区桑福德·A，弗里德曼担任上诉人的诉讼代理人（在法律理由书上还有劳伦斯·T·斯科特）

华盛顿特区保罗·特伦斯·奥格雷迪担任被上诉人的诉讼代理人。

由巡回法官爱德华兹（EDWARDS），巡回法官西尔伯曼（SILBERMAN），巡回法官亨德森（HENDERSON）审判。

法庭关于本案意见由巡回法官哈里·T·爱德华兹制作。

巡回法官哈里·T·爱德华兹：

1990年3月，一起因汽车事故引起的人身伤害诉讼提交到法院，被告是被上诉人范仑汀·菲迪索夫（Valentine Fetisoff）。为菲迪索夫提供保险的吉柯保险公司随即在联邦地区法院提起一项宣告性判决诉讼，请求依据它曾发给菲迪索夫的保险政策确认其责任。吉柯保险公司和菲迪索夫之间的分歧在于对该政策中责任限制条款的解释。吉柯保险公司辩称，侵权诉讼适用所谓“每人”责任限制。菲迪索夫则认为应适用限额高一些的“每次”责任限制。

联邦地区法院认为，责任限制条款模棱两可，因而准予菲迪索夫的请求。［吉柯保险公司诉菲迪索夫案，民事字90—2499号，1991 WL 35521（哥伦比亚联邦地区法院1991年2月28日判决）摘引自附件（App.）第100页］。我们查明，条款并非模棱两可，其通常涵义的措辞与吉柯保险公司在本案中的观点一致，因此我们推翻了联邦地区法院的判决，并将案件发回重审，指令其作出支持吉柯保险公司的判决。

一、背景

本案的事实简单且无争议。1988年11月13日，塔玛拉·菲迪索夫（Tamara Fetisoff）卷入一场车祸，与另一小汽车司机琳达·惠特尼（Linda Whitney）相撞，后者受伤。琳达·惠特尼和她的丈夫约翰遂在联邦地区法院对塔玛拉·菲迪索夫和她的丈夫范仑汀提起人身伤害诉讼，范仑汀是菲迪索夫夫人所驾汽车的车主。［惠特尼诉菲迪索夫

案，于1990年3月27日向哥伦比亚联邦地区法院起诉，民事案号90—0708]。琳达·惠特尼诉求事故损害赔偿75万美元；约翰·惠特尼因配偶而提出一项单独请求，要求赔偿25万美元。由于惠特尼夫妇是哥伦比亚特区公民，而菲迪索夫夫妇是弗吉尼亚公民，因而联邦地区法院面临案件的主体管辖权问题。[见《美国法典》第28编第1332节第a条第1款和第d条（1988年）]。

事故发生时，范菲迪索夫是吉柯保险公司一种名为“10万美元或30万美元”（$100000/$300000）汽车责任保险政策的被保险人，这种政策就是，保险公司向因事故而遭受身体伤害者提供补偿，其最高限额为“每人”不超过10万美元，或“每次”不超过30万美元。[见《家庭联合汽车保险政策》（“吉柯保险公司政策”），摘引自附件第9页]。随着解决侵权纠纷交涉的开始，吉柯保险公司与菲迪索夫夫妇之间关于吉柯保险公司政策责任限制条款措辞的涵义产生了分歧。吉柯保险公司认为，由于在事故中受到身体伤害的是一个人——也就是琳达·惠特尼，所以由此产生的请求的总责任额应为“每人”责任限制10万美元。菲迪索夫夫妇则认为，由于请求主张是由琳达·惠特尼和约翰·惠特尼两个人针对他们提出的，因此应当适用高一些的“每次”责任限制。

1990年10月10日，吉柯保险公司向联邦地区法院提起对范仑汀·菲迪索夫的诉讼，请求作出宣告性判决，即宣告它对有关政策措辞的解释（reading）是正确的。吉柯保险公司在补充诉讼请求中将菲迪索夫和惠特尼夫妇列为被告。尽管在补充诉讼请求中关于管辖权的主张不明确，但诉讼请求表明吉柯保险公司是一家哥伦比亚公司；它进一步正确地声称，惠特尼夫妇也是该特区的公民。[见宣告性判决补充诉讼请求第2项和第4项（Ⅱ2，4）。摘引自附件第9页]。尽管在吉柯保险公司和惠特尼夫妇之间明显缺少差异性，但补充诉讼请求是以州籍的差异为管辖权的前提[①]

① 补充诉讼请求在陈述“争议中的数额为超过500000美元”这一事实之后，引证了关于联邦调查的规定《美国法典》第28编第1331节（1988年），而不是关于差异性的规定《美国法典》第28编第1332节，来作为有关管辖权的条款。（见宣言性判决补充诉讼请求第5项）。这显然是打印错误。

（同上，第 5—6 项）任何一方当事人都没有将这一明显的管辖权缺陷提请联邦地区法院注意。

在补充诉讼请求提出后几天，吉柯保险公司和菲迪索夫都提出简易判决的动议，双方当事人都声称没有什么事实问题争议，同时各自都主张自己对于作为法律问题的政策解释是正确的。吉柯保险公司诉称，有关政策的措辞含义清晰地表明，“每人”责任限制 10 万美元中包括了琳达·惠特尼的人身伤害请求和约翰·惠特尼的丧偶请求；菲迪索夫辩称，政策的措辞模棱两可，所以应当作出有利于他的解释。

1991 年 2 月 28 日，联邦地区法院发出一项准予菲迪索夫简易判决动议的“备忘录和裁定书”（Memorandum and Order），初审法院适用哥伦比亚特区法律作出判决：尽管在吉柯保险公司关于责任限制的政策中没有分辨出精确的（precise）模棱两可性，但是其中包括着“真实的（real）模棱两可”。[吉柯保险公司，单行法律意见书第 7 页]。因此，联邦地区法院根据合同解释规则作出不利于吉柯保险公司的解释，认为可以较高的“每次”补偿额为基础满足惠特尼夫妇请求（同上，第 2 页、第 7 页）。吉柯保险公司在上诉期间内对联邦地区法院的裁定提起了上诉。[②]

在本案完成法律理由书事宜之后不久，本庭作出如前所述的裁定，指出，由于吉柯保险公司与惠特尼夫妇之间明显缺少差异性因而产生管辖权问题，要求双方当事人准备在言辞辩论中提出这一问题。吉柯保险公司随后向本庭提交了动议材料，提出不存在管辖权所要求的州籍差异性；该动议请求我们驳回惠特尼夫妇作为本案当事人的资格，允许吉柯保险公司提起第二次补充诉讼请求。菲迪索夫在 1992 年 1 月 29 日提交的意见中反对吉柯保险公司的动议。

在言辞辩论中，吉柯保险公司的律师出其不意地撤回了要求驳回惠特尼夫妇诉讼资格的动议，声称，根据调查，他已经发现吉柯保险

② 在本上诉案悬而未决之时，侵权诉讼已经以 12 万美元的赔偿达成和解。和解协议承认吉柯保险公司与菲迪索夫之间就哪一方当事人对和解中超过 10 万美元的部分承担责任的问题还存在着纠纷，吉柯保险公司只承认根据“每人”限制承担这 10 万美元的义务。

公司的总部在马里兰，吉柯保险公司注册成立公司也是在该州，这样，吉柯保险公司就是马里兰法人，因此当事人之间完全存在着差异性。应我们的要求，吉柯保险公司随后提交了证实吉柯保险公司的总部和公司成立状况的宣誓证词（affidavit）。菲迪索夫自愿放弃了为他提供的对于在吉柯保险公司的宣誓证词中证实的声明进行抗辩的机会。通过菲迪索夫默认的吉柯保险公司的宣誓证词中的事实，我们相信本案存在所要求的州籍差异。[3] 于是根据《美国法典》第 28 编第 1291 节和第 1332 节之规定，我们对本上诉案有管辖权。[4]

二、讨论

在上诉中，吉柯保险公司主张，有关政策条款的措辞并非模棱两可，根据该条款通常涵义的措辞，由"每人"限制来调整吉柯保险公司的侵权诉讼责任。菲迪索夫反驳道，联邦地区法院适当地认定了政策措辞中存在真实的模棱两可。我们是从考虑本案适用哪个州的法律入手的，[5] 然后着

---

③ 见哥伦比亚特区检察院代表美国内燃机公司诉 Transamerica 公司一案［797 F. 2d 1041，1044（哥伦比亚特区联邦上诉法院 1986 判决）（根据《美国法典》第 28 编第 1653 节之规定，防御性管辖权主张甚至可以在上诉中提出，特别是当这一补充主张不受对方质疑时）］。

④ 尽管我们认定我们享有管辖权，并且插手本案的实质性问题，但我们并不想以任何方式将吉柯保险公司的律师在本案中的陈述并造成在管辖权问题上混淆视听的做法一笔勾销。按照我们在美国内燃机公司案中的判决（《联邦判例汇编》第 2 套丛书第 797 卷第 1043—1044 页），在最初诉讼请求及补充诉讼请求中关于管辖权的陈述都是不充分的；而且更糟的是，这些陈述一直在相互肯定地进行误导。由于柯保险公司提交的作为本庭上述裁定书答辩的动议书中也存在同样问题。的确，直到言辞辩论那一天，吉柯保险公司的律师才勉为其难地"发现"他的客户的公司总部的真实处所，这才提出管辖权问题。这样的诉讼代理人与审判惯例的要求差得太远了。

⑤ 由于法律选择问题是由本庭在我们的上述裁定中提出来的，吉柯保险公司的律师在言辞辩论中也提出了这一问题，因此我们单独审查了这一问题，而没有维持地区法院对哥伦比亚特区法律的默示选择。［比较 BWX 电力公司诉信息控制公司一案，929 F. 2d 707710（哥伦比亚特区联邦上诉法院 1991 判决（当争议未提起上诉，当联邦地区法院的选择也没有明显错误时，适用与联邦地区法院所适用的法律同样的法律）］。

手解决双方当事人争执的实质。我们的结论是，根据调整这一纠纷的哥伦比亚特区法律，责任限制条款并非模棱两可，“每人”限制适用于惠特尼先生的丧偶请求。

（一）关于法律选择问题

联邦地区法院在没有对法律确定作出明确选择的情况下适用哥伦比亚特区法律来解决本案的事实问题。我们对法律选择问题的独立审查表明，没有理由干预联邦地区法院默示地选择哥伦比亚特区法律。

［1、2］在差异性案件中，联邦法院必须在它所审理的案件中适用法律选择的管辖权规范。［例如见艾雷·莉莉及公司诉家庭保险公司，Eli Lilly & Co. v. Home Ins. Co.，（哥伦比亚特区联邦上诉法院 1985 年判决）《联邦判例汇编》（F.）第 2 套丛书第 764 卷第 876 页始，第 882 页；续后诉讼，（哥伦比亚特区联邦上诉法院 1986 年判决）《联邦判例汇编》第 2 套丛书第 794 卷第 710 页，请求调卷复审被驳回，《美国联邦最高法院判例汇编》（U. S.）第 479 卷第 1060 页，《最高法院判例汇编》（S. Ct.）第 107 卷第 940 页，律师版《最高法院判例汇编》（L. Ed.）第 2 套丛书第 93 卷第 991 页（1987 年判决）］。哥伦比亚特区遵循一种“利益分析”法进行法律选择。依照这种方法，第一步是确定“真实冲突”的存在与否，也就是说，是否不止一个管辖权因适用其法律而享有潜在的利益，如果是这样，存在竞争关系的辖区之间的法律是否不同。［同上；另参见富勒诉 A 及 A 公司，Fowler v. A&A Co.，《大西洋地区判例汇编》（A.）第 2 套丛书第 262 卷第 348 页（1970 年）］。如果有真实的冲突存在，法院必须继续确定在有关的管辖权中谁在将其法律适用于受审案件中有“更多的实质性利益”。［艾雷·莉莉及公司诉家庭保险公司案，《联邦判例汇编》第 2 套丛书第 764 卷第 882 页］。

［3］在本案中第一步分析是主导性的。有三个享有潜在“利益”的管辖权：哥伦比亚特区是惠特尼夫妇的居所地（reside）和汽车事故发生地；马里兰是吉柯保险公司的公司注册成立地和主要营业地；弗吉尼亚是菲迪索夫夫妇的住所地（domicile）。这些辖区的法律在解释

保险合同方面是相同的——在这三个辖区中，政策措辞的一般含义和任何模棱两可的规定均以有利于被保险人的原则进行解释。[见 Meade 诉美国深谋远虑保险公司，《大西洋地区判例汇编》第 2 套丛书第 477 卷第 728 页（哥伦比亚特区联邦地区法院 1984 年判决）；Howell 诉 Harleysville 互保公司，《马里兰州判例汇编》第 305 卷第 435 页，《大西洋地区判例汇编》第 2 套丛书第 505 卷第 113 页（1986 年）；弗吉尼亚农场局互保公司诉 Hodges，《弗吉尼亚州判例汇编》第 238 卷第 692 页，《美国东南区判例汇编》（S. E.）第 2 套丛书第 385 卷第 614 页（1989 年）]。因此，不存在"真实的冲突"，我们因缺席判决（default）而适用哥伦比亚特区法律。[福勒诉 A 及 A 公司，《大西洋地区判例汇编》第 2 套丛书第 206 卷第 348 页；《第二次冲突法重述》第 186 节 cmt. c（1971 年）]。

（二）关于实质性问题（The Merits）

[4] 关于实质性问题，提交解决的是联邦地区法院是否适当地解释了吉柯保险公司政策中的责任限制条款。因为联邦地区法院意在以其对政策措辞的观点为根据（而不根据任何外部的证据），因此我们要重新审查这一问题。[见 Hershon 诉 Gibraltar Blag. &Loan Ass'n，（哥伦比亚特区联邦上诉法院 1989 年）《联邦判例汇编》第 2 套丛书第 864 卷第 852 页；华盛顿地铁交通管理部门诉 Mergentime 公司，（哥伦比亚特区联邦上诉法院 1980 年）《联邦判例汇编》第 2 套丛书第 626 卷第 961 页]。

[5] 依据哥伦比亚特区法律，"（保险政策中）明确的和不模棱两可的措辞应当根据它的通常含义解释。"[大陆伤亡保险公司诉 Cole，《联邦判例汇编》第 2 套丛书第 809 卷第 896 页（哥伦比亚特区联邦上诉法院 1987 判决）]。但是，如果政策的措辞是模棱两可的，亦即，可以被正常的外行人合理地疑惑为两种解释，那么，该政策必须"以有利于被保险人的原则进行任何合理解释"。[同上，第 895 页；同时见 Meade 案，《大西洋地区判例汇编》第 2 套丛书第 477 卷第 728 页（同上）]。同时，法院"必须防止同情一方当事人而作出与合同条款的明

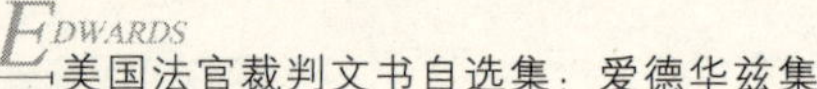
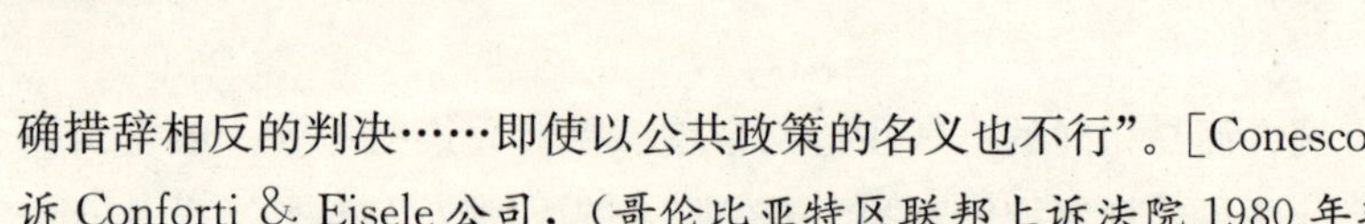

确措辞相反的判决……即使以公共政策的名义也不行”。[Conesco 工厂诉 Conforti & Eisele 公司，（哥伦比亚特区联邦上诉法院 1980 年判决）《联邦判例汇编》第 2 套丛书第 627 卷第 315 页]。

[6] 在本案中，保险政策中有争议的措辞是这样写的：

> 责任限制：在声明中适用于“每人”（10 万美元）的身体伤害责任限制是公司对一人作为一次事故的结果而遭受的身体伤害所引起的所有损失，包括护理费用损失和服务费用损失；声明中称为适用于“每次”（30 万美元）的责任限制属于上述有关“每人”条款，是公司对在一次事故中两个或两个以上的人遭受身体伤害而产生的所有上述损失赔偿的责任总限制。

（吉柯保险公司政策第 15 页）。

这里提出的问题是，约翰·惠特尼的丧偶损失请求是否涵盖在“一人作为一次事故的结果而遭受的身体伤害所引起的所有损失，包括护理费用损失和服务费用损失”这句话中。如果是，那么惠特尼先生的请求就从属于“每人”10 万美元的责任限制，因而吉柯保险公司胜诉。相反，如果惠特尼先生的请求按一般含义不包括在上述这段文字的措辞中，亦即，如果措辞是模棱两可的，那么政策必须以有利于菲迪索夫的原则解释而不适用“每人”限制。由于似乎没有什么哥伦比亚特区的判例解释争议中的具体政策措辞，因而我们必须自己来解释，如果具有可适用性，则谨记依据地方法律得以援引的规范结构。

经审查吉柯保险公司政策的通常措辞，我们得出结论认为，责任限制条款并非模棱两可，约翰·惠特尼的丧偶损失请求是否由“每人”限制所涵盖。该条款声明，“一人遭受身体伤害所引起的所有损失，包括护理费用损失和服务费用损失”从属于“每人”责任限制。在此，惠特尼先生的请求明确地由其妻子的伤害“所引起”；依据保险政策惠特尼先生没有受到惠特尼夫人所遭受的政策所包括的伤害，没有丧偶请求权。结果，惠特尼先生的请求，就象根源于惠特尼夫人伤害的

“所有损失”一样，从属于“每人”限制。肯定地说，“所有”这个词——在英语措辞中是最不含糊（模棱两可）的——没有为决定惠特尼先生的请求留下不确定的余地。并且即使关于“每人”限制的范围确实有某种疑惑，这种疑惑也被“包括护理费用损失和服务费用损失”这一辅助条款一扫而空，这样的辅助条款按一般含义提到了配偶类型的请求。

[7] 同样明确的是，惠特尼先生的丧偶请求也不包括在“每次”限制条款之中。该政策声明：

> 适用于“每次”……的责任……限制属于（is subject to）上述有关“每人”条款，是公司对在一次事故中两个或两个以上的人遭受身体伤害而产生的所有上述损失赔偿的责任总限制。（同上）

这样，较高的“每次”限制只有当两个或两个以上的人在事故中遭受身体伤害时才能启动。

在本案中菲迪索夫承认，只有一个人——琳达·惠特尼——在汽车碰撞中遭受了身体伤害。因此，除非惠特尼先生的丧偶请求构成一项独立的“身体伤害”，否则“两个或两个以上的人”这一标准就无法满足，而“每次”限制就无法适用。我们的结论是，丧失配偶不是“身体伤害”。政策本身通过把“身体伤害”定义为“身体伤害、疾或病”（bodily injury, sickness or disease）而预先排除了这个问题（同上，第 7 页）；这一定义的一般含义把丧偶损失这一类型排除在外。此外，尽管看起来哥伦比亚特区似乎没有关于这一问题的判例，但有其他辖区的法院旗帜鲜明地驳斥了丧偶损失为“身体伤害”说法。[例如参见 Montgomer 诉农民保险组织，《联邦判例补编》（F. Supp.）第 585 卷第 619 页（印第安娜州西南地区联邦地区法院 1984 年判决）；Arguello 诉州农业自保互保公司，《科罗拉多州上诉判例汇编》（Colo. App.）第 42 卷第 372 页，《太平洋区判例汇编》第 2 套丛书第 599 卷第 268—269 页（1979）；旅行者保赔公司诉 Cornelsen，《马里兰州判例汇编》第

272卷第48页，《大西洋地区判例汇编》第2套丛书第321卷第150—151页（1974年）；Tomlinson诉Skolnik，《俄亥俄州判例汇编》第3套丛书第44卷第11页，《美国东北地区判例汇编》第2套丛书第540卷第719—720页（1989年）]。可见，即使政策的措辞按通常含义在“每人”限制范围内包括惠特尼先生的丧偶损失请求，按照通常含义在“每次”限制的范围内也不包括这项请求。

我们的结论，即“每人”限制涵盖了惠特尼先生的请求，从其他辖区关于这一问题的判例法中得到了坚实的支持。解释过吉柯保险公司政策中相同或相似政策措辞的法院的明显多数曾得出结论，认为丧偶损失赔偿应当包括在“每人”限制之中。[参见Wiltshire诉Virgin Islands，《联邦判例汇编》第2套丛书第893卷第637页（第3巡回法院1990年判决）；Redcross诉Aetna伤意外伤亡及人寿保险公司，《纽约受理上诉法院判例汇编》（A. D.）第2套丛书第146卷第125页，《纽约上诉法院判例汇编》（N. Y. S.）第2套丛书第539卷第146—147页（1989年）；Whitney诉全国互保公司，《佛蒙特州判例汇编》（Vt.）第151卷第510页，《大西洋地区判例汇编》第2套丛书第562卷第468页（1989年）；简M. 德雷珀（Jane M. Draper）注释：事故受害人的配偶、父母或子女的请求属于汽车责任政策中扩大的“每次事故”补偿范围而不是“每人”补偿的范围。《美国法律判例汇编》（A. L. R.）第4套丛书第46卷第741—761页（1986年）（案例集）。另一般性地参考约翰A. 阿普尔曼和琼。阿普尔曼（John A. Appleman & Jean Appleman）著：《保险法律与惯例》第8卷第5097条（1981年）]。

特别重要的是马里兰州法院的观点，因为当没有哥伦比亚特区判例调整本案时，马里兰州的法律就成为本辖区法院寻求作为指导性意见的对象。[⑥] 在旅行者保赔公司案中（《大西洋地区判例汇编》第2套丛书第321卷第150—151页），马里兰州上诉法院解释的政策措辞与

⑥ 参见Hull诉Eaton Corp. 825 F. 2d 448，453—54（D. D. Cir 1987）（“哥伦比亚特区没有针对本案问题的法律规定时，我们向马里兰州法律寻求指导”）；Walker诉Independence Fed. Sav & Loan Ass'n，555A. 2d 1019，1022（D. C. 1989）（结论同上）。

吉柯保险公司政策实质上是一致的。法院认定，政策的措辞并非模棱两可，并且认为，“每人”责任限制适用于丧偶请求。（同上）。

菲迪索夫提出三个理由以支持他的反驳，他认为“每人”限制不适用于惠特尼先生的丧偶损失请求，但愿我们查明这些理由都没有说服力。首先，菲迪索夫指向政策中规定“每人”限制包括“一人遭受身体伤害所引起的所有损失”的措辞。［吉柯保险公司政策第 15 页（着重号为本意见书作者所加）］。他论证说惠特尼先生的丧偶损失请求不能被认为是惠特尼夫人的伤害“所引起的”，因为哥伦比亚特区法律把丧偶损失作为对未受伤害的配偶的一项独立的侵权而不是作为一项派生的请求。[7] 尽管菲迪索夫对哥伦比亚特区法律的定位似乎是正确的，[8] 但是他的观点认为保险政策的含义是难以琢磨的（non sequitur）。正如我们在施米瑟及公司诉 Coles 一案中所指出的那样［《联邦判例汇编》第 2 套丛书第 242 卷第 220 页（哥伦比亚特区联邦上诉法院）（全员合议庭审判），请求调卷复审被驳回，《美国联邦最高法院判例汇编》（U. S.）第 354 卷第 914 页，《最高法院判例汇编》（S. Ct.）第 77 卷第 1299 页，律师版《最高法院判例汇编》（L. Ed.）第 2 套丛书第 1 卷第 1429 页（1957 年）］：

> 无论配偶（丧偶赔偿）的权利是否被认为是独立的，亦即直接产生于侵权还是派生的，除非发生伤害，否则这项权

---

⑦ 我们指出，看来马里兰与弗吉尼亚的配偶法的差异也不比与哥伦比亚特区的差异大。见旅行者保赔公司案，321A. 2d，150—51（指出，依据马里兰法律，丧偶被认为是对婚姻关系的损害而不是一项独立的侵权）；Carey 诉 Foster 案，第 4 巡回法院 1965 年判决）《联邦判例汇编》第 345 卷第 2 套丛书第 776 页（指出，弗吉尼亚不承认以丧偶作为诉讼的理由。）然而，对于菲迪索夫的“产生于”之论点页言马里兰和弗吉尼亚的配偶法都比哥伦比亚特区法律对之更为不利，因此也就不存在法律选择的问题。于是，有关辖区的法律并无“差异”，见艾雷·莉莉及公司案，《联邦判例汇编》第 764 卷第 2 套丛书第 882 页，因为无论采用哪一个辖区的关于配偶的观点结果都是一样的。

⑧ 见 Rollins 诉哥伦比亚特区案（哥伦比亚特区联邦上诉法院 1959 年）《联邦判例汇编》第 265 卷第 2 套丛书第 349 页（认为对丧偶的补偿是“一项独立的权利”，它与受伤害的配偶接受身体伤害的权利是分开的）。

> 利都不存在。配偶没有可予补偿的伤害，也就没有（要求丧偶损失的）请求权。……在这个意义上说“权利”也当然不是独立而是派生于或者根源于对（受伤害配偶）的可赔偿性伤害。

[同上，第224—225页（着重号为原文所有)]。

根据施米瑟及公司诉Coles的论证，惠特尼先生的丧偶请求通常“产生于”惠特尼夫人的伤害，即使这一请求可能被说成是在法律上独立于她的伤害。

其次，菲迪索夫辩称，惠特尼先生的请求不属于“每人”限制，因为吉柯保险公司通常按照政策支付丧偶请求。这一说法不攻自破：即使假设丧偶请求“包括”在政策之中，这一事实也与本案提出的争议无关。这里的问题并不是政策包括了哪些种类的请求，而是什么样的责任限制适用于那些所主张的请求。象本案这种情况，即如果惠特尼夫人的身体伤害请求还没有用完“每人”10万美元的限制，吉柯保险公司则会赔偿惠特尼先生的丧偶请求，与我们关于“每人”限制适用于两项请求的结论风马牛不相及。

最后，菲迪索夫辩称，责任限制条款的措辞没有达到其可以达到的明确程度因而应当作出有利于他的解释，引述他颇具文采的法律理由书原文为：

> 仲世纪保险公司诉巴希案（Mid-Century Insurance Co. v. Bash）⑨……显著地表明，起草一份明确的而是不模棱两可的责任限制条款是多么轻而易举的一件事。争议中的政策包

---

⑨ 《加利福尼亚州上诉判例正编》(Cal. App.）第3套丛书第211卷第431页，《加利福尼亚州判例汇编》(Cal. Rptr.）第259卷第382页（1989年判决）。有趣的是，这里提到了法院依据联合人寿自保公司诉Warner案［64 Cal. App. 3d 957，135 Cal. Rptr 34 (1976)］在仲世纪保险公司诉巴希一案中所作出的判决。在该案中，加利福尼亚州的上诉法院解释了一项与本案争议中政策措辞相同的政策，与我们在此得出结论不差毫厘。［见135 Cal. Rptr. At 36—38)。因此仲世纪保险公司案丝毫没有为菲迪索夫的论点提供支持，却恰恰驳斥了他的观点。

> 含了一个只有 17 个词的宣告性的句子："任何因配偶丧失或使这关系受到损害而提出的请求都应当包括在这一限制范围内。"老百姓不必聘请博识的律师来弄清其中的涵义，它的意思已昭然若揭，吉柯保险公司试图用 102 个词说出由一个独立句和一个非独立的从句构成的句子。我们几乎要赞成这样一种假定：保险政策中没有哪一个由一百多个词组成的句子是"明确而不模棱两可"的。然而，(对于菲迪索夫而言) 这却是不必要的。

[被上诉人的法律理由书第 4—5 页（引证省略）]。的确，联邦地区法院在认定该政策包含了"真实的模棱两可"时似乎在头脑中具有某种与此类似的东西。[见吉柯保险公司案，单行法律意见书第 7 页（"保险公司必须承担以普通人能够理解的措辞起草保险政策的责任……因而，最高法院认定责任限制条款中存在真实的模棱两可")]。然而，依据哥伦比亚特区法律，没有技巧的条文并非"模棱两可"；如果这样的条文算是"模棱两可"的话，那么可以肯定，几乎每一个合同在合同履行规则中都可能不堪一击。尽管有理由说，本案争议中的政策措辞本应当更加确切，但是事实在于，它仍然可以只有一个合理解释，也就是说，它不是法律意义上的"模棱两可"。因此，我们推翻了联邦地区法院的判决。

二、结论

基于上述理由，我们认为，吉柯保险公司政策中的责任限制条款并非模棱两可。我们进而认为，根据这一条款普通涵义的措辞，约翰·惠特尼的丧偶请求属于"每人"限制。所以，我们撤销了联邦地区法院的判决，将案件发回重审，指令其作出有利于吉柯保险公司的判决。

裁定如上。

美国的简易判决程序

傅郁林　评

本案适用的“简易判决”程序（Summary Judgment）又译为“即决判决”，是美国诸多简易程序中的一种，在美国民事诉讼程序中居于特别重要的地位。不过，即决判决程序作为以集中审理的陪审审判程序相对的产物，与我国的简易程序几乎没有可比之处。

即决判决制度起源于英国 1855 年“票据交易法案”（the Bills of Exchange Act），该法案允许根据某些类型的商业证书提出请求以加快债务的执行，后来在美国联邦和各州扩大到可适用于除某些侵权案件和违背婚约的诉讼案件之外的几乎所有普通法案件。这一程序把形式问题与实质问题区分开来，加速对诉讼实质问题的确定，在进行完整审理之前剔除虚假或完全没有根据的请求或防御，使一方当事人通过引入外部证据却可证明有没有需要陪审团审理的事实问题，如果有，是什么事实问题。当经辩论认定没有事实问题时，法官得以直接根据当事人在诉状声明中提出的主张就法律问题作出动议人胜诉的判决。

即决判决规则规定，法庭只有权确定是否有争议需要审判，而不是解决这一争议，判决对动议的支持起到吸收或阻止诉因和争点排除的作用，因此，如果是否存在重要的事实问题不能确定，作出即决判决是不适当的。但仅仅在答辩中的反驳否认或在诉状中的声明明显存在事实争议也不能当然获得驳回即决判决动议的效果，否则，即决判决程序在聪明的诉答面前就没有价值了。即决判决动议通常的根据是诉答和在提出动议时可以获得的宣誓证词、笔录证词和其他形式的与所挑战的请求或防御相关的证据，在宣称根据当时存在的记录，在事实问题上没有真实的争议，因此动议方有权获得作为法律事实的判决。从政策倾向来看，由于即决判决以没有真正可提交陪审团解决的事实问题为前提，因而错误的许可动议很可能剥夺当事人就真正的事实问题获得全面完全审判的权利，特别是享有陪审团审判权利，所以过去判例对这种许可审查的标准很严，最高法院的实践明确宣称，他们在

审查记录时的政策倾向是有利于反对即决判决一方的。然而，80 年代以后的司法政策全方位增加了对滥用诉权的控制，联邦最高法院几个判例中指出，简易程序应当用来扫除轻率诉讼和避免浪费性审判。许可动议的判决可以立即上诉，拒绝即决判决动议的判决表明审理是必要的，因此这种裁定是中间裁定，在审理结束针对实质问题作出判决前不得上诉。上诉法院对许可或拒绝即决判决之决定的审查标准与初审法院许可或拒绝即决判决动议时适用的标准相同，当案件看起来没有真正的实质性问题，而且动议方有权作为法律事项获得判决时，地区法院许可即决判决即为适当。上诉法庭只能确定是否有真实的问题存在和适用法律是否正确，而不能对争议中的重要的事实问题作出决定。

在美国实务中，另一种简易程序是“依据诉答状作出的判决”。这一动议用来提出某一争议事项和因为任何该规则中规定的原因而驳回诉讼，例如因为缺乏事项管辖权或人事管辖权、因为管辖地（venue）不适当、程序不充分或送达程序不充分、或规则 19 条所规定的当事人未参加诉讼等，这种动议的成功会导致诉讼被驳回，但不是对实质问题本身作出的支持任何当事人的判决，因此一旦缺陷/瑕疵获得补救，那么请求可能被再次确认（例如因缺乏管辖权而动议驳回的诉讼在有管辖权的法院还可以起诉，因送达瑕疵而驳回诉讼的案件可以在送达符合法定条件时进入实质审判）。由于即决判决动议与根据诉答状作出判决的动议十分相似，常常容易与即决判决发生混淆，以至于在美国司法实务中，法官们基于保障公正和效率的共同目的，不大在意两种动议之间的区分，特别是在管辖权问题上，由于法律规定，法庭可以在任何时候考虑事项管辖权问题并可以依职权动议审查这问题，因此有些法院常常以管辖权理由作出即决判决。不过一般认为，即决判决是对实质问题（是否存在）作出的确定，旨在对任何后来的诉讼产生排除效力，动议一旦获得支持，则该事项即被永远排除在审判范围之外，因此法院对被告因缺乏管辖权提出的动议作出即决判决是不适当的，因为如果法庭没有管辖权，它就没有权力对实质问题作出判决，

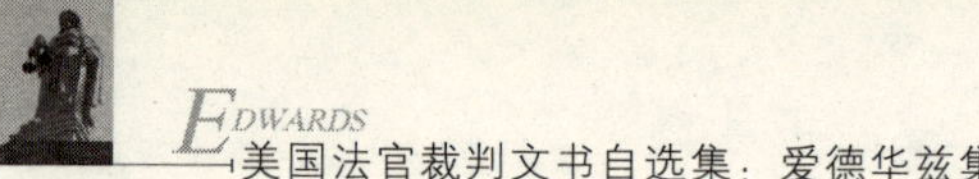

因而必须驳回起诉。

另一相似的简易程序是“请求作为法律事项判决的动议”，它与即决判决程序无论动议理由、证明责任（动议方都有责任证明没有真实的重要的事实问题需要由陪审团解决）、政策倾向都与即决判决程序相同。二者最重要的差异在于提交动议的时间不同，即决判决在诉讼的更早期作出，因而法庭在支持即决判决动议时更加慎重。

除此之外，缺席判决也属于美国民事诉讼中的简易程序之一。英美缺席判决由于复审程序和适用条件都与我国相去甚远。在英国等普通法国家，基于对抗制司法理念，作出不利于缺席被告的判决被认为是一种行政行为，因为没有对抗即无所谓审判。司法所审查的是原告所主张事实的真实性。被告有权向作出这一判决的法院申请将原判决撤销是自然的事，申请可以在任何时间提出，被告也没有义务说明缺席的理由；但法院享有不受约束的裁量权，它可以在任何案件中以自己认为适当的一定条件（比如要求缺席方承担诉讼成本等）将判决撤销，也可以要求被告说明法庭应当允许重新进行诉讼的某些理由。

美国诉玛多克斯案

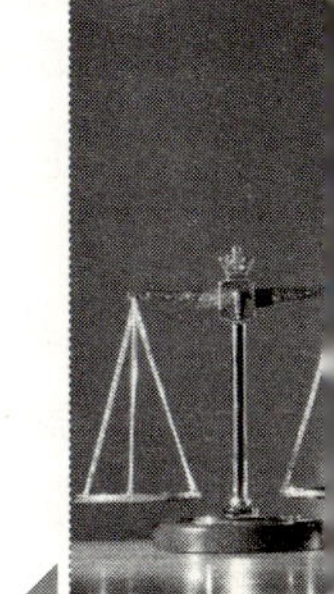

《联邦判例汇编》第3套丛书第48卷第555页以下
(哥伦比亚特区联邦上诉法院1995年判决)

傅郁林　译

案情摘要

在本案中，丹尼·玛多克斯和诺曼·鲁滨逊挑战一项基于与毒品有关的指控而对他们作出的有罪判决，这项指控是因为他们在1992年参与了一系列与一位警方密探（informant）进行的毒品交易。玛多克斯和鲁滨逊在上诉中称，他们请求对部分——不是全部——指控实行诉辩交易认罪服法（plead guilty）[①] 而不接受审判，这一请求被初审法官错误地驳回了。

玛多克斯和鲁滨逊在审判前有两次谋求认罪的机会。在第一次，

① 诉辩交易（plea bargain）是美国刑事程序制度中的一项重要内容，在轻罪案件中，被指控者通过其律师与公诉人进行协商达成协议（plea agreement），但所有提交的诉辩协议都必须在生效前进行认罪（to enter the plea）而得到法院的采纳，被告认罪（to plead guilty，guilty plea）必须是明示的和自愿的。如果法官拒绝接受（reject the plea），则该案就被列上开庭审理的案件表（enter the trial）。关于诉辩交易制度参见《美国法律辞典》前引，第189—191页。

法官拒绝其认罪是因为玛多克斯在回答法官提问时表现出对有关犯罪和达成诉辩协议的意愿加以否认的含混态度。认罪必须是明示的、自愿的、并且通常必须包括一项由被告对其提出认罪的犯罪指控的承认才能有效。鲁滨逊的诉辩交易协议以玛多克斯成功地进行认罪为条件，所以初审法官拒绝玛多克斯的认罪的结果也妨碍了鲁滨逊的认罪。

嗣后，玛多克斯的律师给联邦地区法院发出一封信解释说玛多克斯误解了法官的问题，玛多克斯仍希望认罪。地区法院法官引证了在第一次谋求认罪时的情状和法官对于其认罪是否出于自愿的怀疑，驳回了玛多克斯重新提出的认罪请求。

上诉法院认为，地区法院在拒绝玛多克斯向它提出的第二次认罪机会时滥用了自由裁量权。本院认定，地区法院在决定是否接受或是否拒绝认罪时必须行使自由裁量权，但是自由裁量并非随心所欲。本院的结论是，根据本案的记录来看，初审法官在第一次机会中驳回玛多克斯的认罪表示是没有责任的（was free），因为玛多克斯表现出保留的态度，似乎在否认其犯罪。然而本院认为，玛多克斯后来对其行为的解释使初审法官有义务在其第二次提出认罪表示时予以重新考虑。

联邦地区法院未接受认罪并非无关紧要。尽管玛多克斯和鲁滨逊受到羁押的时间总量并未因为他们额外指控所导致的判决而增加，但是，他们被认定为犯有额外指控的罪行会产生其他后果，例如，他们获得假释的条件可能受到不利影响或者过去的判决致使他们可能因任何将来的犯罪而受到加重处罚。因此，上诉法院将案件发回地区法院重新审理，指令地区法院进行一次新的认罪程序，如果认罪表示符合要求，地区法院应当接受玛多克斯、鲁滨逊和政府之间最初达成的诉辩协议（plea agreement）。

美国诉玛多克斯案
US. v. MADOX

《联邦判例汇编》第3套丛书第48卷第555页以下
（哥伦比亚特区联邦上诉法院1995年判决）

美利坚合众国，被上诉人
诉
丹尼·玛多克斯·上诉人
美利坚合众国，被上诉人
诉
小诺曼·L·鲁滨逊，上诉人
案号：93—3172，93—3178.

美国哥伦比亚特区联邦上诉法院

辩论时间：1995年1月1日
判决时间：1995年3月7日
在93—3172号案中驳回重新听审请求时间：
1995年5月12日

上诉自哥伦比亚特区联邦地区法院，初审案号：（92）刑事字第00476—01号，（92）刑事字第00476—02号。

翠西·A·托马斯，由本法庭指定代理上诉人玛多克斯辩论；在法律理由书上与她同为上诉人代理人的还有卡罗尔·E·布鲁士。

大卫·P·萨顿担任上诉人鲁滨逊的辩论代理人并提交法律理由书。

美国联邦助理检察官蒂莫西·J·希费担任被上诉人的辩论代理人。在法律理由书上与他同为被上诉人代理人的还有，美国联邦检察官小埃里克·H·霍尔德、美国联邦助理检察官约翰·R·费希尔和罗伊·W·麦克利斯Ⅱ。

本案由首席法官爱德华兹（EDWARDS）、巡回法官沃尔德（WALD）、巡回法官巴克利（BUCKLEY）审判。

法庭关于本案意见由首席法官哈里·T·爱德华兹制作。

首席法官哈里·T·爱德华兹：

上诉人丹尼·玛多克斯（Danny Maddox）和诺曼·L·鲁滨逊（Norman Robinson）在本案中对基于一种与毒品有关的指控而对他们作出的有罪判决提出异议，这项指控是因为他们在1992年参与了一系列与一位警方密探进行的毒品交易。联邦毒品稽查署（Drug Enforcement Administration，“DEA”）是在玛多克斯试图第三次向警方密探出售可卡因时逮捕他的。向玛多克斯供货的鲁滨逊随后也被缉拿归案。经过为期五天的审判，陪审团判决两被告犯有同谋散发可卡因罪、散发可卡因罪和协从、帮助散发可卡因罪。陪审团还判决玛多克斯犯有以图谋散发为目的持有可卡因罪判处两上诉人罚金3500美元作为没收其毒品活动非法所得，并处没收他们用于该项活动的设备，即两辆汽车。

尽管上诉人在上诉中提出了大量问题，但其中的大部分问题不必因为我们支持上诉人关于初审法院在拒绝其认罪问题上有错误的主张而在此都提出来讨论。上诉人两次谋求审前认罪。在玛多克斯回答初审法官提问时表现出否认有关犯罪的实际罪行迹象时，地区法院拒绝

了他们的第一次尝试。由于政府与鲁滨逊之间的诉辩协议以玛多克斯成功地进行认罪为条件，因此联邦地区法院驳回玛多克斯的认罪也阻碍了鲁滨逊进行认罪。继这一流产的认罪程序之后，玛多克斯致函地区法院解释说他误解了法官的问题，他仍希望认罪。联邦地区法院仅仅因为怀疑其认罪的自愿性就拒绝了玛多克斯重新谋求认罪程序的请求，而这种怀疑的根据是法庭最初与被告交谈时得出的印象。

［1、2］我们认为地区法院第二次拒绝玛多克斯的认罪请求时滥用了自由裁量权。地区法院在决定是否接受或是否拒绝认罪请求时必须行使自由裁量权，但是自由裁量并非随心所欲。根据我们手头的审判记录来看，初审法官在第一次机会中拒绝玛多克斯的认罪表示是没有责任的，因为玛多克斯表现出保留的态度而似乎否认其犯罪。但玛多克斯后来对其行为的解释对法庭有拘束力，地区法院有义务在他再一次提出认罪时重新考虑他的认罪请求。与此相反，地区法院仅仅根据法庭起初对玛多克斯的观察印象就简单地驳回了这一重新提出的认罪请求。因此，我们将本案发回地区法院重审，指令其进行一次新的认罪程序。如果认罪合乎条件，则应接受上诉人与政府之间的最初协议，而陪审团作出的判决应归于无效。

一、背景

玛多克斯和鲁滨逊在 1992 年 3 月和 4 月期间两次把可卡因出售给 DEA 密探。每一次玛多克斯都扮演居间人的角色，为鲁滨逊安排供应交易中的毒品的机会。1992 年 7 月 30 日，玛多克斯再次同意把可卡因出售给 DEA 密探。尽管鲁滨逊在这次交易中并不在现场，但玛多克斯对密探说要卖给他的毒品是由鲁滨逊供应的。DEA 机构在最后一次交易完成之前逮捕了玛多克斯，随后逮捕了鲁滨逊。

1992 年 12 月 15 日，大陪审团（grandjury）针对上诉人同谋散发可卡因的指控作出裁判，判决他们触犯了 1988 年《美国法典》第 21 编第 846 节之规定；针对散发可卡因、协从和帮助散发可卡因两项指控，判决他们触犯了1988年《美国法典》第21编第841节第（a）（1）条、第（b）（1）（A）（iii）条、第（b）（1）（B）（iii）和1988年《美国法典》第18卷第2节之规定。此外，大陪审团还判决玛多克斯的两项罪名——非法使用通讯设备为散发可卡因提供便利和以散发为目的持有50克可卡因——分别触犯了1988年《美国法典》第21编第843节第b条之规定和1988年《美国法典》第21编第841节第（a）（1）条、第（b）（1）（A）（iii）条之规定。最后根据1988年《美国法典》第21编第853节之规定判处罚金3500美元以替代所指控为上诉人从毒品活动中获取的非法收入，判处没收被指控作为贩毒活动工具的两辆汽车。

1993年6月14日，在初审陪审团已经选定之后，玛多克斯和鲁滨逊的律师通知地区法院说两被告已经与政府之间达成诉辩交易协议。玛多克斯的协议要求他承认同谋罪指控并且不得挑战没收其汽车的刑罚；鲁滨逊的协议要求他根据1988年《美国法典》第18编第371节之规定承认犯有同谋犯协从罪并服从罚金3500美元的刑罚。政府提出与鲁滨逊的协议以玛多克斯成功地被接受认罪为生效条件。该协议特别规定，如果玛多克斯决定进入审判或撤回他的认罪声明，则鲁滨逊的诉辩协议即为无效，除非鲁滨逊同意在审判中指证玛多克斯。作为上诉人认罪的交换条件，协议要求政府恪守请求撤销全部其他指控的义务。根据上述诉辩协议，联邦地区法院解散了陪审团。

当玛多克斯于次日向联邦地区法院进行认罪时，发生了以下的交谈：

法庭：玛多克斯先生，请走上前来。今天上午你准备承认自己犯有同谋罪并服从没收汽车的刑事处罚吗？

被告：是的。

［玛多克斯的律师］法官在跟你说话。

法庭：你是否准备这样做？我从你的态度上感觉——

被告：是的。

法庭：——你不准备这样做。

被告："我说了我准备这样做"②

法庭：你犯有同谋散发可卡因桶或可卡因箱的罪行吗？你从事过这一行为吗？

被告：没有。

法庭：好。回到你的座位上去。

[（1993 年 6 月 15 日）听证记录第 4—5 页，摘录于上诉人丹尼·玛多克斯附件第 51—52 页]。联邦地区法院法官于是裁定将案件提交审判，宣称"既然是同谋犯罪，再与鲁滨逊先生交谈已没有意义"（同上，第 5 页，摘录于附件第 52 页）。最后法官说，"我不想要任何人回来说被告改变主意了，因为那会向我表明有人向他施加压力使他放弃接受审判的权利。所以本案我们将进行审判。"（同上，第 5 页，摘录于附件第 53 页）。

尽管初审法官有言在先，玛多克斯的律师还是于 1993 年 6 月 18 日给联邦地区法院发了一封信，解释说玛多克斯在 6 月 15 日与法官交谈中的表现是因为没弄清法官的问题，而不是想要推翻他的诉辩协议。这封信声明说，玛多克斯否认犯罪是在他错误地理解情形下作出的反应，他以为法官在问他是否实际地散发了可卡因，而不是问他是否协从和帮助或同谋散发可卡因。这封信在结尾要求"法庭再给被告一次在本案中进行认罪的机会"。（见阿瑟·M·瑞诺兹于 1993 年 6 月 18 日给地区法院的函件，摘录于附件第 30 页）。联邦地区法院法官在选择上诉人陪审团的当日驳回了这一请求，时值 1993 年 6 月 21 日。法官声称，他"就上周事情的状况来看，不相信今天进行认罪程序是出于自愿。"（1993 年 6 月 21 日听证记录第 4 页，摘录于附件第 56 页）。

联邦地区法院随后进行了为期 5 天的审理，审判结果是陪审团判决对玛多克斯和鲁滨逊的全部指控的罪名成立，判处政府所请求的财

---

② 这里的原文为"I said yes."在英文中这样的问句是极易引起歧义的。对于否定问句（反意疑问句）的回答"yes"（"是的"）并不是对问话的肯定回答，而是对事实本身的肯定。所以此处被告之言"我说了是的"，意思是"我说过'我准备这样做'"，而不是对"你不准备这样做"这一问话内容的肯定。

产刑。[③] 1993年9月13日，地区法院判处玛多克斯121个月监禁、5年管制和150美元特别征税（special assessment）。地区法院还判处两上诉人罚金3500美元并处以没收他们的汽车。

二、分析

两上诉人对地区法院拒绝其认罪请求的行为提出异议。上诉人首先提出，依据联邦上诉法院的先例，联邦地区法院拒绝玛多克斯的第一次认罪是错误的，这一先例禁止地区法院仅仅根据被告否认一项犯罪的实际罪行（factual guilt of a crime）就拒绝一项认罪。同时，上诉人诉称，地区法院的错误还在于它未考虑玛多克斯向法院提出的第二次认罪请求。我们不支持上诉人的前一主张而支持其第二个主张。

[3—5] 尽管诉辩交易是“司法管理的一个基本组成部分”，但被告并“不享有使其认罪被接受的绝对权利” [Santabello诉纽约州，404U. S. 257，260，262，92S. Ct. 495，498，30L. Ed. 2d 427（1971）]。相反，最高法院明确规定，“法院可以行使有效司法自由裁量权拒绝接受认罪抗辩。”[同上，第262页，92S. Ct. at 498；与美国诉Washington案一致，969 F. 2d 1073，1077（哥伦比亚特区联邦上诉法院1992年判决），上诉人请求调案复审被驳回，——U. S.——，113S. Ct. 1287，122L. Ed. 2d 679（1993）]。然而，正如第六巡回法院所指出的那样，“最高法院把决定接受或拒绝一项认罪的权利留待有权行使司法裁量权来解决，其意图并不是要让联邦地区法院任意拒绝诉认罪抗辩。”[美国诉Moore，916 F. 2d 1131，1136（第六巡回法院1990年）]（引证部分省略）。而且巡回法院及其他法院的原则是“初审法官必须提出行使自由裁量权的理由以证明其背离检察官与被告之间协议所确定的轨道行事的正当性。”[美国诉Ammidown，497 F. 2d 615，622

③ 在政府案件的结尾（At the close of the Government's case），联邦地区法院驳回了（dismiss）指控玛多克斯非法使用通讯工具为散发可卡因提供便利的两项罪名。

(哥伦比亚特区联邦上诉法院 1973 年判决);与此一致的美国诉 Robertson,45 F. 3d 1423,1438 (第十巡回法院 1995 年判决) 要求联邦地区法院"在记录上提出检察官形成诉辩交易的理由和法院拒绝接受这一交易的正当性。"美国诉 Miller,722 F. 2d 562,566 (第九巡回法院 1983 年判决) (同上);同时参见 Moore 案,916 F. 2d 第 1135—1136 页"被告有权认罪除非联邦地区法院能够表明其拒绝这一认罪的有说服力的理由。"引述了美国诉 Delegal 案,678 F. 2d 第 50 页 (第七巡回法院 1982 年判决)]。

我们适用这些原则认为,联邦地区法院拒绝玛多克斯的第一次认罪是允许的。上诉人提出,地区法院在玛多克斯否认同谋罪指控的实际罪行时马上结束了与玛多克斯的交谈,因此他们认为地区法院无视上诉法院的先例,该先例认为 (holding),"如果被告拒绝使自己的认罪成为其他次要指控的已经自认的罪行的附带声明,而这些罪行已经由提交经法庭的其他证据所证明,那么初审法官仅仅因为被告的这一行为而坚持进入审判是错误的。"[美国诉 Gaskins,485 F. 2d1046,1049 (哥伦比亚特区联邦上诉法院,1973 年)]。但上诉人在草率引用 Gaskins 案原则时把地区法院判决的特征弄错了。

[6] 与上诉人的陈述相反,呈现在联邦地区法院面前的程度记录表明,初审法官拒绝接受玛多克斯的第一次认罪的理由并不仅仅是他否认了实际犯罪,而且法官怀疑其认罪的自愿性。关于认罪程序的《联邦刑事程序规则》第 11 条规定,禁止联邦地区法院在未先行确认认罪为自愿时接受认罪。[见《联邦刑事诉讼规则》第 11 条第 d 款;同时参见 Washington 案,969 F. 2d,第 1078 页("进行有效认罪的最终要素是认罪为自愿并以明示的方法作出意思表示。")]。在本案中,玛多克斯与地区法庭交谈时的举止表明他可能在认罪问题上有保留。尽管摘录的诉讼记录上只是概括性地在被告的态度上投上了一抹微弱的灰暗色彩,但本案初审法官把他对于被告行为的意见摆在了初审记录上,他对玛多克斯说:"我从你的态度中感觉到……你不准备(认罪)。"(见 1993 年 6 月 15 日审判记录第 4—5 页,摘录于附件第 51

页）。玛多克斯的律师被要求提醒玛多克斯说："法官在跟你说话"（同上，第4页，摘录于附件第51页）。这一事实进一步表明被告没有全神贯注于这次交谈。的确，玛多克斯的律师在他随后给初审法官的信中承认，"法庭对被告正在进行的认罪的自愿性存有余虑很有道理，那是被告的态度和举动引致的后果。"（见阿瑟·M·瑞诺兹于1993年6月18日给联邦地区法院的函件第2页，摘录于附件第29页，着重号为笔者所加）。最后，当地区法院在随后的一周再次处理玛多克斯的认罪时作出了驳回的决定，其解释理由为：他"根据上周对事情状况的观察，不相信今天进行认罪将是自愿的。"（见1993年6月21日审判记录，摘录于附件第56页）。可见，玛多克斯否认实际罪行并不是孤立的，它构成了表明其认罪不符合第11条关于自愿的要求的这一行为的组成部分。理想的情况是，法院可以进一步询问，以确定玛多克斯有所保留的理由，[4] 但我们认为，记录足以反映出初审法官在拒绝玛多克斯的第一次认罪时合理地行使了自由裁量权。

[7] 然而，在联邦地区法院后来拒绝玛多克斯的认罪的问题上，我们就不能得出同样的结论。正如我们已经讨论的那样，初审法官粗暴地结束了他与玛多克斯的第一次交谈，不给被告任何机会来解释自己的认罪意愿和他否认实际犯罪之间的矛盾。玛多克斯的律师后来解释说玛多克斯只不过是误解了法官的问题，照前面程序中发生过的误解来看，这似乎是一种很合乎情理的解释。在这种情形下，法官在再次拒绝玛多克斯的认罪之前有义务"提供一个行使自由裁量权的理由"（Ammidown案，497 F. 2d，第622页）。与之相反，联邦地区法院简单地"根据上周对事情状况的观察"拒绝了认罪（见1993年6月21

---

④ 在此问题上，我接受上诉人的观点，上诉人认为第11条要求进行进一步探知M的真实意思。上诉人正确地指出第11条要求在初审法官与被告之间进行广泛的交谈，但上诉人未能注意到本条"主要是作为一道防线，旨在防止在认罪未经明示和自愿的情况下轻率地接受认罪。"［华盛顿案，969 F. 2d at 1077，着重号为笔者所加］所以，第11条确立了一系列关于联邦地区法院"在接受之前"必须进行的询问规则 Fed. R. Crim. P. 11（c).［着重号为笔者所加］。

日审判记录第 4 页，摘录于附件第 56 页）。简言之，地区法院仅仅根据玛多克斯在第一次认罪交谈中的保留态度和对实际罪行的否认而阻止他进行任何后来的认罪，不管他后来如何明确地表达意愿和如何自愿。正如政府在辩论中所承认的那样，地区法院简单地拒绝玛多克斯重新提出的认罪是武断的。

我们并不想说明联邦地区法院每一次在被告的认罪被拒绝后又提出新的认罪时都要与之进行一次侃大山似的（full-blown talk）认罪交谈，但在本案的情形下，被告对于促使联邦地区法院拒绝其认罪的行为作出了及时而合理的解释，法院必须至少行使其自由裁量权以确认是否还存在最初的余虑。在本案中，地区法院本应进行询问以核实玛多克斯的律师作出的解释，并应在此基础上进一步确定是否符合了第 11 条的全部要求，亦即，重新提出的认罪是明示的、自愿的，并有事实根据支持的（见《联邦刑事程序规则》第 11 条第 c 款、第 d 款和第 f 款）。但法院没有这样做，因此它滥用了自由裁量权。

［8］最后，尽管我们注意到被告“最终恰恰被判处他试图在认罪中承认的罪名”时，错误地拒绝他的认罪对被告可能并不造成损害（Washington 案，969 F. 2d 第 1079 页），但我们认为，地区法院在本案中的错误是有损害的，这一点显而易见。两位上诉人都被判处在他们诉辩交易以外的几项刑罚，玛多克斯的诉辩协议要求他承认同谋罪指控并且对没收汽车没有异议，初审之后，玛多克斯除了被判处该协议中的刑罚之外还增加了第二项刑罚，即罚金 3500 美元；鲁滨逊的诉辩协议要求他承认同谋协从犯的指控并接受罚金 3500 美元和没收汽车的处罚，结果他被判处犯有三项与毒品有关的更重的刑罚并处两种财产刑。可见，两上诉人都因联邦地区法院的行为而受到了严重的损害。

［9］关于玛多克斯，即使对他的判决使他接受了与其诉辩协议相同的判决，我们也仍坚持上述结论。地区法院的行为可能不影响玛多克斯所必须服刑的监禁时间的总数，但玛多克斯的额外刑罚的附带后果放大了（amply demonstrate）初审法官的错误所造成的损害。例如，对某些联邦法犯罪的刑事处分会因为曾有过与毒品有关的犯罪记录而

加重。[例如参见1988年《美国法典》第18编第924节第e条（对有过严重毒品犯罪前科的人违反联邦枪支管理规定实行加重处罚）]。联邦法律意识到这种附带后果的严重性，因此被告从刑事判决中受到的附带后果的遥远可能性（remote possibility）足以成为上诉审查刑事程序的理由，即使在被告已经服刑完毕之后也不例外。[参见美国诉Fadayini，28 F. 3d第1241页（哥伦比亚特区联邦上诉法院1994年判决）（“刑事上诉只有当没有任何附带的法律后果加诸被告的可能性时诉讼事由才消失”）。[引自Sibron诉纽约州案，392U. S. 40，57. 88S. Ct. 1889，1899—1900，20 L. Ed. 2d 917（1968）]。因此，玛多克斯的额外有罪判决可能产生的潜在的附带后果在此构成了一种损害。

三、结论

基于上述理由，我们把对上诉人的判决发回地区法院重新审理，指令其准许上诉人根据其与政府之间达成的最初协议进行认罪。如果完全符合认罪程序的要求，则陪审团对上诉人作出的判决归于无效。

公正对效率的妥协

傅郁林　评

诉辩交易（plea bargaining）是在刑事案件中，被指控者通过其律师与公诉人进行协商达成双方均可接受的协议的程序。具体做法是，在法院开庭审理之前，提起控诉的检察官提供比原来指控更轻的罪名指控或较少的罪名指控，或允诺向法官提出有利于被控者的量刑建议等条件，以换取被告方对罪行的承认。

诉辩交易由20、30年代的地下交易到70年代被法律认可，并成为美国刑事案件的主要解决方式——美国刑事案件接近90%都是通过诉辩交易得到解决的，[①] 被认为是象征着美国司法价值观由理想主义司法公正观向现实主义司法公正观的发展势态。[②] 诉辩交易从其出生开始就一直是一项有争议的司法实践。对诉辩交易的肯定理由是基于其在避免诉辩双方“赌赙损失”、降低诉讼成本、加快司法效率、增加罪犯新生可能性方面的价值，而且，有学者认为，诉辩交易在维护实质公正方面也有其独特价值，比如在明知被告人确实犯了罪却缺乏证据或证明无力等情况下，诉辩交易比正式审判更能够保证让真正的罪犯受到惩罚。批评主要在于它扩大了国家官员的自由裁量权。一方面，诉辩交易增加了公诉人滥用权力的可能性，因为协商是在法庭之外进行的，法官也无从对交易过程和交易条件进行司法审查和干预，诉辩协议达成的交易条件可能要么对被告过于苛刻从而侵害到公民个人的权利，或者使被告逃避了更为严厉的惩罚从而侵害到社会公众利益；另一方面诉辩交易也增加了法官滥用权力的机率，因为法官无法象审判那样亲临现场观察公诉人与被告方之间的协商过程，因而，正

① ［美］彼得·G·伦斯特洛姆：《美国法律辞典》，贺卫方等译，中国政法大学出版社1998年版，第190页；孙本鹏：《美国刑事诉讼中的变诉交易制度》，载于《中外法学》，1996年第1期。

② 参见项振华：《美国司法价值观的新发展——评“辩诉交易”》，载于《中外法学》，1996年第2期。

如本案所呈现的那样，对于交易自愿性的判断具有很大的主观性，法官在行使自由裁量权时需要一种“走钢丝”般的技艺，稍左或稍右都可能出现致命的错误。于是，在美国许多州都赞成法官对诉辩交易过程的积极参与，以保证对一个有效判决的预测、有效地考察交易的整个过程，并加快处理案件的速度。但是反对法官积极参与诉辩交易过程者认为，基于法官的权力地位，由法官直接参与交易的协商过程，会损害交易的自愿性，这种“武力搓合”的方法使交易过程带有强迫性。③

在联邦法院系统，诉辩交易进行的程序和步骤由《联邦地区法院刑事诉讼规则》对交易的一般原则以及公布、接受、驳回等一系列程序进行了明确而详尽的规定，联邦最高法院将诉辩交易作为“司法管理的一个基本因素”④ 也确定了对这种交易进行司法审查的标准，其中最为重要的是，主审法官必须对诉辩交易的自愿性进行调查，亦即，司法在对交易是不是在自由意志的主导下的理智选择进行审查的前提下才认可诉辩协议。被告在“到庭答复控罪”程序中的请求可能是不认罪请求、认罪请求或不愿辩护又不愿承认有罪的请求。不认罪请求将引起正式审判；认罪请求将引起协议的进一步达成；第三种请求则引起与认罪请求同等的法律效力。法官在确定自愿性之外还须确定，被告人对指控的理解、确定被告人是否知道或理解因提出认罪请求可能产生的处罚结果、确定被告人对放弃权利的理解，等等。

美国诉辩交易制度是公正与效率的冲突中寻求的一种妥协之路，经济分析原理的引入、司法成本效益评价是这种选择的理论背景。民事案件中的替代性纠纷解决方式（ADR）也是这种妥协的产物。二者的共同点在于：以公正审判为后盾，在自由意志的支配下自愿选择程序和处分权利。然而，笔者个人在赞同发展多元化纠纷解决机制的同时，却对我国诉辩交易持十分谨慎的态度，因为民事案件及民事程序

---

③ 参见孙本鹏：《美国刑事诉讼中的变诉交易制度》，上引。

④ 《美国法律辞典》，上引，第 191 页。

的性质和特点与刑事案件及刑事程序差异很大，民事诉讼中双方当事人地位平等（至少在理论上如此），这是利益对立的双方构成对抗或抗衡关系的基础，也是双方得以在诉讼中或诉讼外进行交易和达成协议时得以体现自由意志的前提。如果我们可以乐观地说，法官作为民事纠纷当事人之间中立的裁判人这一观念在我国已经渐渐地被接受了，那么在刑事案件中得出如此结论似乎为期过早。在我国，检察官并不是行政机构的代理人，检察官和法官一样都是国家的司法官员，而且检察院对于法官的审判行为行使法律监督权，在这种情况下，设想检察官与犯罪嫌疑人之间以平等的身份进行自由意志下的交易，而且指望法官站在他们之间的中立线上对交易的自愿性进行审查和评价，可能是天方夜谭。此外，诉辩交易在美国的适用除了犯罪率急剧上升、法院无法承受积压案这一消极原因之外，还有一些保障这一制度在相对安全的条件下运行的积极条件，比如，专业警察和检察官的增加，他们能够更好地处理自己的案件，从而将相对少数的有争议案件留给陪审团解决；辩护方的具体化、专业化程序的提高及辩护权的扩大使更多被告人有了乐意在审判前阶段去帮助他们当事人的辩护律师；正当程序的变革在审判前和审判后的诉讼程序中给检察官的职责增加了额外的要求，同时也给被告人增加了额外的权利去加强其在诉辩交易中的地位。[5] 不过，我们从美国诉辩交易中得到的启示是，当单一的程序设置在司法资源稀缺与诉讼需求爆涨的背景下无力平衡公正与效率之间的冲突、追求个案绝对公正与（在全社会）公平分配司法资源之间的冲突时，一个相当简单合理的办法是，让当事人在多元机制中进行自愿选择，从而使诉讼程序的某些内在缺陷在当事人自主选择中得到最大限度的过滤，这一点在民事程序中尤其重要。

---

⑤ 孙本鹏：《美国刑事诉讼中的变诉交易制度》，上引。

美国诉阿亚拉案

《联邦判例汇编》第2套丛书第894卷第425页以下

哥伦比亚特区联邦上诉法院1990年判决

傅郁林　译

案情摘要

威尔福来多·阿亚拉，秘鲁国籍，1987年被指控合谋散发500克可卡因和独自散发同样数量的可卡因。根据与政府之间的诉辩协议，阿亚拉以供认犯有合谋罪作为政府向陪审团建议撤回对其散发可卡因指控的交换条件。阿亚拉还诉称，政府曾经承诺，如果他认罪并作证揭发其他毒品罪犯，他将不会被驱逐出境。阿亚拉被判处两年监禁，服刑16个月后被释。

在阿亚拉被监禁期间，移民和国籍管理局（简称“移民局”INS）根据其毒品犯罪的事实提起对他的驱逐诉讼。阿亚拉动议以“判决后申诉令状”撤销对他的判决，理由是：（1）政府不信守不驱逐阿亚拉的承诺，致使阿亚拉的认罪表示成为非自愿；（2）在这种情形下，驱逐出境是对他犯罪的额外处罚，根据宪法“避免双重危险”条款，对他的犯罪不得处以额外刑罚。联邦地区法院驳回了这一动议，但不是根据阿亚拉请求所主张的事实，而是基于程序上的理由，即阿亚拉不

能通过动议“判决后申诉令状”（writ of audita querela）[①] 的方式来反击对他的判决，而只能根据《美国法典》第 28 编第 2255 节（28 U.S.C. § 2255）的规定提出动议。

上诉法院也认为，阿亚拉所选择的反击对他判决的方法不对，因为国会在通过《美国法典》第 28 编第 2255 节规定时已经为挑战刑事判决提供了一种机制，本庭认为个人谋求挑战一项判决时应当使用制定法明确规定的机制。如果有什么情形可以使用旧的普通法下的“判决后申诉令状”来撤销一项判决的话，那么唯一的情形是，被告所提起的是一项法律上的抗辩，而这项法律上的抗辩不在联邦既有的判决后救济制度（post-conviction remedies）调整范围之内。阿亚拉的请求中并没有提出这样的抗辩，这一点他自己也承认，所以他就不能规避由国会确定的程序。

然而，上诉法院的裁决对这一明确而十分严格的规范进行了变通，将案件发回重审，允许阿亚拉根据第 2255 节的规定以任何可以使用的方法提起诉讼。因此，他的程序性错误不会妨碍他就实质性问题提出的法律请求获得裁决。

---

① 对于本文中这一关键的令状（audita querela）和文后提到的“同一法院误审令”（coram nobis）的翻译，译者请教了当时正在主持编译《英汉法律辞典》的中国政法大学比较法研究所薛波先生。薛波与他的同仁几经商定，以长途告于译者。——译者注。在此谨向他们的萍水之助表示诚挚感谢。

美国诉阿亚拉案
U. S. v. AYALA

《联邦判例汇编》第2套丛书第894卷第425页以下
（哥伦比亚特区上诉法院1990年）

美利坚合众国，被上诉人
诉
威尔福来多·弗里克思·阿亚拉，上诉人
案号：88—3180

美国哥伦比亚特区联邦上诉法院
辩论：1989年11月17日
判决：1990年1月12日

上诉自美国哥伦比亚特区联邦地区法院（刑事案件号码：88—00011。）

华盛顿特区W·爱德华·摩根为上诉人诉讼代理人。

联邦助理检察官卡伦·E·茹为被上诉人诉讼代理人；在法律理由书上与之同为被上诉人代理人的还有华盛顿特区联邦检察官杰伊·B·斯蒂芬斯、联邦助理检察官约翰·R·费希尔和伊丽莎白·托斯曼。

由巡回法官爱德华兹（EDWARDS）、巴克利（BUCKLEY）、威廉斯（WILLIAMS）审判。

法庭关于本案意见由巡回法官哈里·T·爱德华兹制作。

哈里·T·爱德华兹，巡回法官：

本案要求我们审查联邦刑事被告能否凭藉普通法“判决后申诉令状”获得判决后救济的问题。上诉人威尔福来多·阿亚拉，秘鲁国籍，1987年因合谋散发可卡因被判处两年监禁，现正在假释期间。在阿亚拉服刑期间，移民和国籍管理局（简称移民局INS）基于其毒品犯罪的事实提起对他的驱逐控诉。阿亚拉称，驱逐控诉会产生对他的判决不公正（inequitabte）的结果，因而动议以“判决后申诉令状”撤销对他的判决。联邦地区法院驳回了这一动议，理由是，阿亚拉反击对他的判决只能根据《美国法典》第28卷第2255节（1982年）的规定提出动议。[见美国诉阿亚拉，刑事案件（87）第11号，哥伦比亚联邦地区法院1988年10月27日判决，摘引自附件第46页]。

[1] 我们同意，处于阿亚拉这种地位的被告不能凭藉“判决后申诉令状”来挑战对他的判决，因而我们维持了下级法院的这一裁决。如果有什么情形可以使用“判决后申诉令状”作为根据来推翻一项判决的话，唯一的情形是，被告提起的是一项法律上的抗辩，而依据联邦既有的判决后救济制度，这项抗辩不在调整范围之内。阿亚拉在上诉中没有提出这样的抗辩，这一点他自己也承认。然而，我们把本案发回重审以使阿亚拉依据第2255节谋求任何可以获得的救济。

一、背景

1987年1月，阿亚拉被指控散发500克可卡因并合谋散发同样数量的可卡因。(诉讼记录书证第2号、第3号)。根据诉辩协议，阿亚拉以承认犯有合谋罪作为政府向陪审团建议撤回对其实质性指控的交换条件。联邦地区法院判处阿亚拉两年监禁和四年特别假释。(诉讼记录书证第14号)。阿亚拉在狱中服刑16个月后，根据狱中表现佳绩减刑（goodtime deductions）的立法获得释放。

在阿亚拉被监禁期间，移民局对他提起了驱逐诉讼。阿亚拉是1982年持商务和旅游签证进入美国的。[见《作为支持判决后申诉令状动议理由的要点和权限》(下简称“动议”)，“动议”第3页，摘引自附件第38—39页]。[②] 尽管案卷中除了以下阿亚拉在其法律理由书中的陈述之外，并未包括关于这一事项（proceedings）的信息，但是很明显，移民局附有“说明原因”的命令的根据是《美国法典》第8编第1251节第a条第11款（1988年)，本节规定，“根据检察总署的命令”驱逐所有“被判处违反或合谋违反美国……有关财产控制的法律法规的外国人”。(见动议第4页，摘引自附件第39页)。

阿亚拉继而向最初判决本案的约翰逊（Johnson）法官提出动议，请求根据“判决后申诉令状”撤销对他的判决，其理由是，驱逐控诉会产生对他的判决不公正的结果。(见动议第7—8页，摘引自附件第41—43页)。阿亚拉还辩称，他已经并且正在继续为政府追诉其他毒品犯提供帮助，驱逐出境将给他本人及一位与他处于恋爱关系中的美国女人带来不适当的生活困境，而且除这一次卷入毒品事件之外，他一直并仍将遵守法律。(见同上，动议第5页，第7—9页，摘引自附件第40—44页)。

---

② 阿亚拉在动议中声称对他提出了拘留控诉，他将10000美元债券过户（post）以使他能够在驱逐诉讼结果出来之前保持自由。(同上)。

联邦地区法院驳回了阿亚拉的动议。[见美国诉阿亚拉刑事案件(87) 第11号案（1988年10月27日哥伦比亚特区法院），摘引自附件第46页]。约翰逊法官主要依据的是美国诉肯伯林一案［United States v. Kimberlin，《联邦判例汇编》（F.）第2套丛书第675卷第866页，第七巡回法院，请求调卷复审被驳回，《美国联邦最高法院判例汇编》（U.S.）第456卷第964页，《最高法院判例汇编》（S.Ct.）第102卷第2044页，律师版《最高法院判例汇编》（L.Ed.）第2套丛书第72卷第489页，(1982年)]。在该案中，第七巡回法院认为，能够凭藉第2255节关于附带诉讼（collateral proceeding）的规定以其他方式对判决提出挑战的被告不能援引"判决后申诉令状"。约翰逊总结道："同样，在本案的情形下，判决后申诉令状不能被援引来挑战其刑事判决的有效性。"［单行法律意见书第2页，摘引自附件第47页]，由此引起上诉。

二、分析

普通法"判决后申诉令状"允许被告获得"针对一项判决或执行的救济，这项判决或执行是继放弃审判之后提出的某种抗辩或撤销（命令）而作出的。"［C·怀特和A·米勒著（C. Wright & A. Miller)，《联邦实务与程序》，第11卷第2867节，第235页（1973年）。］尽管在历史上，"判决后申诉令状"主要是作为被执行人(judgment debtor）的救济手段（同上），然而现在它显然已经成为刑事被告的一种救济方法，至少在某些州的辖区内是这样［例如，见Balsley诉Commonwealth，《西南地区判例汇编》第2套丛书第428卷第616页（肯特基州1967年判决）。但是见People诉Wilmot，《伊利诺斯州判例汇编》第254卷第554页，《东北地区判例汇编》第98卷第975页（1912年）（"判决后申诉令状"只是一种民事救济)]。在联邦的民事审判实务中，"判决后申诉令状"已被规则第 60（b）条明确取代。[3] 我们认为，至少在本案情形下，“判决后申诉令状”（audita querela）在联邦刑事审判实务中同样也被《美国法典》第 28 编第 2255 节规定所取代，而“同一法院误审令”（coram nobis）这一惯例则可以被联邦刑事被告援引来作为审判后救济方法。

［2］联邦法院认可普通法审判后救济方法的权力受最高法院在美国诉摩根案［United States v. Morgan，《美国联邦最高法院判例汇编》第 346 卷第 502 页，《最高法院判例汇编》第 74 卷第 247 页，律师版《最高法院判例汇编》第 98 卷第 248 页（1954 年判决）］判例的拘束。在摩根一案中，被告动议以一项联邦以前的判决来撤销联邦法院根据第六修正案所作的判决，结果上诉法院维持了依据州法律作出的判决。法院认为，《美国法典》第 28 编第 1651 节第 a 条（1982 年）规定的《全部令状法案》（All Writs Act）[4] 授权联邦地区法院根据普通法“同一法院误审令”接受这项动议，“同一法院误审令”赋予被告一项附带权利——被告即使已不在服刑期间也可以挑战对他的判决。［见《美国联邦最高法院判例汇编》第 346 卷第 506—510 页，《最高法院判例汇编》第 74 卷第 249—252 页］。法院否定了认为赋予联邦羁押犯以附带救济的《美国法典》第 28 编第 2255 节规定仅仅适用于联邦审判后救济的看法［见《美国联邦最高法院判例汇编》第 346 卷第 510—511 页，《最高法院判例汇编》第 74 卷第 252 页］。[5] 摩根案的启示是，联

---

③ coram nobis 令状、coramvobis 令状、audita querela 令状及 bills of review 和 bills in the nature of a bill of review 都已废止，在判决后获得救济的程序应当是提出规定在这些规范中的动议或提出独立的诉讼。

④ 最高法院依国会法案设立的所有法院都可以发出所有的“判决后申诉令状”，只要这些“判决后申诉令状”在帮助他们行使各自的审判权方面是必要的或适当的并且与法律原则和惯例相一致。(同上)。

⑤ 该法院还否认了依“同一法院误审令”的救济方法已被规则第 60 节第 b 条所取缔的观点。该法院认为，这一条款所指的取消“同一法院误审令”仅限于民事诉讼。(见同上，46 U. S. at 505n. 4. 74S. Ct. at 249n. 4)．在这段理由（holding）中同时否定了关于第 60 节第 b 条规则废止了在“判决后申诉令状”刑事诉讼中的效力的任何观点。［见美国诉肯柏林，675F. 2d 866（7th Cin），cert，denised，456 U. S. 964，102 S. Ct. 2044，72 L. Ed. 2d 489（1982）］．

邦法院可以通过适用普通法提供的救济方法适当地填补联邦审判后救济制度框架中的空隙。

巡回法院提出的问题表明其对下述问题的怀疑态度，即，在联邦审判后救济制度框架内是否也为适用“判决后申诉令状”留下了这样一个恰当的空隙。[见美国诉肯柏林案（United States v. Kimberlin)，《联邦判例汇编》第2套丛书第675卷第866页（第七巡回法院)，请求调案复审被驳回，《美国联邦最高法院判例汇编》第456卷第964页，《最高法院判例汇编》第102卷第2044页，律师版《最高法院判例汇编》第2套丛书第72卷第489页（1982年)]。在肯柏林案中，联邦地区法院驳回了被告请求适用“判决后申诉令状”的动议，这一动议是被告在依第2255节规定挑战其判决的合法性的动议被另一联邦地区法院驳回之后提出的。第七巡回法院维持了联邦地区法院的这一判决。法院采用了摩根案的结论，“假定”刑事被告能够证明“凭藉‘判决后申诉令状’获得救济……对于填补联邦审判后救济制度中的空隙具有必要性”，则可以凭藉“判决后申诉令状”获得救济。（同上，第869页）尽管如此，法院仍表示“怀疑……是否真的存在这样的空隙，因为第2255节已经为联邦羁押犯（defendants in federal custody）提供了救济方法，同时‘同一法院误审令’则为不再在联邦羁押中的被告提供了救济手段”（同上)。该法院的结论认为，在任何情形下“判决后申诉令状”都不能援引来简单地使被告能够提出第2255节所规定的动议，被告应当遵守调整这类动议的规定，本案的被告恰恰是试图突破这一规定的例子。

[3] 然而，有几个联邦地区法院已经尝试在联邦审判后救济制度结构中寻找可能由“判决后申诉令状”来填补的空隙。[见United States诉Acholonu，《联邦判例补编》（F. Supp）第717卷第710页（内华达州联邦地区法院1989年判决)；United States诉Ghebreziabher，《联邦判例补编》第701卷第116—117页，（路易斯安娜东区联邦地区法院1988年判决)；United States诉Salgado，《联邦

判例补编》第692卷第1269页（华盛顿东区联邦地区法院1988年判决)]。在Salgado案中，法院适用“判决后申诉令状”撤销了被告二十四年刑期的偷税罪——这一刑罚妨碍被告请求依《美国法典》第8编第1255节第a条（1988年）之规定（“IRCA”）获得大赦的权利，而这一权利可以成为被驱逐前的抗辩理由。(《联邦判例补编》第692卷第1269—1270页)。同样，在Ghebreziabher案中，法院批准了被告的动议，被告请求撤销三项食品标志欺诈罪中的一项，以使被告合乎依“IRCA”获得大赦的条件。(见《联邦判例补编》第701卷第116—117页)。在两个案件中，法院都主张，“判决后申诉令状”不能简单地被援引来弥补被告审判后救济制度的缺陷——这种缺陷只在第2255节规定或“同一法院误审令”程序中才得到承认——而是给予在案件中受到不公正待遇的被告的一种救济方法。(同上，第116—117页；Salgado案，《联邦判例补编》第692卷第1267—1269页)。[6]

尽管阿亚拉在其动议中清晰地反映出这一理由（theory）的意思，但我们认为，联邦地区法院拒绝在这种情形下给予阿亚拉以救济的决定是适当的，在Salgado案和Ghebreziabher案中，法院都认为“判决后申诉令状”提供了一个纯粹的“衡平”根据，以救济存在于判决中的任何法律上的缺陷。这一结论是错误的。自布莱克斯通（Blackstone）时代以来的注释法学家和法理学家都强调，必须证明使某种“释放”或“抗辩”事项得以支持的判决后的或然性（contingency）存在（W. BLACKSTONE COMMENTARIES，第

---

⑥ 在Acholonu案中，法院承认“判决后申诉令状”在联邦刑事诉讼中普遍获得认可，但法院认为这并不能成为在该案中撤销对被告的判决的根据。(见《联邦案例补编》第717卷第710页)。法院裁判：被告——一个诉求撤销对他的判决以使之符合依“IRCA”获得大赦条件的外国人——不能证明他所请求的判决会产生“抗辩或撤销”的结果。(见同上)。此外，法院认为——但未作出判决——纯粹以衡平或公平为基础即可以援引“判决后申诉令状”，因此法院确认，被告未能显示出他从撤销判决中获得救济的利益比政府从维护这一判决中获得的利益更重要。(见同上，第710—711页)。

405—406 页)。⑦ 各州刑事审判实务的惯例也表明，“判决后申诉令状”与其他形式的判决后救济的差异不在于导致判决无效的情形特征方面，而在于对这些情形发生的时机（timing）方面。[例如见 Balsley 诉 Commonwealth 案，《西南地区判例汇编》第 2 套丛书第 428 卷第 616 页（肯特基州 1967 年判决）该案指出，“同一法院误审令”与“判决后申诉令状”之间的“技术性差异”在于后者允许攻击“一项在作出当时是公正而无可指责的判决”（着重号为作者所加）；Keith 诉 State，《佛罗里达州判例汇编》第 121 卷第 432 页，《南方地区判例汇编》（So.）第 163 卷第 428 卷第 885 页带 * 号的注释（1935 年）对于在一项判决作出之后产生的任何撤销事项都不能发出“判决后申诉令状”（着重号为笔者所加）]。然而，既然根据现代联邦司法惯例，被告可以在适当的情况下依据判决后的或然性攻击第 2255 节或“同一法院误审令”程序中已有规定的判决的合法性 [例如见 Davis 诉 United States，《美国联邦最高法院判例汇编》第 417 卷第 342 页，《最高法院判例汇编》第 94 卷第 2303 页，律师版《最高法院判例汇编》第 2 套丛书第 41 卷第 109 页，(1974 年)⑧]，那么，传统的“判决后申诉令状”对于这两种救济

---

⑦ 另见 Humphreys 诉 Leggett 案，《美国联邦最高法院判例汇编》第 50 卷第 314 页，律师版《最高法院判例汇编》第 13 卷第 145 页，1850 年。所以，他的情形如同抗辩业已在判决后提出一样，这一判决使之获得通过“判决后申诉令状”得到救济的权利……（着重号为作者所加）；《布莱克法律辞典》第 120 页（1979 年第 5 版）“某种抗辩或免除事项”；11 C·怀特、A·米勒，上引书，第 2867 节，第 235 页（同上）；*Leff, The Leff Dictionary of Law: A Fragment*，载于《耶鲁法律杂志》第 94 卷第 2101 页（1985 年卷）。

L. J. 1855，2101（1985）[A] 发出“判决后申诉令状”是为了给被告提供一种救济，这一被告的条件是：对他的判决已经作出，但在判决后他有一个新的抗辩事由（例如释放）提出，或至少可以首次提出这样的事由。（着重号为本意见书作者所加）。

⑧ “同一法院误审令”在其所提供的救济方法与第 2255 节规定的范围相同时被认可。见 W. LaFave 和 J. Israel 著，《刑事程序法》第 3 册第 27.10（C）节，第 404 页（1984 年）。

形式就无所补益了。⑨

我们看到，在 Salgado 案和 Ghebreziabher 案中确认的结论把“判决后申诉令状”转化为“纯粹的衡平”，旨在往联邦判决后救济机制中加入一项新的救济方法。然而，我们认为，由摩根案确定的“填补空隙”原则并不允许法院重新确定一种普通法“判决后申诉令状”的定义，以创设联邦判决后救济机制中所没有的救济手段。(见同上，注释 8)。简言之，由于把“判决后申诉令状”改变成所谓“纯粹的衡平”在历来对该令状的定义中都找不到支持，因而联邦法院以这种方法设定《全部令状法案》中“填补空隙”的权力就要打一个大大的问号了。

［4、5］然而，在本案的条件下，我们不必确定地解决“判决后申诉令状”是否曾经作为撤销一项联邦刑事判决的根据这一问题。在法庭进行的言辞辩论中——也许已经感觉到把“判决后申诉令状”变为“纯粹的衡平”的概念并不确切——上诉人放弃了在联邦地区法院提出过的衡平法上的主张，他现在把仅有的指望放在上诉中首次提出的争点上，这一争点就是政府向他保证过，如果他认罪并指证其他毒品被告，他就不会被驱逐出境。阿亚拉坚持主张，政府没有遵守这一诺言，从而产生两个后果：根据正当程序条款，阿亚拉放弃抗辩权是不自愿的；根据避免双重危险条款，对阿亚拉的驱逐已成为额外的刑事处罚。这两项主张在第 2255 节的程序中

---

⑨ 肯定地说，并非所有的法律中的判决后的变更在第 2255 节规定的程序中都提出来了。见 Teague 诉 Lane，— U. S. —，《最高法院判例汇编》第 109 卷第 1075—1077 页，律师版《最高法院判例汇编》第 2 套丛书第 103 卷第 334 页（1989 年），(多数派意见)。但是，被告挑战其判决时不能提出具有这样特征的动议，亦即动议一个“判决后申诉令状”，这个“判决后申诉令状”仅仅为了使最高法院精心建构的“溯及既往”的规则归于无效。对此我们没有疑问。参见肯伯林案，《联邦判例汇编》第 2 套丛书第 675 卷第 869 页（“判决后申诉令状”“不能被用来使被告能够规避……遵守第 2255 节所规定的关于动议的规定”）。

均得到明确的认可。⑩ 因此，正如第七巡回法院在肯柏林案中的做法一样，我们有条件地维持联邦地区法院的裁判：给予阿亚拉的唯一救济是阿亚拉依据第2255节提出动议。⑪

除此以外，由于阿亚拉并未提出他可以据宪法规定提出的抗辩主张，我们在此也不必把这些主张提出来讨论，因为这类主张并不象在第2255节所规定的动议那样已经适当地明摆在那。在言辞辩论中，阿亚拉表示，把案件发回重审使之能够依第2255节规定诉求其依正当程序条款和避免双重危险条款享有的权利，他就满足了。由于政府表示它不反对这样处理，同时我们认为没有必要让阿亚拉仅仅因为案由（caption）不同而另行提出动议，所以我们将案件发回重审，并附上我们的意见：指令联邦地区法院对阿亚拉的原始动议——这一动议有待于做适当的补正——按照第2255节规定提出的动议那样进行处理。当然，我们在阿亚拉的宪法性主张所涉及的实质问题（merits）上不发表任何意见。⑫

---

⑩ 由于阿亚拉正在假释期间，所以他仍在联邦"服刑"（或羁押，custody）之中，符合第2255节的适用条件。见Jones v. Cunningham，《美国联邦最高法院判例汇编》第371卷第241—243页，《最高法院判例汇编》第83卷第376—377页，律师版《最高法院判例汇编》第2套丛书第9卷第285页，（1963年）。

⑪ 这种处理与第2255节规定程序的处理是一致的，因为阿亚拉向其提出"判决后申诉令状"动议的法官与最初审判他的法官是同一人，都是约翰逊法官，也因为阿亚拉原先未根据第2255节向约翰逊法官动议过救济。[见《美国法典》第28编第2255节；《关于第2255节程序之规定》第4条第a款Rules Governing Section 2255 Proceedings 4（a)]。阿亚拉的情况在两个方面与肯柏林案中的被告不同。见《联邦判例汇编》第2套丛书第675卷第868—869页。

⑫ 对于联邦地区法院是否可以处理阿亚拉在移民局发出最后驱逐令之前提出的"避免双重危险"的挑战，我们不发表意见。见Rafeeding诉 . INS，《联邦判例汇编》第2套丛书第880卷第525—529页。（Ruth B. Ginsburg法官的并存意见）[讨论《美国法典》第8卷第1105节第a条第c款（1988）所规定的"穷尽"（exhaustion）条件]。

三、结论

最高法院在摩根案判决［《美国联邦最高法院判例汇编》第346卷第502页，《最高法院判例汇编》第74卷第247页，律师版《最高法院判例汇编》第98卷第248页，（1954年）］中清楚地确定，只有当普通法“判决后申诉令状”允许被告提起一项在已有联邦判决后救济制度未包含的法律上的抗辩时，联邦法院才可以根据这一令状来撤销一项刑事判决。由于阿亚拉反击对他的判决是在他可以根据第2255节程序规定适当地提出动议的情形下进行的，因此我们维持了联邦地区法院驳回其动议的判决。但是我们把该案发回重审，指令原审法院允许阿亚拉按照第2255节规定中可以适用的任何救济方法起诉。

司法救济与审判监督

傅郁林　评

上诉程序通过对一审判决的审查或复审而为当事人提供救济，同时对一审法官的审判行为实行监督，本案的判决体现了美国上诉制度严格区分这两大职能的基本准则。这一准则在上诉法院对于行政机关的准司法行为进行司法审查[①]过程中也体现得相当鲜明（参见水暖工管道工第 520 号工会诉劳动关系委员会一案）。

如果我们称本案判决的准则为“司法救济从宽，审判监督从严”，在我国特定法律文化语境中很可能被曲解为对法官实行严格监督。恰恰相反，由于司法豁免权[②]的保护，美国法官的行为不属于司法审查（judicial review）的范围，司法审查是指法院审查政府的行为以决定其是否在宪法的界限之内的权力，通常指对行政行为的审查。“judicial supervision（审判监督）”是在中国法院组织法和诉讼法典英译本以及西方法律家对中国司法状况进行介绍和评论的文章中才可以找到的英语词汇，专门设置“审判监督程序”以“纠正”法官的“错误”审判行为是中国的创造。在德国，为当事人提供的救济（remedies）是指上诉程序，作为裁判生效后救济手段的再审程序（reopening of proceedings，直译应为“重开诉讼”）被列入“特别程序”，其利用率为 1%[③]；美国民事诉讼中没有与我国再

---

① 司法审查（judicial review）是指法院审查政府的行为以决定其是否在宪法的界限之内的权力，通常指对行政行为的审查。由于司法豁免权的存在，法官的行为不属于司法审查的范围。

② 司法豁免是现代法治国家普遍采取的保障法官独立地、不怕后果地行使审判权的措施，即法官在执行司法职能中所作的行为免于民事诉讼，只要法官没有在明显缺乏司法权的情况下行事，即使法官的司法行为是错误的，恶意地作出的，或者是超越其权限的，豁免权也依然存在。参见［美］彼得·G·伦斯特洛姆编：《美国法律辞典》，贺卫方等译，中国政法大学出版社 1998 年版，第 19—20 页。

③ ［德］Burkhard Hess：*the Structure of the German Code of Civil Procedure*. 2000 年“中国中青年民事诉讼法学者国际研讨班”资料。

审程序内涵相同的概念，美国学者在介绍我国再审程序时使用 reopening of a final trial（直译为“重开终审审判”），《美国联邦民事诉讼规则》中的 new trial 并非对于经终审裁判之后的案件进行再审，而是对初审裁判登记后在上诉之前请求重新审理，选入本书的“麦克尼尔诉喜一楼强力施工架公司案”所审查的即为这一程序。[4] 只有在刑事诉讼中，被告人才可以如本案所示针对终审判决请求救济，法律关于这种特别救济的条件十分苛刻，以前都是以令状形式进行，现在基本上由制定法取而代之。

爱德华兹法官在本案的判决中一方面维持初审法官的判决结论，同时又制造出“发回重审”的裁判结果；而在水暖工管道工第520号工会诉劳动关系委员会案中，爱法官对劳动关系委员会的裁决提出了严厉的批评和警告，却在裁判结果上又予以维持。这种“随心所欲”的做法在中国的司法实践中是无法理解和接受的事情，这简直是给下级法院的司法管理部门出难题！司法统计员或负责本庭审判任务指标统计的内勤会问：这个案子究竟算对还是错？要不要从作出该判决的法官业务量中扣除一个案件数或扣发本月奖金？[5] 我们从爱德华兹法官这份充满个性化色彩的法律意见书中不仅可以

④ 在由法官裁判的案件中，重新审理的条件属于衡平法调整范围；而在由陪审团裁判的案件中，这一程序的具体规则通过普通法确定，由于陪审团对事实问题的裁判不容改变这一信念的存在，关于这一程序的讨论特别复杂且晦涩，在此不宜详解。有兴趣者请参见《美国联邦民事诉讼规则》第59条和有关判例。

⑤ 对于判决被发回重审的法官的惩罚措施各地法院的办法各异，有的以一抵一，即办错一案则从结案总数中扣除本案及另一案件，有的则在当月兑现奖金时给予法官“现世报”，还有其他办法，但错案的标准基本上是一致的，被上级法院发回重审和改判者均为“错案”。司法改革进行到90年代中期之后，一些法院对于“错案”的评定标准和程序进行了改革，这些法院的审判委员会或审判监督庭增加了一项新的日常工作，即，对于被二审法院改判和发回重审的案件进行具体分析，将那些由于法官审判行为过失以外原因造成的“错案”排除在本院对法官的惩罚范围之外。不过，即使在这种处于前位的改革区域，绝大部分被发回重审的案件仍在劫难逃，因为按照我国民事诉讼法规定，发回重审的基本理由是程序不合法，这显然是法官审判行为导致的。

看到美国上诉程序在实现司法救济和实行审判监督方面功能的迥然不同的标准，而且还会发现，这种看似“随心所欲”的两个裁判实际上蕴含着完全相同的原则。

美国上诉制度至少承担着四种功能，审查和纠正错误是其中最重要的功能，在美国全国范围的审判实践中，将近10%～15%的上诉结果是推翻下级判决。[⑥] 然而，就纠正错误的目的而言，上诉法院只是提供了一种确保法律被正确和统一地解释和适用的途径，以保证法律在管辖权范围内公正不倚和准确无误地适用于每一个人。换言之，审查和纠正错误是为了给当事人提供合乎法律规定或法律宗旨的司法救济。监督初审法官并非设置上诉制度的目的，最多只是由于这种制度性的审查而形成的结果，或称之为潜在功能。这一结论可以从美国学者所理解的上诉制度的另两个功能中得到印证，即，上诉制度可以增加判决的正当性和可接纳度，并从制度上分担法官因判决案件而产生的责任。在初审法院中败诉的一方当事人有时认为他们的败诉是不公正的。这种认为结果不公平的感觉妨碍他们接受判决的愿望。同类公众可能认为初审法院的判决是错误的因而不愿意把它作为对争端的合法解决，这种态度侵蚀对法律的尊重。将案件提交更高一级的、多个法官组成的合议庭的机会为这种感觉提供了一种健康的出口，如果上诉法院确认了判决，则当事人双方和公众格外确信诉讼是合法而适当进行的，确信判决结果并非产生于独任法官的偏见或独断行为。上诉法院的确认表明判决是作为制度的判决，是根据业已确立的法律过程作出的；而在那些争议非常大或者法律问题特别困难的案件，法官可能对于如何裁处也不能确定。让不同等级的两个法院和几个法官来考虑这些问题，使人确信案件结果已最大限度地接近正确了。由上诉过程创造的这种

---

⑥ 另一个核心功能是创制法律。此外，上诉制度还有两个功能：提高司法判决的合法性，可接纳度，从制度上分担法官因判决案件而产生的责任。参见 Daniel John Meador & Jordana Simone Bernstein：*Appellate Courts In The United States*，West Publishing Co. 1994，p. 3—6.

惯例性的责任分担使裁判任务审结的案件变得可以接受。所以，在美国司法制度中，上诉法官与初审法官之间只是基于职能分工，上诉法官从不认为初审法官因判决被推翻而存在错误，他们认为，这种情形仅仅表明，两级法官对这一问题的认识不同，上诉法院之所以最终说了算只是因为它是终审法院，只是因为从制度上必须维护裁判的终局性、法律的统一性和司法的权威性。判决非因正确而有效，而是因有效而正确。如同大法官 R·杰克逊曾评论的那样，如果联邦最高法院之上还有法院，有谁会怀疑很大一部分联邦最高法院的决定都将会被推翻？⑦

对上诉制度功能的这种理解使得上诉法官敢于公开行使自由裁量权，将判决结论所承担的对个案当事人给予合理的司法救济判决理由所承担的统一法制和创制先例的功能分开，在不破坏先例和法律规则的前提下作出变通，给特定的当事人提供恰当的司法救济。比如，在本案中，判决在判决理由中对当事人的诉讼行为和法官的审判行为严格按照制定法和判例法所确定的准则做出法律评价，然后在判决结论中给予当事人以较为宽松的救济，因为判决结论只对个案有效，判决理由的意义却远大于此，这种评价将成为日后同类案件仿效或参照的先例而成为有普遍约束力的判例，法官在行使自由裁量权进行例外性个案处理时清楚地表明自己对于法律的通常理解和解释，使得这一变通仅仅成为关于同类问题的法律原则和司法惯例的例外，从而使个案的在细节上的变通和弹性不至于影响法制的统一。同样，在第 520 号工会诉劳动委员会案中，法官虽然为了使当事人获得合乎法律的司法救济而维持了劳动委员会对个案作出的结论，却严厉地指出，委员会的结论没有明确的规范和准则，并警告说，如果委员会再不纠正，下一次裁决将会被上诉法官不客气地推翻。这种做法体现了上诉法官对于程序独立价值的重视。这一

---

⑦ ［美］波斯纳：《法理学问题》，苏力译，中国政法大学出版社 1995 年版，第 101 页。

点与我国民事诉讼法相关规定形成鲜明对照。我国《民事诉讼法》第153条规定："原判违反法定程序，可能影响案件正确判决的，裁定撤销原判决，发回原审人民法院重审。"那么，像劳动委员会这样裁决结论正确，仅仅没有将判决理由阐述清楚的判决，自然不会受到审查者的警告甚至撤销，司法通过对个案的处理而建立制度和规范的功能因此也无法得以实现。

美国上诉法官这种公开承认自由裁量和个案变通的做法既维护了法制统一，又不因初审判决中细节影响对当事人的司法救济。此外，这种做法在审判监督和司法效率方面也具有不可忽略的意义——上诉法官在其行使对初审裁判的监督权的同时，也将自己的裁判过程公开置于当事人监督之下，从而使两级裁判获得正当性，同时也避免当事人重复上诉而增加诉讼成本。与此相比，我国上诉法院对案件发回重审的处理却具有暗箱操作的特点。通常的做法是，上诉法官在不到300字的裁定书上引用民事诉讼法关于发回重审的条文，除此之外不说明任何理由。但是与裁定书相随的，是装入副卷的非正式"参考意见"(大都以承办人手写，也有少数打印件，绝大多数没有全体合议庭法官签名)。按照案件副卷不准当事人查阅的制度，当事人无从了解这个"参考意见"；而由于诸如上述司法行政管理措施这样可能影响法官切身利益甚至仕途前程的一系列配套措施，这些参考意见实际上成为对重审合议庭法官的强制命令。谨慎一些的法官还可能再专门就此向上级法院请示，听未来的上诉审法官面授机宜。不知道这一套惯例的当事人还蒙在鼓里，在一套煞有介事的重新开庭审理和"独立"裁判之后，再次行使法律赋予自己的上诉权利。一般说来，这一次上诉没有任何实际价值，只要上诉法院不进行人事变动，当事人上诉程序除了浪费时间、精力、金钱和机会之外，唯一的意义在于往上诉法官的结案数上再增加一个统计数字，当然，无理缠讼者可能因此获得拖延债务的机会。与其像这样架空发回重审的审判权，倒不如像美国上诉法官这样明明白白地在上诉裁定书上写上自己的指示或命令，重审法官只须按照上级法院的意见做出判决即可，也断了当事人把官司打个没

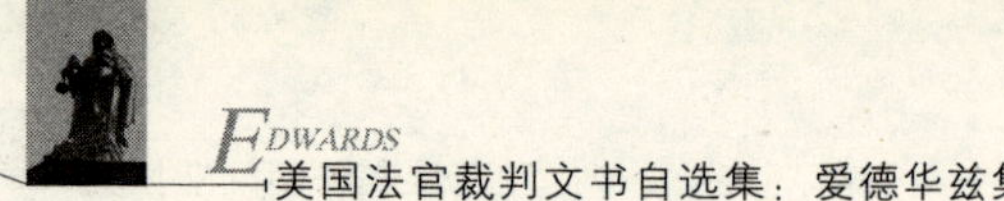

完没了的念头，为当事人和社会公众都节省点诉讼成本和司法资源。

至于更易引起上诉法官滥用自由裁量权的直接改判方式，以及当事人和法院都可能在制度的无穷缝隙中大展身手的“审判监督程序”，在我国司法制度研究中已成为“过街老鼠”，在此不赘。读者完全可以从本案的监督方式中得出自己的结论。

附　录

（以本书出现频率分类排序）

一、本书常引判例汇编缩略语全称及其译文

F.

Federal Reporter

《联邦判例汇编》

由西方图书出版公司编辑出版。收集美国联邦上诉法院判例。目前已编辑到第 3 套。

如：24 F. 3d. 1421，1426（D. C. Gir. 1994）

译为：《联邦判例汇编》第 3 套丛书第 24 卷（第 1421 以下，略去不译）第 1426 页（哥伦比亚特区联邦上诉法院 1994 年判决）。

S. Ct.

Supreme Court Reporter

《最高法院判例汇编》

由明尼苏达州韦斯特出版公司编辑出版，为非官方文件。收集美国联邦或州最高法院判例。

如：106S. Ct. 662，666

译为：《最高法院判例汇编》第 106 卷（第 662 页始，略去不译）第 666 页。

U. S.

United States Supreme Court Reports

《美国联邦最高法院判例汇编》

由美国联邦政府出版局编辑出版，为官方文件。

如：474U. S. 327，333

译为：《美国联邦最高法院判例汇编》第474卷第327页以下（或第327页始，或略去不译），第333页。

L. Ed.

Lawyer's Edition Supreme Court Reports

律师版《最高法院判例汇编》

由美国律师合作出版公司出版，为非官方文件。收集联邦最高法院判例。目前共两套。

如：88L. Ed. 2 d.，662（1986）

译为：律师版《最高法院判例汇编》第2套丛书第88卷第662页（1986年判决）。

F. Supp.

Federal Supplement

《联邦判例补编》

由西方图书出版公司编辑出版。收集美国联邦地区法院判例。

如：717 F. Supp. 709，710（D. Nev. 1989）

译为：《联邦判例补编》第717卷第710页（内华达州联邦地区法院1989年判决）

F. R. D.

Federal Rules Decisions

《联邦规则判决录》

收集有关联邦程序规则的裁决。

如：68 F. R. D. 589

译为：《联邦规则判决录》第68卷第589页。

A.

Atlantic Reporter，Second Series

《大西洋地区判例汇编》

全国性判例汇编

如：366A. 2d at 1087n. 24。

《大西洋地区判例汇编》第2套丛书第366卷第1087页注24。

N. E.

《东北地区判例汇编》

如：434E. N. 2d 1192

译为《东北地区判例汇编》第2套丛书第434卷第1192页。

本书所引同一系列的全国性判例汇编另如（引用体例同上，举例略）：

P. 2d.

《太平洋地区判例汇编》

S. W.

《西南地区判例汇编》

S. E.

《东南地区判例汇编》

S. D. Ind.

《印第安那州南部联邦地区法院判例汇编》

本书还引述了大量州判例汇编，如（引用体例同上，举例略）：

Ill.

《伊利诺斯州判例汇编》

I11. App.

《伊利诺斯州上诉判例汇编》

Cal. Rptr.

《加利福尼亚州判例汇编》

Cal. App.

《加利福尼亚州上诉判例汇编》

Md.

《马里兰州判例汇编》

N. Y. S.

纽约州上诉判例汇编（New York Supreme Court 译为“纽约州上诉法院”）

准司法机构裁判意见书编纂，本书称为“案例集”，如：

301N. L. R. B. No. 44（Jan. 28，1991）

《劳动委员会案例集》第301卷，第44号，1991年1月28日。

二、本书常引法规汇编缩略语全称及其译文

U. S. C.

《美国法典》

如：42U. S. C. §1985（3）（a）（1982）

译为：《美国法典》第42编第1985节第3条第a款（1982年编入），

或译为：1982年《美国法典》第42编第1985（3）（a）节。

另如：21U. S. C. §841（a）（1），（b）（1）（A）（iii）.

译为：《美国法典》第21编第841节第（a）（1）条、第（b）（1）（A）（iii）条。

另如：28U. S. C §1821（Supp. Ⅱ1978）

译为：《美国法典》第28编第1821节（1978年第二次补编）

C. F. R.

Code of Federal Regulations

《联邦法规汇编》

如：22C. F. R. §171. 13（e）（1985）

译为：《联邦法规汇编》第22卷第171节第13条第e款，

或译为：第171节13（e）条。

Fed. R. Civ. P

Federal Rules of Civil Procedure

《联邦民事诉讼规则》

如：Fed. R. Civ. P. 54（d）

译为：《联邦民事诉讼规则》第54条第d款。

Fed. R. App. P

Federal Rules of Appellate Procedure

《联邦民事上诉规则》

Fed. R. Crim. P.

Federal Rules of Criminal Procedure

《联邦刑事诉讼规则》

Fed. Reg.

Federal Register

《联邦每日公报》

如：45Fed. Reg. 58，108（1985）

译为：《联邦每日公报》第108页（1985年）。

S. Rep. No. 225，98th Cong.，1st Sess. 230（1983）

第225号《参议院报告》，第98届国会会议第一次会议，第230页。

三、判决书常用英文缩略语及拉丁语译文

（一）判决书首部

Civil Action No. 87—02456

民事诉讼案号：87—02456

D. C. No. 84—02561

哥伦比亚特区地区法院案号：84—02561

Civ. No. 7075—86

民事案件号：7075—86

No. 89cv00918

（89）民事字00918号

91cv00105—01

（91）刑事字00105—01号

et al.，Appellees

等，被上诉人

Atty.

律师，或检察官

Asst. Atty.

助理律师，或助理检察官

Jr. 小，或少。加于与长辈同名者姓名之后。

（二）判决书正文部分引证

Tr.，或，Trial Tr.

trial transcript

初审记录（通常译法，指称初审法院案卷对全部诉讼过程的记载），或，

诉讼记录（指称准司法裁判记录时）或，

庭审记录或听审记录（专指开庭审理过程记录）

Hearing Tr.

Hearing transcript

听证记录

R. E.

Record Excerpts

专家证言记录

A. I.

Appellant's Index

（诉讼记录中）上诉人索引

如：Reprinted in A. I. 234，245. 摘引自上诉人索引（第234页始）第245页。

Slip. Op.

单行法律意见书

如：Slip. Op. at 13。

单行法律意见书第13页

id.

同上，

如：id. at 109.

译为：同上，第109页。

infra.

见下述

如：part I. infra.

译为：第一部分，下同。

supra.

同上，或，上引

如：supra note 3 或 note3，supra.

译为：同上，注释 3。

n.

脚注或注释

如：at 387 n. 5

译为：第 378 页脚注 5 或注释 5。

ed.

出版

如：2d ed. 1983

译为：1983 年第二版。

en banc

全员合议庭审判满席审判

de novo 或 *review de novo*

重新审理，或事实审

cert. denied

（上诉人）请求调卷复审被驳回，或请求调卷令被驳回

cert. dissmissed

（上诉人）请求调卷复审被驳回，或请求调卷令被驳回

cert. limited to one issue

请求就一个问题调卷复审

cert. granted

准予调卷复审请求

per curiam

引用法官判词

aff'd per curiam

维持原判并引用法官判词